中國學術思想

研究輯刊

十一編

林慶彰 主編

第33冊

王陽明「致良知」方法論之研究

黃信二 著

花木蘭文化出版社

國家圖書館出版品預行編目資料

王陽明「致良知」方法論之研究／黃信二 著 — 初版 — 新北市：
花木蘭文化出版社，2011〔民100〕
目 2+294 面；19×26 公分
（中國學術思想研究輯刊 十一編：第33冊）
ISBN：978-986-254-479-2（精裝）

1.（明）王守仁　2.學術思想　3.陽明學

030.8　　　　　　　　　　　　　　　　　　　100000811

ISBN-978-986-254-479-2

9 789862 544792

中國學術思想研究輯刊
十一編　第三三冊　　　　　　　ISBN：978-986-254-479-2

王陽明「致良知」方法論之研究

作　　者　黃信二
主　　編　林慶彰
總 編 輯　杜潔祥
出　　版　花木蘭文化出版社
發 行 所　花木蘭文化出版社
發 行 人　高小娟
聯絡地址　新北市永和區中正路五九五號七樓之三
　　　　　電話：02-2923-1455／傳真：02-2923-1452
網　　址　http://www.huamulan.tw 信箱 sut81518@ms59.hinet.net
印　　刷　普羅文化出版廣告事業
封面設計　劉開工作室
初　　版　2011年3月
定　　價　十一編40冊（精裝）新台幣62,000元

王陽明「致良知」方法論之研究

黃信二　著

作者簡介

黃信二，中原大學通識中心副教授。近年研究主題在中國哲學之當代詮釋方法，以及儒家哲學。近年主要著作：《哲學表達及其基礎——中國哲學研究之新思維》（台北：理得出版社，2005）。《陸象山哲學研究》（台北：秀威資訊，2009）。

提　要

　　在今日陽明學研究成果已達千巖競秀與萬壑爭流之際，本書具有下列特色：

　　一、本書寫作目標，本於「以方法控馭材料」，以及「以思想導引文本」之信念；而不將重心置於堆砌國內外「陽明研究史」之資料。即本書提供一方法性之研究模型，可使讀者在各種自身研究主題中，藉由此例以發展自身方法論，以詮釋中國哲學。

　　本書在《中庸》修養論觀點下，藉由三個新概念的設定，建立一新範疇以詮釋陽明學。第一個概念是「中和式自然動力」，另外二者是「人自體」與「中庸的道德心境」。提出此三概念，目標在試圖透過一方法性設定，以對陽明精神有較精準之掌握，而不至滑出致良知學之精義。

　　當然，本書亦對二手資料進行研究比較，其目標在於檢擇後用以支持本書論點；全書焦點置於此一新方法遭遇各項命題時之解決過程。本書之目標，一方面論證此一新範疇詮釋陽明學的合理性；另一方面，亦試圖提出新方法，使之能合理地論述陽明精神，同時，又能藉由此一過程，賦予古典之學新時代的意義。

　　二、在方向上，全書從《中庸》的觀點，「集中」且「多面向」探討陽明致良知體系之建立精神。

　　（一）「集中」：主要是使本書分析，朝向觀察陽明如何以擴大對「心」之詮釋，處理其時代（宋明理學）之重要議題。其哲學意義在於指出，陽明如何以自身方式處理歷史，從明代返觀宋代，以古鑑今；他更新各種當時的學術「術語」之方法與歷程，值得今日欲為儒學注入新生命力者參酌。

　　（二）「多面向」：包含主觀與客觀二方向，主要是指本書一方面著重在呈顯陽明主觀之基本立場；另一方面，則從與陽明同期之學者、王門後學諸子，以及當代新儒家的發展（以牟宗三先生為例），從客觀外在，分析陽明致良知哲學方法之後續發展與影響。

　　三、對「古、今之陽明學」研究成果加以評析

　　就視野廣度而言，本書採取了歷史研究法，從明代陽明同期學者與後期王門諸子的論點，考察致良知學的發展。另外，本書亦採取分類與比較法，從《中庸》修養論的觀點，對目前「陽明學」與「致良知方法」之學界研究成果 160 筆資料，以宏觀與縱攝的方法，從「研究陽明論著類型分析」與「致良知教研究成果檢討」二個角度進行反省，以宏觀的方式探討研究陽明學之各種方法，輔以縱攝的方法融會各家見解，以整合前人意見，做為本書之研究基礎。

　　四、對「明德與親民」觀念進行現代之詮釋

　　本書新概念中所設定的「人自體」即良知自體，其目的在說明此一承擔、面對他人，以及遭遇歷史與社會過程之「主體」。陽明強調「就自己心地良知良能上體認擴充」，即是強調對人自身「主體」的考驗。以現代觀點而言，陽明對「心」的強調實即是對今日「人心」鍛鍊的要求與更高責任之付託。再回顧人心之存在場域——歷史與文明，在本國之歷史文化與各種區域性文明交衝之際，人們如何因勢利導，借用「自身危機」以反省「現代文明」的危機，並尋求人類文明的出路；此一使區域成為全球，使個別成為普遍的作法，以及使個案危機成為普世轉

機的哲學企圖，即成為當前中國哲學的任務，亦是「明德與親民」觀念之現代詮釋。

五、重新詮釋「四句教」之內容

在「四句教」的研究過程中，本書認為四句教為徹上徹下，適合各種資質學生的工夫方法。其中的「一無」是指「無善無惡是心之體」所指稱的本體；此即王龍溪所據以理解之出發點。從正面而言，這是陽明更有進於先儒之說者，它一方面承認「心」兼有善端與不善端之表現，另一方面則解構了「心」之文字觀念，使理解者無法以「正反」或「善惡」論心；同時亦可在文字外之上一層次中，自善其善兼惡其惡。從反面思考，「一無」的提出亦是後來陽明被指責為「掃善惡以空念」的原因；因為「一無」非常容易使學者產生誤解，使後學僅空有「掃善惡以空念」之自負，但欠缺一股戒懼努力之工夫，自以為其「良知心體」與「道德價值」無關。

本書雖指出此一弊端，然而，從另一角度言，這亦是理解者自身思辨方式的問題，因為「一無」之說本不困擾陽明。本書認為「只有哲學家才能真正的理解另一位哲學家的內心」，後人的詮釋與批評，對真具原創性之哲學家而言，不過是社會性之學術活動，它與真正的哲學心靈是處於完全不同的層次。此一分析並非斷論，而是一如陽明自身之言：「若論聖人大中至正之道，徹上徹下，只是一貫，更有甚上一截，下一截？」這是陽明明白之言，反對孤立文字概念式（上一截，下一截）的分析，他又說：「學者亦須是知得心之本體，亦元是如此，則操存功夫，始沒病痛」。換言之，詮釋上的種種阻礙，很可能是讀者自身未能識得「本體」，而後在「操存」中所衍生之各種文字性弊端。

簡言之，陽明曾經設法使先秦經典，經由適當之詮釋而活化，此即其透過窮天理之極，而為其良知學說覓得源頭活水的論證過程。本書亦強調王學之創造精神，故運用《中庸》揭示的天命觀，開發其中所蘊含的中和式自然動力，分析其在「知」與「行」之間，「物理」與「吾心」如何不再一分為二，並能統收於本書所設定的「人自體」運作中；使得人於修養過程中，一方面能進入中國哲學的道德心境，「還原」道德之創生義，另一方面，亦能同時以之「保障」道德之規範義與應用義。

本書全面地以「方法意識」為操作文獻之軸心，主要目的在於提供一種觀「看」的眼睛，正如陽明致良知教所強調的——找到一工夫的「實下手處」，一方面使哲學家之原創精神再現；另一方面，本書更希望思考儒家心性之學在當代的新方向，如何納能入區域現況與全球思潮，使儒學能真正地、務實地引導社會並有益人心，本書認為這將是中國哲學今後必須深度思考之課題。

目
次

緒　論

前　言

　　哲學之學功能在於指導人尋求正確之生命方向，陽明（1472～1529）認
為，哲學智慧之追求關鍵，在於明白內心靈昭不昧的良知與心體。此一觀點最
早根源於《孟子》，從孟子強調良知良能，與人皆有不忍人之心開始，心性之學
成為中國哲學論題之主軸；到了宋明，心、性、理問題的解決，更成為理學全
部體系的基礎原理。陽明學即在這個基礎上誕生，繼承了先秦孟子與宋代陸九
淵心學，又受陳獻章、湛若水以及佛學的影響，成為明代心學的集大成者。

　　近人張君勱以中國最有影響力的思想家稱許陽明〔註1〕，勞思光教授更視
陽明為宋明儒學最高成果的代表〔註2〕；可見陽明學在當代中國哲學仍是關注
的焦點。又因陽明本人認為「致良知」三字是真聖門正法眼藏，故我們認為
其理論體系可以「致良知方法」作為代表。

壹、「致良知」方法之意義

　　陽明以致良知方法處理其有關的心性哲學論題，「致良知」做為一種方法
其意義可從「致良知方法在陽明理論中的意義」、「致良知學說的特性」與「致
良知學說的傳播方法」三個層面進行分析。

〔註1〕參見張君勱：《王陽明》，江日新譯，台北：東大圖書，1991，頁69。
〔註2〕參見勞思光：《中國哲學史》（三上），台北：三民書局，1987，頁69～72。

一、致良知方法在陽明學理論中的意義

陽明的學思歷程，基本上經歷了求之宋儒不得，窮思物理，卒遇危疾，又謫居龍場，衡困拂鬱，萬死一生，最後乃大悟「良知」之旨的過程。從實踐體驗中產生問題意識，逐漸脫離朱學，並爲傳統儒學注入新的活力。其心學形成的艱辛歷程，本書將在第一章新範疇的緣起與建構部份，從歷史的觀點進行分析；又因爲陽明主張學貴得之心的精神，反對盲目附從絕對權威言論，故而王學難以文字表面意義進行觀念之掌握；因此「方法」在理解陽明學中是相當重要的，如能掌握方法，即能把握其精神。

陽明說：「見得時，橫說豎說皆是；若於此處通，彼處不通，只是未見得」〔註3〕。「見得」與「未見得」即指出對方法是否能把握與理解，致良知即是陽明所謂必有事焉，著重證悟本體，並能產生引導思想與觀念之力量的方法。在形式上，致良知方法亦提供了一種明白簡易，使人言下即得入手的方向。如果我們可以正確的理解致良知方法，陽明認爲這是處在「康莊大道之中，或時橫斜迂曲者，到得工夫熟後，自將釋然矣」〔註4〕。反之，如未見得方法或不得要領則人自累於得失耳，陽明因而感歎此學不明，不知此處擔閣了幾多英雄漢！〔註5〕

「致良知方法」在陽明學本身的意義，從理論與實踐兩方面的觀察中，可以發覺其意義在於：

（一）就理論而言，致良知方法具有承接知識到形上，以及轉化從認識到本體性思考之關鍵性地位。

例如陽明云：「天理即是良知，千思萬慮，只是要致良知」〔註6〕。「天理」屬於形上或本體的範疇，而「千思萬慮」則屬於知識或認識的範疇，兩者結合的可能即在於致良知方法。一般而言，形上學與知識論的接合點，是每個哲學家應重視的細節；但也是最困難，卻最需要清楚表達的領域。陽明對此則從天理到知行，從理念認知到行動實踐，從格物到正心，皆以自創的「致良知」觀念完成了這個目標〔註7〕。陽明說：「良知之妙用，所以無方體，無

〔註3〕 〈傳習錄〉上，《王陽明全書》（一），台北：正中書局，1970，頁25。
〔註4〕 〈傳習錄〉中，同註3，頁69。
〔註5〕 〈傳習錄〉下，同註3，頁84。
〔註6〕 〈傳習錄〉下，同註3，頁91。
〔註7〕 「專說致良知，隨時就事上致其良知，便是格物；著實去致良知，便是誠意；著實致其良知而無一毫意必固我，便是正心」〈傳習錄〉中，同註3，頁69。

窮盡」〔註8〕，即指出良知一辭所蘊含的豐富意境，同時亦說明致良知方法即是核心關鍵，亦是可以追求學問過程中「鞭辟近裡，刪削繁文」〔註9〕的最佳途徑；換言之，若能真解陽明精神，在有能力「刪削繁文」的力量中，吾人將更能通透中國哲學之中天人觀念，並把握人與自然的直接關係。

（二）就實踐而言，致良知觀念涵攝每日所有的「日用之間，見聞酬酢」〔註10〕的所有事項。一如陽明云：「所謂致知格物者，致吾心之良知於事事物物也」〔註11〕，從上述「事事物物」與「日用之間」的用詞，可見陽明學最終目標仍在指導日常生活之實踐原則；使個人生活與社會秩序能在人與自然、良知與天理的直接關係中，進行最適切與妥當的安排，並能同時深化、彰顯人生命力量之根源。

二、論致良知學說特性

致良知方法在學說特性上有「簡易精神」與「生生不息」兩層特殊意義，就簡易精神而言，簡易精神之所指，實即等同於工夫找到了訣竅，即使工夫「有實下手處」，故陽明云：

> 聖賢論學，無不可用之功，只是致良知三字，尤簡易明白，「有實下手處」，更無走失。〔註12〕

> 聖人之學所以「至易至簡」，「易知易從」。〔註13〕

陽明心學的優點，即是這種「明白簡易」而能「自然知得」的特性。他不愛畫蛇添足的工夫，所以，陽明才說工夫總是一般，今說這裡補箇敬字，那裡補箇誠字，未免畫蛇添足〔註14〕。其簡易觀點，頗能得中國哲學乾以易知，坤以簡能的精神。其次，就生生不息而言，陽明曾經主張須要時時用致良知的功夫，方才活潑潑地，方才與他川水一般〔註15〕。

陽明所提出心體與良知觀念的作用，是以「人」（良知）為中心，積極地

〔註8〕　〈傳習錄〉中，同註3，頁69。
〔註9〕　〈寄鄒謙之〉，《王陽明全書》（二），頁46。
〔註10〕　「日用之間，見聞酬酢，雖千頭萬緒，莫非良知之發用流行，除卻見聞酬酢，亦無良知可致矣。故只是一事」〈傳習錄〉中，同註3，頁58。
〔註11〕　〈傳習錄〉中，同註3，頁37。
〔註12〕　〈與陳惟濬〉，同註3，頁58。
〔註13〕　〈傳習錄〉中，同註3，頁45。
〔註14〕　〈傳習錄〉上，同註3，頁32。
〔註15〕　〈傳習錄〉下，同註3，頁86。

上求符合客觀天理，同時又將天理「於穆不已之力」，設法轉化爲良知可感之天地間活潑潑之力量；即是這股「生生不息」、「活力之源」與「易簡」精神，共同彰顯了陽明學的特性。

三、致良知在陽明學傳播方法中之意義

陽明學之所以能門徒遍天下，流傳逾百年，自有其傳播方法上得力之處，從陽明學說各種觀念的表達內容中，我們發現致良知方法實爲其學說中之眞正最重要者，陽明說：

> 「致良知」是學問大頭腦，是「聖人教人」第一義。〔註16〕

> 「致良知」功夫，明白簡切，「使人言下即得入手」。〔註17〕

無論是「聖人教人」與「使人言下即得入手」等觀點，都說明了陽明：試圖建立一種理想之表達與傳播其理念的方法，而「致良知教」在陽明體系中即擔負此一重責大任。

基於上述從理論體系、學說特性與傳播方法三個層面之分析，所以，本書提出以「致良知方法」做爲論述陽明精神之代表性核心觀念，並試圖從中分析其理論成立之基礎、組成結構與延伸出的相關性問題。

貳、本書寫作目標

本於哲學追求原創之精神，我們願意在學習的過程中提出一些方法性的嘗試；特別是今日陽明學研究成果已達千巖競秀萬壑爭流之際，新觀點的提出將更有其必要性。本書爲說明陽明致良知方法，將以「《中庸》修養論觀點是一論述致良知方法之適當方式」做爲論題，論證從《中庸》天命之性的結構，詮釋陽明成熟期的思想是一合理的方法。

就歷史而論，陽明學與《中庸》的哲學淵源是以古文《尚書‧大禹謨》中所謂十六字心傳爲基礎而展開的：

> 聖人之學，「心學」也。堯、舜、禹之相授受曰：「人心惟危，道心惟微，惟精惟一，允執厥中。」此心學之源也。「中」也者，道心之謂也；道心精一之謂仁，所謂中也。孔孟之學，惟務求仁，蓋精一

〔註16〕〈傳習錄〉中，同註3，頁58。
〔註17〕〈傳習錄〉中，同註3，頁33。

之傳也。〔註18〕

本書選擇《中庸》體系做爲分析結構主要有三點理由，第一、從本體論而言，可以發覺陽明如何以良知與天理爲核心範疇，以《中庸》的未發之中爲線索，將《尚書》的道心，《大學》的明德，《中庸》的性以及宋儒的天理合而爲一，以作爲道之體。第二、從道德實踐而言，觀察陽明如何將《孟子》的良知與《大學》的致知結合爲「致良知」以作爲其中心命題，再以《中庸》的發而中節之和爲線索，將《尚書》的執中，《大學》的親民，《中庸》的修道之教，《孟子》的求放心，宋儒的存天理去人欲等統一起來，作爲道之用。第三、可從《中庸》觀點考察陽明後學中「慧者論證悟，深者研歸寂，達者樂高曠，精者窮主宰流行，俱得其說之一偏」〔註19〕等弊端之形成原因，指出爲何王門諸子產生流弊。簡言之，從《中庸》修養論的角度，可以指出陽明如何將「中」與「至善」合一，用以批判偏離中道的「過」與「不及」，而將多種儒家思想貫通起來，同時呈顯出陽明對經典詮釋的原創性與特殊性。

其次，在理論上「《中庸》修養論」提出「至善與天命」的目標（即「致良知教」三元結構之第一元，敬請參見第三章第二節有關三元結構之分析），在於形成一種理解陽明學說的「背景哲學」。所謂「背景」的建構，目標即是使背景上的「零件」各歸其位，各自呈現出其「該有的位置」。例如一幅圖畫，什麼地方該畫上太陽、什麼位置該擺上花草樹木，都必須先有背景，我們才能安排各項主題的位置，與決定其在畫布上的比重，對陽明哲學的研究亦是如此，我試圖建構的理論目標，亦在於呈現一種背景的效果，使陽明的各種觀念，有一適切的解釋方向。〔註20〕

參、文獻處理與研究方法

陽明之著作——《王陽明全書》，以謝廷傑彙本（1572）較爲完備；全書分三十八卷，計《傳習錄》（三卷），《文錄》，《別集》，《續篇》（二十八卷），

〔註18〕〈象山文集序〉，同註3，頁190。《尚書・大禹謨》原文爲「人心惟危，道心惟微，惟精惟一，允執厥中。」

〔註19〕〈教諭胡今山先生瀚〉，《明儒學案》，卷15，頁330。

〔註20〕有關「背景哲學」的內容，筆者在本書完成後曾經作了進一步的研究，敬請參見拙著《哲學表達及其基礎——中國哲學研究之新思維》第四章：〈文化生活的實踐原則——群體創造與背景哲學之建立〉，台北：理得出版社，2005。

《年譜》,《世德紀》(七卷),《四部備要》與《四部叢刊初編》皆從此。本書主要以根據謝氏彙本重編之《王陽明全書》〔註 21〕為主要引文出處,如有疑議再參考《四部備要》本,同時亦參考陳榮捷著《王陽明傳習錄詳註集評》〔註 22〕與鄧艾民著《傳習錄注疏》〔註 23〕兩書。

在參考文獻內容上,除陽明原典外,王門諸子的言論,以及近代、當代學者的觀點,本書在詮釋陽明精神的過程中,將適時的提出檢討。但為了集中於論題的提出與觀念論證,同時避免成為國內外「陽明學研究史」式的資料堆砌,故本書不將重心置於二手資料的研究與比較;僅在檢擇後,用以輔助詮釋與說明本書之立場,與協助論題的解決;換言之,本書重點著力於扣緊原典之精神進行分析。在〈參考書目〉形式上則區分為:「期刊」與「論著」兩大部份,其中又各區分為「陽明哲學專題」與「一般哲學專題」兩大項。

在研究方法上,本文在《中庸》修養論的觀點下,建立三個新概念以詮釋陽明學:第一個概念是「中和式自然動力」,另外二個是「人自體」與「中庸的道德心境」。此三個概念,本文將在第一章第一節進一步做檢證與分析,說明其詮釋陽明學的合理性與適切性。提出此三個新概念,目的在形成一方法意識,此一方法意識其意義在於「以方法控馭材料」,以及「以思想導引文本」,而使本書不致於成為堆砌國內外「陽明研究史」之資料集。

在本書的大方向上,我們將從《中庸》的觀點,集中且多面向探討陽明致良知體系之建立精神;集中主要是使分析朝向觀察陽明如何以擴大對「心」之詮釋,以處理宋明理學中的重要議題;多面向是指本文一方面試圖呈顯陽明的基本立場與重要哲學主張,另一方面則從與陽明同期之學者、王門後學諸子,以及當代新儒家的發展,分析陽明致良知哲學方法的價值與意義。就集中的方向而言我們試圖以系統研究法,掌握陽明本人的思考體系與結構;就多面向而言,本書採取了歷史研究法,從陽明同期學者與後期王門諸子的論點,考察致良知學的發展。

另外,本書亦採取分類與比較法,從《中庸》修養論的觀點,對目前「陽明學」與「致良知方法」之學界研究成果;以宏觀與綜攝的方法,從「研究陽明論著類型分析」與「致良知教研究成果檢討」二個角度進行反省,試圖

〔註21〕王陽明:《王陽明全書》,台北:正中書局,1970。
〔註22〕陳榮捷:《王陽明傳習錄詳註集評》,台北:台灣學生書局,1984。
〔註23〕鄧艾民:《傳習錄注疏》,基隆:法嚴出版社,2000。

以較寬廣的視野，探討研究陽明學之各種方法；並輔以綜攝的方法融會各家見解；以歸納、整合前人意見，做爲本文的研究基礎。

　　從總體脈絡而言，本書在研究過程中，一方面將從致良知「方法的基礎」與「體系之建立」二角度，觀察陽明如何支持及證成其學說體系。另一方面本書本身的撰寫過程，亦是對本文設定「《中庸》修養論觀點是一論述致良知方法之適當方式」一構想之檢證，本書將於結論部份進行一整體性之反省與評估。

　　以上三點說明了本書主要的內容，包含對陽明哲學體系、當代研究成果之檢討與評估、提出新詮釋觀點、檢證新觀點的論證過程。一如陽明曾說：「此『致知』二字，眞是箇千古聖傳之秘，見到這裏，百世以俟聖人而不惑〔註24〕」，本書正試圖闡發陽明千古聖傳之秘，希望最後能在良知學上有正確體認，距離陽明眞正之精神「雖不中，亦不遠矣」〔註25〕！

〔註24〕〈傳習錄〉下，同註3，頁78。
〔註25〕〈傳習錄〉中，同註3，頁69。

第一章 觀念的嘗試與當前研究成果之反思

　　本章要點主要有二，第一、嘗試提出一新的說明系統，從《中庸》修養論的觀點提出「中和式自然動力」、「人自體」與「中庸的道德心境」三個概念建構一新的詮釋範疇，以利於疏理致良知方法的體系，同時賦予良知哲學時代之新義。第二、對目前致良知之學界研究成果，從當代學者「研究陽明論著類型」與「致良知教研究成果」二方向，以宏觀方式探討研究陽明學的各種類型，輔以縱攝的方式融會各家研究致良知教的要領，整合前人意見，做為本書的研究基礎。

第一節　致良知詮釋方法新探：從「《中庸》修養論」的觀點

　　本書為說明王陽明「致良知」方法之體系，從「《中庸》修養論」的觀點提出三個概念以詮釋「陽明學」。誠如耿寧（Iso Kern）教授的觀點：「如果我真要了解王陽明學說，我就得透過我自己的範疇去了解它；但前提是如果我所運用的範疇，能使王陽明關於良知的論述，形成一個有意義和有系統的理論」〔註1〕。本節的目標即在於提出有力證明，說明本文所建構之新詮釋範疇，可以做為全書發展時的方法性觀念，或工具性觀念，有利於分析陽明所要解

〔註1〕參見耿寧：〈從「自知」的概念來了解王陽明的良知說〉，《中國文哲研究所通訊》，張文朝譯，第 4 卷，第 1 期，13，1994.3，頁 15。

決的問題。以下將從新詮釋範疇的緣起、內容與優點，論證「《中庸》修養論觀點是一論述致良知方法之適當方式」，並呈現此方法之特色。

壹、新詮釋範疇的緣起：歷史的觀點

為什麼本書試圖建立新詮釋範疇，從「《中庸》修養論」觀點去理解陽明學，這是我們首先要回答的問題。此一主題的切入點必須從歷史脈絡觀察，因為「致良知」觀念是陽明五十歲（1521）——在江右以後才提出的，屬於陽明思想的成熟期。關於這段歷史，錢緒山、王龍溪、湛甘泉、黃宗羲都有過記載與說明，例如錢緒山云：

> 吾師陽明先生出，少有志於聖人之學。求之宋儒不得，窮思物理，卒遇危疾，乃築室陽明洞天，為養生之術。靜攝既久，恍若有悟，蟬脫塵坌，有飄飄遐舉之意焉。然即之於心若未安也，復出而用世。謫居龍場，衡困拂鬱，萬死一生，乃大悟「良知」之旨。始知昔之所求，未極性真，宜其疲神而無得也。蓋吾心之靈，徹顯微，忘內外，通極四海而無間，即三聖所謂「中」也。本至簡也而求之繁，至易也而求之難，不其謬乎？征藩以來，再遭張、許之難，呼吸生死，百鍊千磨，而精光煥發，益信此知之良，神變妙應而不流於蕩，淵澄靜寂而不墮於空，征之千聖莫或紕繆，雖百氏異流，咸於是乎取證焉。〔註2〕

陽明高弟錢緒山對陽明的描述相當完整，如果再配合《明儒學案》的記載〔註3〕，我們即可理解陽明的學思歷程，從「求之宋儒、窮思物理、為養生之術、謫居龍場大悟良知之旨」的過程。值得注意的是錢氏特別指出《中庸》的「中」觀念做為代表心學，能夠「徹顯微，忘內外，通極四海而無間」；所以，我們首先即注意到了《中庸》一書在陽明學的特殊地位。在此思緒下，陽明另一弟子王龍溪的一段文字，更關鍵性地指出《中庸》的觀點，可以做為分析陽明成熟期思想的代表性起點。王龍溪云：

> 自江右以後，專提「致良知」三字，默不假坐，心不待澄，不習不慮，盎然出之，自有天則，乃是孔子門簡易直截根源。蓋良知即是

〔註2〕〈陽明先生年譜序〉，《王陽明全書》（四），頁190～191。

〔註3〕先生之學，始泛濫於詞章，繼而遍讀考亭之書，循序格物，顧物理吾心終判為二，無所得入。於是出入於佛、老者久之。及至居夷處困，動心忍性，因念聖人處此更有何道？忽悟格物致知之旨，聖人之道，吾性自足，不假外求。其學凡三變而始得其門。〈文成王陽明先生守仁〉，《明儒學案》，卷37，頁180。

> 未發之中，此知之前更無未發；良知即是中節之和，此知之後更無
> 已發。此知自能收斂，不須更主於收斂；此知自能發散，不須更期
> 於發散。收斂者，感之體，靜而動也；發散者，寂之用，動而靜也。
> 知之真切篤實處即是行，真切是本體，篤實是工夫。知之外，更無
> 行；行之明覺精察處即是知，明覺是本體，精察是工夫，行之外更
> 無知，故曰「致知」存乎心悟，致知焉盡。〔註4〕

王龍溪強調這個階段的王學是「孔門簡易直截根源」，指出「致良知」不但是王學的代表性觀念，更直接繼承了孔門一貫之道。黃宗羲的《明儒學案》〔註5〕即根據這段話摘要性的重新強調了一次，內容上相當一致，亦選擇了《中庸》已發、未發的觀點說明「良知」。而湛甘泉在「五溺說」中，則強調陽明「初主『格物』之說，後主『良知』之說；甘泉子一主『隨處體認天理』之說，然皆聖賢宗旨也；而人或捨其精義，各滯執於彼此言語，蓋失之矣！故甘泉子嘗為之語曰：『良知必用天理，天理莫非良知，以言其交用則同也』」〔註6〕。

甘泉的行文中強調了在陽明成熟期的思想中「良知」與「天理」的關係是特別重要的；而陽明本人則認為：「『人心惟危，道心惟微，惟精惟一，允執厥中』此心學之源也」〔註7〕。無論是良知與天理，已發與未發，都涉及修養論的課題；而上述錢、王、湛的觀點，與陽明本人在晚年對《中庸》的重視，即是促使本書設定以《中庸》的精神研究王學之理由，以下進一步說明此新範疇之結構，即此一研究工具所能提供之分析功能。

貳、新詮釋範疇的建構

一、中國詮釋學的特殊面向

建構一個詮釋範疇或詮釋結構，事實上即是對該學說嘗試性地提出一種新的詮釋方法。從風格上觀察，陽明本人的學說相對歷史文本而言，亦相當具有嘗試與創造新的特性。黃俊傑教授即認為王陽明思想中對孟子（372～289 B.C.）的繼承型態，亦是一種新詮釋的模型。孟子與陽明的年代差距一千七百

〔註4〕 〈滁陽會語〉，《王龍溪先生全集》，頁184～185。
〔註5〕 〈文成王陽明先生守仁〉，同註3，卷37，頁180。
〔註6〕 〈陽明先生墓誌銘〉，同註2，頁224。「五溺說」指：「初溺於任俠之習；再溺於騎射之習；三溺於辭章之習；四溺於神仙之習；五溺於佛氏之習」；正德丙寅，始歸正於聖賢之學。
〔註7〕 〈象山文集序〉，《王陽明全書》（一），頁190。

多年，陽明用了新的「致良知」範疇來說明孟子的「集義」、「必有事焉而勿忘勿助」，以及「良知良能」等觀念，陽明此一「致良知」新概念在明代的提出，呈現出一個中國詮釋學的特殊面向：

> 中國詮釋學的一個特殊面向——以經典解釋作爲解釋者個人精神體驗或心路歷程之表述，指出這種類型的中國詮釋學具有「主客交融」的特質，解釋者與經典交融爲一，互爲主體，其結果則是使經典取得「存在的」（existential）特質，而解經事業則是一種「體驗」（experiential）之學。〔註8〕

從當代陽明學的研究之角度而言，上文中黃俊傑與耿寧兩位先生的觀點不謀而合。陽明本人對孟子詮釋的成功，促成儒學再次凝聚出一股新的生命力，普遍地影響了當時的中國社會，又隨著宋明新儒家的發展，陽明學也對近世中國有一定程度的影響〔註9〕。本書所謂之新詮釋範疇的建構由三概念組成：（1）「中和式自然動力」，以及（2）「人自體」與（3）「中庸的道德心境」；後二者是用以輔助說明第一個概念「中和式自然動力」之內容，以下首先說明建構新詮釋範疇之動機、目標與原則。

二、建構新詮釋範疇之動機與目標

（一）建構新詮釋範疇的動機

本書提出「《中庸》修養論」作爲研究方法的動機有三：第一、於運用此三概念，建立一新的說明系統；以利清晰地理解陽明致良知體系，更貼近陽明本人思考情境。第二、思考在當代，我們是否有可能對陽明學設計出一套新的詮釋方法。此一構想，是本書試圖透過新詮釋範疇建構，設法理解王學的主要動機；換言之，即是以此新詮釋範疇之建立，賦予陽明學時代新的意義。第三個動機與當代研究方法有關，以下分二點說明。

第一、我們以當代新儒家牟宗三先生之思維爲例，說明本方法的結構。牟先生提出：以明道「一本渾然與物同體之論」爲儒家圓教之基本模型；又提出「橫豎」〔註10〕之說法，以橫說是覺潤，豎說是創生，分別說明「仁體」

〔註8〕 參見黃俊傑：〈王陽明思想中的孟子學〉，《中國文化研究所學報》，1997，第6期，頁440。

〔註9〕 有關陽明對近世中國的影響，吳雁南在《陽明學與近世中國》（貴陽：貴州教育，1996）一書中有詳盡的論點與分析。

〔註10〕 牟宗三先生在《心體與性體》（二），頁143～144，以及頁223～224都有詳盡

之體用；又以心宗與性宗說明此一本渾圓包含的兩個迴環——由主觀的道德本心，到客觀的性體的向上的迴向；以及，由客觀的性體，到主觀的道德本心的向下的迴向；此一觀點給筆者的影響主要是在方法上的。

第二、在方法的設計上，不論上述所言是「橫豎」或「圓環」的模型，都是屬於空間性的方法。本文提出（1）「中和式自然動力」之目標，爲的是提出一時間性的方法，從「時間」的角度考察儒家成德之教，「時間」在本文即「力量」，即一與生命相連之「創造力」，此與海德格（Martin Heidegger, 1889～1976）的「時間性」〔註11〕近似，具一美學與存在性意義。

「時間」不是指一種從某一點至另一點的「距離之改變」，即不是一種「空間性變化」過程之時間意義，而是生命中一股實實在在的力量。它既儒家自《中庸》、《易傳》言天道性命相貫通之意識，又注意到性與天的超越性；但另一方面（2）「人自體」與（3）「中庸的道德心境」，卻又能輔助性的理解陽明「心即理」的關係，側重心學的路線，或從體證工夫著手，使讀書能較具體地掌握「理」觀念的抽象內容。

換言之，本書提出三個新概念目的如下：（1）「中和式自然動力」注意到了在「性與天」的超越性背景中，主體的能動性與力量；同時，（2）「人自體」與（3）「中庸的道德心境」兩概念的提出，則注意到：陽明以人的「良知」爲核心的主體地位，即此二概念，將可適當地表達「良知本體」理論之發用，或實踐過程之存在性內容，輔助對良知與心體的理解。簡言之，在上述三概念中，（1）「中和式自然動力」是於一股穆不已之力量，是良知的存在根據；而（2）「人自體」則作爲一感應之幾，它是生命力量的承載者，是自然生命發用時實存的經歷者；（3）「中庸的道德心境」則爲良知發用的狀態，依此三者而形成一詮釋之循環體系。

（二）建構新詮釋範疇的目標

陽明論良知哲學，主要精神在以「致良知」在於指出工夫入手處，以歷史語言的轉變或該時代詮釋之需求而言，陽明的做法即是以新的詮釋內容，改變了孟子集義哲學的觀點，賦予孟子學新時代意義，陽明云：

的說明。牟宗三：《心體與性體》，台北：正中書局，1992。

〔註11〕海德格以時間爲「存在之領悟的境域」，相對於從亞里斯多德至柏格森流俗的時間概念，流俗的時間概念所意指的乃是空間。海德格：《存在與時間》（上），台北：唐山出版社，1989，頁24～25。

說集義則一時未見頭腦，說致良知即「當下便有實地步可用功」。故
區區專說致良知，隨時就事上致其良知，便是格物；著實去致良知，
便是誠意。〔註12〕

陽明對孟子集義的方法提出改變，目的是爲了使修養工夫「當下便有實地步
可用功」；而其所指之方向即是格物與誠意。此二觀念對陽明而言實是同一件
事〔註13〕，因爲「格」是「正其不正，以歸於正也」〔註14〕。格物與誠意的
主要功能有二：第一、去私復理，以「心之本體」追求「天之本體」；第二、
使人活潑潑地運用致良知工夫，掌握「天命之性」中的至善價值，恢復人之
原創力與生命力。試觀陽明所云：

心之本體無所不該，原是一個天。只爲私慾障礙，則「天之本體」失
了。……念念致良知，將此障礙窒塞一齊去盡，則本體已復。〔註15〕

須要時時用致良知的功夫，方才活潑潑地，方才與他川水一般。〔註16〕

本書提出新詮釋範疇的目標，初步即設定，即在掌握陽明致良知的體系的兩
主要精神：第一、去私慾障礙，方能不失心之本體的存在性內涵。第二、恢
復人原創之能力與生命力，即掌握良知之應物現形與生生不已義〔註17〕，方
能不失「天之本體」；本書認爲這是陽明成熟期的思想特色。

此二目標之所求，即在能善用致良知工夫，復心之本體；並以去私欲得仁
之全體〔註18〕，進一步方能「以天地萬物爲一體，訢合和暢，原無間隔」〔註19〕。
簡言之，實踐「仁人之心」〔註20〕，即是致良知的主要精神，其消極的目標在

〔註12〕〈傳習錄〉中，同註7，頁67。
〔註13〕「工夫難處，全在格物致知上。此即誠意之事。」〈傳習錄〉上，同註7，頁
21。
〔註14〕先生曰：「格者，正也。正其不正，以歸於正也」。〈傳習錄〉上，同註7，頁
21。
〔註15〕〈傳習錄〉下，同註7，頁79。
〔註16〕〈傳習錄〉下，同註7，頁86。
〔註17〕唐君毅先生對於此類似的觀點曾以「當下之機」形容之，他認爲「良知之應
物現形，乃當下之機之義，……此良知之明，即更能照見其當機之所當爲，
便更能於此時，有其良知天理之創發性的表現故耳」。參見唐君毅：〈良知之
應物現形與生生不已義〉，《中國哲學原論》（原教篇），台北：台灣學生書局，
1984，頁332～333。
〔註18〕「仁者以萬物爲體，不能一體，只是己私未忘」〈傳習錄〉下，同註7，頁91。
〔註19〕〈與黃勉之〉（甲申）《王陽明全書》（二），頁37。
〔註20〕「仁人之心，以天地萬物爲一體，訢合和暢，原無間隔」〈與黃勉之〉，同上，
頁37。

除去私欲，恢復心之本體；積極的目標在藉由人類創造力的彰顯，呈現良知與天理的重要關連。以上兩個目標，皆涉及人與自然的直接關係；其實質地理解更需再透過讀書與修養，才能完成宋明新儒內聖之路。

三、新詮釋範疇建構之三項原則

（一）新詮釋範疇建構關切「人之整體性」

關切人的整體，其方式一是除去私欲，積極的恢復心之本體；另一方式，即指出此所欲恢復的本體與天之本體密切相關，以天之無限可能保障人之完整可能。其中「天之本體」與「心之本體」間意義的聯繫，將於本書第二章主題「良知即天理」中論述；本書新詮釋範疇欲積極地關切人的整體之原則，在本節中將透過「人自體」概念呈現之。

（二）新詮釋範疇建構指出「天命之性即所謂良知者也」的精神

陽明云：「天命之性，粹然至善，其靈昭不昧者，皆其至善之發見，是皆明德之本體，而所謂良知者也」〔註21〕，本書提倡《中庸》修養論做為理解的原則，即試圖從陽明天命之性，即所謂以良知做為入手處的基礎上，顯現致良知教是一有本、有源的理論；其中「中和式自然動力」的概念，即指出此一天命之性的觀念，如何能做為良知哲學得以成立的保障，即是突顯出「良知哲學」得以成立之「背景哲學」〔註22〕。

（三）根據《中庸》精神「避免只從意識活動」的觀點詮釋良知

如果我們只從意識的特性去討論良知觀念，即只偏重了人的理性特徵，有可能會忽略人的感性層次，以及創造力的層次；相對的，新詮釋範疇的三項概念，即試圖要求避免偏重人性的某一個特點，要求在（1）力量根源——中和式自然動力，（2）人自身——人自體，與（3）以（1）（2）兩點為基礎而展開的新平衡——中庸的道德心境中，實踐與符合不偏不倚的《中庸》精神。

參、新詮釋範疇的內容

本書之三範疇，試圖理解並表達出：陽明如何能把握天命下貫於良知體系的力量，又何以此一力量能透過一種中和觀念之方式，在人自體中被發現，

〔註21〕〈親民堂記〉，同註7，頁208。

〔註22〕有關「背景哲學」的內容，敬請參見拙著《哲學表達及其基礎——中國哲學研究之新思維》第四章：〈文化生活的實踐原則——群體創造與背景哲學之建立〉，台北：理得出版社，2005。

並能發揮其學說廣大的影響。以下首先說明《中庸》修養論方法之意義與精神，指出其所融貫之道德範疇內容，並說明新概念與陽明學二者間的關係。

一、《中庸》修養論方法之意義與精神

本文將試著從《中庸》修養論的觀點指出：陽明的良知觀念，在發用上，具有一種存在性之自然力量推動人的行為。陽明透過良知觀念之生生不息的特性，說明了這股驅策人的力量。這種力量在《中庸》而言即是一種中和式的力量，它使行為「發而皆中節」；另外，陽明學與「《中庸》修養論」的關連性密切，除了上述新範疇緣起中所論述的歷史意義外，陽明曾經說：

> 《中庸》言『不誠無物』，《大學》『明明德』之功，只是箇誠意。
> 〔註23〕

> 喜怒哀樂之未發，謂之中；發而皆中節，謂之和；「中」也者，天下
> 之大本也；「和」也者，天下之達道也。〔註24〕

《中庸》誠之形上觀念，與《大學》之格物與明明德觀念，陽明以創造性的詮釋巧妙地將之串連；其要點以「中」為天下之大本，以「和」為天下之達道。所以，本文以「中和式自然動力」論述致良知體系之精神，目標即在於指出致良知方法的運用，必須把握天理下貫於人心的動態歷程，即掌握陽明所言此天植靈根，自生生不息的力量，方可理解「致良知方法」所以可能的力量根源，與基礎性內容。

二、《中庸》修養論方法所融貫之道德範疇內容

從融貫的角度觀察，王陽明以孟子所提出的良知為核心範疇，以《中庸》之「中」為指標，在本體論上，將先秦哲學中的道心、明德、天命之性、至善，以及宋儒的理或天理都合而為一。其次，在道德實踐上，將良知、致知兩觀念結合為「致良知」作為中心命題；將執中、親民、修道之謂教、求放心，與宋儒的「存天理，去人欲」等統一起來。

從方法上進行觀察，王陽明把「中」與「至善」合而為一，以之作為衡量道德實踐之最高準則，將偏離中道的「過」與「不及」視為惡與異端而加以否定，這樣把多種儒家思想貫通起來，無疑是王陽明的一大貢獻〔註25〕。

〔註23〕 〈傳習錄〉上，同註7，頁5。
〔註24〕 《中庸》
〔註25〕 參見徐儒宗：〈王陽明的《中庸》修養論〉，本文收錄於方祖猷、滕复主編《論浙東學術》，北京：中國社會科學出版社，1995，頁100。

我們於陽明與弟子問答與內容間可以觀察到下列語句：（1）「這心體即所謂道心」〔註26〕、（2）「《中庸》言『不誠無物』，大學『明明德』之功，只是箇誠意」〔註27〕、（3）「『親民』猶孟子『親親仁民』之謂」〔註28〕、（4）「『格物』如孟子『大人格君心』之『格』」〔註29〕等等，這四個命題觀念源自於《尚書》、《大學》、《中庸》、《孟子》等書，我們提問亦從此中產生，陽明以何種方式，使得其「致良知體系」，可以融貫先秦儒家經典中的最高道德範疇及內容。換言之，本書整體性的目標，將試圖在《中庸》修養論的角度下，尋求陽明得以融貫各家，並使其理論產生包容性之基礎依據。

三、本書三項概念與陽明學之關係

在基礎性內容的探討上，我們試圖以三項新概念做為分析工具，表達出陽明如何能把握天命之性內存於人心之自然力量；本節之說明內容即朝向此一目標，並將指出新概念與陽明學的關係。以下即對中和式自然動力、人自體與中庸的道德心境三要點進行分析。

（一）中和式自然動力

本書提出《中庸》修養論的觀點詮釋陽明，強調說明良知理論中，側重「人與自然直接關係」（請參見第二章「良知與自然」）下的「人文世界與群己關係」（參見第三章「知行合一」）；所以，在實踐之倫理步驟之上之前，有必要先理解實踐層次得以成立之形上理論結構，說明陽明學為何能在明代以致良知觀念，影響廣大群眾，說明其理由何在。即本書新詮釋範疇的設計，（1）試圖重新承擔了陽明學說何以能發揮其巨大功能的責任問題，（2）試圖在詮釋目標上，活化良知學說；（3）在論證形式上，嘗試以回答問題的方式，從為什麼本書倡言使用「中和」觀念？為什麼強調「人與自然的直接關係」？為什麼是「自然動力」等等觀念，設法更精確地分析陽明「致良知」此一哲學方法的形成歷程與哲學內涵。

首先，為什麼使用「中和」觀念處理陽明哲學？

因為「中和」概念是《中庸》主旨，是其中承接形上與形下、天道與人

〔註26〕「這心體即所謂道心，體明即是道明，更無二，此是為學頭腦處。」〈傳習錄〉上，同註7，頁12。
〔註27〕〈傳習錄〉上，同註7，頁5。
〔註28〕〈傳習錄〉上，同註7，頁1。
〔註29〕〈傳習錄〉上，同註7，頁5。

道的轉折性樞紐；此一觀念可以指出陽明哲學的實踐動力來源。例如《中庸》倡言：「致中和，天地位焉，萬物育焉」的命題，「致中和」觀念是透過人思想中的形上世界，做為「人」統合現實與理想二者的最高目標。而「天地位焉，萬物育焉」的觀念，更交待了人面對「在人之外有一不可真知的天地與宇宙」時，人如何能以中庸的態度處理之，不懼不憂，標舉出人如何能採取一使「人與萬物在宇宙中各得其位」，並「孕育與滋長」的最大可能。此即本書試圖指出陽明良知哲學，如何能夠統合天道與人道，以「致中和」觀念為目標的天道觀。

其次，在人自身當中，《中庸》處理了人類「情感」的發用問題，長期地指導了宋明所關懷之天理人欲範疇；同時，「致中和」觀念，亦能適切地指出從天理指導人倫之道德準則——即陽明云：「知得過、不及處，就是中和」〔註30〕的內容，即陽明強調「中和」的觀念必須以天道觀為保障才能有效地指導道德判斷。從上述兩個方向思考，我們認為「中和」確實是「《中庸》修養論」的實質基礎。

為什麼是「自然」？為什麼是「自然動力」？陽明學能在明代發揮其撼動人心的功能，即是他成功地建立了一套形上的道德哲學，能以「良知」體系統合先秦儒學與宋代理學；又能以「良知即天理」有效地說明人與自然的直接關係。一方面滿足了人理性上的發問，另一方面又為人心取得一既能依賴自身，又不捨棄外在宇宙的表達系統；即統合了人與自然二者。

當然，此一「自然」觀念並非「無為之自然」，而是人源於天道中，具生生不息力量之自然。即中和式自然動力之「自然」二字，與道家偏重「無為」的「自然」一語意義不同，本書的自然動力一詞其目的在指出此「動力」一方面是天理下貫之自然力量，是陽明哲學之動力來源，另一方面此力量亦為「良知」的自然之用，它是依據「此心純乎天理之極」的思考，從「天理」的形上世界順從自然之流行發用，再統合「良知」一觀念所延伸出的意義。

就人與自然二者而論，「中和」目標，即統合了形上自然中的「天理」觀念，以及人類主體性中的「良知」本體。一方面「中和」目標，指導良知本體適切表達出其力量（良知之用）——這個過程即陽明所云：「七情順其自然之流行，皆是良知之用」〔註31〕。另一方面，從「未發之中」到「已發而中

〔註30〕 〈傳習錄〉下，同註7，頁95。
〔註31〕 〈傳習錄〉下，同註7，頁93。

節」，皆是同一個「力量」之作用，若有偏時，良知之自覺作用可去蔽復體，即發而皆中節〔註32〕。

「中和」既指向形上世界，「中和式自然動力」亦為一從本體層面立論的體系；此一研究方法，即試圖較具體地指出人類情感於天理流行之中，有一股最理想的（中和）力量，使「復其性之本體」成為可能；其未發時為中和之體，其已發則為自然動力之用；此即是「天理」下貫於「人心」，即是「天命之性」存在於「人自體」中之動態歷程。

簡言之，本文的「中和」是在「天理」觀念下提出。因為陽明認為「天理亦自有箇中和處」〔註33〕，所謂之「中」即是「天理」〔註34〕，「中和」觀念的提出是為了「復其性之本體」〔註35〕。陽明為擴大心之功能提出「心即性，性即理」〔註36〕的原則，即是認為「中和」的目標在復其「性」的同時，即是復其「理」，理即天理，即指向形上世界，以陽明「至善只是此心純乎天理之極便是」〔註37〕的命題為代表歷程。

具體言，我們認為「中和式自然動力」即是「維天之命，於穆不已，於乎不顯」〔註38〕、「天行健，君子以自強不息」〔註39〕的同一股力量。如陽明所云：「活潑潑地，此是天機不息處，所謂『維天之命，於穆不已』一息便是死，非本體之念即是私念」〔註40〕，非本體之念即是私念，是本體之念即回到廓然大公的良知中。一旦良知發用，又必能發而中節，此一中節與最理想之狀態，其力量必定以「中和」的方式表出。一如陽明所云：「儘著自己力量精神，只在此心純天理上用功，即人人自有，箇箇圓成」〔註41〕，「中和式自然動力」主要精神即在於指出此實踐之力量人人本具，即是這一力量使陽明致良知的工夫得有實踐依據，不論聖人或愚夫愚婦都具有這股自然動力，它

〔註32〕「纔有著時，良知亦自會覺，覺即蔽去，復其體矣」。〈傳習錄〉下，同註7，頁93。
〔註33〕〈傳習錄〉上，同註7，頁14～15。
〔註34〕「中只是天理……去得人欲便識天理」〈傳習錄〉上，同註7，頁20。
〔註35〕「中和便是復其性之本體…中和位育，便是盡性至命」〈傳習錄〉上，同註7，頁31。
〔註36〕〈傳習錄〉上，同註7，頁12。
〔註37〕〈傳習錄〉上，同註7，頁3。
〔註38〕〈維天之命〉，《毛詩·周頌》
〔註39〕〈乾卦〉〈大象〉，《周易·上經》
〔註40〕〈傳習錄〉下，同註7，頁76。
〔註41〕〈傳習錄〉上，同註7，頁26。

是「生生不息」〔註42〕必定存在的；如果回到人與自然的關連性，就人之存在體驗而觀察「中和式自然動力」，我們將透過「人自體」與「中庸的道德心境」二觀念來連接並賡續分析。

（二）人自體

何謂「人自體」？首先必須考慮「人自體」中的情感要素，理由是：「中和」觀念，如上所言既涉及人與自然兩範疇；此時，「人自體」是範疇的一端，即人的主觀思考力的來源，亦是人「情感」表出的根據，其情感的未發與已發的「中和」狀態，具體地即如《中庸》所云：「喜怒哀樂之未發，謂之中；發而皆中節，謂之和；中也者，天下之大本也；和也者，天下之達道也」。在這個背景下，「人自體」即「中和」觀念的實踐場域，其過程即實踐《中庸》的「誠身」過程，而此一範疇的另一端即誠身的目標，即是「仁」。

在「仁」觀念的目標下，「人自體」與陽明學的關連性有三：第一、人自體即「仁體」，人自體的「人」一詞源自《中庸》所云：「仁者人也，親親爲大」〔註43〕；人的最佳表現即仁者，即就其「忘己私而體萬物」而言又稱之爲「仁體」〔註44〕。第二、人自體是即《中庸》所言「誠身」的對象，即〈傳習錄〉所云：「大抵《中庸》工夫只是誠身，誠身之極便是至誠」〔註45〕；誠身之「身」同時包含身與心雙重特性。在這個思考脈絡下，「人自體」的觀念指出了「實踐」之主體，指出了人的存在基礎位置，使得王陽明「事上磨練」之觀念不停留理論中，而有一實踐之主體。第三、根據身與心雙重特性，我們又注意到了心性之密切關係；換言之，從「人自體」我們很容易可以指出與人相關的「心」與「性」兩個範疇，而陽明對此二範疇的看法是：

> 「性」一而已：自其形體也謂之天，主宰也謂之帝，流行也謂之命，賦於「人」也謂之性，主於身也謂之「心」；心之發也，遇父便謂之孝，遇君便謂之忠，自此以往，名至於無窮，只一性而已。〔註46〕

陽明論性並未離開天而討論，此即《中庸》天命下貫的特性，本書設定「人

〔註42〕〈傳習錄〉下，同註7，頁84。

〔註43〕人指人身而言，具此生理，自然便有惻怛慈愛之意。參見朱熹集注：《四書集註》〈中庸〉，台北：中華書局，1984，頁12。

〔註44〕「仁者以萬物爲體，不能一體，只是己私未忘。全得仁體，則天下皆歸於吾仁。」〈傳習錄〉下，同註7，頁92。

〔註45〕〈傳習錄〉上，同註7，頁32。

〔註46〕〈傳習錄〉上，同註7，頁13。

自體」與「誠身」的關係即保持了性與理的密切聯繫。簡言之,「人自體」是一統合性概念,其特性與「心身不二」、「誠身」、「仁體」、「中和之體」等概念相關,一方面是指出:探討與理解陽明的「心」觀念,必須注意心身不相離原則〔註47〕;另一方面,這個思考脈絡亦較有利於解釋包含「天理」在內的心性哲學之完整結構。

(三)中庸的道德心境

何謂「中庸的道德心境」?中庸的道德心境並非「喜怒哀懼愛惡欲」七情之任何一者;然而,這種心情亦不外於七情,而是遵守中和的原則,以最佳方式統合七情而後有的「道德情感」,即陽明所謂「七情順其自然之流行……但不可有所著」〔註48〕的心境。「中庸的道德心境」可所以說即是中庸至誠與盡性後的存在意境,即陽明「所以某說無心外之理,無心外之物,中庸言不誠無物」〔註49〕的最高道德情感;這種心境陽明亦用樂之本體來表示:

> 樂是心之本體。仁人之心,以天地萬物爲一體,訢合和暢,原無間隔。……謹獨即是致良知。良知即是樂之本體。〔註50〕

> 樂是心之本體,雖不同於七情之樂,而亦不外於七情之樂;……常人有之而不自知,反自求許多憂苦,自加迷棄。雖在憂苦迷棄之中,而此樂又未嘗不存,但一念開明,反身而誠,則即此而在矣。〔註51〕

陽明認爲「樂」即是「心之本體」,此「樂」即人最佳的心境狀態,即良知之完整作用,即是致良知在「人自體」中發揮的功效。在《中庸》修養論觀點下,人只要能理解前文所言「天理」觀念在「致良知教」中的意義,就可以明白陽明所云良知與樂之本體,爲什麼是「常人有之而不自知,反自求許多憂苦」的原因;以及,爲何人類的最佳道德情感,能夠如陽明所云只要「一念開明,反身而誠,則即此而在矣」。簡言之,「中庸的道德心境」是一種修養實境,人於此實境中,如能妥善發用中和式自然動力,使生活順自然之流行,不存私欲,則能接近中庸的道德心境,此即陽明所謂之「樂」的意境。

綜合以上所言可知,《中庸》修養論觀點,即是經由中和式自然動力的設

〔註47〕 「無心則無身,無身則無心。」〈傳習錄〉下,同註7,頁75。
〔註48〕 〈傳習錄〉下,同註7,頁93。
〔註49〕 〈傳習錄〉上,同註7,頁5。
〔註50〕 〈與黃勉之〉(甲申),同註19,頁37。
〔註51〕 〈傳習錄〉中,同註7,頁57。

定性理解，象徵天命之性下貫於人性的運作，再透過人自體的實存與經歷，理解此一力量運作所可能帶來的最佳成果。這種成果，本文用一種存在性的「中庸道德心境」來描述其可能之內容；換言之，中和式自然動力，必須通過人自體的發而中節，才獲得一中庸的道德心境；即人自體爲中和式自然動力的實踐場域，中庸的道德心境爲人自體最佳的展現狀態。此即本書設計以三項新概念組成一詮釋結構，詮釋範疇，輔助理解王學之目的。

肆、新詮釋範疇的特性、優點與應用

以下將對新詮釋範疇之內容與定義進行歸納，結論出新詮釋範疇所彰顯出之特性、優點及其應用之可能條件。

一、範疇的特性

（一）中和式自然動力的詮釋設定，爲一從本體層面立論的體系，強調陽明所謂之「中即是天理」的特性。

（二）「中」指未發之中，中和式自然動力是使情感能發而中節之力量。

（三）「自然」二字，目的在指出：中和式自然動力，一方面代表由「天理」觀念一貫而下之自然存在力量；另一方面亦爲良知的自然發用的客觀結果。

（四）中和式自然動力，以陽明的語言即是「天植靈根」，其力量生生不息，不論聖人、愚夫皆然，從「未發之中」到「已發而中節」皆是同一力量的展現。

（五）「人自體」的觀念：從陽明的觀點而言即是「誠身」工夫的「身」，包含「身」與「心」雙重意義；其最理想的實踐成果，即陽明所言之「全得仁體」之仁體，以及「中和之體」的基礎。

（六）人自體的「人」概念，目標在指出「人」存在的意義場域，必須面對每天日常遭遇之各種事務，著重於彰顯陽明體系中「事上磨練」的意義。

（七）「人自體」在新詮釋範疇中的設定性功能，在於作爲「中和式自然動力」的實踐場域；而「中庸的道德心境」則爲人自體透過誠身有道的實踐，所尋得之最佳的操作性平衡狀態。

（八）「中庸的道德心境」概念，源自《中庸》「至誠」與「盡性」觀念。

（九）「中庸的道德心境」隨著「自然動力」之發用隨時存在，同於孟子「動心忍性哲學」一般，在憂苦之中，亦長存於實踐「盡心」觀念後的人自體中。

（十）中庸的道德心境與其稱之爲修養成果，不如稱之爲一種修養實境，以陽明的觀點而論即「一念開明，反身而誠」的修養實境。

二、新詮釋範疇的優點

透過中和式自然動力，從《中庸》修養論的觀點詮釋致良知可以突顯出五個優點：

（一）中和式自然動力，可突顯陽明的良知觀念，涉及一種美學性與創造性的層次。陽明對學生曾經說：「常使精神『力量』有餘，則無厭苦之患，而有『自得之美』」〔註52〕；對於宇宙天地又說「天地間活潑潑地，無非此理，便是吾良知的流行不息」〔註53〕。因爲新詮釋範疇是從中庸「自然動力」的觀點詮釋，故容易展示出陽明所言天地間活潑潑之力量；較有利於詮釋陽明體系中「心」、「理」、「性」與「致良知」等觀念中之美學與與創造性的力量。

（二）人自體的觀念，可以使致良知的討論，在基礎上扣緊「每一個人」自身，進而探索哲學中人的存在實境；使哲學既不再遺忘天理自然，又不忽略生活中的實際遭遇。換言之，人自體是一存在場域之樞機，它一方面，轉承天理自然觀念所下貫之中和式自然動力；另一方面，又能說明人必須面對自身，做爲一誠身之對象，而不至於只落入王陽明所批評之「徒入耳出口，呶呶度日」〔註54〕。

（三）人自體即「仁體」與「中和之體」，可指出忘己私而體萬物之仁者意境；並可藉中庸的角度，指出陽明學中源自於「允執厥『中』」的哲學義涵。

（四）「人自體」的觀念，在分析致良知之際，在基礎上聚焦於人自身，探索哲人的存在實境，不忽略生活中的實際遭遇；實事上，此一過程即是文明的進展動力，即是歷史累積與人類進步之源頭。從「人自體」與「中和式自然動力」二概念之交互分析中，將有利於我們能夠立足於反思「自然、人性及歷史」三者直接關係的軸心位置〔註55〕，這點我們將在第二章第一節「致良知教之精神」的主題中做進一步分析。

〔註52〕〈傳習錄〉中，同註7，頁73。
〔註53〕〈傳習錄〉下，同註7，頁103。
〔註54〕〈傳習錄〉中，同註7，頁50。
〔註55〕王陽明亦重視歷史的問題，例如《王陽明全書》中有記載：
愛曰：「先儒論六經，以春秋爲史。史專記事。與五經事體終或稍異」。答曰「以事言謂之史，以道言謂之經，事即道，道即事，春秋亦經，五經亦史」〈傳習錄〉上，同註7，頁8。

（六）「中庸的道德心境」觀念，一方面有利於使人從《中庸》一書的存在意境，體會陽明所謂「反身而誠」的工夫，努力去私欲與良知之蔽；另一方面，「中庸的道德心境」實即是陽明所謂「樂」的境界，此境界實以一生生不息之力量為內涵，消極而言可以去私欲明聖人之學；積極而論則可以在事上磨練，以成就事功。

三、新詮釋範疇的應用

以上述的分析背景為基礎，本書方能夠有系統地運用《中庸》修養論的方法，在後文的論述中，開展詮釋陽明學的視野。當然，我們無法奢求在良知學千頭萬緒的線索當中，立刻找到一種新方法，同時認定此一方法具有百分之百的詮釋效果；反之，我們所希望者，在於這個新詮釋範疇，或詮釋結構，能夠提供一種對陽明精神的暗示作用，提供一種方法性的存在深度與力量，並以此力量詮釋陽明的「致良知哲學」。

本章的內容屬於一個醞釀階段，第二章將進一步論述王陽明「致良知」方法的基礎，探討陽明「實踐致良知方法」所依據的原則，並於第三、四章中應用此《中庸》修養論的觀點，對陽明學說內容與王門後學之觀點提出討論。討論的目標，一方面將考察陽明「致良知方法」如何處理宋明理學中的重要課題；另一方面，本書的研究過程本身，亦是對此新詮釋範疇建立之內容的檢驗。本書將依據原典內容，以謹慎的精神，運用當前學者的學術成果嘗試新詮釋範疇的建構，並將於文末結論提出一研究成果之檢討與評估。

第二節　當代研究陽明論著類型分類與檢討

陽明哲學的研究早已如車載斗量，為便於理解當代學者之研究概況，本節選擇出後續章節將引用之重要論著做為代表觀點，從這些當代研究成果的分析中，嘗試條理出研究陽明學必須注意的關鍵性研究構面與其方法性進路。以下將分成三個部份論述：第一部份對各種題材進行綱要式分類整理，第二部份將對分類整理後之論著內容進行分析與考察，第三部份則將提出歸納與反省之結論。當時，限於篇幅，本書對當代研究成果的「取材目標」不在求全，也不必求全，而是設定在於展現「各類型的研究成果」，並以之做為稍後本書各章節之研究參考進路。

壹、對當代陽明學研究成果之分類

為有利於了解當代陽明學研究概況，經過檢擇與分類，將區別為「原典類」、「通論（觀念、歷史）性研究類」、「應用（比較、社會、教育）類」等三大範疇，以利於對「良知學」的當代研究近況有所掌握。本書對當前較重要的研究成果整理與分類如下：

一、當代研究陽明「原典註釋」類

有關〈傳習錄〉註釋的當代學者在 1920 年代有葉紹鈞的點註本，在 1958 年有于清遠《王陽明傳習錄註釋》，其次有 1983 年陳榮捷的《王陽明傳習錄詳註集評》，2000 年有應涵編譯的《王陽明傳習錄新解》與鄧艾民的《傳習錄注疏》等。

二、當代以「通論（觀念、歷史）角度研究陽明」類

（一）特別重視王學之單一觀念並以之為研究進路者

1. 強調「致良知教」之學者有：古清美、牟宗三、陳郁夫、蔡仁厚、麥仲貴等人。〔註56〕
2. 從「心」的觀點研究陽明者：楊國榮、（日）柴田篤等〔註57〕。
3. 以「有」與「無」為論著主題之學者有：陳來等。〔註58〕
4. 從《中庸》觀點研究陽明者：徐儒宗等。〔註59〕

（二）從歷史觀點（例如從哲學、歷史與晚明思想）研究陽明者：

1. 從歷史角度研究陽明者：張克偉、姜允明、耿寧、劉述先等〔註60〕。

〔註56〕 （1）古清美：〈王陽明致良知說的詮釋〉，《明代理學論文集》，台北：大安出版社，1990，頁 89～140。（2）牟宗三：《王陽明致良知教》，台北：中央文物供應社，1980。（3）陳郁夫：〈王陽明的致良知〉，《師大學報》，第 28 期，1983.6，頁 365～384。（4）蔡仁厚：〈王陽明致良知宗旨之建立〉，《中國文化月刊》，第 208 期，1997.7，頁 1～11。（5）麥仲貴：《王門諸子致良知學之發展》，香港：香港中文大學，1973。

〔註57〕 （1）楊國榮：《良知與心體──王陽明哲學研究》，台北：洪葉文化業公司，1999。（2）（日）柴田篤〈王陽明思想中的「言語」與「心」的關係〉，吳光主編：《陽明學研究》，《中華文化研究集刊（二）》，上海古籍出版社，2000，頁 70～84。

〔註58〕 陳來：《有無之境──王陽明哲學的精神》，北京：人民出版社，1991。

〔註59〕 徐儒宗：〈王陽明的中庸修養論〉，本文收錄於方祖猷滕復主編《論浙東學術》，北京：中國社會科學，1995，頁 97～104。

〔註60〕 （1）張克偉：〈王陽明謫官龍場與王學系統確立之關係〉，《哲學與文化》，第

　　　2. 論陽明與晚明思想者：陳福濱、（日）岡田武彥等。〔註61〕

　　（三）以「通論體系」方式研究者：秦家懿、鍾彩鈞等人。〔註62〕

三、當代「陽明學應用與比較研究」類：

　　（一）辨明「心學」與「禪學」之異者有：陳榮捷等。〔註63〕

　　（二）「與陽明學進行比較研究」之學者有：黃俊傑、楊祖漢等人。〔註64〕

　　整體而論，第一類的原典註釋，是研究陽明學不可少的文獻資料，第二、第三類「通論（觀念、歷史）角度研究陽明」與「比較性研究」二者，涉及本書「致良知」觀念研究時的諸多線索，以下進一步分析之。

貳、對當代陽明學研究成果之分析與考察

　　本文將從上述分類中，嘗試條理出研究陽明學必須注意的研究構面與進路，歸納出有益於觀念澄清，並能佐證研究方法論之合理觀點，做為全書進一步發展的基礎。以下依序分析之：

一、當代原典註釋類

　　當代對陽明原典的譯註主要以〈傳習錄〉為主。〈傳習錄〉可以做為研究陽明學的主要著作，其重要性可從《明儒學案》的記載中得知，例如：徐愛讀之手舞足蹈、羅念菴讀之廢寢忘食、劉兩峰與劉師泉因讀〈傳習錄〉而相約赴越從學陽明，尤西川因讀〈傳習錄〉，始信聖人可學而至，由上述王門諸子的讀後評價，可知本書之重要性。

　　當代有關〈傳習錄〉註釋的學者有于清遠、陳榮捷、葉紹鈞、鄧艾民、

　　　19 卷，第 9 期，1992.09，頁 805〜824。（2）姜允明：〈三人行：論陳白沙、湛甘泉與王陽明的承傳關係〉，《華岡文科學報》，第 22 期，1998.03，頁 1〜22。（3）耿寧：〈論王陽明「良知」概念的演變及其雙重涵義〉，《鵝湖學誌》，第 15 期，1995.12，頁 71〜92。（4）劉述先：〈論王陽明的最後定見〉，《中國文哲研究集刊》，第 11 期，1997.9，頁 165〜188。

〔註61〕（1）陳福濱：《晚明理學思想通論》，台北：環球書局，1983。（2）（日）岡田武彥：《王陽明與明末儒學》，上海：上海古籍出版社，2000。

〔註62〕（1）秦家懿著：《王陽明》，台北：東大圖書公司，1997。（2）鍾彩鈞：《王陽明思想之進展》，台北：文史哲出版社，1983。

〔註63〕參見陳榮捷：《王陽明與禪》，台北：台灣學生書局，1984。

〔註64〕（1）黃俊傑：〈王陽明思想中的孟子學〉，《中國文化研究所學報》，第 6 期，頁 439〜456。（2）楊祖漢：〈陸象山「心學」的義理與王陽明對象山之學的了解〉，《鵝湖學誌》，第 8 期，1992.6，頁 79〜131。

應涵等人。在內容上，1920 年代葉紹鈞註本有標點及註，但註釋相當簡略。1958 年于清遠《王陽明傳習錄註釋》文言與語體併用，所引四書五經之解釋多引朱熹（1130～1200）之註，並附有〈大學問〉、朱子晚年書信三章，以及湛甘泉撰陽明先生墓誌銘。2000 年應涵新編譯的《王陽明傳習錄新解》有評析及對王門諸子之簡介，但卻無註釋，總體而言內容似乎過於簡略。陳榮捷與鄧艾民本皆對〈傳習錄〉加以分條與編號，有利於研究者參考與檢索， 惟在第 142 條起的編號，則兩人依各自見解而有不同分法。

陳榮捷先生《王陽明傳習錄詳註集評》搜集各家之註釋與評論，從明清兩代馮柯、劉宗周、孫奇逢、施邦曜、王應昌、陶濬霍，至民國初年孫鏘、梁啓超、葉紹鈞、倪錫恩、許舜屏、且衡今、于清遠等註都加以採用整理；並對日人三輪執齋、佐藤一齋、吉村秋陽、東正純、東敬治、山川早水、安井小太郎、山田準、安岡正篤、杉原夷山、山本正、近藤康信、中田勝等註釋亦加以搜集，對古今中外研究〈傳習錄〉之成果做了良好的檢選與疏理，有利於後人參考，是研究陽明之學者不可少的重要著作；唯該書在風格上仍以考據特性勝於義理之闡釋。

鄧艾民之作較重視陽明前後期思想的發展，亦參考部份日本註釋，其特色在註釋中將〈傳習錄〉之重要觀點與陽明其它著作對照，明確地呈現出「同一觀念」在《王陽明全集》中的有那些地方曾經出現過。例如：〈傳習錄〉第 75 條論「《中庸》喜怒哀樂『未發之中』」，該條註即建議讀者可參見第 28 條亦論「未發之中」；這種整理對研究陽明之思想有很大的方便性與貢獻。整體而言，就資料的完整性、評論之深度與使用的便利性三個角度而論，陳氏與鄧氏的著作在研究上深具參考價值。

二、當代以「通論（觀念、歷史）角度研究陽明」類

（一）特別重視王學之單一觀念並以之為研究進路者：

1. 強調「致良知教」學者，例如古清美、牟宗三、陳郁夫、蔡仁厚、麥仲貴等學者，他們分別對本書「致良知」觀念的研究提供了不同的有價值之參考構面，以下進一步分析其論著。

（1）古清美著：〈王陽明致良知說的詮釋〉

陽明致良知觀念與體系之建立，如果能掌握其中的「天道論」背景進行考察，將較容易發覺為何王陽明的「良知」可以知善知惡，可以使人自然明

辨是非、知孝知悌。古清美教授即很精確的指出了這個天道論的背景，與本文強調從《中庸》修養論的觀點相當一致。古氏首先從陽明對朱熹「即物窮理」的實踐過程中洞見朱學長短。其次，並揭示「致良知」與「天理」〔註65〕的意義的聯繫，分析致良知理論中的「致」與「良知」的意義，指出良知原是天命於人，是天道、天理的延伸，故云：「良知即是天植靈根」〔註66〕，強調良知的至善、靈明與主宰性〔註67〕。最後古氏對王龍溪如何走向「現成良知」，王學末流與狂禪結合，焦竑、周海門走向佛學，有著深刻的分析〔註68〕，本文特色主要是突顯陽明良知與天命之性的關係。

（2）牟宗三：〈致知格物窮理盡性〉

「心」觀念的提升是王陽明心學的一大特色，此一特點牟宗三教授亦加以強調與解析。牟先生認為陽明是將朱熹「敬」的系統中之「敬的心」，上提而充其極，使天心、天理相融為一，指出人人具足個個圓成之「良知」是個起點，良知以外無有起點〔註69〕；故良知不待「復」而待「致」。重點在於良知不可能「全隱而待復」，必隨時有一念之不泯，必先有良知而後可致。「致知」即致吾心之良知之天理，此天理必須繫於意與知（皆心之發用）而言之，故知其必為道德形上學中之道德實體之意志律〔註70〕。

牟先生又從致知論及格物與窮理，以窮理須兼格致誠正而為功是也；認為陽明之「格致誠正兼備」所成之窮理，實即致吾心之天理而使之充塞流行也，故窮理即致理，非窮外在之事物之理也，故窮良知之天理即盡自己之性也。〔註71〕此一論點強調了「心」的觀念與「致」的力量，使《大學》致知格物與《中庸》之盡性得到良好的理解。同時，對於「致知、格物」兩者的修養次序，牟氏有很好的觀點，他指出兩者間有等價的因果關係，即能致知則物自正。即依牟氏觀點「致知在格物」即「致知者正所以在正其物也」，重視致知即是使本立而道生；依此方向，對於先論「物格而後知至，知至而後

〔註65〕良知是天理之昭明靈覺處。故良知即是天理，思是良知之發用。若是良知發用之思，則所思莫非天理矣。〈傳習錄〉中，同註7，頁59。

〔註66〕〈傳習錄〉下，同註7，頁84。

〔註67〕參見古清美：〈王陽明致良知說的詮釋〉，《明代理學論文集》，前揭書，頁103～115。

〔註68〕同上，頁116～139。

〔註69〕參見牟宗三：〈致知格物窮理盡性〉，《王陽明致良知教》，前揭書，頁2～3。

〔註70〕同上，頁4～5。

〔註71〕同上，頁11～12。

意誠，意誠而後心正，心正而後身修」的語句，牟氏認為這些皆只是返溯之
注語，非有工夫上的真實因果在〔註72〕。對這兩種語句方向的分辨，對於理
解「致良知教」的修養次第，相當有指標性作用，一方面可以避免對「致知
格物」與「格物致知」兩者語意的混淆，另一方面可以掌握陽明致良知哲學
中「致」的真正意義。

（3）陳郁夫：〈王陽明的致良知〉

對王陽明成學的經過，《明儒學案》有所謂的「前三變」與「後三變」之
說〔註73〕，其內容對理解陽明的「致良知教」有其重要性，陳郁夫對此一歷
史曾有精彩的分析，他以三種「進境」具體地說明了後三變〔註74〕，並分析
王陽明為何在五十歲以「致良知」為教之後，對他多年共倡聖學以「隨處體
認天理」為宗旨的湛甘泉開始激烈批評。同時，對「致良知」與「良知」的
三種意義、陽明與朱熹「心」觀念之差異、明清反對陽明的學者如顧亭林、
陸稼書、張烈、沈佳、應嗣寅等人，所指出的陽明致良知理論可能衍生的缺
失，從歷史的角度有一完整的研究與條理〔註75〕。

（4）蔡仁厚：〈王陽明致良知宗旨之建立〉

陽明思想的轉變關鍵是龍場悟道，以及悟道以後之巡撫南贛與平宸濠之
亂等在事上磨練的過程，蔡教授對這些關鍵性歷程有專文探討，深刻地從歷
史事件中重構陽明思想誕生的歷史。蔡氏認為陽明對平諸寇的種種疑難皆胸
有成竹，內心觸而不動的能力皆從學養而來，大體同於孟子四十不動心的修
養成就，故面對艱難的任務，能有捨我其誰的義理承當。蔡氏的觀察指出了
真正掌握心學精神者，必有能力處理社會、國家等現實事務，而非僅空談心
性，即能「由立己而立人，由成己而成物，乃是歷代儒者修己治人、淑世濟
民的大志業」〔註76〕。又蔡氏指出陽明雖到五十歲才正式標舉致良知三字為
講學宗旨，但南贛所講的義理要旨，實已屬於良知之學，這個觀點與1995年
耿寧教授提出的觀點相當一致〔註77〕；文末蔡氏推論出陽明江右五年的生

〔註72〕同上，頁8～9。
〔註73〕〈文成王陽明先生守仁〉，同註3，頁181～182。
〔註74〕參見陳郁夫：〈王陽明的致良知〉，《師大學報》，第28期，1983.6，頁364。
〔註75〕同上，頁365～384。
〔註76〕參見蔡仁厚：〈王陽明致良知宗旨之建立〉，《中國文化月刊》，第208期，1997.7，
　　　　頁1～4。
〔註77〕瑞士伯爾尼大學耿寧教授推論出在1519～21之間，陽明思想有一蘊釀時期。

活，一面講學，一面成事功，促使陽明理論大體達到收斂與發散圓融爲一、未發已發無有先後之分、知與行合而爲一的境界〔註 78〕。

（5）麥仲貴：〈王陽明言致良知問題之起源〉、〈王陽明致良知學之分流〉

麥氏依歷史研究法，從王陽明言致良知「問題之起源」，以及陽明之後致良知學的「演化方向」分析中，我們可以理解陽明學中「良知」的豐富義涵，被王門諸子有了不同的掌握與側重；又因爲學生的不同個性、資質與理解方式，在王學的流傳中，有學派的重視先天良知、有的重視後天工夫、有主張良知現成自在、有對現成良知派加以否定者、有重視良知戒懼之旨、有主張動靜體用合一者。

對這些發展的研究，麥仲貴先生的研究成果值得重視與參考，其明代哲學專門論著有《王門諸子致良知學之發展》在先，依據歷史脈絡對王門諸子的學術做了詳細分析，其後又編有《明清儒學家著述生卒年表》，可爲明清學術作編年之用，相當有利於明清哲學之研究工作。麥氏對明初方孝儒以來理學風氣、明初考試制度建立後對理學的影響、明代朱陸二學派的傳承皆有相當深刻的分析，並特別指出陸象山（1139～1192）所傳之孟子學，當經由二程門人王信伯（蘋）一脈而傳至象山，再傳至陳白沙，並經由湛甘泉間接影響王陽明〔註 79〕。

對王門諸子的分派，他在第一部分提出以錢緒山與王龍溪之後天學與先天學兩座標，相當有條理的歸納出南中、楚中、北方、粵閩王學的不同特性〔註 80〕；在第二部份則提出了《明儒學案》對王門諸子分派標準的疑慮，認爲黃宗羲既本於「師承學脈」又「依於諸儒所在地域」兩種指標之間未能一致〔註 81〕，這些觀點使研究陽明之學者採用《明儒學案》王門各派別名稱時，對黃宗羲分派所依據之標準〔註 82〕，能有進一步的體會與理解。

2. 特別重視「心」觀點研究良知者，例如楊國榮、（日）柴田篤等人，對本文申論「心」與「良知」的關係時提供了重要的層次釐清之原則，以下進

參見耿寧：〈論王陽明「良知」概念的演變及其雙重涵義〉，《鵝湖學誌》，第 15 期，1995.12，頁 71～92。

〔註 78〕參見蔡仁厚：〈王陽明致良知宗旨之建立〉，前揭書，頁 7～10。

〔註 79〕參見麥仲貴：《王門諸子致良知學之發展》，前揭書，頁 2～10。

〔註 80〕同上，頁 23～36。

〔註 81〕同上，頁 37～41。

〔註 82〕例如依諸儒之里籍、依師承之里籍、依師承之別號、依講學所在地等等。

一步分析其論著。

（1）楊國榮：《良知與心體——王陽明哲學研究》

對陽明「心」觀念之分析，如果能注意其早歲爲學與爲道的經歷，掌握其心與理、心體與性體間意義的聯繫，又能提出一自身的論述方式，建構一表達陽明學的系統，則可以說是屬於相當成功的陽明研究論著類型。我們以楊國榮的論著《良知與心體——王陽明哲學研究》做爲這種類型的分析代表，楊氏對王學有多篇著作〔註 83〕，皆以相當清楚的方法論申論其主題。特別是在《良知與心體》一書中，以心體的重建爲邏輯起點，認爲陽明以「理」爲心之體，就此「理」被理解爲普遍的道德律而言，楊氏認爲王學與程朱並沒有實質的差異〔註 84〕，即陽明並未放棄對普遍本質的承諾，但王學卻同時對存在的感性及多重樣式亦有所注意〔註 85〕，這是楊氏的論題所在，而且他在對心體的分析中，確實完成了這項目標。他說：

> 在心即理的形式下，普遍之理構成了主體意識的題中之義，個體之
> 心（包括其中情感、意志、直覺等非理性的方面）同樣獲得其定位，
> 理性與非理性在主體意識中都取得了某種「合法性」的形式。〔註 86〕

此即以「心即理」的原則，依其心體重建過程中新的詮釋意義，而使理性與非理性同時在個體之內，得到安排與定位（即獲得合法形式）。並且在這個方式下，楊氏對「心物關係」也有適當的處理，他認爲陽明的心，不僅僅圍於主體意識，更指向廣義的存在，包含「理」的內化與「心」的外化，同時指向意義世界；即其「心物關係」不在於提供某種形而上的宇宙模式或世界圖景，而在於將「存在的規定」與「意義世界的建構」兩者聯繫起來，表現了

〔註 83〕（1）〈心性之辨：從孟子到王陽明——兼論王陽明重建心體的理論意蘊〉，《孔孟學報》，第 72 期，1996.9，頁 153～173。

（2）〈本體與工夫：從王陽明到黃宗羲〉，吳光主編：《陽明學研究》，《中華文化研究集刊（二）》，上海古籍出版社，2000，頁 101～116。

（3）《王學通論——從王陽明到熊十力》，台北：五南圖書公司，1997。

（4）〈人我之間——論王陽明對群己關係的思考〉，《孔孟學報》，第 77 期，1999.9，頁 221～236。

（5）〈從王陽明到劉宗周〉，《孔孟月刊》，第 29 卷，第 11 期，347，1991.7，頁 19～26。（6）〈從朱熹到王陽明〉，《哲學與文化》，第 19 卷，第 7 期，1992.7，頁 626～638。

〔註 84〕參見楊國榮：《良知與心體——王陽明哲學研究》，前揭書，頁 82。

〔註 85〕同上，頁 9。

〔註 86〕同上，頁 94。

一種獨特的本體論路向。〔註87〕

　　楊氏對良知的處理亦是適切的,他認為「良知」是一滲入於心體又融合於德性;既體現於意義世界,又引伸於人我之間的特性。同時,他以本體與工夫之辨,展開良知與致良知的申論系統,認為良知不僅指先天的道德知識;如在本體層面說良知,良知應為意義世界所以可能的根據;因為惟有在主體達到對良知的自覺意識之後,良知才可能真正成為意義世界所以可能的根據;即良知不僅表現於心物關係,更關係著成聖(達到理想人格)的過程。這個過程即是致良知,即從潛能到現實,都離不開致知的過程,而致知的過程又同時以去蔽和破除成見為其內容;對就心體與性體、心物之辨、人我之間,以及良知與致良知的關係而論,楊氏的處理是具參考價值的。〔註88〕

　　(2)(日)柴田篤:〈王陽明思想中的「言語」與「心」的關係〉

　　陽明良知體系本身的「表達系統」即充滿各種複雜之觀念,例如心、性、良知、致良知、四有、四無等觀念,在解釋上都很可能出現不同。同時,陽明使用語言又相當簡易,例如:「此理豈容分析?又何須湊合得?」〔註89〕、「須是因時制宜,難預先定一箇規矩在」〔註90〕等等表述方式皆相當模糊,其名詞所指意思可能朝多向度發展,又涉及語言哲學本身的相關課題。柴田篤即從語言學的角度,針對陽明之「心」與「語言」問題提出專文,認為語言應被用作反躬自省的工具,以及恢復人性中的原動力才是正確的。

　　他認為陽明學說即是以「良知」語言的表達系統,企圖使人突破文章詞句的阻礙,再以知行合一的原則除去蒙蔽與私心,以恢復自我本能。在這個過程中,我們不得不借用知識與語言;但在形諸語言的過程中,道理實際上已經被嵌入一定的框架之中了,故知識的累積容易使道理定形與僵化〔註91〕,例如陽明說:「道無方體,不可執著,卻拘滯於文義上求道遠矣」〔註92〕即是此義。

〔註87〕同上,頁101。

〔註88〕同上,頁179～202。

〔註89〕〈傳習錄〉上,同註7,頁12。

〔註90〕〈傳習錄〉上,同註7,頁15。

〔註91〕參見(日)柴田篤〈王陽明思想中的「言語」與「心」的關係〉,吳光主編:《陽明學研究》,《中華文化研究集刊(二)》,上海古籍出版社,2000,頁73～75。

〔註92〕〈傳習錄〉上,同註7,頁18。

柴氏認爲陽明語言中,其實存在著言語所不能表現的部份,這個部份的追求必須朝向自身,即「若解向裏尋求,見得自己心體,即無時無處不是此道」,而且「心即道,道即天,知心則知道知天」〔註93〕,即他指出言語、文章是「用來把握眞理的手段」,目的則是要釋明自己的本然,是爲了回復本我的目標而存在的。即「良知」一語,是把本來無法用言語來闡明的本然自我,用言語做了表述,提倡「致良知教」就是使言語和知識,在確實發揮良知的過程中被活化,回歸自己本然的樣子。〔註94〕柴氏的觀點指出哲學中「不可言說的世界」之觀念,是從「語言」的角度研究陽明學時值得參照的。

3. 以「有」與「無」爲論著主題之學者,本書以陳來《有無之境——王陽明哲學的精神》〔註95〕一書爲例說明如下:

「有」與「無」的問題在陽明學中是最困難的主題之一,陳來教授掌握了本體與工夫,心與理的主軸;再延伸出其對心與性、心與物、知與行,以及良知與致良知的處理;最終歸於境界問題、有無之境的討論。在論述脈絡上,本書以有無之辨爲論題,同時兼顧了陽明學的其它細節;在論述特性上,則從境界論、工夫論而非本體論的境界來討論此一主題。他反對「對佛教思想的任何吸收都被視爲對儒家家正統的背逆」〔註96〕的觀點,認爲陽明是在儒家「有」的本體論的基礎上,吸取佛、道兩家的「無」的境界與工夫智慧,提出四句教義理,而完成「以有爲體,以無爲用」的理論的融會,爲儒學內部朱陸的爭議尋求一套新的詮釋體系〔註97〕。這種看待儒釋道三家的態度,在研究陽明學上是值得重視的,亦可以避免在儒釋、儒道之辨上採取過於極端的立場,對釋、道二家產生不公之結論。〔註98〕

陳氏進一步從「心」論及有無的問題,指出爲四句教本身是一個有無合一的體系。四句教並未否定江西時期的致良知思想,兩者皆以「良知」爲形式;但江西時期的致良知思想是純粹的道德理性主義,仍是「有」的境界;四句教的提出,才實現了境界的有無合一。因此從江西末期到居越末期,可以看作「致

〔註93〕同上。

〔註94〕（日）柴田篤〈王陽明思想中的「言語」與「心」的關係〉,前揭書,頁 80～82。

〔註95〕參見陳來:《有無之境——王陽明哲學的精神》,北京:人民出版社,1991。

〔註96〕同上,頁 193。

〔註97〕同上,頁 3～8。

〔註98〕同上,頁 34～35。

良知教」本身的發展；但亦確實可以看作兩個不同的發展階段〔註99〕。

四句教中陽明「無善無惡心之體」所討論的問題與倫理的善惡無關，而是強調「心」所本具的無滯性。由無滯性的觀點，所以才能說心之本體明瑩無滯，是未發之中；即心之本體，其本體不是指某種本質，某種倫理原則，而是一種本然的情感——心理狀態〔註100〕； 即陽明之「無善無惡」不是指混淆是非、不辨善惡，而是指「不著意思」、「不動於氣」。當然人自身有所謂之好惡，但這種好惡除了依於理外，還應不動於氣。「無善無惡」的觀念就是強調人自體中不動於氣的一面；從這個觀點我們才可以理解陽明平日論「至善者心之本體」所指「心」之「至善」如何與「無善無惡」的衝突得到解決。

這裡「至善」的意義不是道德的，而是超越道德的〔註101〕；在這種有、無觀念的詮釋下，可以說陽明在內心對四無之說更為欣賞。但作為指導學者的學問宗旨來看，陽明更強調四有之說的實踐；即四句教為上根之人悟透了心之本體的無善無惡，為下根之人指出一條在意念上為善去惡，循序漸進之路。〔註102〕陳氏對心體與四句教中複雜觀念之釐清，以及對心體之「至善」與「無善無惡」矛盾的解消，其成果對當代陽明學的詮釋有相當的助益。

4. 從《中庸》觀點研究陽明者，以徐儒宗：〈王陽明的中庸修養論〉為代表：

從「《中庸》修養論」的方法考察陽明學是本書所採取的方法，目的在於對致良知學實踐過程中的動力因有較好的掌握。徐儒宗也對陽明思想中的《中庸》觀念提出了研究；他認為在探討道之本原上，王陽明是以古文《尚書》中所謂十六字心傳為基礎而展開的，貫穿「致良知」學說中的方法和準則即是中庸之道。徐氏認為因為陽明云：「性無不善，故知無不良，良知即是未發之中」〔註103〕，以天命之性為起點，王陽明把先秦儒家經典中的最高道德範疇及內容，都在「中和」的理論上融貫起來了，從而形成其「致良知」學說的方法〔註104〕。徐氏的並以「集義所生」、「勿忘勿助」與「周旋中禮為中行」

〔註99〕 同上，頁329～330。
〔註100〕 同上，頁202～210。
〔註101〕 同上，頁211。
〔註102〕 同上，頁203。
〔註103〕 〈傳習錄〉中，同註7，頁52。
〔註104〕 參見徐儒宗：〈王陽明的中庸修養論〉，本文收錄於方祖猷滕复主編之《論浙東學術》，北京：中國社會科學，1995，頁97～104。

三個構面專文討論此一論題。

（二）從歷史觀點研究陽明者可分爲兩大類

1. 歷史研究法是理解陽明學的重要工具，曾經從此一角度研究陽明者，本書選擇張克偉、姜允明、劉述先等人作品爲代表。他們分別爲本書的歷史背景與結構，提供了不同的參考價值，以下進一步說明其內容。

（1）張克偉先生對陽明學有多篇研究專著〔註105〕，其中〈王陽明謫官龍場與王學系統確立之關係〉一文從歷史的觀點，對陽明之生平有相當精確的考據工夫。從豐富的歷史文獻揀擇中，張氏詳考陽明被陷因由、赴任經過、謫居龍場時期活動事跡、格物致知與知行合一論之提掇與推展，以歷史文獻，重現陽明思想產生之時代背景；並結論出陽明晚年雖專主「致良知教」〔註106〕而極少提及知行合一，然而「致良知」並不是陽明晚年才創建的，而是在陽明謫居龍場「始揭知行合一」時實已存在。

此一觀點與蔡仁厚、耿寧兩位教授的觀點是「同中有異」的；相同的是三人皆認爲「致良知教」的形成有一醞釀時期；不同的是三人對這一蘊釀期的長短有不同的推測。蔡仁厚認爲是陽明四十六至五十歲（1517～1521）五年間於南贛所講的義理要旨已屬致良知教〔註107〕；耿寧認爲最遲從1513年開始，王陽明已使用良知及致良知述語，在1519／21年之前「良知」這一術語對陽明來說是可以用其他術語來替換的，1519／21年王陽明才賦予這一術語以新的意義（即提出「致良知」）〔註108〕。張克偉認爲是1509年謫居龍場「始揭知行合一」時實已存在〔註109〕。這些當代的研究成果，對於理解陽明「致

〔註105〕參見張克偉：(1)〈王陽明謫官龍場與王學系統確立之關係〉，《哲學與文化》，第19卷，第9期，1992.09，頁805～824。(2)〈王陽明先世及家世實考〉（上）、（下）《孔孟月刊》，第30卷，第2期，1991.10，頁20～28，及第3期，1991.11，頁25～32。(3)〈論浙中王門學者張元忭之思想內涵與學術傾向〉，《哲學與文化》，第18卷，第10期，209，1991.10，頁916～932。(4)〈試從清初三大儒對王學的繼承、融會與反思，看其價值取向〉，《東吳哲學傳習錄》，第2期，1993.5，頁51～83。(5)〈王陽明的書藝及其遺墨〉，《中國國學》，第19期，1991.11，頁161～169。

〔註106〕依年譜記載王陽明1521年在南昌開始揭示「致良知」學說，唯陳來教授並不同意這個觀點，他認爲最遲應在1520年，同註95，頁163。

〔註107〕同註58，頁5～6。

〔註108〕參見耿寧：〈論王陽明「良知」概念的演變及其雙重涵義〉，《鵝湖學誌》，第15期，1995.12，頁73～78。

〔註109〕參見張克偉：〈王陽明謫官龍場與王學系統確立之關係〉，《哲學與文化》，第

良知教」的精神值得詳加參照。

（2）姜允明教授對陽明理論亦有多篇專文分析〔註110〕，其中〈三人行：論陳白沙、湛甘泉與王陽明的承傳關係〉對陳白沙與王陽明的關係有許多的創見，例如對「陽明何以不提陳白沙」、「知行合一」〔註111〕的觀念可能源自白沙與甘泉的影響〔註112〕、「致良知」的觀念可能與白沙高徒林光（緝熙，1439～1519）有關〔註113〕；這些具體的研究成果與論證過程，確實可以對陽明致良知體系形成之歷史理解，有更多的體會與助益。

（3）劉述先教授對心學與陽明學、陽明與朱熹的關係都有深刻的研究成果〔註114〕，特別是〈論王陽明的最後定見〉，提出了當前學者未注意到的問題；指出陽明在龍場悟道後，基本思想並未改變，變得只是教法；但黃宗羲在理解上竟有所轉滑，黃宗羲所言「是學成之後，又有此三變化」即與錢緒山的記載本意有所不同〔註115〕。劉氏仔細且深刻的比較發現了此一文獻詮所釋造成的巨大差異，這對引用《明儒學案》做為理解陽明與王門諸子的學者無疑地有重要的啟示。

2. 關於陽明與晚明思想之研究，本文參考了陳福濱與（日）岡田武彥等人專書之觀點：

---

19 卷，第 9 期，1992.09，頁 812。

〔註110〕 參見姜允明：(1)〈三人行：論陳白沙、湛甘泉與王陽明的承傳關係〉，《華岡文科學報》，第 22 期，1998.03，頁 1～22。(2)〈從王陽明在龍場「爲石廓」談明儒的生死觀〉，《哲學年刊》，第 10 卷，1994.06，頁 217～229。(3)〈從白沙到陽明〉，九卅大學東亞傳統會議，(1994 年)，收於黃俊傑等主編《東亞文化的探索—傳統文化的發展》正中書局，1996。

〔註111〕 最先提出「知行合一」者應是吳與弼的門生，白沙同窗謝復（1441～1505）云：「知行合一，學之要也」，參見《明儒學案》，〈崇仁學案〉，以及〈謝復傳〉，《明史》，卷 282。

〔註112〕 白沙重行，而甘泉先提出『知行合一』對陽明當有重大的啟發定向作用」。參見姜允明：〈三人行：論陳白沙、湛甘泉與王陽明的承傳關係〉，《華岡文科學報》，第 22 期，1998.03，頁 11～12。

〔註113〕 同上，頁 15～17。

〔註114〕 參見劉述先：(1)〈論王陽明的最後定見〉，《中國文哲研究集刊》，第 11 期，1997.9，頁 165～188。(2)《黃宗羲心學的定位》，台北：允晨出版社，1986。(3)〈論陽明哲學之朱子思想淵源〉，《朱子哲學思想的發展與完成》，台北：台灣學生書局，1995，頁 566～598。

〔註115〕 參見劉述先：〈論王陽明的最後定見〉，《中國文哲研究集刊》，第 11 期，1997.9，頁 166～168。

（1）陳福濱教授《晚明理學思想通論》〔註116〕一書對明朝晚期哲學有詳盡的分析。全書共分七章，由晚明理學思想之緣起、本體學之「氣論思想」在晚明理學中之地位、晚明心性論、修養工夫與道德實踐之內在價值等四個方向，申論晚明哲學思想體系。特別是在「王學末流」以「現成」言良知說的流弊〔註117〕、氣本論所謂之「離氣無理」〔註118〕，以及「性為體，心為用」〔註119〕重「慎獨」之思想等方面，皆有深刻的分析，其研究成果對本書研究「王門諸子」，在晚明思想的演化，與理論演變特徵的掌握有重要之助益。

（2）岡田武彥著《王陽明與明末儒學》〔註120〕，區分王門諸子為現成、歸寂與修証三派。其基本立場是陽明在講良知時，從不固執於一種教法，時而主張寓體於用，寓無於有，寓本體於工夫；或者寓用於體，寓有於無，寓工夫於本體，故其門下諸派衍生，應是當然之事〔註121〕。在此一立場下，岡田武彥很精確地依諸子之理論特性，以王龍溪、王心齋為左派或現成派；此派相當富有生命活力，以陽明的「良知」為現成良知，視工夫為本體之障礙；以吾心之自然率直流露為風格，有直接趨於本體與性命之傾向，主張「人人心中有個聖人」。此派思想盛極一時，唯因主張良知即現成，提倡「直下承當」、「直下之信」，故排斥漸修，又強調直接在本體上做工夫，以「本體即工夫」，故輕視工夫，易陷入任情懸空之弊，蔑視人倫道德。歸寂（右）派以聶雙江、羅念菴為中心，認為陽明的良知本有虛寂之體與感發之用的區別；主張以歸寂立體並達體於用，即從根本上培養生意，再達於枝葉，此一立體達用的原則與程子體用一源的原則一致。修証（正統）派則以鄒東廓、歐陽南野為中心，強調陽明的良知即道德原則，即天理，體認陽明「本體即工夫」與「工夫即本體」之精神，致力於矯正現成派的流蕩與歸寂派的偏靜之弊，指出天理與性之重要性，提倡用工夫求本體，實即「工夫即本體」說。〔註122〕岡田武彥的分析相當深入，其分

〔註116〕參見陳福濱：《晚明理學思想通論》，台北：環球書局，1983。陳教授對陽明「致良知」觀念的探討詳見該書頁4～10。另見陳福濱：〈道德「良知」及其現代意義〉，《哲學論集》，第29期，1996.6，頁106～108。
〔註117〕同上，頁25～28。
〔註118〕同上，頁62～72。
〔註119〕同上，頁106～118。
〔註120〕（日）岡田武彥：《王陽明與明末儒學》，上海：上海古籍出版社，2000。
〔註121〕同上，頁103。
〔註122〕同上，頁103～105。

派方式三十餘年來在學界一直具有重要地位，有利於對王門諸子眾多觀點的歸納與整體性理解。

（三）對王陽明思想的整體理解上，秦家懿、鍾彩鈞等人的研究方式，提供當代研究陽明學者一縱觀王學的視野

1. 關於「心」與「天人關係」的論題上，在秦家懿教授《王陽明》〔註123〕一書中，秦氏認為陽明的「心」含有三種意義：第一、原始的、純潔的「本心」；第二、受私欲所蔽的「人心」；第三、成聖者重新光復而得的「真心」；即陽明之「心」有自決的、自善的能力，不求外助的特性〔註124〕。所以，可以推論出此「本心」具有價值之根源與真理準據之特性，真理的準據特性突顯出「心」在判斷上的可靠性，例如陽明要人「信得良知」，人應信得過心之本體與良知之本體即有此意義〔註125〕。

在對天人關係的探討上，秦氏提出「岩中花」的討論為例証，說明王陽明是通過知覺與道德等現實體驗，使人心可以與天地萬物合一；即陽明是以「人心」的動靜感應，解釋「心外無物」之意，而並不否認所謂客觀現實世界，而只是強調「人心『如何』也是天地萬物之心」〔註126〕。在不否認客觀現實的原則下，秦氏認為：陽明注意到了其學說可能產生的流弊，即王陽明當時已經向學生強調應避免成為「狂者」，舉出「聖狂天淵隔，失得分毫釐」〔註127〕為例，訓戒弟子王龍溪不要「懸空想個本體」〔註128〕；同時，又不反對錢緒山以格、致、誠、正來講復性工夫（道德論），顯示「心」是其本體論的基礎也是其工夫論的起點。陽明倡「知行合一」學說，即其「心」具有體用一源特性之佳例〔註129〕。秦氏之分析以「心」、「格物」、「致良知」、「良知本體」與「無善無惡」為重點，並對王學的流傳與「王學」的總評價有深刻的分析，同時對常見的「王學亡明」、「朱、王俱禪」與「王學是唯心論」的說法提出觀察，引証資料遍及於中、日、韓、英、法、德文等，是一視野全面、論題豐富的陽明學專著。

〔註123〕參見秦家懿著：《王陽明》，台北：東大圖書公司，1997。

〔註124〕同上，頁57。

〔註125〕同上，頁193。

〔註126〕同上，頁140。

〔註127〕〈憶昔答喬白巖因寄儲柴墟〉三首之一，《王陽明全書》（二），頁135。

〔註128〕〈年譜〉，《王陽明全書》（四），頁148。

〔註129〕參見秦家懿著：《王陽明》，前揭書，頁196。

2. 在「心外無物」與「心外無理」的觀點，鍾彩鈞教授所著《王陽明思想之進展》〔註 130〕一書，從陽明個人歷史的考察上出發，對陽明為學歷程、心即理、知行合一、朱王異同、良知的體悟等觀點，完整地分析了陽明的學思歷程。「心外無物」與「心外無理」的論題在〈傳習錄〉中是接著「心即理」而說的〔註 131〕，鍾氏先對陽明「天下之事」與「物」詳加定義，區分為三類：第一類屬於行為，第二類屬於遭遇，第三類屬於意念，但綜合後皆歸之於「人事」。其中精采處在鍾氏對「意之所在為物」與「心外無理」兩個論題，依上述三大類，分點考察與檢討，論證出陽明之「物」皆不在心外；再從「心外無物」推進至「心外無理」，同時，結論出第二類在「遭遇」性質之人事問題，雖然有當的外在性與獨立性，但陽明所指卻是面對遭遇時吾人內心之理〔註 132〕，即側重內心變化的處理。

三、當代「陽明學」之應用比較研究類

陽明學之應用與比較類本書選擇「陽明學中儒釋觀念的區分」，以及「陽明與孟子」、「陽明與象山」之比較三主題，作為此類研究的代表：

（一）關於陽明學中儒、釋觀念的區分，陳榮捷教授所著《王陽明與禪》一書，對最常引之攻訐陽明的數個理由提出反駁〔註 133〕。例如：陽明每用禪語、引用禪門故事、禪家方術、好遊佛寺等；並整理出陽明之批評禪宗在學理方面比宋儒更甚，程朱批評佛教皆側重實際方面；惟陽明則集其全力挑戰禪宗基本義理，指出其心之說的無理，並與其「不著心」說之自相矛盾。同時指出，佛家要人心無念仍根本不可能、佛家云不著相亦實著相、佛之頓悟與常惺惺皆非心之全體大用，以及佛家養心之方於世無補等結論。〔註 134〕本文對研究陽明學與禪學之別是一重要論著，陳氏最後並以持平的態度，評析陽明學與禪學皆各有優缺點與貢獻，這種研究態度亦是相當可取的。

（二）孟子與象山的思想為陽明所傳承，關於其思想與陽明的比較，黃俊傑教授的〈王陽明思想中的孟子學〉，以及楊祖漢教授的〈陸象山「心學」

〔註 130〕參見鍾彩鈞：《王陽明思想之進展》，台北：文史哲出版社，1983。鍾教授另有專文探討陽明學中儒道觀念的區分：〈陽明思想中儒道的分際與融通〉，《鵝湖學誌》，第 8 期，1992.6，頁 59～78。

〔註 131〕「心即理也。天下又有心外之事，心外之理乎」〈傳習錄〉上，同註 7，頁 2。

〔註 132〕同註 130，頁 29～33。

〔註 133〕攻陽明最烈者如陳建（1479～1567）與張烈（1622～1685）。

〔註 134〕參見陳榮捷：《王陽明與禪》，台北：台灣學生書局，1984，頁 73～81。

的義理與王陽明對象山之學的了解〉〔註135〕之研究成果指出了重點如下：

1. 黃俊傑在〈王陽明思想中的孟子學〉指出：陽明從孟子學中提出兩個問題，第一、孟子所謂「盡心」如何解釋？「盡心」如何可能？第二、由「盡心」而「知性」而「知天」的理論基礎何在？並將這兩個問題放入陽明自己的思想體系的脈絡中思考。黃氏相當關鍵的指出「盡心」如何可能必須從「盡性」與「無心外之理」〔註136〕來討論，特別指出必須掌握「心」、「性」、「天」三者有其同質性（homogeneity）。即從陽明看來，孟子的「知心」、「知性」、「知天」只是「同一本質修養工夫」，在不同階段的境界表現而已〔註137〕。進一步由此推論出孟子的「集義」亦是向內反省的「復其心之本體」之活動，並以「集義」、「致良知」為本，以「勿忘」、「勿助」之工夫為末，將《孟子》原典中未經明言的意涵開發出來〔註138〕。

此外，黃氏亦指出陽明解釋孟子的最大特色在於「主客交融」，「主」是指經典解釋者，「客」是指經典；在主客交融下使得中國詮釋學呈現兩項特徵，一是經典解釋成為一種「體驗」之學，另一是經典經由這種類型的詮釋而成為活潑而有生命力的存在。在這雙重特性下，可以發現陽明認為文本或語言所把握者，只是真理在某一個特定時空的訊息，語言與真理兩者之間有某種不相應性〔註139〕，這種推論觀點與柴田篤教授的觀點相當一致〔註140〕，皆符合陽明所言：「聖賢筆之書，如寫真傳神，不過示人以形狀大略，使之因此而討求其真耳」〔註141〕。故黃氏繼續提出陽明對孟子詮釋學的「言後之意」，論述陽明如何將孟子學中諸多的「單位觀念」形成一種「詮釋的

〔註135〕 黃俊傑：〈王陽明思想中的孟子學〉，《中國文化研究所學報》，第6期，頁439～456。8-楊祖漢：〈陸象山「心學」的義理與王陽明對象山之學的了解〉，《鵝湖學誌》，第8期，1992.6，頁79～131。

〔註136〕 因為陽明認為「性是心之體」。〈傳習錄〉上，同註7，頁5。又因陽明說：「世人分心與理為二，故便有許多病痛」〈傳習錄〉下，同註7，頁101。

〔註137〕 參見黃俊傑：〈王陽明思想中的孟子學〉，《中國文化研究所學報》，第6期，頁441～444。

〔註138〕 同上，頁445～446。

〔註139〕 同上，頁447～448。

〔註140〕 知識與語言我們不得不借用，但在形諸語言的過程中，道理實際上已經被嵌入一定的框架之中了，故知識的累積容易使道理定形與僵化。參見（日）柴田篤〈王陽明思想中的「言語」與「心」的關係〉，吳光主編：《陽明學研究》，前揭書，頁73～75。

〔註141〕 〈傳習錄〉上，同註7，頁10。

循環性」〔註142〕。這些融會中西方法詮釋中國哲學的新觀點，相當值得加以參照。

2. 楊祖漢教授〈陸象山「心學」的義理與王陽明對象山之學的了解〉〔註143〕一文，對象山心學有系統地進行分析。從陽明撰寫之〈象山文集序〉的內容順序探究象山，透過象山的「發明本心」與「此心為天之所以予我」之意義、去心之蔽的工夫、辨儒釋之異的探討，對象山的天人關係有深入的解釋。認為天之所以予我之「天」可以是「虛說」與「客觀實體」兩種意義〔註144〕，同時指出陽明對象山的批評例如「知先行後」，其實在哲學意義上，仍是近於陽明而遠於朱熹的觀點，他說：「象山雖言知先行後，但並不同於伊川與朱子，因象山是要明本心即理，格物是格此物，致是致此知，不是要窮理於外物，如是則象山與陽明之言知行合一雖似乎不同，而其實可以相通」〔註145〕。楊教授有關象山與陽明異中有同的研究成果，對理解陽明以及其思想之傳承具有相當的助益。

限於本書設定為「致良知教」的研究主題，本書無意將當代研究成果鉅細靡遺的加以分析，下節將從上述論著的彙整中，條理出當代研究陽明學必須注意的關鍵性研究構面，並加以歸納與分析。

參、歸納與反思

根據上文的分析結果，我們歸納與反省出研究陽明「致良知教」應注意到的十項要點：

一、注意同一「術語」之不同涵義：在對〈傳習錄〉或陽明原典的研究上，必須注意到「同一觀念」在《王陽明全集》中的有那些地方曾經出現過，其解釋是否相同，或有不同的使用意義。例如：「良知」一詞，在 1519／21

〔註142〕 參見黃俊傑：〈王陽明思想中的孟子學〉，《中國文化研究所學報》，第 6 期，頁 450～452。

〔註143〕 參見楊祖漢：〈陸象山「心學」的義理與王陽明對象山之學的了解〉，《鵝湖學誌》，第 8 期，1992.6，頁 79～131。楊教授關於陽明學之研究尚有：（1）〈王龍溪對王陽明良知說的繼承與發展〉，《鵝湖學誌》，第 11 期，1993.12，頁 37～52。（2）〈論王陽明的聖人觀〉，《鵝湖學誌》，第 2 期，1988.12，頁 79～92 等論著。

〔註144〕 參見楊祖漢：〈陸象山「心學」的義理與王陽明對象山之學的了解〉，同上，頁 90。

〔註145〕 同上，頁 123。

年前、後即可能有不同的意義，1512 年與徐愛的對話中「良知」意義較近於《孟子·盡心》的意思，強調「善」的能力與此能力的實現。1520 年與陳九川的對話中「良知」即較強調爲「關於意念之道德性的意識」〔註146〕；並且在 1520 年以後此一「良知」術語同時具有上述之雙重意義。如果陽明在不同的地方使用同一術語，且此一術語表達了相同的意義，則表示此一術語爲陽明建構其「致良知」理論體系中重要的觀念成素。

二、重視理論的根源性意義：例如古清美與徐儒宗教授強調「致良知」的研究必須注意陽明學中「天理」與「天命之性」的理論背景，相當注意《中庸》的觀點，以尋求陽明其「致」觀念之動力來源。又例如牟宗三教授則以「良知」不待復而待「致」發揮「致知」觀念，以使「致知格物」與「窮理盡性」的完成有一明確的方向，避免與「格物致知」等返溯之注語發生混淆，皆注意到對「致良知」如何得以成立之基礎與根源性的探討。

三、重視歷史研究法對當時的存在情境之還原功能：對「陽明」、「陽明同期諸子」與「陽明後學」的觀念比較，不能只單就同一「術語」的內容進行同異分析，必須滲入歷史研究法，即從陽明與其學生的對話中還原當時的存在情境；如此對陽明「語言」之「能指」與「所指」意義方能有較精確的掌握，這是我們從當代多篇研究陽明與明代思想史的論著中所發現的重要原則。

四、應重視陽明的學思歷程與爲學次第：當代多篇探討「龍場悟道」的專文顯示出理解陽明「致良知教」的思想必須從陽明「悟道之後」的巡撫南贛與平宸濠之亂等「在事上磨練」與「靜亦定，動亦定」的過程中，來掌握陽明學「知行合一」之精神。同時亦應注意到「致良知」是陽明在 1521 年，即陽明五十歲在江右以後才提出的，屬於陽明思想的成熟期，與早期的主張知行合一、以默坐澄心爲學在時期上不同，教法與觀念上亦有不同的側重。

五、新的詮釋體系之建構：能掌握陽明學的重要觀念，又能提出一自身的論述方式，建構一表達陽明學的系統，楊國榮教授的論著《良知與心體——王陽明哲學研究》是一種示範。他以「心即理」的原則，依其「心體重建過程」中新的詮釋意義，而使理性與非理性同時在個體之內得到安排與定位，即獲得合法形式；並且在這個方式下，楊氏對「心物關係」也有適當的處理。此一以自身觀點申論主題，又能掌握陽明觀念的研究方法，其研究構面是深

〔註146〕參見耿寧：〈論王陽明「良知」概念的演變及其雙重涵義〉，《鵝湖學誌》，第15 期，1995.12，頁 82～87。

具參考價值的；唯楊氏認為王學對主體意識的理解始終帶有「唯心主義」思辨的性質之用語〔註147〕，則受制於「唯心主義」一詞狹宰之意義，對陽明「心體」的豐富意義而言並非一理想的描述方式。

六、使「言語和知識」在確實發揮「良知」的過程中重現生命力：「良知」一語，是把本來無法用言語來闡明的本然自我，用言語做了表述。提倡「致良知」觀念，就是使言語，使文本在確實發揮良知的過程中被活化，回歸自己本然的樣子；這是日籍學者柴田篤在〈王陽明思想中的「言語」與「心」的關係〉提出的重要觀念。

七、「無善無惡」的問題：「有」與「無」是多篇論著討論的重要問題，本書從中歸納出兩個階段的探討構面：（1）設定「無善無惡」所指之「心之體」為一種無滯的本然情感——心理狀態；即從超越道德的觀點，從「未發之中」立場論「至善」與「心即理」。（2）根據上述「至善」的定義，分析「意之所在為物」的內容，釐清陽明天下之「事」與天下之「物」的定義，考察「心外無物」命題成立的可能性，再進一步解釋「心外無事」與「心外無理」。這種方式並非與「道德」的善惡無關，而是區分出「超越善惡的至善之形上世界」與「區別善惡的生活世界」兩者之不同。另外，陳來教授認為「四句教」應看作「致良知教」本身兩個不同的發展階段，這個問題本書將在第三章四句教的主題中討論。

八、「致良知教」的歷史爭議：（1）對致良知學的「來源」通說源自《孟子》與《大學》，然亦有強調與白沙高徒林光相關者。（2）對致良知學的「蘊釀期」至少有 1517～1521、1513～1519／21、1509～1521 等三種觀點。（3）從江西末期到居越末期，是否可以看作兩個不同的發展階段？這點左東嶺與陳來即有不同的意見〔註148〕。（4）在始揭致良知教後「教法」三變所指的內容亦有是否即為「知行合一」、「靜坐」與「致良知」三者的學術公案，在當代的研究中皆未有完善解決。

九、王門諸子的理論演化：王門諸子的分派問題，涉及對諸子理論的側重構面不同而有各家分法。有根據地域流播而分，有依思想特性而分。其中黃宗

〔註147〕參見楊國榮：《王學通論》，台北：五南圖書公司，1997，頁43。
〔註148〕左氏認為：說陽明在江西時期的思想是「有」的境界是不符合陽明心學發展的實際狀況，並詳例反駁陳來之各種觀點，例如下列引文出現在江西時期，即是「無」的境界：「此學如立在空中，四面皆無倚靠，萬事不容染著，色色信他本來，不容一毫增減。」〈與楊仕鳴〉，《王陽明全書》（二），頁29。

義依地域分成浙中王門、江右王門、南中王門、楚中王門、北方王門、粵閩王門；此一區別較有利於理解王門諸子的師承關係。近世日籍學者岡田武彥受王龍溪觀點的影響，分王門諸子為現成、歸寂與修証三派。牟宗三則分王門諸子為浙中派、泰州派、江右派，其中江右又分出聶雙江一派。其它尚有分為「現成」與「工夫」兩大系統，以及區分為「保守、異端、中間」三系統；其中「中間系統」又分為主有、主無、主靜、主動四派者。各家之說皆顯示出其側重之觀念與內在價值的差異，參考之際必須注意其中對心與理、本體與工夫的不同理解和發揮，以及由此產生的理論差異。

十、重視對宋明理學採取「歷史宏觀」之處理方式：關於陽明學的源流與經歷，當代多篇比較性研究的論著，顯示王學源自孟子與象山之學。唯亦有認為象山所傳之孟子學，當經由二程門人王信伯（蘋）一脈而傳至象山，再傳至陳白沙；並經由湛甘泉，間接影響王陽明。故在掌握陽明重要觀念之際，例如在萬物一體與變化氣質等方向上，亦應從「歷史宏觀」宋明理學的觀點，注意陽明對宋學以來之本體論與修養論如何處理。

以上的歸納與反思，主要目的在從當代陽明學的各種研究成果中，觀察各種論題的「問題切入點」與「研究方法」；善用其研究成果，以獲得有益於進一步研究工作的原則與架構。對許多學者的看法我們並非完全同意，有關的回應我們會在後續章節涉及相同主題時提出看法。總之，在本節宏觀的理解與分析後，我們從研究陽明學的當代研究成果中，透過分類與分析，已取得了一定程度研究陽明之背景知識；我們將承續與運用當代研究之優點，設法再賦予「陽明哲學」新時代之活力與精神。

第三節　當代「致良知教」研究成果分類與檢討

為理解當前學者對「致良知教」的研究概況，經過檢擇與分類，本節選擇出部份論著做為代表觀點，對其內容進行三項考察：第一，本節將對「良知」定義進行分類，以利於統整各類對良知的解釋方式。第二，將對各種屬性的「良知」定義進行分析，觀察其中方法要領與側重之處。第三、在最後階段將做一綜合性檢討，以為本研究之參考。

壹、「良知」的定義與類型

當代研究所採取之「良知」定義種類繁多；不同之定義方式，即代表不

同的研究進路。限於篇幅，我們只能依研究需要，選擇部分當代重要的研究論著，進行歸類工作；分析其採用之良知定義，嘗試條理出研究良知學必須注意之關鍵與架構。在結構上，我們將從「理性之範疇」、「唯心一元論」、「良知即天理」與「道德論與中和說」等四個研究角度進行歸類。部分學者如同時側重兩類以上研究方法時，亦可能同時歸入兩種類型當中，初步之分類綱要如下：

一、理性之範疇

（一）理性意識：以「意識活動」做爲陽明學之研究架構者，例如耿寧與張再林等人。

（二）實踐理性：以張君勱爲例，「良知」至少有「實踐理性」與「知情意」兩方面之理解座標。

（三）「好善惡惡」是意志的品格，「知善知惡」則是理智的品格：張學智認爲「良知」系統整合了上述兩種功能。

（四）馮友蘭、羅光等人認爲「良知」是一種「直覺」，不是一種「知識」或道德的「判斷」。吳汝鈞、勞思光則以良知是「道德語言」，不是「認知語言」亦表達了相似之意義。

二、「唯心一元論」

（一）以張君勱爲例：論述「十六世紀唯心主義哲學家──王陽明」。

（二）方東美先生則以「機體主義」的哲學觀，以及「唯心論」的觀點點論述陽明學說。

三、「良知即天理」

（一）錢穆認爲「良知即天理」。天理只是分別善惡的總名，善惡之標準只在人心的自然靈覺處，那個天理本源的人心，便叫「良知」。

（二）勞思光認爲「天理」內含於心中，是一超驗關係；「天理」是存有意義之詞，「良知」則是能力意義之語。

（三）唐君毅根據良知天理之即體即用義分析：已發、未發、心之中與心之和、體與用、動與靜在義理上何以能相貫通之理由。

（四）吳汝鈞認爲「天理」在良知之中，天理是良知所照見的道德規範。

（五）張立文強調「吾心之良知即所謂天理」之命題，強調天理、良知與心之關係，突顯「心體」的主觀知覺功能。

（六）張學智認爲：「良知」與「天理」的限定保證了「良知」的純潔性，強調「所性之覺」，認爲良知的內容以「性」與「覺」爲根本。

（七）楊國榮認爲：「理」有雙重意思，一指實理，二指道德律；「心即理」含有普遍之理與個體形式的合一的意義。

四、「道德論」與「中和說」

（一）秦家懿認爲：陽明良知學說的「宇宙論」附屬於「道德論」，同時認爲「良知本體」是一種超概念的絕對體。

（二）陳來認爲：「天理」指「道德法則」，「良知即天理」的意義在於指出「良知」是既先驗又普遍的道德法則，它指出人類社會的「普遍道德原理」，而不指向宇宙存在、運動的普遍法則。

（三）陳福濱認爲：「良知」爲「天賦的道德本體」，爲一先驗的道德意識，就人能知是非而論，良知是知善知惡的「心之本體」。

（四）談遠平認爲：「良知」爲人的「內在道德判斷的標準」，具有指導、督正、判斷的作用；良知亦是「道德情感的體驗」。

（五）牟宗三認爲：從「良知」與「中和」的關係對照上取証「良知」意義，「中」即在「戒懼、謹獨」與「對天心天理的取証中」立說，而「致良知」便是「和」的意思。

貳、對當代「致良知教」研究成果之分析與考察

以下將根據上述四項範疇進行分析，檢討各種論述「良知」定義之方法與意義：

一、理性之範疇

理性（reason）的定義可以有廣、狹之分，廣義的理性指與感覺對立之精神認識官能，因此與理智（intellect）的意義相同；狹義的理性（rational），則指一種與理智不同的思想活動。前者能直接洞見事物之本質或知識之原理，具有精神直觀的特性；後者則是人類所特有的「抽象及推理」的思想官能，以數學邏輯、符號邏輯的推演爲代表。我們可以說廣義的「理性」指較高的思想活動，它導向知識與行動的聯繫與統一；而狹義的「理性」則指抽象、比較及分析這一類思想活動。本文所指之「理性」主要是指廣義的理性，與理智的意義相同。在當代論著中，有關以「理性」概念爲指標考察「良知」意義者可以概略分爲以下四類：

（一）理性意識

以「意識活動」的研究構面，討論「良知」學的相關問題，本文採取了耿寧與張再林教授的觀點。說明如下：

1. 從「意識自覺」的觀點側重良知的「自知」特性：耿寧〔註149〕教授認為良知為所有「意識作用」的共同特徵，即每個意識作用都同時知道自己。耿氏認為陽明的「良知」即是「自知」；但不是純理論的自知，而是一種「意志」與「實踐」方面的自覺。同時，亦是一個「道德」方面的評價，但不是對他人行為的一個道德評價，也不是我對「他人對我的行為的道德評價」之內心轉向（即不是反思）；而是自己意志的自知評價〔註150〕。即每一種心理作用與意識活動，不但具有它所看見的、所回憶到的對象，而且它也知道或者意識與自覺到它自己，這是從「自知」角度詮釋良知。

2. 張再林教授從認識論的觀點，強調陽明學中「心之所發便是意」的「意；重視「良知」在「心之所發」狀況時的意義，並認為此「意」與西方現象學中之「意向」概念可以認完全相同。〔註151〕張氏認為正如胡塞爾（Edmund Husserl, 1859～1938）強調「意向活動」與「意向對象」須臾不可分離，意識只是「關於某物的意識」。他舉例證明王陽明的「意」與胡塞爾對「意向」的看法相同，陽明說：「意未有懸空的，必著事物」〔註152〕，又說「吾儒養心未嘗離卻事物」〔註153〕，所以陽明反對佛家「盡絕事物，把心看做幻相，漸入虛寂去了」〔註154〕。這種「意」指對象的「未嘗離卻」也，正是陽明所謂「意」之「應感而動」的特性，表示「意」既是心之所發，又是物的產品。陽明說：

> 我的靈明，便是天、地、鬼、神的主宰，天沒有我的靈明，誰去仰
>
> 他高？……離卻天、地、鬼、神、萬物，亦沒有我的靈明；如此，

〔註149〕參見耿寧：〈從「自知」的概念來了解王陽明的良知說〉，《中國文哲研究所通訊》，張文朝譯，第4卷，第1期，13，1994.3，頁15～20。耿寧：〈論王陽明「良知」概念的演變及其雙重涵義〉，《鵝湖學誌》，第15期，1995.12，頁71～92。

〔註150〕參見耿寧：〈從「自知」的概念來了解王陽明的良知說〉，同上，頁18～20。

〔註151〕參見張再林：〈胡塞爾的意向性理論與王陽明的「意」的學說〉，《中西哲學比較論》，長安：西北大學，1998，頁35。

〔註152〕〈傳習錄〉下，同註7，頁75。

〔註153〕〈傳習錄〉下，同註7，頁89。

〔註154〕同上。

便是「一氣流通」的，如何與他間隔得？〔註155〕
意之所用，必有其物，物即事也……凡意之所用，無有無物者，有是意即有
是物，無是意即無是物矣；物非意之用乎？〔註156〕

可以說在「意」的統攝下，心與物成爲「一氣流通」，難以「間隔」的
整體，所以「物即事也」；又當「物」成爲「爲我之物」時，陽明當然可以
提出「良知是造化的精靈」之觀點〔註157〕。同理，張氏可推論出「知行合
一」的觀念，即以「意」做爲「行之始」，「夫人必有欲食之心，然後知食，
欲食之心即是意，即是行之始矣」〔註158〕，「意」有行爲的始源與本體意義，
無論是意識之「認識」，或行爲之「踐履」都被陽明統一與還原爲「意」這
一根本母體之中，此一「意」做爲根本母體即陽明所謂之「知行本體」〔註
159〕；張氏認爲這是陽明從一種先驗的意向論高度，即所謂「知行本體」的
高度，對知行的眞正本質關係之深刻揭示〔註160〕。這種涉及東西方哲學對
陽明之「意」觀念研究論著數量較少，其「意」的分析是否恰當將在第三階
段作一檢討。

（二）從「實踐理性」與「知情意」的觀點

張君勱認爲「良知」至少有下列兩項意義：

第一項從「實踐理性」的觀點：（1）「良知」是指內在的認識能力，例如：
「良知之在人心，無間於聖愚」〔註161〕，即陽明之「知」與道德上的良知、
良心是同義的。（2）「良知」是理或實在的部份，例如：「知是理之靈處，就
其主宰處說便謂之心」〔註162〕、「良知即是天理」〔註163〕。以上的「良知」
功能，是根據純粹及「實踐理性之作用」而言。第二項從「知情意」的觀點：

〔註155〕〈傳習錄〉下，同註7，頁104。
〔註156〕〈傳習錄〉中，同註7，頁39。
〔註157〕參見張再林：〈胡塞爾的意向性理論與王陽明的「意」的學說〉，前揭書，頁
35～36。
〔註158〕〈傳習錄〉中，同註7，頁34。
〔註159〕「此已被私欲隔斷，不是知行的本體了。未有知而不行者。知而不行，只是
未知聖賢教人知行，正是要復那本體。」〈傳習錄〉上，同註7，頁3～4。
〔註160〕參見張再林：〈胡塞爾的意向性理論與王陽明的「意」的學說〉，前揭書，頁
37～38。
〔註161〕〈傳習錄〉中，同註7，頁65。
〔註162〕〈傳習錄〉上，同註7，頁28。
〔註163〕〈傳習錄〉中，同註7，頁59。

（1）「良知」包含「知、情、意」三個生活層面。首先論「意」：良知即是「意」，例如「心之本體，無起無不起，雖妄念之發，而良知未嘗不在」〔註164〕；「心」有任何活動或刺激時，「意」便應之而起，故控制「意」的方法在於以道德動機〔註165〕，消除惡意；這種「意」的理論內容與「知」有關，陽明的「良知」系統極為強調「意」與「知」的關係〔註166〕。（2）「良知」具有情感因素，例如「蓋良知只是一箇天理自然明覺發見處，只是一箇眞誠惻怛」〔註167〕。（3）「意」的重要性：王學良知體系的關鍵在於「物乃意之所對」，例如在有名的岩中花樹〔註168〕問答即是一明顯之例證。總之，張氏認為王陽明所要傳遞的訊息是：不管任何外在的或道德價值的知識，首先必須存在於「心」的意識中，經歷思想的作用以成為其知識；而且，心意識所提供的知識的重要性並不在於它為「主觀」之故，而是在於「它涵有形而上的意義」。〔註169〕

（三）「好善惡惡」是意志的品格，「知善知惡」是理智的品格

張學智認為「良知」系統，亦可以說是理性提供的行為手段，以及對行為結果的監督評價之全副系統。張氏指出良知有天賦的「好善惡惡」的趨勢；即先有「不容己」的好善惡惡的情感（意志），才有「知善知惡」的現實判斷（理智）的發生〔註170〕。唯張氏認為「良知」的理智判斷方式，陽明有前後期不同的分別；早期和提出「致良知」宗旨以前，以理智的形式為主，以分析、推理、證明為主；後期「良知」則因長期理性判斷的熟化而改變為「當下的直覺」，「有一種迅捷、直接的優越性，不是對每一事都進行理性的思考、安排、綜合」〔註171〕。

〔註164〕〈傳習錄〉中，同註7，頁51。

〔註165〕例如：「我今說箇知、行合一，正要人曉得一念發動處，便即是行了：……須要徹根徹底不使那一念不善潛伏在胸中」〈傳習錄〉下，同註7，頁80。

〔註166〕例如：「吾心之良知既知其為善矣，使其不能誠有以好之，……則是以善為惡……意念之所發，吾之良知既知其為不善矣，使其不能誠有以惡之，……則是以惡為善，……若是，則雖曰知之猶不知也。」〈大學問〉，同註7，頁121。

〔註167〕〈傳習錄〉中，同註7，頁69。

〔註168〕「你未看此花時，此花與汝心同歸於寂：你來看此花時，則此花顏色一時明白起來：便知此花不在你的心外」〈傳習錄〉下，同註7，頁90。

〔註169〕參見張君勱：《王陽明》，前揭書，頁24～25。

〔註170〕「好善惡惡」是一種情感，「知善知惡」（良知）是一種能力，知善知惡以好善惡惡為根據。參見張學智：《明代哲學史》，前揭書，頁106。

〔註171〕同上，頁107～108。

（四）張君勱、馮友蘭、勞思光、羅光、吳汝鈞等人認為「良知」是一種
　　直覺判斷，不是知識判斷。

1. 張君勱除了上述以「實踐理性」定義「良知」的觀點外，張氏亦認為「良知」的英譯應為「intuitive knowledge」（直觀的知識）；他認為陽明是根據孟子：「人之所不學而能者，其良能也；所不慮而知者，其良知也」《孟子‧盡心》而說的。又認為朱子、陽明之別在於：朱子強調要以理性致其知，人必知得許多之後才能分辨是非善惡；陽明則直承孟子「良知」之學，主張人若用其「良知」於其意念，則自能知是非善惡之別，心本來便是正的。〔註172〕吳汝鈞則以「良知」是「道德語言」（moral language），不是「認知語言」（cognitive language）表達與張氏相近似的意義。〔註173〕

2. 馮友蘭認為陽明的「良知」對善惡的辨別，是一種直覺的反應，並不是一種道德的判斷，不是經過思考而得到的命題〔註174〕。即良知是一種「直接」的反應，這亦同於羅光教授以「直見之知」（直接體驗）定義「良知」的研究方式，亦類似於張學智所提出的陽明晚期「良知」對善惡判斷是屬於「當下的直覺」〔註175〕觀點。

3. 勞思光亦否認良知之「知」即指「知識」的看法。他認為陽明用「良知」一詞即指「價值意識」或「價值判斷之能力」而言，屬於「道德語言」而非「認知語言」；即其「良知」被界定為知善知惡之能力，與認知事物或規律之知不同，「良知之外，別無知矣」，強調陽明的心中無「認知」意義之知。同時，勞氏亦反對以下兩種觀點：（1）以為「知識」皆已含於良知中的說法，即反對「極端先驗論」之知識論觀點。（2）也反對以理性主義、經驗主義「對比」地說程朱一系與陸王一系之殊異所在；因為陸、王所說之心即理，本非指認知之理，原意亦不是解說知識範疇，而程、朱一系之理，亦與經驗主義不同。〔註176〕

〔註172〕參見張君勱：《王陽明》，前揭書，頁 20～23。

〔註173〕吳汝鈞：〈王陽明的良知觀念及其工夫論〉，《哲學與文化》，第 23 卷，第 4 期，1996.04，頁 1484。

〔註174〕參見馮友蘭：〈陸、王心學的興起〉，《中國哲學史新編》（五），台北：藍燈文化事業公司，1981，頁 235。

〔註175〕參見張學智：《明代哲學史》，前揭書，頁 107～108。羅光：《中國哲學思想史》，《羅光全書》冊十二，台北：學生，1998，頁 393。羅光：《中國哲學大綱》，《羅光全書》冊五，台北：學生，1998，頁 179。

〔註176〕參見勞思光：〈王守仁之學〉，《中國哲學史》（三上），台北：三民書局，1987，

以上這些研究所觀察陽明學的共同特色在於「良知」爲一種「直覺」能力，屬於道德、價值範疇；不離認知的能力，又不全然屬於認知範疇。觀察當代的研究，對「良知」這種類型的研究，後學相當容易導入於「認知」（自然科學）或「超認知」（神秘良知觀）兩極化的研究〔註177〕，在理解上必須保留一定的宏觀視野，方可有所警覺。

二、「唯心一元論」〔註178〕

從一元論的觀點詮釋陽明學說者本文參考了張君勱、方東美等人的研究觀點。張君勱認爲，陽明的一元論哲學是屬於唯心論的，但其涵義比較特定的一些指稱要寬鬆一些，在處理（1）個別與普遍、（2）人心相對於物理世界、（3）人心相對於身體、（4）人欲相對於天理；（5）知識相對於行動等問題的解釋中，張氏是採取一元論的觀點看待陽明學的〔註179〕。他認爲朱子的思想總是根據二元論的基礎，即根據「致知」與「格物」、「道問學」與「尊德性」來進行；而陽明則克服了二元論的方法。他舉了陽明一段話爲例，學生問：「晦庵先生曰：『人之所以爲學者，心與理而已』。此語如何」？陽明曰：「心即性，性即理。下一『與』字，恐未免爲二」此在學者善觀之〔註180〕，並結論性的說「總而言之，王陽明的哲學是反對朱熹的二元論的」〔註181〕。

方東美先生以「機體主義」的哲學觀點詮釋陽明學，同時以「唯心論」描述陽明學說〔註182〕。他認爲機體主義的觀點，可以摒棄單純的二分法，否

頁405～410。

〔註177〕以台灣爲例說明——例如：（1）側重自然科學方式的研究：王守益王慧琴：〈基於現代視覺認知觀點檢討關於王陽明天地萬物爲一體等哲思的批評〉，《清華學報》，第22卷，第1期，1992.3，頁279～300。（2）側重神秘良知觀的研究：王欽賢：〈聖保羅與王陽明之神秘良知觀〉，《華岡文科學報》，第23卷，1999.12，頁325～349。

〔註178〕本文對「一元論」（monism）的用法主要是指一切事物屬於唯一實體和本質，且取消了不同對象領域之本質區別，例如：物質與精神、有生命與無生命、個人與群體等。

〔註179〕參見張君勱：《王陽明》，頁26～35。

〔註180〕〈傳習錄〉上，同註7，頁12。

〔註181〕參見張君勱：《王陽明》，前揭書，頁29。

〔註182〕參見方東美：〈從歷史透視看陽明哲學精義〉，《生生之德》，台北：黎明文化公司，1987，頁372、375使用「唯心一元論」一詞，但註14（頁388），中又強調陽明非狹義之主觀唯心論者，另外，在頁387之結論中又認爲新儒家各家最後殊途同歸，統攝匯於一「澈底唯天理論」之一元系統。

認二元論爲眞理，取消了不同對象領域之本質區別，避免將人物相互對峙，視爲絕對孤立與停滯不前的系統。方氏機體主義的哲學旨在融貫萬有，使實有、存在、生命、價值之豐富性與充實性相因、交融互攝爲一廣大和諧之系統。〔註183〕方氏又認爲陽明是從象山主張「超越理想性原理」逕化爲「內在理想性原理」，使存在與價值合一，性天不二，使價值之最高統會充份呈顯於吾心，而爲一切萬有之所同具。對於「良知」，方氏認爲「良知」一詞固不離感官，然卻非感官知覺，亦非理智知識，而是「Conscientious wisdom」，是一種「形而上之直觀睿知」，發爲道德慧見，精察靈明，當體起用，使吾人遂能悟人心與天地，雍容浹化，合德無間，上下與天地精神合流，良知之明覺精察處，即是天理流行〔註184〕。這是一種相當具有存在性體驗後的分析，兼顧理性與感性，超越與內在，唯以「唯心論」一詞描述陽明學說則不甚妥當，恐難以呈現出其機體哲學眞正之宏觀視野。

三、「良知即天理」

　　「良知」與「天理」的關係密切。「天理」具有本體論的意義〔註185〕，唯因爲對「天理」的不同定位，將使「良知」的定義亦呈現多種觀點。有以「良知」爲超越的心體，以天理在良知之中者，即天理是良知所屬的道德規範。亦有以「天理」指實理，從存有的觀點指出「天理」不但爲一般存有的共相與普遍領域；更落實於具體存在中，爲人性與道德律發展之依據。在研究過程中本書參考了錢穆、唐君毅、勞思光、吳汝鈞、張立文、張學智與楊國榮等人的研究成果，進一步分析如下。

（一）錢穆的觀點

　　錢穆的研究回答了一個問題——「王學」對宋明儒家有何貢獻？錢氏認爲陽明「良知即天理」的意義在於：「天理」是分別善惡的總名，除卻分別善惡，便無天理可見；至於善惡的標準，只在人心的自然靈覺處，所以天理只從人心上發，除卻人心，不見天理，那個天理本源的人心，便叫「良知」；良知自然明覺，所明覺的即稱天理，又稱一切善爲天理，其實只是人心；只是人心的好惡，人心即天理，更不煩有所謂湊泊，這便是王學對宋儒傳統的貢

〔註183〕同上，頁368～369。

〔註184〕同上，頁378～387。

〔註185〕本文所謂之「本體論」（ontology）指討論「存有物」之爲「存有物」的學問，即包含本體與現象並超越此二者，並討論本質地直接屬於存有物的一切，亦指其存有已爲思考活動所照明並與思想成爲一體的存有者。

獻處。「致良知」即是「徹底的不使一念不善潛伏胸中」的方法，陽明所謂的「良知」、「知行合一」與「致良知」都是在「精一」、「誠意」和「純」的意義原則下產生功效〔註186〕，即錢氏的觀點側重在陽明學中能發揮收攝功能，使分為合，能合二為一之修養工夫。

（二）唐君毅的觀點

朱子與象山的觀念為陽明重新解釋，故這此二人學說對陽明學的研究是重要的。唐君毅先生重視這個方向，故透過對朱子與象山對「中和」、「心」與「理」理論的比較，他認為：由於陽明一方面能以正面的指正人本心之「良知或本心」，在另一方面又能重視朱子言「誠意工夫」時，所重之此「理」必顯為好善惡惡，見此良知之用，自始即為一「正反兩面」同時並見；良知天理之表現為是是非非、好善惡惡時，良知天理之體，即以表現其用。所以，唐氏即歸納出：陽明是以「存天理之存養」與「省察克治」之兼在，做為對治人欲者，做為「致良知」工夫之兩面；故「未發之致中工夫」與「已發之致和工夫」即打併歸一，於心之中與和、體與用、動與靜，亦當相貫而論，因為此「良知」之好善惡惡或是是非非，而正不正以歸正之兩面，原相輔為用，為陽明理論之核心意義〔註187〕。唐氏即根據此良知天理之即體即用義，說明良知即天理之昭明靈覺、良知之應物現形與當下之機，以及良知的生生不息義。這種類型之觀點，與本文《中庸》修養論」之方法在強調「存天理」、「中和」與「誠身」的原則上方向是一致的。

（三）勞思光的研究指出下列要點

1. 陽明的「心」乃就有主宰性之「自覺能力」而言，而「理」則指心中的價值規範而言，「心即理」也即指一切價值規範皆源自此自覺能力。

2. 「天理」內含於心中，理與心是一超驗關係，「天理」是存有意義之詞，「良知」則是能力意義之語。陽明之「知」指「知善知惡的能力」，即就人的「價值意識」講，故說良知之外別無知。

3. 「意志」時時指向（人心中的）普遍規範，即「存天理去人欲」之實踐。

關於「心即理」的看法，勞思光以陽明之「理」為非認知意義之理，而是德性意義之理；即其理是取規範義，而非規律義。陽明之「心」與「天理」、

〔註186〕參見錢穆：《陽明學述要》，台北：素書樓文教基金會，蘭台出版社，2001，頁47～52。
〔註187〕參見唐君毅：《中國哲學原論》（原教篇），前揭書，頁306～333。

「意志」有關，心是指自覺能力而言，即人有應該或不應該之自覺能力；「意志」循此方向活動，即爲此心純合「天理」，但心不必然時時合「天理」，有時受生理心理等因素影響，以愛憎、苦樂表之，陽明則以人欲說之；而「意志」之方向即時時指向普遍規範，即存天理，去人欲之實踐。「心」乃就有主宰性之自覺能力而言，而「理」觀念則指價值規範而言，故心即理也，即指一切價值範皆源自此自覺能力。

人只要自身意志純化，就能自然獲得事理之知識；故陽明對天理剖解甚詳，對事理則未嘗詳說，即陽明只就良知義說「知」，而不論及獨立於道德意識之純認知。故四句教云：「知善知惡是良知」，勞氏解之爲「以知善知惡之能力爲良知」。〔註188〕簡言之，勞氏以陽明之心屬「超驗意義」〔註189〕，超越時空限定；「天理」內含於心中，亦是一超驗關係，「天理」是存有意義之詞，「良知」則是能力意義之語。陽明以「知」爲心之本體，而不立良知之外之理。「良知」不以事物之理爲對象，每一說「知」，即指「知善知惡的能力」，即就人的「價值意識」講；說良知之外別無知，並非持「經驗知識皆內在於一心」之斷定。勞氏亦以「充足實現」或「完滿擴充」釋「致」一字；良知爲人心本有能力，人能擴充此人心本有之能力於生活中，則是成德與致知〔註190〕。勞氏以「天理」內含於心中，「良知」是能力意義的解釋值得提出討論，對此問題本文將稍後「歸納與反思」階段進行檢討。

（四）吳汝鈞的研究認為

陽明的「良知」是超越的心體或主體性，它普遍地存在於人人心中，而爲其內在的本質；其辨別是非善惡、好善惡惡之能力是恆時地起用的，沒有停息的時刻〔註191〕。吳汝鈞認爲陽明的「理」，不是一般的經驗事物的規律；而是扣緊道德一面來說理。這理基本上是道德的、價值的律則；他認爲陽明常用天理一詞是指未分化的道德的、價值的規律自身。陽明的本心或心都是就道德的脈絡說，這心即是良知，是道德的主體性；因而解釋陽明的「心即理」是「良知是發見天理、體現天理的能力」。「天理」則是良知所照見的「道德規範」；天

〔註188〕參見勞思光：〈王守仁之學〉，前揭書，頁 412～415。
〔註189〕例如陽明云：「天理在人心，亙古亙今，無有終始」〈傳習錄〉下，同註 7，頁 92。
〔註190〕同註 192，1987，頁 415～421。
〔註191〕參見吳汝鈞：〈王陽明的良知觀念及其工夫論〉，《哲學與文化》，第 23 卷，第 4 期，1996.04，頁 1485～1486。

理是在良知之中，而非在良知之外〔註192〕。吳氏的觀點與勞思光屬同一類型，將宇宙論歸入道德論中一併處理，較側重良知或個體之主體性地位。

（五）張立文的研究認為

良知與心的關係最為密切，「理」亦指心中之理。陽明之「天理」存在於主體心之中，「心之本體，即是天理，體認天理，只要自心地無私意」〔註193〕。無私意則整個宇宙皆與吾心為一體，以心為天地萬物之主。所謂「理」，指心中之理，外心求理則無理。又在「吾心之良知即所謂天理」的命題中，良知與心的關係最密切；良知作為心之本體，心即是良知，強調了心本體的主觀知覺功能。即在「心即理」的基礎上，把良知與心、理分別加以聯繫，又相互等同〔註194〕。張氏並在這個觀點下強調心與其它範疇的合一，從主觀精神的功能上，講心與理、性、物的關係。

（六）張學智的觀點

良知與天、理、性、心、氣的關係，是張氏的研究重點。他以「良知」是天理之昭明靈覺，認為陽明此一概念源自孟子；所以稱為良知有兩個原因，一是因為這種「道德意識」是善的，二是因為它是「先驗地」存在具有。道德修養即在於將這種先驗的道德意識，由火之始燃，培養至溥博淵泉地位。人心是宇宙的精蘊所在，良知是天理的表現，張氏重視「良知即天理」的原則，認為此一原則因為有「良」與「天理」二觀念的限定，保證了「良知」內容的純潔性；又良知的內容以「性」與「覺」為最根本，「所性之覺」〔註195〕即指天理自然顯露而為主體所知，在所性之覺的觀點下，說人與天理相通，天、理、性、心、氣等不過是這個大系統的不同方面的描述。〔註196〕

（七）楊國榮的研究指出下列要點

1. 「理」有雙重意思，一指實理，二指表現於事親事君之中的道德律。

2. 「心即理」則含有普遍之理與個體形式的合一之意，在以理規定心的同時，心的個體性從「自思」與「情感」之中表現出。

〔註192〕同上，頁1487。

〔註193〕〈傳習錄〉上，同註7，頁22。

〔註194〕參見張立文主編：《心》，台北：七略出版社，1996，頁267～269。

〔註195〕先生承絕學於詞章訓詁之後，一反求諸心，而得其所性之覺，曰「良知」。因示人以求端用力之要，曰「致良知」。〈師說〉，《明儒學案》，頁6。

〔註196〕參見張學智：《明代哲學史》，前揭書，頁104～106。

3. 心與理二者，構成了主體意識二個不可分割之方面，而作為此二者的這種主體意識即是「良知」。

楊氏認為陽明的「理」有雙重意思，其一，指實理：「天地感而萬物化生，實理流行」〔註197〕；這種內在於物相互作用過程之理，大致與一般的存在規律和本質相當。其二，指表現於事親事君之中的道德律：「是理也，發之於親則為孝，發之於君則為忠，發之於朋友則為信。千變萬化，至不可窮竭，而莫非發於吾之一心」〔註198〕，理也就是行為的普遍規範。依理的雙重義，主體意識（心）也有這兩種內容；它既指與「實理」相應並表現為「心之條理」的先天之知，又是指與普遍的行為規範相應的主體的道德自律，亦即內在的道德意識。在以理規定心的同時，「心」的個體性從「自思」與「情感」之中表現出，陽明說：「此要自思得之，知此則知未發之中矣」〔註199〕，如欲洞悉「中和」的道理，就「此須自心體認出來，非言語所能喻。『中』只是天理」〔註200〕。又說：「七者俱是人心合有的；但要認得良知明白」〔註201〕。「心即理」即含有普遍之理與個體形式（自心）的合一之意，如陽明所云：「心之體，性也，性即理也。天下寧有心外之性？寧有性外之理乎？寧有理外之心乎？」〔註202〕，即理不離心，此心即理，二者構成了主體意識二個不可分割之方面，而作為自心與理之統一的這種主體意識（心），也就是良知，此即「良知者，心之本體」〔註203〕。楊氏的研究周延地指出「理」的兩種意義，含括存有論與道德論，同時兼顧普遍性與個體性原理，是一研究「良知」學值得參考之結構。

四、「道德論」與「中和說」

陽明的「良知」學說與道德實踐關係密切，良知是是非之心，能判斷意念之善惡；但良知必須經由實踐過程方能有真正的理解，方可應付萬變。除了道德判斷的是非之心外，良知亦是道德情感的體驗；在自身中是一種「為己之學」，只對自己的德性生命負責。在理解上，如能再透過「良知」與「中

〔註197〕〈五經臆說十三條〉，同註7，頁127。
〔註198〕〈書諸陽卷〉，《王陽明全書》（四），頁13。
〔註199〕〈傳習錄〉上，同註7，頁28。
〔註200〕〈傳習錄〉上，同註7，頁20。
〔註201〕〈傳習錄〉下，同註7，頁93。
〔註202〕〈書諸陽卷〉，《王陽明全書》（四），頁13。
〔註203〕參見楊國榮：《王學通論》，前揭書，頁37～38。

和」兩觀念的對照，從「未發之中」的詮釋意義上去理解，將更能突顯陽明的「良知」意義。針對良知觀念從「道德論」與「中和說」二方面的研究，本書分別參考了秦家懿、陳來、陳福濱、談遠平，以及牟宗三等教授的觀點，以下分析之。

（一）秦家懿教授的研究指出下列要點

1. 良知是是非之心，同時「良知本體」是一種超概念的絕對體。
2. 陽明良知說之宇宙論附屬於道德論，以萬物一體說貫通其學說。
3. 良知有「隨時」性，但生而有之的良知，仍需灌漑與培養，良知所知仍是「一節之知」不是「全面之知」，其補救之道有賴於去私欲。

秦氏認為良知是「是非之心」，能判斷意念之善惡。她認為陽明將心、良知與太虛認同，一方面是以太虛作比喻，來講人心的良知；另一方面是提高「良知」到形上界去，陽明用自己造的字句「良知本體」來指一種超概念的絕對體，即其宇宙論也附屬於道德論。良知作為道德論的本體，經由「萬物一體觀」建構其理解宇宙的方式，經由人心的良知為萬物的靈明觀念人才能為天地之心，人與自然的關係才得以建立。這種經由「萬物一體觀」的認識能力，秦氏以源自超自然悟境的直覺形容之〔註204〕。

就道德實踐而言，秦氏認為陽明的良知是「生而有之」，是「是非之心」，並且良知可應萬變。即良知包含孟子的良能，既是不慮而知，又是不學而能的，是陽明唯一的是非標準；但這種先天內有的道德意識，並不是時時刻刻都可以教人如何應付一切；因為生而有之的良知如同樹的萌芽還需灌漑與培養才會成長，即「不待慮而知」與「不待學而能」的解釋，不是說良知時時刻刻都可以分辨是非善惡，而是說「良知」明知是與非根本上是相反的；故而「良知」更有為善去惡的意思，信得良知則可應萬變，這是從「致良知」層面說。秦氏很有創見的指出良知有一種「隨時」性，但其所「知」似乎是「一節之知」，不是「全面之知」〔註205〕；其補救之道在於去私欲〔註206〕，這種良知「隨時性」觀點亦自有其合理性。

〔註204〕參見秦家懿：《王陽明》，前揭書，頁141～146。
〔註205〕「如今念念致良知，將此障礙窒塞一齊去盡，則本體已復，便是天、淵了。……于此便見一節之知即全體之知，全體之知即一節之知，總是一箇本體。」〈傳習錄〉下，同註7，頁80。
〔註206〕參見秦家懿：《王陽明》，前揭書，頁110～115。

（二）陳來教授的研究指出下列要點

1. 全部心學的基礎不是以「認識」為目的，而是以求得「至善」為責任。

2. 「心即理」的心主要是指心體之心，不適用於知覺之心，「心即理」也可以說是「心之條理即理」，指人知識活動的展開有其條理。

陳來教授指出「心即理」的定位，決定了陽明學的方向，陳氏為心即理指出了一個大原則：他認為全部心學的基礎和整個心學所要表達的就是「道德主體」的概念，即康德之實踐理性。心學之心不是以認識為目的，而是以求得至善為責任；故一切指責心學未能完成認識任務的指責是不恰當的，一切修養工夫皆以求得至善為目標。這點陽明以「心體」、「心之本體」或「本心」表示之，指一種完全獨立於「感性欲念」，沒有任何感性欲望染乎其間的先驗的主體；但因「心」的概念一直未分化，未能如康德區分認識主體與道德主體、區分意志與意念，故心學理論造成許多問題。反之，如果陽明能一開始就明確指出「心外無理」說即是就實踐理性而言，則其整個系統將自成條理，亦可免去諸多非議。簡言之，其「心即理」的心主要是指「心體之心」，不適用於「知覺之心」；「心即理」也可以說是「心之條理即理」，指人知識活動的展開有其條理，這些條理也就是人的行為「道德準則」〔註207〕。

在此觀點下，陳氏認為陽明的「良知」有下列意義：（1）良知即主體本有的內在特徵，即是非之心；亦有普遍性，對每個人都相同。這種良知即是非之心的觀點，陽明在不同地方，依不同的經典來源有不同的表達方式，例如良知即明德、良知即是易、良知即是未發之中……等等。（2）良知對意念有監督、指導作用，因而良知與意念的區分是重要的。（3）強調良知作為獨知的意義，重視良知作為判斷和評價的內在原則，是一獨立於意念活動的道德意識。（4）良知是每個人成為聖人的內在充份之根據。（5）「良知即天理」，天理指道德法則，良知即天理指良知是既先驗又普遍的道德法則，是指人類社會的普遍道德原理而言，而不指宇宙存在或運動的普遍法則。（6）良知即自慊，良知不僅對是非善惡進行判斷與評價，同時體現為一定的心理與情感之體驗，以強化對人的監督和指導。〔註208〕根據此良知的定位，陳氏進一步定義「致良知」有三個意義：（1）至極義，即良知人人自有，能擴充至極便是聖人。（2）實行義，因為「良知」為知，「致」則有力行義，所以致良知即

〔註207〕參見陳來：《有無之境──王陽明哲學的精神》，前揭書，頁32～35。
〔註208〕同上，頁166～178。

可體現知行合一的精神。（3）良知不滯於見聞之知，致良知則不離於見聞之知，注意到在德性之知與見聞之知的平衡；這類型的德性之知，實際上是指一種世界觀，即對宇宙與人生意義的覺解。〔註209〕

（三）陳福濱教授的研究指出

陳教授在其所著〈道德「良知」及其現代意義〉一文以〈傳習錄〉與《大學問》為例證，從「道德根源」與「明辨是非」兩方向分析「良知」。就根源上看，良知為「天賦的道德本體」，為一先驗的道德意識；就人能知是非而論，良知是知善知惡的「心之本體」，即陽明所言：「知是心之本體，心自然會知，見父自然知孝，見兄自然知弟，見孺子入井，自然知惻隱，此便是良知，不假外求」〔註210〕的意思。綜合而言，陳教授指出良知具有存在的先驗性，亦指價值意識或作價值判斷的能力而言〔註211〕。同時，「良知」必須經由實踐過程方能有真正的理解，「未有知而不行者」〔註212〕，因為良知不是「我的對象」，它是「在我之內」，與生俱來成為「我」的主體、「我」的主宰，而所有的德性皆由此流露出〔註213〕，此即陽明「只在此心純天理上用功，即人人自有，箇箇圓成」，以及「就自己心地良知良能上體認擴充」〔註214〕的意義。

（四）談遠平教授的研究指出

談氏從圓融統觀的角度來研究陽明哲學，本於「理一而已」、「性天不二」的會通觀點，強調陽明學中的體用合一、心物合一、知行合一、心理合一、身心合一、動靜合一、人心道心合一、明德親民合一等要義。〔註215〕談氏對「良知」的內涵研究，是在良知即是非之心、良知即至善天理、良知是道德實踐的真幾、良知與道德情感的自足、良知是人格物平等的依據等構面來說明良知的內涵。整體而言，側重在「良知」為人的內在道德判斷的標準，具有指導、督正、判斷的作用。除了道德判斷的是非之心外，良知亦是道德情感的體驗，凡合乎道德法則的思想和行為就會引起欣慰自足，不合道德律則

〔註209〕同上，頁178～184。
〔註210〕〈傳習錄〉上，同註7，頁5。
〔註211〕參見陳福濱：〈道德「良知」及其現代意義〉，《哲學論集》，第29期，1996.6，頁106～108。
〔註212〕〈傳習錄〉（上），同註7，頁3。
〔註213〕同上，頁111～112。
〔註214〕〈傳習錄〉上，同註7，頁26。
〔註215〕參見談遠平：《論王陽明哲學之圓融統觀》，前揭書，頁38～39。

的思想意念和行為就會引起羞愧和不安。在工夫之背景與根源上，談氏對「良知即天理」的觀點，是從「中」字定位天理，引證陽明所云：「中只是天理，只是易」〔註216〕，說明凡事「須是因時制宜，難預先定一箇規矩在」〔註217〕。在工夫實踐上，談氏認為陽明無論是倡誠意或知行合一都是在指導道德實踐，「致良知」即是陽明貫通宇宙生化以達至善天理的道德實踐，故「致良知」的本義有「即體即用」義，在自身中是一種「為己之學」，只對自己的德性生命負責，要求以「格物致知」的方法，直指本心，使七情皆發而中節。〔註218〕

（五）牟宗三教授的研究指出

牟氏從「良知」與「中和」的關係對照上，以「未發之中」的詮釋內容突顯陽明的「良知」意義。可以分成三點說明其大要：第一、此未發之「中」，並非指前、中、後具時間與空間意義之所屬，而是從「天心天理」的觀點來詮釋「中」；是當下在喜怒哀樂以外，直指本心，見體取証。第二、具體而言，此「中」當不是一個潛藏的階段，亦不應從「發」處察觀；只單從念頭上人所不知而汝獨知處指點一個標準給你，使你自己取證，不可瞞它，便就是中和；亦不可將陽明之性與情放入理論，在那裡平鋪作歷程的追溯〔註219〕。第三、常人之誤在於，以為「未發時未著」即是不可有所偏倚；牟氏指出一味追溯病源，而不提出一個對照來，皆不能謂之知「中」，強調陽明「中只是天理」〔註220〕、「致中和只在謹獨」〔註221〕，即說明重要的不是在此說病根之有無，而是要顯出一個天心天理來加以取證；「中」即在戒懼、謹獨與對天心天理的取証中立說，而「致良知」便是「和」。整體而言，牟宗三強調「良知」並非死體，必須在天心天理的背景下，就體用合一而言之，自本體上說即寂寂惺惺之合一，無分於有事無事也。就工夫而言，則必須戒慎與識病；戒慎即從毋自欺一念上取證，從良知天理上取則，去自欺以歸於毋自欺，持體去病，在本體與工夫上察養，此即是致良知。〔註222〕

〔註216〕參見〈傳習錄〉上，同註7，頁16。

〔註217〕同上。

〔註218〕參見談遠平：《論王陽明哲學之圓融統觀》，前揭書，頁147～178。

〔註219〕參見牟宗三：〈良知與中和〉，《王陽明致良知教》，前揭書，頁49～51。

〔註220〕〈傳習錄〉上，同註7，頁20。

〔註221〕「事變亦只在人情裡。其要只在致中和。致中和只在謹獨」。〈傳習錄〉上，同註7，頁12。

〔註222〕參見牟宗三：〈良知與中和〉，《王陽明致良知教》，前揭書，頁52～56。

參、歸納與反思

本文依據上述論著內容，歸納與反思其要點如次：

一、因「良知」一詞義涵豐富，故不宜單選某一引文，即設定某位學者所主張「良知」的定義即是如此；應視其對良知全面與整體性的詮釋，重視其對良知體系的理解，而非僅限於個別良知一概念之定義。

二、張君勱將良知定位在「實踐理性」的作用，可以彰顯良知是內在的認知能力外，亦可較寬廣地指出良知是理（之靈處）或實在的部份。唯「實踐理性」的界定，仍過於偏重「理性」詮釋的範疇，這亦是康德哲學心、物分離進路的缺點；所以，這亦可能轉變成為詮釋陽明學時的缺失。康德在知識論可以轉求上帝的保障，但這對以心體與良知為模型的陽明理論卻不適用。又，張氏等人認為王陽明的一元論，在形而上學中是屬於唯心論的〔註223〕，這種以「唯心論」詮釋王陽明的方式秦家懿認為並不恰當。秦氏認為中文的「心」字意義繁多容易受誤解；再者，「唯心論」在馬克斯主義統治下的社會，有其特殊意思；且唯心論又有「主觀唯心論」與「客觀唯心論」的差異，這些問題對陽明思想的掌握都有其不妥之處〔註224〕。由張君勱與秦家懿的觀點可知，當我們運用西方概念理解陽明學時，是一種便利；西方在概念定義上可能較為精確，但正因其概念常無法跨越心物分離的難題，故其概念本身即與存在相隔離。這些概念本身的詮釋限度，以及中西詮釋背景的差異，極可能使「西方哲學概念」在陽明學中無法全面發揮其功能；同時，亦可能不易於呈現出中國哲學「體用一源」所指向之精神。

三、從「意識自覺」的觀點重視良知的「自知」功能，例如耿寧教授「良知即自知」的命題，其意義在指出一種在「意志」與「實踐」方面的自覺。即每個意識作用都同時知道自己，故亦存在一個自知之後「道德」方面的評價；此即有利於解釋四無說之「無善無惡」。因為如果意志是存在道德評價的至善，即是誠者，即是天道；如此就不會陷入善或惡的對立，即良知既不是「是非」也不是「好惡」。良知所餘之不可排除的中心（本質），並不是「道德判斷」，而只是「自知」。自知即意識的自覺〔註225〕，這種排除善惡判斷與好惡成素，最後所餘地者僅有深層「自覺之意識」；這種研究方向重視「良

〔註223〕參見張君勱：《王陽明》，前揭書，頁26～27。
〔註224〕參見秦家懿著：《王陽明》，前揭書，頁233～235。
〔註225〕同註1，頁20。

知」的最後、最根本的成素，也類似於王門中，聶雙江重視培養良知根本的歸寂主張，對「致良知教」而言亦是必要的。耿氏以自知做爲對良知的理解結構，亦相當符合陽明云：「人人自有定盤針，萬化根源總在心」〔註226〕之原初旨意。

四、多位學者認爲「良知」是「道德語言」（moral language），不是「認知語言」（cognitive language），或者說良知是「直觀的知識」（intuitive knowledge）。這些區分的優點是可以很清楚的表達出陽明「良知」的特性屬於「道德」範疇，不屬於「認知」範疇。但此一界定隨之而來的問題，即是以語言的不同特性區別良知時，語言本身的充足性之問題。因爲陽明的「良知即天理」本身，即指出了「理」具有實在之特性，已經超越語言的屬性與範疇，故此一區分方式可能有所不足，應再加入對良知的存有原則之解釋，方能全面體會良知的豐富內涵。

五、張再林教授從「意向性」理論的觀點，指出陽明與胡塞爾的相同處。同時，他亦指出了陽明與胡塞爾從目的、內容、實現方法上之差異性，深刻的結論出陽明「價值的意向性」理論較胡塞爾更具有倫理學的特質和意義；同時，又指出西方現象學家馬克斯・舍勒（Scheler Max,1874～1928）強調的「價值的意向優先於認識的意向」之原則，比胡塞爾的現象學，更能詮釋陽明學中之「心」、「物」與「意」的關係〔註227〕。

張氏從認識論的觀點強調：陽明的「意」與西方現象學中之「意向」概念可以完全相同，認爲正如胡塞爾強調意向「活動」與意向「對象」須臾不可分離。「意未有懸空的，必著事物」，表示「意」既是心之所發，又是物的產品；可以說在「意」的統攝下，心與物成爲「一氣流通」。我們可以認同張氏上述的動態，但只論「意」與「對象」間的邏輯關聯性是不足以完全表達陽明之「意」的，因爲「意」（心之所發）之中的動態性、存在性與實踐性特色，無法單從「認識論」顯出其特性；而且陽明說「虛靈明覺之良知應感而動者，謂之意」〔註228〕，即「意」雖然擔任一心、物（一氣流通）間關係的轉承角色；但其範疇應不限於主體意向的活動與客體的對象二者。從主、客

〔註226〕〈詠良知四首示諸生〉，《王陽明全書》（二），頁206。
〔註227〕參見張再林：〈胡塞爾的意向性理論與王陽明的「意」的學說〉，前揭書，頁40～41。
〔註228〕〈傳習錄〉中，同註7，頁39。

兩方面分析陽明的「意」只能呈顯一種「線性邏輯或平面性邏輯」的互動關連；而陽明的「意」對心、物的轉承功能不僅限於主客二者關係，即「意」觀念的使用，應可使主客間的關係，從現象學的主客二元分析，進一步提升至主體或意（心之所發）、客體，以及做為主客體依據的天理三元間的全面性與存在性的連結功能上立說。即僅從認識論上中西方「意」的相同，並不足以代表存在上「意」的本質性之實質相同，這是張氏的不足。唯張氏所採取的比較過程，是一種相當能宏觀中西方法的研究態度，故其中所提供的分析方法，亦值我們得參考應用。

六、關於「致知」觀念：牟宗三教授從「良知」與「中和」的關係對照上，突顯陽明的「良知」意義。他認為「致知」即「致吾心之良知之天理」，強調陽明的「中只是天理」，即說明重要的不是在此說病根之有無，而是要顯出一個天心天理來加以取證。「中」即在戒懼、謹獨與對天心天理的取證中立說；強調「良知」並非死體，必須在天心天理的背景下，就體用合一而言之。這是一個適當的理解，相對地亦可以佐證本書提出「中和式自然動力」概念的動機，是有可能觸及陽明文本精神的。

值得商榷的是牟教授認為「天理不外吾心，故曰心外無理，理為天理，心即為天心」〔註229〕的解釋，可以結論出此「天理」即心律，即意志；並以此「心律」解讀「良知之用」，開顯出其知行合一即理與事融的觀念。我們認為天理自然，可以下貫於人性中成為某種先驗道德的基礎；但等同於「心律」與「意志」，即有窄化「天理」的可能。這恐將使陽明重視人與天地萬物間的直接關係，受「心律」概念而限制其心學更廣大開闊的可能性。例如陽明云：「天命之性，粹然至善，其靈昭不昧者，皆其至善之發見，是皆明德之本體，而所謂良知者也」〔註230〕，即指出在天道的觀念下，人才能發見至善；在至善的理想下，人才能肯定明德之本體；在至善與明德的背景下，良知意義才能彰顯出。即在良知即天理詮釋上，「天理」除了「心律」之意思外，我們必須保留人向大自然存有、向至善開放的可能性。即我們一方面強調人的道德主體與道德性時；另一方面，亦必須關切人存在於宇宙中之事實，並追問人性與其道德之根源性。以下吳汝鈞與勞思光先生的觀點，亦有相近似的討論主題。

〔註229〕參見牟宗三：《王陽明致良知教》，前揭書，頁5～6。
〔註230〕〈親民堂記〉，同註7，頁208。

七、吳汝鈞認為陽明的「理」基本上側重於是道德的、價值的律則。天理只在良知之中，而非在良知之外〔註 231〕。勞思光先生的觀點亦相近似，故可歸為同一類型。唯此一觀點應可再加擴充，因為陽明的「理」不僅只是未分化的道德的、價值的規律自身；即「理」不僅限於個體之內，陽明的理同時有「天理」與「實理」的意思。以根源而論，天理是一種中和式自然動力的下貫。以人心而言，天理在人心中是一種對天命之性的「但存而不敢失」。

陽明心即理的根據原理誠如陽明所云：「夫心之體，性也；性之原，天也」〔註 232〕；以及「天之所以命於我者，心也，性也，吾但存之而不敢失，養之而不敢害」〔註 233〕。楊國榮先生亦認為「理」有雙重意思，其一，指天地感而萬物化生的實理；其二指表現於事親事君之中的道德律。陽明之理內在於心，主要並不是在本體論意義上銷理入心，而是表現為理通過「天賦」而構成了主體意識（心）的內容〔註 234〕；楊氏此一看法可以較適切地說明陽明之良知與天理的意義。

八、張學智認為「良知」的理智判斷方式，陽明有前後期不同的分別；並以「所操益熟，所得益化，時時知是知非，時時無是無非」為例，證明陽明早期在提出致良知宗旨以前，良知以理智的形式為主，以分析、推理、證明為主；而後期則以直覺為主。這種推論我們可以做一個檢討，如果說「所操益熟，所得益化」是陽明一生努力經營後才有的豐富成果，使得陽明對「致良知」的體會與運用更加純熟易行；但我們仍舊無法依此狀態，即斷言陽明早期的理智判斷，就完全沒有直覺式的能力，例如陽明早年 1512 或 1513 年與徐愛有關良知的對話中，即已有一直覺式的「知」之記載——「知是心之本體，心自然會知，見父自然知孝，見兄自然知弟，見孺子入井，自然知惻隱，此便是良知，不假外求」〔註 235〕，其中「心自然會知」即是一種當下的直覺觀察，這就表示似乎陽明的觀點，並無法完全如張氏以前、後期區分其「理智判斷」有截然的不同。

〔註 231〕參見吳汝鈞：〈王陽明的良知觀念及其工夫論〉，《哲學與文化》，第 23 卷，第 4 期，1996.04，頁 1487。
〔註 232〕〈傳習錄〉中，同註 7，頁 36。
〔註 233〕同上。
〔註 234〕參見楊國榮：《王學通論》，前揭書，頁 37。
〔註 235〕〈傳習錄〉上，同註 7，頁 5。

九、相較於張學智認爲陽明早期的「良知」概念，以理智的形式爲主之觀點；勞思光與陳來教授則肯定陽明之「知」，只就良知義說「知」；認爲「良知」不以事物之理爲對象，只以德性意義的「理」爲立場；主張「良知」不涉及於純理性的認知功能，「心即理」亦不適用「知覺之心」。這種側重良知「價值意識」的觀點，在重視德性義的同時，自然有突顯出本體之內在動力性的效果；不但符合「良知即是天理」，亦使良知所具「知善知惡的能力」得到良好解釋。但如果說「不涉及於純理性的認知功能」，就似乎無法完全解釋「致良知教」亦重視基礎讀書窮理的原則。

陽明云：「我須是將聖人許多知識才能，逐一理會始得」〔註236〕，如果陽明良知學亦重視將知識才能，逐一理會，則我們可以擴大對良知的界定，以純天理的自覺能力爲基礎，在第一階段重視累積知識的功夫，透過此一階段的努力獲得一種觀察的睿智與表達能力，以揭示天理下貫之力量；接著才能說：「吾輩用功，只求日減，不求日增；減得一分人欲，便是復得一分天理，何等輕快灑脫？何等簡易」？〔註237〕

基本上，從形上本體的天理基礎，以至揭示天理下貫之存在內容，與表達能力建立的程序；即從陽明「心之本體原只是箇天理」〔註238〕至「養得心體正者能之」〔註239〕的過程，從形上世界到人自體中的實踐場域，都應包含在我們研究陽明學所重視的構面當中，而且亦有必要強調出天理在理論體系中的地位，突顯其爲實踐力量之源頭。

從本節對「良知」的定義分類與檢討當中，我們理解到「致良知教」的研究，至少有從理性之範疇討論良知的「意識活動」；或從「實踐理性」的作用，詮釋「良知」所具有的內在的認知能力，與理（之靈處）或實在的部份。多位學者並以此「良知」所具有的內在認知能力爲一種「直覺」（直見之知、直接體驗）式的認知。若從心物的認知觀點而論，部份學者亦將「良知說」歸入唯心一元論，突顯人心與天地合德無間，上下與天地精神和流的存在情境。

又對「心即理」與「良知即是天理」的詮釋，不論對「理」是採取「心律」或「實理」的立場，其主要的目標都在於指出陽明的良知學能夠發揮一

〔註236〕〈傳習錄〉上，同註7，頁23。
〔註237〕同上。
〔註238〕〈傳習錄〉上，同註7，頁30。
〔註239〕〈傳習錄〉上，同註7，頁19。

收攝之功能，突顯陽明學的「中和」、「精一」與「誠意」觀念，直指人心，見體取證，使分爲合，從良知天理上取得標準，使思考不可有所偏倚。有關「良知」與「天理」二概念之間的層次與關連性，我們在第二章第一節將作進一步分析。

在方法上，致良知教是著重去人欲存天理的實踐原則，「良知」在此系統中即成爲唯一的是非標準；但這種內在道德意識並非生而有之，仍需灌溉與培養，即如陽明所言「在心地上用功」〔註240〕與「時時用力省察克治，方日漸有見」〔註241〕其成果。同時，良知所具有的自慊特性，即表現爲道德情感；此一情感亦能督促與指導道德實踐過程，使人在戒懼與謹獨的精神上知行合一，在本體與工夫上察養以符合「致良知教」的深義。

結　語

本章第一節從「《中庸》修養論」的觀點，建構一新詮釋範疇，做爲全書陳述時的方法，試圖使我們的分析能更貼近陽明的思考情境。在第二、三節則選擇出後續章節將引用之部分重要論著做爲代表性觀點，試圖從這些當代研究成果中，嘗試條理出研究「陽明學」與「致良知教」必須注意之關鍵性研究構面與其方法進路，以爲本研究之參考。

整體而言，第一節新詮釋概念與方法的建立目標，在於使全書的各種論點有一批判與分析的標準；其工具性或方法性的意義較大。特別是在各種觀念的探討上，此一新詮釋概念所組成的結構，一方面擔負著王學諸多觀念間的橋樑，另一方面，亦擔負理解王學精神的指標的功能。在此一方法的考量下，爲求進一步理解當代的研究概況，故針對當代的研究進行了歸類與分析。在這些豐富的研究成果中，第二節陽明學部份我們提出了十個結論；第三節在致良知教部份我們做了九點歸納。試圖從這些結論與反省成果中，爲後續章節相同主題的研究，建構一討論的場域，使陽明「致良知」觀念與體系之建立內容得以客觀而公允；並試圖使各種詮釋資料和知識，在確實發揮良知的過程中被再度活化，回歸其自身本然的樣子，以眞知陽明哲學的存在性意義。

〔註240〕〈傳習錄〉上，同註7，頁27。
〔註241〕〈傳習錄〉上，同註7，頁20。

第二章　陽明致良知方法之基礎

　　本章首先將從「良知即是天理」、「致良知教之精神」與「心觀念的歷史溯源」，分析做為王學基礎的主要實踐動力；其次，從《中庸》修養論觀點分析「心即理，性即理」做為「致良知」方法之具體進路。

第一節　陽明哲學的主要精神——千思萬慮只是要致良知

　　陽明哲學精神源自於「天理即是良知，千思萬慮，只是要致良知」〔註1〕。從追求天理形上世界過程開始，陽明強調尋求問題的切入點，尋求可用功之處。當他提出具有至易至簡精神的「致良知」方法時，我們首先要追問的就是，陽明如何以「良知即天理」定位其形上世界；另一方面，又能以致良知思想形成其從「形上」理論開展至「人倫日用」的完備體系。以下將從「良知即天理」與「致良知教之精神」分析王學之精神。

壹、良知即天理

　　王陽明云：「良知即是天理」，又說「良知是天理之昭明靈覺處」〔註2〕；所以，良知是探討其形上世界（天理）的核心觀念。然而，良知一詞本身，卻充份顯示了人的主體性；從這個重視主體的觀念出發，就意謂著我們必須從「人自體」的立場觀察天人之際。換言之，良知與主體，以及此主體之「情」、

─────────────

〔註1〕〈傳習錄〉下，《王陽明全書》（一），台北：正中書局，1970，頁92。
〔註2〕同上，頁59。

「欲」與「理性」特徵，就是我們探討良知所必須注意的意義架構。其次，「良知是天理之昭明靈覺處」，「靈覺」二字又點出人與自然間的「感應之機」〔註3〕，感應之機即研究陽明天人之際的入手處；故對良知的分析，從觀念上可以從「良知與主體」、「良知與自然」、「良知與理性」、「良知與情感」、「良知與私欲」與「天人之際」等六個問題，詮釋「致良知」思想，如何能從形上世界落實至人倫日用，以下分析之。

一、良知與主體

陽明的「良知」觀念充份顯示了人的主體性；但此一主體，並非主客二元對立意義下之主體，而是在天理的普遍性觀念下，以及在「天人合一」背景下的主體。或者，我們亦可視良知爲一種「德性主體」；「德性主體，主要是相對於主客關係中之認識主體而言。換言之，陽明「良知」之義並非僅指認識論中之主體、客體之意義，更著重於其與「自然」息息相關的有機意義」〔註4〕。即在良知與自然之間，存在一有機場域的背景下理解良知觀念，將可避免在解釋上只單顯人的主體性意義。在良知的主體意義必須與天相連繫的前提下，一方面良知保有了屬於人的個體性定位；另一方面，亦可顧及人與宇宙之天人關係的意義。

如果我們進一步思索先秦以來的良知觀念，我們將發現陽明對「良知」的內涵事實上做了一「觀念的移轉」。「良知」在陽明的觀念中，已增加了主體與外界之聯繫感與互動性，特別是向天理的開放。這種特色我們在本書研究方法中，試圖用「人自體」一詞，以人能向他者開放的先天特質，表示此一主體的開放性格。並設定以「中和式自然動力」的概念，分析介於天人之際，在詮釋上相當容易陷入神秘；但中國哲學，始終以天道性命相貫通的正面態度面對之的「開放性存有」之內涵。這種開放性存有，如果以理性分析即容易陷入二元論，或遭遇康德所謂物自身不可知的難題。

相反於西方，中國儒家早期之智者，並未陷入此一以理性前推思維之陷阱。反而將問題從「What」改爲「How」，即以「如何成爲聖人」處理此一課題，以「人如何使自身價值最大化」做爲哲學第一問題；而非如西方哲學的

〔註3〕 「你只在感應之幾上看：豈但禽、獸、草、木，雖天、地也與我同體的，鬼、神也與我同體的。」〈傳習錄〉下，同註1，頁103。

〔註4〕 參見蒙培元：〈良知與自然〉，《哲學研究》，1998，第3期；另見www.confucius2000.com/confucian/liangzhiziran.htm，頁1。

第一問題「What are you？」，即設定有一「可能解答」在此問題背後的思路，終身尋求一無解之答案。儒家早熟地「以人象天」定位「天」觀念的方式處理此一課題〔註5〕；代表人盡其最大可能的企圖，以「盡心」哲學的精神，創造人的豐富價值。陽明「致良知」之「致」亦有相同的意圖，我們從其「良知」的觀念中可一窺究竟。

陽明為何強調具主體特徵的「良知」概念？基本上，陽明試圖使宋明知識份子，受禪宗影響重視清靜與追求涅槃的方向，回復到先秦儒學重視修身、齊家、治國、平天下一系之人生立場，在人、社會與自然三者間創造人性最大化與最豐富化的可能。所以，他必須先肯定主體，亦即從主體的觀點定位「良知」，方有一內聖與外王的立論基礎。

如果只如當代研究僅定義「良知」為一「超概念的絕對體」〔註6〕，或認定陽明是「唯心論」哲學家〔註7〕，則對「良知本體」的意義即可能有不周延處。反之，主體觀念若能從「人自體」中，具有自由與開放存有特性的觀點思考，則較能避開良知主體的「主觀義」而保存其「形上義」；同時，這個思考方向亦較能符合陽明所謂「中和之體」與「天地之氣」相應的觀念，符合陽明云「古人具中和之體以作樂，我的中和原與天地之氣相應」〔註8〕的觀念。

陽明特別強調「中只是天理」〔註9〕，這其中便顯示出良知必須與天理同

〔註5〕　中國先哲對此「天」觀念的處理態度，首先是承認天本身無法被人盡知，認為人只能以「人之方式」去趨近而瞭解，所以天之字乃以人而象之。於此一規劃中「天」一字形中即同時俱足了「天、人、地」三者之精神，它既指向不知真知的大天，又是象徵符號，象徵不可真知的自然實體；但它亦是以人而象，代表中國哲學強調之能盡心知性知天的（仁）人，一心朝向君子之德，以至善為形上目標，規劃「人」與「天」之間的定位。換言之，此以「人」而象「天」之人非普通之人，而是能透過盡心知性知天的大人或仁人君子，方能代表天，代表天所賦予人之形上理想，在人間遵循克己復禮的原則實踐仁，對人性克盡最大可能的理想性之規劃。

相關「以人像天」的分析請參考拙著《哲學表達及其基礎——中國哲學研究之新思維》第二章：〈哲學看待世界的方法——三元性結構之方法論〉（台北：理得出版社，2005）。

〔註6〕　「超概念的絕對體」之概念，仍是一種文字性概念，對指出良知真義恐仍有其困境。

〔註7〕　參見張君勱：《王陽明》，台北：東大圖書公司，1991，頁26～27。

〔註8〕　〈傳習錄〉下，同註1，頁95。

〔註9〕　〈傳習錄〉上，同註1，頁20。

時提出，方能符合陽明對《中庸》觀念的重視。一如牟宗三教授所言：「重要的不是在此說病根之有無，而是要顯出一個天心天理來加以取証，中即在戒懼、謹獨與對天心天理的取証中立說，而致良知便是和」〔註10〕。如果我們能深明中庸的「中和」觀念在「良知理論」中的意義，則對良知作爲主體意義的理解將能使個體向宇宙存有開放，不但能體會出陽明如何賦予「良知主體」生生不息的生命力；更能運用對王學理論精神的理解，在個體與群體，社會與自然，人性與文明三大哲學課題之間，開發出中國哲學新的詮釋空間，賦予中國哲學時代之新意義。

二、良知與自然

以天理爲背景之「良知」作爲主體，與「自然」有一密不可分的關係。本書之「自然」並非廿世紀初受杜威、桑塔雅那影響之「自然主義」〔註11〕者所說的自然；以自然就是就是存在著的世界，相信以科學爲依據，就能解釋自然界，故亦反對直覺與神秘體驗做爲發現眞理的手段。從陽明的觀點而言，「自然」有二種層次：第一種是宇宙大自然，即指如「時雨春風，霑被卉木，莫不萌動發越，自然日長月化」〔註12〕；這種自然與「天」的義涵相關，其本體意義我們無法完全眞知。第二種自然從第一種中延生出來，與道德意識之活動相關；即「只是致他那一念事親、從兄眞誠惻怛的良知，即自然無不是道」〔註13〕的良知自然，是與天理相關之形上意義的自然；這是因爲陽明認爲「良知只是一箇天理自然明覺發見處，只是一箇眞誠惻怛，便是他本體」〔註14〕。在此反省下，良知的道德義與自然緊密關聯，良知是「發於本體明覺之自然」〔註15〕。

〔註10〕 參見牟宗三：〈良知與中和〉，《王陽明致良知教》，中央文物供應社，1952，頁 53。

〔註11〕 本處「自然主義」指廿世紀初 30 年代，美國實用主義學者杜威（Dewey, John 1859～1952），以及批判實在論者桑塔雅那（Santayana, George 1863～1952）所影響的自然主義，主要觀點是指出自然就是整個現實，就是存在著的世界，反對自然物的產生與消失有其自然原因，反對求助於超自然力量，認爲大自然過程有其規律性，相信以科學爲依據，故反對直覺與神秘體驗做爲發現眞理的手段。

〔註12〕 〈傳習錄〉中，同註1，頁 71。

〔註13〕 〈傳習錄〉中，同註1，頁 69。

〔註14〕 〈傳習錄〉中，同註1，頁 69。

〔註15〕 〈傳習錄〉中，同註1，頁 54。

　　陽明使其發於本體明覺的良知自然，不但能以道德義指導事親從兄；在良知與天的關係下，更指出使道德涵義得以成立，如「莫不萌動發越」〔註16〕的中和式自然動力。此一「自然」觀念不僅指出陽明定位其人與宇宙自然間的關係；同時，也指出陽明哲學的二個主要精神：即「生生不息」〔註17〕與「以生爲仁」〔註18〕。有了生生不息與以生爲仁的道德性內涵，一方面方足以說明何以「仁者以萬物爲體」〔註19〕得以成立；另一方面亦足以從中建立其道德實踐與形上世界，能夠產生關連之信念或哲學方式。

三、良知與理性

　　天理既是判斷是非善惡的標準，即表示在每個人心中又具有共同性與普遍意義；即良知的內涵中亦具有人性共通的本質與標準。此即陽明所云：「良知之在人心，無間於聖愚，天下古今之所同也」〔註20〕的意義。但這並不表示人的先天能力，在實踐過程中已達百分之百的完美；陽明進一步指出「天理即是良知，千思萬慮，只是要致良知」〔註21〕，即指出「理性」在陽明學中的地位。引文裡首先指出陽明之「理」包含天道的普遍意義，並與理性主體發生交涉互關意義。從客觀面分析，「理」本身有超越個體之普遍性；同時有使個體接受理性規範的雙重意義。從理性特徵分析，陽明良知體系即從上述天理的形上世界出發，發展其理性的思考過程。例如陽明云：「良知愈思愈精明，若不精思，漫然隨事應去，良知便粗了」〔註22〕，即表達了良知具體的理性特徵；再進一步細分，良知的理性特質可以再區別出精、粗兩類，此即「良知愈思愈精明」的結果。

　　良知的潛能狀態與人的直覺本能很難區別，所以當代學者有以「良知」能力是屬於直覺的直見之知者〔註23〕。楊國榮則對良知從本能至理性特徵的

〔註16〕〈傳習錄〉中，同註1，頁71。
〔註17〕「良知即是天植靈根，自生生不息」〈傳習錄〉下，同註1，頁84。
〔註18〕「仁是造化生生不息之理。雖瀰漫周遍，無處不是。」〈傳習錄〉上，同註1，頁22。
〔註19〕〈傳習錄〉下，同註1，頁92。
〔註20〕〈傳習錄〉中，同註1，頁65。
〔註21〕〈傳習錄〉下，同註1，頁92。
〔註22〕〈傳習錄〉下，同註1，頁92。
〔註23〕如羅光與馮友蘭先生：羅光：《中國哲學大綱》，台北：台灣學生書局，1998，頁182。馮友蘭：〈陸、王心學的興起〉，《中國哲學史新編》（五），台北：藍燈出版社，1981，頁235。

解釋是：「心的靈明覺知正是在這一過程中由潛能轉化爲現實，並逐漸獲取具體的內容；當個體尙未經過這樣一個理性化的過程時，他往往只是本然的、前社會化的，其意欲、情感、要求等亦常常不易與本能區別開來」〔註 24〕。其觀點提供我們一個思考方向，即陽明的良知體系在開展爲致良知方法之際，仍必須通過一漸次地理性化的過程。例如陽明就認爲對於「天理人欲，其精微必時時用力省克治，方日漸有見」〔註 25〕，「日漸有見」一詞即說明了良知雖具先天能力，但並不代表良知在先天上已完全成熟；即乃需透過時時用力省察克治，方能愈思愈精明。陽明曾經說：

> 良知愈思愈精明……若只著在事上茫茫蕩蕩去思，叫做遠慮，便不
> 免有毀譽、得喪、人欲，擾入其中，就是將迎了；周公終夜以思，
> 只是「戒愼不睹，恐懼不聞」的功夫。〔註 26〕

這段話有三項要點，第一是良知與理性，即良知與思的關係是愈思愈精明。第二是指出只偏重「思」或「理性」，而不知良知與天理、良知與主體的不同層次，結果將不免有毀譽、得喪、私欲擾入其中。第三則是強調隨著「理性之知」而來的「戒懼之行」的工夫。換言之，良知不僅能思，更能衍生出實踐與修養的工夫；即在陽明的良知與理性的關係上，他特別重視兼顧知行合一原則，使「良知」從規範義的「知」緊接著轉入人自體，轉入「戒愼」的道德義的「行」。這表示「良知」不僅具有天道的普遍意義，同時使吾人的思考必須導回人自體中，透過良知的道德實踐義，使良知的「即思即行」精神，推動並活化良知的文字理論。能即思即行，更要思而好學，以增益精神品質，一如陽明所云：「其實思即學也；學有所疑，便須思之」〔註 27〕。總之，在「良知」與「理性」的分析結構下，我們可歸納出：陽明的良知哲學具有「即思即學」與「即學即行」雙重特性。

四、良知與情感

在天理與自然二觀念下，「情感」亦在良知體系中有其重要地；反而「理性」的功能在良知學中並非具有絕對主導性。一如當代新康德學派哲學家卡

〔註 24〕 參見楊國榮：〈心性之辨：從孟子到王陽明〉，《孔孟學報》第 72 期，1996.9，頁 167。
〔註 25〕 〈傳習錄〉上，同註 1，頁 21。
〔註 26〕 〈傳習錄〉下，同註 1，頁 92。
〔註 27〕 〈傳習錄〉下，同註 1，頁 99。

西勒（Cassirer, Ernst 1874～1945）對理性與科學的研究所顯示的：「不管我們給（科學）『認知』下一個多麼普遍多麼寬泛的定義，它都不過是心智得以捕捉存在，和解釋存在的『諸多形式之一』；在整體的人類生活除了在科學概念起著作用並表述自身外，還存在於其他一些形式之中，例如語言、神話、宗教與藝術等等」〔註28〕。可見人類除了理性特質外，仍有其它諸多的表出形式。良知的特性亦不僅止於理性原則，孟子的惻隱之心，與陽明良知的眞誠惻怛，都表現出從情感出發論道德內涵的傾向。我們可所以說，這種情感是一種「道德情感」或「有情有義」之「情」；「情感」在良知學中重要性，可由陽明推舉孟子的堯舜之道時，即以「孝弟之情」作爲論述主軸看出其大要；孝悌精神如果失去情感保障，則易流於形式，陽明論孝悌動機之源亦在於「良知」。陽明云：

> 孟氏「堯舜之道，孝弟而已」者，是就人之「良知」發見得最眞切篤厚，不容蔽昧處提省人。〔註29〕

此即表現出「情感」確實是陽明在理性原則之外，詮釋「良知」的重要指標之一。再者，陽明用「體驗」與「好善惡惡」二詞亦屬從情感的角度，闡釋良知與道德實踐的關連。試觀陽明所云：

> 若此者，皆是就文義上解釋牽附，以求混融湊泊，而不曾「就自己實工夫上體驗」。〔註30〕
>
> 初時若不著實用意去「好善惡惡」，如何能「爲善去惡？」〔註31〕，

在情感與良知關係的脈絡下，陽明認爲「體驗」的工夫是重要的。上述引文中「文義上的解釋」所指明顯的屬於理性範疇，即陽明認爲只論文義或只考慮理性層次必有不足，故轉而強調一「自己實工夫上體驗」。另一引文關於道德實踐，陽明認爲好善惡惡的態度，是促成「爲善去惡」的基礎前提；此一「好善惡惡」即明顯地呈現出一「道德情感」的方向。

「情感」的理解進路，相對於「理性」其意義在於：我們不易分析出在好惡之後，我們所舉出的「各種理由」在眞正主導好惡方向時，其層次上的優先性；換言之，後來的理性分析所推論的「各種關於好惡之理由」，很可能

〔註28〕 參見思斯特・卡西勒：《語言與神話》，台北：桂冠圖書公司，1998，序，頁15。

〔註29〕 〈傳習錄〉中，同註1，頁69。

〔註30〕 〈傳習錄〉中，同註1，頁69。

〔註31〕 〈傳習錄〉上，同註1，頁28。

都無法完整地說明「好惡之情的眞實的狀況」；即理性功能在解釋上，很可能會出現不足，或牽強解釋的情形；因此這種「好善惡惡」的「道德情感」，適可以彌補在純「道德理性」觀點下，以純理性原則詮釋良知哲學之不足，並擴大與深化對良知內涵的理解。

五、良知與私欲

　　陽明常以「私欲」與「天理」對舉，以「私」與「理」相對照。例如「勝私復理」〔註32〕，以及「此心無私欲之蔽，即是天理，不需外面添一分」〔註33〕。無私欲者乃人類行爲極高的理想狀態；陽明以人努力修養自身的極限性可能說去「天理」，此即是繼承孟子盡其心者知其性，知其性則知天的思想進路。值得再考慮的問題即是，爲什麼「致良知教」在明代要提出以「去私欲」的觀念去說「天理」？是因爲先秦的說法或佛教的說法有什麼不足嗎？這個問題可能的解答方向很可能是因爲：宋明以來的社會規模遠超越先秦時期，故人與現實生活的關係更形密切；現實生活所的追求之物又與欲望緊密連結，故人的「私欲」問題才特別爲宋明理學所重視；又加上佛教強調物質的幻化與離棄現實，很能針砭時局；佛家的修行之理想爲當時知識份子所喜好，故宋明學者爲振興儒學，在理論方面亦要能提出相對之理論，既足以與佛教匹敵，又足以符合當時社會與人心的內在需求，所以，〈樂記〉所提「天理人欲之辨」的觀念即廣受重視，成爲宋明理學的特性。一如《禮記・樂記》中有云：

> 人生而靜，天之性也；感於物而動，性之欲也。物至知知，然後好惡形焉。好惡無節於內，知誘於外，不能反躬，天理滅矣。夫物之感人無窮，而人之好惡無節，則是物至而人化物也。人化物也者，滅天理而窮人欲者也。

人生而靜，天之性也；人性源於天性，故當人好惡無節於內，不能反躬自省之際，人性爲物質所異化，即「物至而人化物也」。〈樂記〉稱此一人性中的天性消失的狀態爲「天理滅矣」；宋明理學亦本此以「天理」做爲與「情欲」相對的觀點，以「克除私欲」做爲宋代哲學的中心議題；陽明亦承繼了宋代以來的哲學主題，以「去私欲」爲良知學的重要課題。

〔註32〕〈傳習錄〉上，同註1，頁5。
〔註33〕〈傳習錄〉上，同註1，頁2。

六、天人之際

　　陽明對天人之際的理解，是根據「心即天，言心則天地萬物皆舉」〔註34〕的原則展開。人與天地萬物間透過「言心」，即「心之本體」觀念而產生關聯性。而此一關連如何可能，本書將通過兩個構面進行研究：第一、「心」如何能是「天」？第二、從「理」、「心之本體」與「至善」三元彼此間的關係如何？從此二問題意識進行理解，以說明陽明天道觀之內涵。

（一）循理則與天為一

　　首先，「吾心」如何能是「天」的問題，陽明對天人的態度是天人本無二，不必言合。試觀陽明對人心與天地萬物之心的態度：

> 人者，天地萬物之心也；心者，天地萬物之主也；心即天，言心則天地萬物皆舉之矣。〔註35〕

陽明依據「心即天，言心則天地萬物皆舉之矣」之原則，展開其天人哲學；而此一態度所以能結合「人」與「天」，或者「人心」與「天心」，主要是透過「理」或者「天理」觀念，做為其理論融貫與湊泊處，方能進一步採取此一天人無二的態度；所以陽明云：

> 道無天人之別，在天則為天道，在人則為人道，其分雖殊，其理則一也。眾人牿於形體，知有其分，而不知有其理，始與天地不相似耳。惟聖人純於義理，而無人欲之私；其禮即天地之體，其心即天地之心，而其所以為之者，莫非天地之所為也；故曰：「循理則與天為一。」〔註36〕

最後一句話「循理則與天為一」，即指出了「心」如何能是「天」的關鍵；「循理則與天為一」引文中，此「理」意義為何是我們試圖進一步追問的。在陽明「心即理」的原則下，我們認為理解「理」此一觀念的關鍵在於經由「心即至善」的概念作為中介觀念。

（二）心即天，心即理，心即至善

　　「心即至善」的觀念必須以「心即理」作為理解的前提。陽明三十七歲龍場一悟「始知聖人之道，吾性自足，向之求理於事物者誤也」〔註37〕；陽

〔註34〕〈答季明德〉，《王陽明全書》（二），頁52。
〔註35〕〈答季明德〉，《王陽明全書》（二），同上，頁52。
〔註36〕〈山東鄉試錄〉，同註1，頁135。
〔註37〕〈年譜〉，《王陽明全書》（四），頁84。

明之「理」不當在外物中求，「理」非專指觀察事物之後所歸納出的條理或事理。陽明與徐愛的一段對話，清楚地討論到此「心即理」的前提，以及「至善」觀念：

> 愛問：「『知止而後有定』，朱子以爲『事事物物皆有定理』，似與先生之說相戾」。先生曰：「於事事物物上求至善，卻是義外也。至善是心之本體。只是明明德到至精至一處便是。然亦未嘗離卻事物。本註所謂『盡夫天理之極，而無一毫人欲之私』者，得之」。〔註38〕

對於「止於至善」與「知止而後有定」的詮釋，朱子的解釋爲「止者，必至於是而不遷之意；至善則『事理』當然之極也」，以及「止者所當止之地，即至善之所在也，知之則志有定向」〔註39〕。可見朱子的「理」意義偏重在「事理」，並指出其追求之邊界在「至善」。反之，陽明之「理」卻不限於至善之理；從陽明對徐愛的回答中可知事理、至善、心之本體三者是同一事，即此三元實爲同一元〔註40〕。陽明要求避免「求理於事事物物中，析心與理爲二矣」〔註41〕，以及避免「人惟不知至善之在吾心，而求之於其外」〔註42〕的錯誤，陽明強調在「心即理」與「至善者，心之本體也」〔註43〕的原則下，指出「心體」、「事理」、「至善」三者是同一整體，且以心體爲中心，一方面透過明明德修養自身，另一方面又不離卻萬事萬物而論修養工夫：

> 至善是心之本體。只是明明德到至精至一處便是。然亦未嘗離卻事物。本註所謂『盡夫天理之極，而無一毫人欲之私』者，得之」。
>
> 〔註44〕

心也者，吾所得於天之理也，無間於天人，無分於古今。〔註45〕

　　上述三者以心體爲中心，此中「心」實有良知的主體與主宰義，即「知

〔註38〕〈傳習錄〉上，同註1，頁2。

〔註39〕參見朱熹集注：《四書集註》，台北：中華書局，1984，頁1～2。

〔註40〕「三元如何能是同一元」的觀念，筆者以「三元性哲學」統稱之，主要是在「天理」一元的背景下，論述其他二元得以成立之基礎，並以此基礎保障其他二元的結構。相關的分析請參考拙著《哲學表達及其基礎——中國哲學研究之新思維》第二章：〈哲學看待世界的方法——三元性結構之方法論〉（台北：理得出版社，2005）

〔註41〕〈傳習錄〉中，同註1，頁37。

〔註42〕〈大學問〉，同註1，頁121。

〔註43〕〈傳習錄〉下，同註1，頁81。

〔註44〕〈傳習錄〉上，同註1，頁2。

〔註45〕〈答徐成之〉，《王陽明全書》（二），頁73。

是理之靈處，就其主宰處說便謂之心」〔註46〕的意思。心是主體與主宰，從整體來說即促成了心的「主一」原則，而其依據實即是「至善」與「天之理」。從分析來說，因私欲使人失去統觀全局與整體的能力，故心體的主一必須要求去私，去私的過程實即反應出心體控馭「人」與「事物」的關係與結果。即「心」一方面不能逃避事物（未嘗離卻事物）；另一方面，又使處理事物的原理朝向至善之境發展，此即上述引文中「盡夫天理之極，而無一毫人欲之私者，得之」一語的過程解析。所以，對陽明天人關係的理解結構，即必須以「心之本體」為中心，從下學與上達同時來理解人心與天心。其中，下學只是明明德到至精至一的工夫歷程，而上達只是盡夫天理之極；所以，陽明方能以「無間於天人」的原則，以心言天。

（三）「以心言天」理論的影響性

以心言天的特性其影響為何？我們可以「感應之幾」的觀點進行說明。從良知做為起點，分析「天人之際」與「萬物同體」的特性，我們可以具體觀察到「以心言天」的影響性，試觀陽明所云：

> 你只在感應之幾上看；豈但禽、獸、草、木，雖天、地也與我同體
> 的，鬼、神也與我同體的。〔註47〕

從此一「感應之幾」的觀點下，陽明面對萬物才能提出「豈但禽、獸、草、木，雖天、地也與我同體」的宇宙論原則。此一原則實即上述三元結構之以心體為中心，「以心言天」觀點的應用。又，在道德意義上，我們不宜突然提出「良知是道德原則的根據」之命題，以唯心的功能論「心」。而必須先指出，「心」是面對「至善」可能之靈明處的觀點，即先有此一從理解上「由人心回歸天之理」的過程，才能使「行善避惡」的原理產生存在性力量，使「道德」從文字中再度被活化，產生實踐力量。此時，我們方能解釋「天人本無二」的觀念，如何能使天與心體成為道德原理的根據，並解釋「推其天地萬物一體之仁以教天下，使之皆有以克其私，去其蔽，以復其心體之同然」〔註48〕的道德命題。

簡言之，從上述要求「明明德」的修養方向上，我們考察出「致良知」的基礎原則，即是「盡夫天理之極，而無一毫人欲之私」的整個工夫歷程。

〔註46〕〈傳習錄〉上，同註1，頁28。
〔註47〕〈傳習錄〉下，同註1，頁103～104。
〔註48〕〈傳習錄〉中，同註1，頁45。

在理想上說，這是追求「至善只是此心純乎天理之極便是」〔註 49〕，朝向那不可眞知的「天」，恪遵自強不息之精神而戮力以赴，肯定有天心與至善的存在可能。另一方面，從現實的遭遇上說，則是要求「去人欲」，其中此一要求的力量即天之理；透過致良知，以心言天，以心之本體在事上磨練，在動中求靜，即可體會「循理則與天爲一」的意義。陽明後學胡松在〈刻陽明先生年譜序〉中所載「君子齋戒以養心，恐懼而愼事，則與天合德」〔註 50〕說的正是此意。

貳、致良知教之精神

致良知教的精神即其「理論基礎」，而基礎的尋求即是對「力量泉源」之內在追索，即追索觀念得以成立的合理性。依此目標，我們持續探討的問題即是陽明哲學的實踐力量根源何在？本書從中庸修養論的觀點，試圖透過「心觀念的擴大」、「心即性，性即理」的一以貫之之道，以及「悅復本體與樂之本體」三項要，分析陽明哲學的實踐動力。

一、「心」觀念的擴大

陽明提出「良知」觀點，同時即提升了人的主體性地位；特別是此一上升的基礎又在「心」的觀念中落實，從心中產生實踐力量。唯此一「心」觀念所推展出的具體內容爲何，是我們所關切的問題；以下我們將從「中庸至誠與全得仁體的目標」與「修身以道與修道以仁的立身方向」二組概念，論述這股經由「心」觀念所提升之力量的內容。

（一）中庸至誠與全得仁體的目標

陽明云：「大抵中庸工夫只是誠身，誠身之極便是至誠」〔註 51〕，這是一個理解「心」觀念如何擴大其內涵的關鍵原則。首先說明誠身，「誠身」之「身」包含「身」與「心」雙重意義；但因「身」容易被誤解爲單指物質意義之身體，故本書在研究方法論中提出「人自體」的觀點，以「仁體」爲修身目標，試圖從「仁體」的觀念統合身與心；同時以「人自體」代表「誠身」的實踐場域，而不偏指其中的身體或心理活動之意義。「誠身」的工夫有賴身體與心理良好統合的實踐過程，其過程中「心」屬於人自體的延伸觀念，即重視了「人」的地

〔註 49〕 〈傳習錄〉上，同註 1，頁 3。
〔註 50〕 〈陽明先生年譜序〉，《王陽明全書》（四），頁 195。
〔註 51〕 〈傳習錄〉上，同註 1，頁 32。

位；但在「人」與「天」之間，「心」的無限性（盡心），又具有作為天與天命之性的橋樑功能，是故「心」觀念的提出在陽明學中有其重要意義。

從《中庸》觀點而言，「誠身」重視的是明善，例如《中庸》云「誠身有道；不明乎善，不誠乎身矣」，不能「明善」即指未能察於人心天命之本然，真知至善之所在也，故不能誠身，即反求諸身而所存所發未能真實而無妄〔註52〕。即「明善」是以明「天命之性」與「至善之所在」成為誠身的前提條件；朝此一條件努力即是「至誠」的方向，進一步方能「唯天下至誠，為能盡其性」（同上），朝向盡人性、物性、贊天地之化育，以及與天地參矣而努力。如果能達此盡人性與自知的狀態，與天地參矣即是以萬物為體。即如陽明所云：

> 仁者以萬物為體，不能一體，只是己私未忘。全得仁體，則天下皆
> 歸於吾仁。〔註53〕

從中庸修養論觀點而言，明善而後能至誠，能至誠而後方能盡性；即能充份發揮人性，方能達「全得仁體」的目標。在修養過程中，明善與忘己私仍是關鍵。陽明的「忘己私」即是《中庸》所言之「誠之者，人之道也」與「誠之者，擇善而固執之者也」；即是《孟子》的「必有事焉」。這些原則都是在生活日用中的指標，不論是在下位獲乎上、信乎朋友、順乎親人，都可經由遵守這一指標在社會中展現「誠身」與「至誠」的力量。此一力量透過人自體的理解，既涵蓋身與心，統合物質與精神；同時，「心」觀念即經由此一「人道」指標的運作，達到良好的實踐成效；使「心」觀念的擴大，等同於突顯在「天理」觀念保障下，透過去私工夫，「人自體」作為生命力量的承載者之意義。

（二）修身以道與修道以仁的立身方向

《中庸》云：「修身在正其心者」。「心」觀念的擴大，具體而言即是一股要求主體進行「明善與誠身」〔註54〕的力量與行動。即「修身以道，修道以仁」（同上）的歷程，此一工夫，發揮了人性中鍥而不捨的行動，朝向「全得仁體」的目標努力。全得仁體，即是陽明繼承明道「仁者渾然與物同體」之精神的更進一步之具體表達。以分析的方式解讀，全得仁體即是促使「人自體」能立足於反思天理之自然、人及歷史三者直接關係的軸心位；這個軸心位置即是「人

〔註52〕參見朱熹：《四書集註》，前揭書，頁15。
〔註53〕〈傳習錄〉下，同註1，頁92。
〔註54〕「此便是實實落落，明善誠身的事。後儒不明聖學，不知就自己心地良知良能上體認擴充」。〈傳習錄〉上，同註1，頁26。

性最高價值──良知」得以發揮的契機；再透過實踐「誠身」與「至誠」原則，朝下述二個方向進行理解，以推展出「心」觀念擴大之實踐歷程：

第一個方向是從自然至人文的發揮，在追求「全得仁體」〔註55〕的目標中，運用從良知天理中一股「生生不息」的積極力量，在理性上思考良知、天理自然與人類文明三者之關係；從中推衍出天人關係、人性理論與倫理原則；此一過程即哲學、歷史與文明創生成果的蘊育史，即陽明「以事言謂之史」〔註56〕之所指；換言之，即是以道德原則對歷史文明進行考察。另一個方向，則是從個人發揮至群體；從親親發揮至尊賢，皆遵守「誠身」與「至誠」原則立身，做為天下之大本。即《中庸》「唯天下至誠，爲能經綸天下之大經，立天下之大本」的原則。能立天下之大本，方能知天地之化育，知宇宙的運行的法則，明白如何配合宇宙法則，以指導人事原則；才能進一步說「故爲政在人，取人以身，修身以道，修道以仁」（同上）；從生生不息的力量中，從個人發揮至群體，展現「人自體」的行動力，體會「修身以道，修道以仁」的方法與進路。

這一從自然至人文，由人性至歷史，再從個人至群體的思想發展，使陽明「心」觀念的擴大，有一基礎歷程作爲保障。從中庸修養論觀點言，上述歷程即陽明所云「正心修身工夫，亦各有用力處，修身是已發邊，正心是未發邊；心正則中，身修則和」〔註57〕的意思。其中自然、人性與個人皆屬正心自知的範疇，是未發邊；人文、歷史與社會皆屬修身經驗的範疇，是已發邊。如此從未發到已發的歷程，即是從陽明「心」觀念擴大，以及提升人的主體地位的具體所指。陽明學即依上述二方向以完成「致良知」的工夫，而實際上此一致良知與《中庸》所云：「君子不可以不修身」、「事親」、「知人」與「知天」實同一所指，皆屬於「修身以道」與「修道以仁」的實踐歷程。

二、「心即性，性即理」的「一以貫之」之道

陽明哲學的實踐動力包含了二個層面。第一個層面即前文所分析之「中庸至誠與全得仁體的目標」與「修身以道與修道以仁的立身方向」；代表陽明

〔註55〕陽明云：「全得仁體，則天下皆歸於吾仁」〈傳習錄〉下，同註1，頁92。
〔註56〕王陽明亦重視歷史的問題，例如《全集》中有記載徐愛問經與史的問題，先生曰：「以事言謂之史。以道言謂之經。事即道。道即事。春秋亦經。五經亦史。……其事同。其道同。安有所謂異」？〈傳習錄〉上，同註1，頁8。
〔註57〕〈傳習錄〉上，同註1，頁21。

學中屬於「理」的普遍本質之內容。第二、即「正心修身」中之心或心體，是詮釋陽明實踐動力之核心概念。陽明以「心即理」命題連結上述二層次的關係；更具體的說，陽明是以「心即性，性即理」的「一以貫之」之道，貫通上述兩個層面：

> 嘗觀《論語》述孔子心法之傳，曰「一貫」……取《孟子》所謂「良知」合諸《大學》，以為「致良知」之說。其大要以謂人心虛靈莫不有知，唯不以私慾蔽塞其虛靈者，則不假外索，而於天下之事自無所感而不通，無所措而不當。蓋誠意、正心、修身、齊家、治國、平天下，必先致知之本旨，而千變萬化，一以貫之之道也。故嘗語門人云：「良知之外更無知，致知之外更無學」。〔註58〕

這段引文可以有助於理解陽明「一以貫之」之道，其所處理的道德成素彼此間的關連性；說明上述兩個層次，實朝向同一股自然動力的方向。不論是人心與良知，或人性與私欲，或天下事理與誠身之道；這段文字指出，雖然這些觀念複雜「而千變萬化」，但只要能把握「致知」之要旨，知道良知的主宰不息，任他功夫有進有退，久之自然有得力處，即終能以「心即性，性即理」的「一以貫之」之道做為進路，使各種道德成素各得其位。並由此一以貫之的力量，實踐「誠意、正心、修身、齊家、治國、平天下」一系列的修養工夫；「心」觀念的擴大即是透過這個進路。陽明曾經更具體的表示：

> 尚謙問：「孟子之不動心與告子異」。先生曰：「告子是硬把捉著此心，要他不動。孟子卻是集義到自然不動」。又曰：「心之本體原自不動。心之本體即是性。性即是理。性元不動。理元不動。集義是復其心之本體」。〔註59〕

「心即性，性即理」的定義與內涵，本章第三節將做進一步分析。這裡先處理此一原理與陽明的實踐動力間二者的關連性，我們認為陽明哲學，並不是只側重感性或理性原則；良知學的特性，應是從自然存在的力量中，顯示出其統合感性與理性兩者的一貫性力量，即此「一以貫之」的力量是一種存在事實。吾人可以分析它，但不能單就某一層面下定論；如果就感性而論，我們不應主張陽明是存有論的觀念論（ontological idealism）者，或認為陽明的

〔註58〕〈王文成公全書序〉，同註1，序言，頁3。
〔註59〕〈傳習錄〉上，同註1，頁20。

一元論哲學是屬於唯心論的〔註60〕。如果就理性而論，在心性之辨中，心的功能擴而充之的過程，也不一定「首先以理性活動爲先導」〔註61〕。即我們認爲對「良知發用」的詮釋，不宜認定從本然的四瑞到當然的仁義，都只以理性化的過程爲中介；因爲「以理性活動爲先導」即隱含了側重理性分析，而輕略感性功能的意思。同理，「陽明的一元論哲學是屬於唯心論」的觀點，則太強調了「心」的功能，輕視了「性」與「理」的地位。

簡言之，在「致良知教」的結構上，我們試圖指出：陽明是透過對「心」與「性」，「心」與「理」關係之重新定義，使「良知」概念活化；使「良知」的存在性實踐動力，能貫通先秦思想，從理論發展至實踐，從潛能落實到現實。這個目標與方向，陽明運用「心」與「理」之統一性進行處理，肯定「理」之普遍的本質，是宋代程朱以來的大方向。因爲「理」一方面可以繼承自先秦以來「窮理盡性」〔註62〕之精神，探索「天下之理」；另一方面又可以代替佛家所講之「法」觀念〔註63〕。這兩項功能，正足以彌補當時一般儒者流於章句訓詁，喪失精神生活的追求，以及佛道出世「空虛」〔註64〕之弊。

其次，從「心之體，性也，性即理也」〔註65〕的原則，我們可以指出陽明在突顯「心」力量的同時，必須提出「心即性」的原則。即他藉由「性便是天理」的觀點，說明「天理與良知」、「力量與行爲」、「普遍本質與存在感性」在人自體中運作時，人的生命中存有一股「自然力量」；同時人亦有使此最佳之「自然力量」，能夠發而中節的先天要求。我們暫且稱這個力量與這種先天要求的內容，爲一中和式自然動力；而這股轉化人的行動，爲其使成爲「中節」要求的本性，即是《中庸》致中和、位天地與育萬物之先天原理。

〔註60〕 參見張君勱：《王陽明》，前揭書，頁13～14，以及頁26～27。

〔註61〕 參見楊國榮：《孔孟學報》第七十二期，1996.9，頁154。

〔註62〕 「和順於道德而理於義，『窮理盡性』以至於命」〔第一章〕《周易・說卦》「易簡而『天下之理』得矣。天下之理得而成位乎其中矣」〔第一章〕《周易・繫辭上》。

〔註63〕 吳怡先生曾經有詳細的說明，請參見吳怡：《中國哲學發展史》，台北：三民，1989，頁424～425。

〔註64〕 佛道之出世如果只等同於「空虛」是不完全正確的觀點，但陽明確實用此一名詞：「區區格、致、誠、正之說，是就學者本心、日用事爲間，體究踐履，實地用功，是多少次第、多少積累在，正與『空虛』頓悟之說相反」（〈傳習錄〉中，同註1，頁34。

〔註65〕 〈傳習錄〉上，同註1，頁28。

　　我們欲指出此一力量即是陽明「心」觀念擴大的根據，也是使人能夠「眞有以見其良知之昭明靈覺，圓融洞澈，廓然與太虛而同體」〔註66〕的力量；如果說這股中和式的力量可以轉化爲人的創造力，那麼，它同時一是一種悅樂的力量，可以令人心保有一種「中庸的道德心境」。以下進一步從「樂之本體」角度觀察此一道德心境。

三、「悅復本體」與「樂之本體」

　　無論是「心」觀念的擴大，或者是使良知能「昭明靈覺，圓融洞澈」的依據，即「致良知教」觀念的基礎，亦可從「悅復本體」與「樂之本體」之觀念進行理解。試觀陽明文本：

> 時習者，求復此心之本體也，「悅則本體漸復矣」，朋來則本體之訢合和暢，充周無間，本體之訢合和暢，本來如是，初未嘗有所增也〔註67〕。

> 樂是心之本體。仁人之心，以天地萬物爲一體，訢合和暢，原無間隔。…良知即是「樂之本體」。〔註68〕

陽明爲使後學能理解「心」之實踐力量的源頭，他又提出一簡易之「樂之本體」與「悅則本體漸復矣」二概念。此二概念實同指一個「心之本體」，唯二者之共通點，都在於以情感性用語之「樂」與「悅」作爲「心體」的形容詞，這是陽明學的一大特性。

　　「樂之本體」非指狹義快樂的情緒，而是一種和樂、悅樂、心曠神怡之樂，訢合和暢，以天地萬物爲一體之樂。換言之，從《中庸》修養論觀點而論，即是強調一種「中庸的道德心境」〔註69〕。它源自於良知流行不息的觀點，亦是陽明提升「心」的地位後，結合其「天命之性」、「天理」、「心」與「良知」觀念，表現出一具有美學與與創造性力量的新表達系統，也是陽明對「仁人之心」的新詮釋方法。

　　仁人之心能以天地萬物爲一體，訢合和暢，原無間隔的關鍵，即在於從自然動力的觀點，指出這個實踐過程的力量，即是「致中和，天地位焉，萬

〔註66〕〈答南元善〉，《王陽明全書》（二），頁50。

〔註67〕〈與黃勉之〉，同上，頁37。

〔註68〕同上。

〔註69〕從「《中庸》修養論」觀點論「中庸的道德心境」請參見本文第一章第一節的內容。

物育焉」〔註70〕生生不息的力量；即陽明稱爲「天地間活潑潑地，無非此理，便是吾良知的流行不息」〔註71〕的力量。透過此一致中和的力量（中和式自然動力），方能使得「七情順其自然之流行，皆是良知之用」〔註72〕。此一良知之用最好的狀態，陽明稱爲樂之本體；此一本體的特性爲訢合和暢本來即如是，未嘗有所增減也。由此可知陽明認爲這股使「心即性，性即理」的「一以貫之」之道，始終環繞人自體，既使偏離與須臾離者，亦有機會再度成爲時習者，進入「時習者，求復此心之本體」的狀態。

　　唯陽明認爲「返回」良知之用，最好的狀態仍有賴於謹獨與致良知；即「時習之要，只是謹獨，謹獨即是致良知」〔註73〕。「謹獨」強調個人工夫，而「致良知」觀念指出從個人至群體，皆應以「良知」爲修養工夫之入手處。「返回」即是「復」，「悅則本體漸復」指出「悅」是「復」的前提條件；此「悅」即是此天植靈根自生生不息力量之所指，「悅」即是「心安處」與「心定處」。一如陽明所云：「此心安處是樂也」〔註74〕與「定者心之本體」〔註75〕即是此「悅」之意義。「返回」是從憂苦中返回存在自身，陽明對此云：

　　　雖在憂苦迷棄之中，而此樂又未嘗不存，但一念開明，反身而誠，
　　　則即此而在矣。〔註76〕

即因常人易爲世間物所苦，在此情形下，陽明指出一可能的解決途徑在於，洞悉「樂」的觀念在憂苦中未嘗不存在；欲發覺「樂」的本體，其關鍵在於自身是否敞開心門，自身是否能反身而誠。又，此「樂」與一般日常用語「七情六欲」之「情」不同；陽明說過「大抵七情所感，多只是過，少不及者，才過便非心之本體〔註77〕」，即此中節之「樂」不在情感的兩極化表現之中；而在於一念開明觀點的指引下，在不止息地追求一種「中庸的道德心境」之中，方有逼現其存在之可能。

〔註70〕《中庸》
〔註71〕〈傳習錄〉下，同註1，頁103。
〔註72〕七情順其自然之流行，皆是良知之用，不可分別善惡，但不可有所著；七情有著，俱謂之欲，俱爲良知之蔽；然才有著時，良知亦自會覺，覺即蔽去，復其體矣！此處能勘得破，方是簡易透徹功夫。
〔註73〕〈與黃勉之〉，《王陽明全書》（二），頁37。
〔註74〕〈傳習錄〉下，同註1，頁93。
〔註75〕〈傳習錄〉上，同註1，頁14。
〔註76〕〈傳習錄〉中，同註1，頁57。
〔註77〕〈傳習錄〉上，同註1，頁13。

　　此樂的本體論觀點，亦是儒、釋、道三家理論，共同強調的重要價值；誠如吳經熊教授所言，儒、釋、道三大主流，雖其「所樂」各有不同，但他們一貫的精神，卻不外「悅樂」二字〔註78〕。簡言之，「悅復本體」與「樂之本體」，仍必須回到中庸至誠與全得仁體的目標，以及修身以道與修道以仁的立身方向，才能建構出擴大「心」觀念之基礎，以為「致良知教」尋求一穩固的基石，做為陽明哲學實踐動力的根據。

　　以上即是對「良知天理」與「致良知教之精神」的分析；我們從《中庸》修養論的觀點，分析了陽明哲學成立的基礎與動力之根源。在過程中，從心觀念的擴大，我們指出了陽明「心」觀念的具體內容。又從「心即性，性即理」的「一以貫之」之道，解釋了「心即理」所連結之二個層面。同時，經由從中和式自然動力的觀點，分析了陽明在突顯「心」之力量的同時，如何以「性」做為「人自體」內在的意義場域。最後，則從「樂之本體」與「悅則本體漸復矣」二概念，指出心體力量之依據。總之，本節從《中庸》的道德心境，尋求人於致良知過程中，能夠「真有以見其良知之昭明靈覺」〔註79〕的力量，並分析出「致良知教」所以可能的形上基礎，以作為王學理論之依據。

第二節　陽明「心」觀念之歷史溯源

　　從孟子強調人皆有不忍人之心開始，心性之學成為中國哲學的主軸之一；一直到宋明哲學中「一個作為理學家的學者，可以不討論道器、性命，甚至理氣問題，但不可能迴避心與理的問題。這是因為心、理問題的解決，是宋明理學以本體——工夫為基本結構的全部體系的決定基礎，也是新儒家知識分子精神生活的基本路線」〔註80〕。對陽明致良知教的研究，「心」觀念無疑地是居於基礎性探討之首要地位；又因為在哲學史上，象山與陽明思想，常為研究者歸為同一型態稱為「陸王心學」，在歷史上有其一定的影響力量；又「象山本人及明代的王守仁，皆謂其心學跨越時空，直契孟子，令人刮目相看」〔註81〕；所以，對陽明心觀念的考察可以上溯至宋代與先秦。本節即

〔註78〕參見吳經熊：《內心悅樂之泉源》，台北：東大圖書公司，1983，頁1～26。
〔註79〕〈答南元善〉，《王陽明全書》（二），頁50。
〔註80〕參見陳來：《有無之境》，北京：人民出版社，1991，頁20。
〔註81〕參見曾春海：〈象山學脈及其哲學方法上的法初探〉（上），《東吳大學哲學系傳習錄》，第四期，1985.6，頁169。

試圖經由歷史溯源的研究方法，以孟子、象山與陽明的理論為探討主軸，輔以朱子心、性、理觀點對陽明影響力之說明，分析王學體系中「心」所統合之歷史內涵，並說明其意義與價值。

壹、孟子之「心」

　　陽明於三十七歲（1508）在貴陽龍場始悟格物致知之學，「不管其悟良知之主觀機緣為何，其學之義理系統客觀地說乃屬於孟子學者亦無疑」〔註82〕。陽明於〈傳習錄〉中對孟子思想提出諸多解釋，因為《孟子》一書最早強調了「心」觀念以成其學，其理論系統的開顯可以說是「以天為本，以心為宗，以性為質」〔註83〕，而主張先立乎其大者。立乎其大者主要即是強調「盡心」觀念，以下即對孟子之「心」觀念進行分析。

一、《孟子》一書中「心」的意義

　　為便於理解《孟子》的「心」觀念，我們歸納出三種心的主要作用與意義。第一、情感作用之心，例如「惻隱之心」〔註84〕。第二、心指人的認知與思維能力，例如「心之官則思，思則得之，不思則不得也」〔註85〕。第三、指人的良知作用，例如「行有不慊於心則餒矣」〔註86〕；這種「心」是孟子所欲強調的方向，指出人有一種企求「天道」的傾向。例如「心不若人則不知惡」〔註87〕、「存其心」、「盡其心」、「養心」〔註88〕等都屬此類道德實踐，這是《孟子》全書能發揮四善端之關鍵所在。換言之，因心能認知與思考，故使人可以不「蔽於物」並「從其大體」〔註89〕；而心的「良知」作用義〔註90〕，後來即為陽明「心學」所擴大與發揮。總體來說，這三種心的功能都含有「自覺主體」意義，有其情感與理性面，同時亦有主動與自省能力。

〔註82〕　參見牟宗三：《從陸象山到劉蕺山》，台北：台灣學生書局，1979，頁216。
〔註83〕　參見吳康：《孔孟荀哲學》（下），台北：台灣商務印書館，1987，頁41。
〔註84〕　《孟子》〈公孫丑上〉及〈告子上〉。
〔註85〕　《孟子》〈告子上〉。
〔註86〕　《孟子》〈公孫丑上〉。
〔註87〕　《孟子》〈告子上〉。
〔註88〕　《孟子》〈盡心上〉。
〔註89〕　孟子曰：「從其大體為大人，從其小體為小人。……耳目之官不思，而蔽於物。……心之官則思；思則得之，不思則不得也。」〈孟子‧告子上〉。
〔註90〕　孟子曰：「人之所不學而能者，其良能也。所不慮而知者，其良知也。孩提之童，無不知愛其親者，及其長也，無不知敬其兄也」。《孟子‧盡心章句上》

二、自覺主體心之內涵

孟子論心最重要的是從自覺主體的觀點，提供思考人性的積極方向；此一觀點可以由以下引文得到證明：

> 「敢問何謂浩然之氣？」曰：「難言也。其爲氣也至大至剛，以直養而無害，則塞于天地之間。其爲氣也配義與道，無是餒也。是集義所生者，非義襲而取之也。行有不慊於心則餒矣」〈公孫丑上〉
> 仁義禮智，非由外鑠我也，我固有之也，弗思耳矣。故曰：求則得之，舍則失之。（〈告子上〉）

「浩然之氣」的主題是《孟子》全書之精采篇章，其中「行有不慊於心則餒矣」的「心」，表現了一種「良知」的功能，表現出人受外界刺激之時，會自動地發揮惻隱之「心」，實踐仁、義、禮、智四端，使人發揮向善之本性，成就人本有的「天爵」。孔子言「仁」，爲儒家心性之學奠定了永恆的基礎；而孟子則進一步從「天爵」的觀點，建立了「心性之學」的義理結構。此結構旨在鼓勵人心，如唐君毅先生所言：「孟子言心性之善，乃意在教人緣此本有之善，以自興起其心志，而尚友千古之旨」〔註 91〕。此即孟子浩然哲學之功效所在。第二段引文，更直接的說明了此天爵「非由外鑠」；並從「我固有之」的觀點，視「心」的主體自覺能力，爲一人人所同具的價值，強調此「心」的功能人人本具，並與聖人同之。

爲了便於掌握孟子自覺主體心之應用，我們暫將孟子對「心」的應用，歸納爲以下三個要點：（1）仁心；（2）養心；（3）盡心。首先，「仁」是孟子繼承孔子學說中的最重要之概念，《孟子・離婁下》云：「君子以仁存心，以禮存心；仁者愛人，有禮者敬人」；在內聖外王的目標下，「仁心」是「仁政」之價值來源，故孟子嘗云：「人皆有不忍人之心，先王有不忍人之心，斯有不忍人之政矣」〈公孫丑上〉。可知孟子「仁」的理想是從「個人道德」而「社會國家」，再由「社會國家」進而推廣至「宇宙萬物」。此即「親親而仁民，仁民而愛物」〈盡心上〉的次序之意義；然而，進一步分析其「仁心」的價值來源，即必須回到《孟子》對個人的道德的看法中，《孟子》對個人的道德從自覺主體心的觀點而言，重視的是「養心」與「盡心」觀念，以下從理論與實踐進一步說明。

從理論上看，《孟子・盡心上》中云：「盡其心者，知其性也；知其性，則

〔註91〕參見唐君毅：《中國哲學原論》〈原道篇〉卷一，台北：台灣學生書局，頁214。

知天矣；存其心，養其性，所以事天也」，此一引文指出了《孟子》「心」的基礎性觀念與其修養境界的次第。「盡」是擴充至極限的意思，意指如能充盡四端之心，即可明白人有先天的「仁義禮智之性」。在擴充四端的過程中，心以一自覺主體的角色開顯其心、性、天通而為一的義理。孟子主張人性本善，即是以此結構為基礎而展開，在「盡心」、「知性」、「知天」之外，更要「事天」；也就是除了「知」之外，更要「行」，努力以「存心養性」之行，又守住自己靈明的本心，培養自然的本性，這即是與「天」之運行原理相符合、相乎應的行為。同時，也是在這種「心性天通而為一」的基礎原理上，上述以「自覺主體心」為宗旨的心性價值觀，才是一有所本、有所歸依之理論。

從實踐的角度看，「養心」與「盡心」又必須賴於「寡欲」與「持志」的修養工夫。《孟子》云：「養心莫善於寡欲；其為人也寡欲，雖有不存焉者，寡矣」〈盡心下〉。孟子強調人必須對於欲望進行節制，以免喪失善良本心；又云：「天將降大任於是人也，必先苦其心志」〈告子下〉，這段話說明了「養心」之實踐歷程充滿困難，同時也指出了「養心」必須「持志」。「持志」的內涵，即是孟子著名的培養浩然之氣的觀點，強調「養氣」的歷程必須堅守「道」與「義」的價值觀，否則將受「行有不慊於心則餒矣」的影響；此即是發揮了前文所述「心」的良知作用義。以上「仁心」、「養心」與「盡心」三者即是孟子「自覺主體心」之運作。

簡言之，從自覺主體的觀論心，孟子提供了我們思考人性的積極方向；從個人身上，更具體地發揮了孔子的「仁」觀念，努力操持與修養德性。陽明即繼承了這個觀點，對《孟子‧公孫丑》的「知言養氣」、「集義」，以及《孟子‧盡心上》的「盡心」章句加以分析，設法融合先秦儒家學說之精神，並在實踐上解決天理與人欲的課題。

三、孟子之後心學的發展

以下本書將分成五個部份，從歷史的發展角度，分析孟子之後心學的發展，以及其對陽明的影響性。

1. 從歷史觀點言：明代學術風氣促成孟子一系心學再受重視

陽明部分觀點針對朱學弊端而起。宋朝時朱熹哲學以其內容豐富、博大精深、邏輯嚴密，確實深刻影響當時學風；然而，「正由於此文形成了過於煩瑣的弊端，又被統治者定為官方哲學，在思想界造成了陳陳相因、墨守師說

的僵化局面。到明中葉，其弊端已極大地限制了思想的發展和新理論的提出，王守仁在這種形勢下，勇於創新，提出了心之本體即良知的思想，以吾心之良知作爲其哲學邏輯結構的最高範疇」〔註92〕。王學強調良知與心性的觀念，試圖突破當時形式僵滯的狀態，在精神回應《孟子》一書「盡心」、「知性」與「知天」的思考方向。

另一個影響力，源自外在的佛教力量。儒家重視「心」源自《孟子》，「心」觀念又爲隋唐至明朝八百年以來佛教與禪宗思想所強調；故陽明承繼了這個學術潮流，並發展爲其良知學說。當時禪宗盛行於中國，張君勱先生認爲禪學與孟子學有三點相似：第一、禪宗以心爲焦點，接近於孟子「心之官則思」。第二、禪宗相信人人皆有佛性，孟子則說人人可以爲堯舜。第三、兩者皆相信人心性本善〔註93〕。陽明在當時禪宗的影響下，極欲恢復儒家之道統，故運用佛教的方法與儒家孟子學說之內涵，發展其心學體系。

2. 陽明對孟子之傳承與創新

陽明的良知學本於《孟子·盡心上》所云：「人之所不學而能者，其良能也，所不慮而知者，其良知也。孩提之童，無不知愛其親者，及其長也，無不知敬其兄也；親親，仁也；敬長，義也；無他，達之天下也」。孟子指出，人有先天的知仁知義之「本心」；本心之表現即如孩童之愛親與敬長。本心的內涵表現爲普遍性法則與原理，可達之天下，此即漸次形成一種心性之學的表達結構；使孔子之「仁」觀念，進一步透過「仁者人也」的觀點，落實至人自體中，並建構在心學之上；使儒學之「心」既擔任自覺主體的角色，又是分辨善惡的能力。

陽明透過「良知」觀念，更精確的說明了心的道德能力，並使良知與心成爲同一層次的本體範疇。就陽明立學宗旨言，「良知」既是爲學的目的，又是成事的動力因，此即一如孟子萬物皆備於我矣，反身而誠，樂莫大焉的意義。陽明又言「這良知人人皆有，聖人只是保全無些障蔽」〔註94〕，以及「良知即是樂之本體」〔註95〕，這二者方向是一致的，亦即是陽明對孟子觀念的繼承處。「陽明即依此義而把良心提升上來以代表本心，以之綜括孟子所言的四端之心」〔註96〕；陽明既以「心」爲其理論體系的最高範疇，則在其發揮

〔註92〕參見張立文編：《心》，台北：七略出版社，1996，頁274。
〔註93〕參見張君勱：《王陽明》，前揭書，頁40。
〔註94〕〈傳習錄〉下，同註1，頁79。
〔註95〕〈與黃勉之〉，《王陽明全書》（二），頁37。
〔註96〕參見牟宗三：《從陸象山到劉蕺山》，前揭書，頁217。

「道德心」之際亦必須一統內外，不使人與客觀世界分隔與對立。所以，他重新定義宋明哲學對「理」之概念，以「心即理」此一觀念，對孟子學做更進一步詮釋方法之創新。

3. 宋代朱子的心、性、理觀念對陽明的影響

陽明創新地提出了「心即理」的觀點，其中「心」與「理」二觀念皆是宋代重視的問題；所以，欲徹底理解陽明觀點，亦必須先理解宋代對此二觀念的處理方式，特別是朱子的觀點。朱熹曾經說：「人之所以為學，心與理而已矣；心雖主乎一身，而其體之虛靈足以管乎天下之理；理雖散在萬事，而其用之微妙實不外乎一人之心」〔註97〕。依宋代理學的傳統，哲學追求的是心與理一的境界，唯朱熹以心本來含具眾理，但理在心中是以性表現其存在的，心則主要表現在經驗意義的範疇之中，受氣質與外物的影響，故不全符合道德要求。

朱子對「心」的看法是：「所覺者，心之理也；能覺者，氣之靈也」〔註98〕，又說「理無心，則無看處」（同上）。朱子指出心的特性在於：它是氣之靈，故能覺理、見理。即心與理不離，就自然宇宙而言則理在於氣，但為了說明抽象之理仍然有賴「氣之靈」的心，否則其學說便可能陷入「理無心，則無看處」的困境。錢穆先生說的清楚，朱子的「心是氣之靈，惟人類獨得此氣之靈，故能有此心，能覺此理；然既曰氣非即是理，則亦必須曰心非即是理，心只是覺，須待此心所覺全是理，滿心皆理，始是到了『心即理』境界」〔註99〕，此即道出心與理的相關與差異所在，指出了心、理、氣三者之關連性。

朱子「心」與「性」二概念是不同的；他雖以「理」與「性」為宇宙與人性的內在結構，但為了說明這二者的抽象內容，在其學說中仍有賴於「心」概念的輔助。心與性的不同在於，朱子言「靈底是心，實底是性」〔註100〕即指出了「心」觀念在朱子學中，其概念之位置或功能，偏重於人自身中的靈性與經驗性範疇；性則屬於經驗之後，經由抽象作用所加以普遍化後的概念。即性在概念的抽象層次上近於理，與理在觀念上同屬一個層次，例如朱子說：「性只是理，氣質之性，亦只是這裡出」〔註101〕。可見

〔註97〕《大學或問》，卷一。

〔註98〕《朱子語類》，卷五。

〔註99〕參見錢穆：《朱子學提綱》，台北：素書樓文教基金會，蘭台出版社，2001，頁44。

〔註100〕《朱子語類》，卷十六。

〔註101〕《朱子語類》，卷四。

朱子為了說明「人」與外在「宇宙」的關係，在以「靈地是心」說明性與理之後，對性與理的詮釋又融入氣的觀點，認為理氣合一，且性氣不離，亦不相雜。

　　綜合上述背景可知，朱熹認為：心、性、理三者的關連性是「性便是心之所有之理，心便是理之所會之地」〔註102〕，「理之敷施發用在氣，而性之敷施發用則在心」〔註103〕。即就人與外在關係而言，朱子以心是「氣之靈」定位之，他又以「靈地是心」的觀念觀察「理」的運作，詮釋其「個體之心」與「宇宙全體之理」二者的關係，做為「理」觀念發用之憑藉。對於心與理，朱子又說「所知覺者是理，理不離知覺，知覺不離理」〔註104〕，即所覺者是心之理也，心與理不相離，亦不能等同。簡言之，朱子以心是氣，心是能覺者；心之理才為所覺者；又以理不離知覺，知覺不離理即表示理與心的相關性。

　　理解朱子對「心、性、理、氣」觀念的內在結構之另一重要角度，即是「體用一源」觀念。關於朱子「理」的內涵，朱子繼承了程頤關於理事的「體用一源」的原則，他說：「自理而觀，則理為體，象為用，而理中有象，是一源也；顯微無間者，自象而觀，則象為顯、理為微，而象中有理，是無間也」〔註105〕。他認為「理在事先」，並且「理在事上」；又以「理氣論」說事與理，朱子認為宇宙萬物都由「理與氣」共同構成，「理」是事物的本質，但「氣」是構成事物的質料。朱子說：

> 天地之間，有理有氣。理也者，形而上之道也，生物之本也；氣也者，形而下之器也，生物之具也；是以人物之生，必稟此理然後有性，必稟此氣然後有形。〔註106〕

「理」與「氣」的關連是「有理便有氣，流行發育萬物」〔註107〕，其中「理」是本質、法則或規律，而「氣」則是材料或質料意義。對於理與事的體用問題，朱子以「理一分殊」的原則進行了處理。此一處理到了明代卻為陽明所質疑，陽明「心即理」觀念的提出，有可能即是欲解決他心中對程朱「理一分殊」問題的不滿意。

〔註102〕《朱子語類》，卷五。
〔註103〕參見錢穆：《朱子學提綱》，前揭書，頁43。
〔註104〕《朱子語類》，卷五。
〔註105〕〈答何叔京〉，《朱文公文集》，卷四十。
〔註106〕〈答黃道夫〉，《朱文公文集》，卷五十八。
〔註107〕《朱子語類》，卷一。

「理一分殊」是程頤在回答楊時關於〈西銘〉的疑問時提出來的。程頤說:「〈西銘〉明理一而分殊,墨氏則二本而無分」〔註108〕。朱子繼承此觀點,他說:「理只是這一箇,道理則同,其分不同,君臣有君臣之理,父子有父子之理」〔註109〕,又說:「萬物皆有此理,理皆同出一原,但所居之位不同,則其理之用不一;如爲君須仁,爲臣須敬,爲子須孝,爲父須慈」〔註110〕。陽明承認朱子的「理」同出一源的觀點而云:「此豈有內外彼此之分哉?理一而已〔註111〕」,朱子則云:「如月在天,只一而已,及散在江湖,則隨處可見,不可謂月已分也」〔註112〕」。

陽明顯然同意朱子「理一」的原則與目標,因爲「理」觀點在解釋分殊事理之個案時,在觀念上亦有相當完整地詮釋功能。換言之,在宋代程朱對「理」觀念的處理,事實上已具有相當地周延性,故他可以指出「萬物皆有此理,理皆同出一原」〔註113〕的原則。朱子一方面在宇宙論上合理地指出「理一」,即物物各具一太極;另一方面,又在倫理學上,因人在社會中的職分不同,故言君臣有君臣之理,父子有父子之理,此是「理一分殊」法則在道德上地應用。但就此一原則的基礎性,即「理」與「心」二概念之間的存在性如何溝通,理與吾心二者間的統合問題,仍爲青年陽明所質疑。他認爲「理」與「吾心」在觀念上仍是二分的狀態,所以,青年陽明即定位其終身的哲學任務,在解決此一如西方二元論一般所遭遇的難題。

4. 陽明對朱子「心與理」觀念的發揮

陽明認爲「心」與「理」二觀念間的原則應是「主一」,例如陽明與梁氏之一段對話說:

> 梁日孚曰:「居敬窮理是兩事,先生以爲一事,何如」先生曰:「天地間只有此『一事』,安有兩事?……如事親,便要窮孝之理;事君,便要窮忠之理」……(陽明)曰:「只是主一」;「如何是主一」?曰:「如讀書,便『一心』在讀書上,接事,便一心在接事上」。〔註114〕

〔註108〕〈答楊時論西銘書〉,《二程集》
〔註109〕《朱子語類》,卷六。
〔註110〕《朱子語類》,卷十八。
〔註111〕〈傳習錄〉中,同註1,頁63。
〔註112〕《朱子語類》,卷九十四。
〔註113〕《朱子語類》,卷十八。
〔註114〕〈傳習錄〉上,同註1,頁27。

陽明依其心即理的命題，強調「主一」的觀點，認為居敬窮理、事君事親、讀書接事，都是一心一事。而使一心、一事成為可能的動機與基礎性力量，即是陽明對朱子理論的繼承與創新的發揮處。一事一心即是一種「理」，這就在內部融合了程朱理一分殊的觀點；但陽明又進一步使此理與吾心之間產生存在性的意義的聯繫。此即他提出：理即是心，二者是一而非二的觀念。

陽明認為「心」若分開心與理為二物；又以理在心外，這即是贊成告子（425〜339 B.C.）義外的說法──「此告子義外之說，孟子所以謂之不知義也，心一而已，以其全體惻怛而言，謂之仁，以其得宜而言謂之義，以其條理而言謂之理」〔註115〕。陽明指出「心即理」觀念時，其中的一個隱含前提是：「天道與人道實一以貫之」。這是陽明對朱子觀念的轉移處；即需先有了這個前提之觀念，陽明才能結論地說：「外心以求理，此知、行之所以二也；求理於吾心，此聖門知、行合一之教」（同上）。

天道與人道實一以貫之的命題，表現在宋明儒視天為心性之本源與道德之根據的用法中。宋明哲學重視萬物一體的方向，基本上即是說明天之根源性力量，先天地存在於人的心性或德性基礎當中；故天道與人道實一以貫之，宇宙本根就是人倫道德之源。這股先天的根源性力量，即是本書研究方法設定「中和式自然動力」一概念之目的，主要在於突顯「心即理」觀念得以成立之「背景哲學」或「基礎命題」。

此一背景哲學試圖指出人之所以異於禽獸，人之所以能實踐「動心忍性」哲學，其基礎即在於人能透過「致」（良知）的工夫，使人能仰望天德與天命之性，理解自身，並創造自身價值的最大化，以內聖為最終目標。陽明學即本此理念，體認人之心性與天相通，傳承《中庸》天命之謂性觀點；視道由性出，性由天授；再由《孟子》盡其心者，知其性也；知其性，則知天矣的哲學觀所強化；並作為其學說的普遍性之基礎。

5. 朱子與陽明對「心」與「理」的不同觀點

陽明說：「夫析心與理為二，此告子義外之說，孟子之深闢也；務外遺內，博而寡要，……謂玩物喪志，尚猶以為不可歟」〔註116〕。夫析心與理為二，指出陽明對心與理二分的狀態有一股內在的焦慮，這使他必須對朱子之「理」的內涵加以改造。

〔註115〕〈傳習錄〉中，同註1，頁35。
〔註116〕〈傳習錄〉中，同註1，頁39。

　　我們在此先釐清朱子「性即理」與陽明「心即理」的不同。兩者根本之不同在於：（1）朱子「性即理」的觀點，強調「人之性」即同於宇宙根本（之理）；人受宇宙之本根以爲性，即性的範疇包含在心的範疇當中，但心不即是性。（2）陽明「心即理」，強調心觀念是得宇宙之本根以爲心，任何時候心性無別的基礎都是存在的。換言之，前者是說「心中含性，而心非即性」，後者則說「心即是性，性即是理」。所同者是，雙方都說天人不相隔，人都含有宇宙之本根；即宋明儒所同於孟子者在於「天」是人心性之本源，道德之根據。但所異者在於，「性即理」的觀點指出「理」的存在性內容僅止於法則與形式，即對陽明而言性即理在表達的過程中似乎遺忘了存有的基礎；故物理與吾心二分的問題，一直困擾著青年時期的陽明。直到陽明三十七歲居夷處困，忽悟格物致知之旨，而知聖人之道吾性自足，不假外求。

　　這段學思歷程，表現出的是朱王二人的「理」，都具有哲學上的根源性意義；但到了明代則有了變化，陽明使理與心等同，這是一個理解上的關鍵。他同宋代程朱理學一樣，在概念的形式上仍然是論「心」或論「理」；但陽明卻從孟子與象山取得靈感，提出心即性，性即理的新命題，經由適當的詮釋，再次爲中國哲學注入新的生命力。以下說明陽明受到象山影響之哲學觀念，以利於完整地理解陽明理論之「形成史」。

貳、象山之「心」

　　象山之學據其自述是「讀孟子而自得之」〔註117〕，陽明則認爲象山之學「簡易直截，眞有以接孟氏之傳」〔註118〕。陸象山心學有何特色，爲何他能上承孟子下啓陽明，其原因是本節分析的目標。以下將從「明本心，先立其大者」以及「心即理與簡易精神」，論述象山之「心」的內涵。

一、明本心，先立其大者

　　象山認爲「本心」觀念，實即孟子所謂之四端之心或赤子之心；即人之所異於禽獸，庶民去之而君子存之的部份。對於象山理論特性，曾春海教授曾指出象山之學「上契孟子的心學言自得之，創造性地以本心實存性的自悟，建立其形上學的根源性信念，顯發了以主體內証聖智之方式來把握本體實在

〔註117〕 「阜民嘗問：先生之學亦有所受乎？曰：因讀《孟子》而自得之。」參見陸
　　　　　象山：〈語錄〉下，《象山全集》，卷三十五。（台北：中華書局，1970）
〔註118〕 〈象山文集序〉，同註1，頁190。

的形上學方法之特色，再以心體所具有的形上意義，落實到切己的道德實踐，步步徹悟天人之間圓融無礙的存有奧義」〔註119〕；此即指出了象山本心之學的哲學特色，在於本心實存性的自悟。但象山的本心說，其範疇是否即在「人自體」之中而與外界無關呢？關於此點，象山曾經說：

> 又曰：「人之所以異於禽獸者幾希，庶民去之，君子存之。」「去之」者，去此心也，故曰：「此之謂失其本心」。「存之」者，存其心也，故曰：「大人者不失其赤子之心。」四端者，即此心也。「天之所以與我者」，即此心也。〔註120〕

從引文中可發現，象山側重了本心意義於指出「心是天之所予我者」的命題。這是象山切身的體會，此一觀點使人進一步思考：天之所予我者是何物？象山又說：「須思量天之所予我者是甚底？爲復是要做人否？理會得箇明白，然後方可謂之『學問』」〔註121〕，此即是對「天與人」、「天心與人心」關連性的探問。亦顯示出象山對人性根源的基礎探討，對個人（人心）與宇宙（天心）關係，如何能透過哲學進行連結，成爲其學說重心。

其學問強調「本心爲天之所予」，即意謂此心此理，與天地萬物同樣開闊廣大，故他說「才自警策，便與天地相似」〔註122〕。這個方向即是其所謂「大凡爲學須要有所立，語云：『己欲立而立人』，卓然不爲流浴所移，乃爲有立」〔註123〕的立足點與基礎位置。換言之，象山的方向不是指向外頭，更不在流俗之中；反之，他關懷人本心的修養範疇，關心人能依天理而修養的於穆不已之力量。此一力量即天之所予我者，此亦是孟子云人先天所具有的良知良能，關於「本心」他說：

> 孟子曰：「所不慮而知者，其良知也；所不學而能者，其良能也。」「此天之所與我者。」「我固有之，非由外鑠也。」故曰：「萬物皆備於我矣，反身而誠，樂莫大焉。」此吾之本心也。所謂安宅、正路者，此也；所謂廣居、正位、大道者，此也。〔註124〕

〔註119〕 參見曾春海：〈象山學脈及其哲學方法上的法初探〉（下），《東吳大學哲學系傳習錄》，第五期，1985.10，頁218。
〔註120〕 〈與李宰書〉，《象山全集》，卷十一。
〔註121〕 〈語錄〉下，《象山全集》，卷三十五。
〔註122〕 〈語錄〉，《象山全集》，卷三十五。
〔註123〕 〈語錄〉，《象山全集》，卷三十五。
〔註124〕 〈與曾宅之書〉，《象山全集》，卷一。

象山「本心」的範疇，即包含《孟子》說的不慮而知的「良知」與不學而能的「良能」。它是我固有之而非由外鑠，即他肯定自覺本有的道德本心，認為即便在困難中此「心」亦是造次必於是，顛沛必於是，無終日之間而違於是。象山亦強調此心是我本有的，當下可用功的；即「此乃所謂有事焉，乃所謂勿忘，乃所謂敬；果能不替不息，乃是積善，乃是積義，乃是善然浩然之氣」〔註125〕。即人如能明白此心的存在，而不替不息、積之集之，則此本心的呈現，將可積善、集義、知德、進德與同德，進而能「心逸日休」；否則必將「心勞日拙」〔註126〕。

簡言之，本心之「本」已指出象山重視的是本源性，與哲學基礎性之探討的方向。即象山繼承了孟子大體小體之辨的精神，要人做大綱思；「人須是閑時大綱思量：宇宙之間，如此廣闊，吾身立其中，須大做一箇人」〔註127〕。做大綱思即是從大處著手，即孟子的先立其大者的觀念，此大者本在我心，為天所命於我者〔註128〕，只要我們充份的努力，必可成就大世界的理想。象山言本心與天之所予我者的觀點，與陽明「良知即是天植靈根，自生生不息」〔註129〕接近，主要觀點即是鼓舞人的志向，使人心能有所立，即戮力「軒昂奮發，莫恁地沈埋在卑陋凡下處」〔註130〕。

二、心即理與易簡精神

象山「心即理」的哲學意義為何？為什麼從「心即理」的觀點，可所以說出「萬物森然於方寸之間，滿心而發，充塞宇宙無非此理」〔註131〕的宏觀與易簡之結論，以形成其以心統攝萬理的結構呢？這些是本單元試圖解決的基礎性問題。其次，由心即理所延伸出的相關課題即：象山之學有何優、缺點？陽明是否完全認同？朱、陸之爭是否只是兩家學說在為學方法上的分歧？這些是我們思考象山之學時，試圖一併回答的。

〔註125〕〈與曾宅之書〉，《象山全集》，卷一。
〔註126〕「心逸日休，心勞日拙，德偽之辨也」〈與邵叔誼〉，《象山全集》，卷一。
〔註127〕〈語錄〉，《象山全集》，卷三十五。
〔註128〕「且如天命之謂性，天之所命我者，不殊乎天，須是放教規模廣大。」〈語錄〉，《象山全集》，卷三十五。
〔註129〕〈傳習錄〉下，同註1，頁84。
〔註130〕〈語錄〉，《象山全集》，卷三十五。
〔註131〕〈語錄〉（上），《象山全集》，卷三十四。

（一）心即理

試觀象山所云：「人皆有是心，心皆具是理，心即理也」〔註132〕，可知象山之理，並未超越宋明理學的一般特徵。象山之理，就整體而言「此理塞宇宙，誰能逃之」〔註133〕；就分析而論，理的範疇包含「宇宙的運行」與「人文的運作」二種意義。其中，宇宙的運行例如「春生夏長，秋斂冬肅，俱此理」〔註134〕；人文的運作則如「古所謂憲章、法度、典則者，皆此理也」〔註135〕；分別代表了象山之「理」兩種廣大範疇。此二範疇可涵攝宇宙天地與人文典章，主觀與客觀，內在與外在的世界；所以，象山才說出：「宇宙內事是己分內事，己分內事是宇宙內事；人心至靈此理至明，人皆有是心心皆具是理」〔註136〕等著名之命題，使人理解「元來無窮，人與天理萬物，皆在無窮之中者也」（同上）。

有關此類型的命題，牟宗三先生認為這是「象山就第一義非分解地啓發點示，令歸於實處，實處洞朗，則『本心即理』坦然明白，此即所謂簡易也，孟子十字打開，不過說此義」〔註137〕。牟教授指出了象山學說的哲學方法上的特殊性，在於第一義非分解地啓發點示；即不是一種分析後的視野，不是從概念、名詞的組合而形成一結論；而是必須「自眞實生命上與其語言相呼應，直達至其所呈現之理境而首肯之，以為眞實不謬也，而後止」〔註138〕。在這種哲學方法下，象山才會主張：「蓋心一心也，理一理也；至當歸一，精義無二；此心此理不容有二」〔註139〕等具簡易精神的哲學，發展其心同、理同的本心論。

（二）易簡精神

象山曾經解釋其哲學中的易簡精神，亦依此精神而表達，所以他「與人言多『就血脈上』感移他故」〔註140〕，其餘地則有「待自正之」（同上）。基於此一精神，其學說重第一義地啓發與指點或暗示，少分析的第二義申辯與分析。象山對自身這種易簡的特性曾說：

〔註132〕〈與李宰書〉，《象山全集》，卷十一。
〔註133〕〈易說〉，《象山全集》，卷二十一。
〔註134〕〈語錄〉下，《象山全集》，卷三十五。
〔註135〕〈荊國王文公祠堂記〉，《象山全集》，卷十九。
〔註136〕〈雜著〉，《象山全集》，卷二十二。
〔註137〕參見牟宗三：《從陸象山到劉蕺山》，前揭書，頁7。
〔註138〕同上，頁3。
〔註139〕〈與曾宅之書〉，《象山全集》，卷一。
〔註140〕〈語錄〉（上），《象山全集》，卷三十四。

後世言易者以爲易道至幽至深，學者皆不敢輕言。然聖人贊易則曰：
「乾以易知，坤以簡能。易簡易知，簡則易從」……孟子曰「夫道
若大路然，豈難知哉？」〔註141〕

關於象山的易簡精神，實亦源自《孟子》一書：「道在邇，而求諸遠；事在易，
而求諸難；人人親其親、長其長，而天下平」〈離婁上〉，以及「學問之道無他，
求其放心而已矣」〈告子上〉的簡要精神。孟子認爲親長在人爲「易爲且易行」
之事；而「道」初不外如此也，捨此而他求，則遠且難矣。學問之道雖涉範疇
廣遠，然欲求上達，使志氣清明義理照著，其道亦只在於求其放心而已。

這種類型的思考爲象山與陽明承繼，陽明云：「吾輩用力，只求日減，不
求日增；減得一分人欲，便是復得一分天理，何等輕快脫灑？何等簡易？」〔註
142〕即是這種觀點。陽明強調天理即在此心，只要人能「存之」、「復之」，便
可明白此理，便是復得一分天理。象山亦云「只『存』一字，自可使人明得
此理，此理本天所予我者，非由外鑠；明得此理，即是主宰，眞能爲主，則
外物不能移，邪說不能惑」〔註143〕，兩人看法相當一致，以自求本心良知、
自立自得爲宗旨。

（三）象山學說之粗處

象山之學雖有其優點但亦有其缺點，試觀王陽明與陳九川的對話：

又問：「陸子之學何如？」先生曰：「濂溪、明道之後，還是象山：
只是粗些。」九川曰：「看他論學，篇篇說出骨髓，句句似鍼膏肓，
卻不見他粗。」先生曰：「然他心上用過功夫，與揣摹依傚、求之文
義自不同，但細看有粗處；用功久，當見之。」〔註144〕

又問：「致良知之說，眞是百世以俟聖人而不惑者。象山已於頭腦上
見得分明，如何於此尚有不同？」曰：致知格物，自來儒者皆相沿
如此說，故象山亦遂相沿得來，不復致疑耳。然此畢竟亦是象山見
得未精一處，不可掩也。〔註145〕

陽明對象山的評價是細看有粗處，但陽明未說明此一「粗」之所指。牟宗三
教授認爲這個粗，不是指知識的多寡與思考之精確與否，亦不是就修道工夫

〔註141〕〈與曾宅之書〉，《象山全集》，卷一。
〔註142〕〈傳習錄〉上，同註1，頁23。
〔註143〕〈與曾宅之書〉，《象山全集》，卷一。
〔註144〕〈傳習錄〉下，同註1，頁77。
〔註145〕〈答友人問〉，《王陽明全書》（二），頁48。

之造詣而言；若與陽明相比，象山之粗只由其以非分解的方式揮斥「議論」點示「實理」而見〔註 146〕。第二段引文則指出，陽明認爲象山對格物致知的解釋仍沿襲舊觀點，仍以致知在先，力行第二；故與陽明知行合一的觀點不符，此亦陽明爲認象山之學粗的因素。

再就象山之學特性來看，其哲學強調「宇宙不曾限隔人，人自限隔宇宙」〔註 147〕，大有除去支節，直接宇宙與人心的特性，實屬於高明一路。但此高明一路，在教學的過程中即有可能產生困難，曾春海教授指出：「象山一開始就要人從本心處頓悟，在方法上有令人空闊疏略之苦，實難以捉摸和用力」〔註148〕，這即是造成朱以陸之教人爲太簡，陸以朱熹之教人爲支離，雙方觀點產生分岐的原因。黃宗羲爲此做了一個說明：

> 考二先生之生平自治，先生之尊德性，何嘗不加功於學古篤行，紫陽之道問學，何嘗不致力於反身修德，特以示學者之入門各有先後，曰「此其所以異者」，……二先生同植綱常，同扶名教，同宗孔、孟，即使意見終於不合，亦不過仁者見仁，智者見智，所謂「學焉而得其性之所近」。〔註 149〕

黃宗羲認爲，朱陸之爭是兩家學說在爲學方法上的分岐，並未涉及雙方學說本質內容的分岐。但象山本人的記錄卻顯示在鵝湖之會「翌日二公商量數十折議論來，莫不悉破其說，繼日凡致辨，其說隨屈，伯恭（呂祖謙）甚有虛心相聽之意，竟爲元晦所尼」〔註 150〕。

此即顯示雙方爭執激烈，「元晦之意，欲令人泛觀博覽，而后歸之約；二陸之意，欲先發明人之本心，而後使之博覽；朱以陸之教人爲太簡，陸以朱熹之教人爲支離，此頗不合；先生更欲與元晦辨，以爲堯舜之前何書可讀？復齋止之」〔註 151〕。可見雙方的爭議涉及在學爲方法之背後，仍存在著本體觀點的不同。象山主張「易簡精神」，是以確認先天本心爲基礎的；故所謂之古聖相傳只此心與斯人千古不磨心的概念，皆建立在其明本心，先立其大者的原則之中；再由「明心」而擴展至其爲學方法上面。而朱熹則不是這種開

〔註 146〕參見牟宗三：《從陸象山到劉蕺山》，前揭書，頁 22～23。
〔註 147〕〈語錄〉（上），《象山全集》，卷三十四。
〔註 148〕參見曾春海：〈象山學脈及其哲學方法上的法初探〉（下），同註 117，頁 220。
〔註 149〕〈象山學案〉，《宋元學案》
〔註 150〕〈語錄〉（上），《象山全集》，卷三十四。
〔註 151〕〈年譜〉，《象山全集》，卷三十六。

始就肯定人心本體的路數，故才批評象山「脫略文字，直趨本根」〔註152〕。

在此一爭議中，另一值得考慮的命題，即由象山提出「堯舜之前何書可讀」此一問題所延伸出——此即「聖人」如何產生的問題。如果依象山意見，「知識」並非欲成聖人的必要條件；但依朱子學說強調「欲令人泛觀博覽，而后歸之約」，則「知識」與「讀書」是必要條件。本書認為「知識」多寡或有無，並非象山強調「堯舜之前何書可讀」此一問題之重點。

因為陷入「『知識的有無』是否為『成聖』必要條件」並非哲學問題；值得哲學工作考慮的問題是「我們是否真正地理解『知識』或『新觀念』（例如「仁」）是如何被提出，被創造出的」。換言之，本書認為象山提出「堯舜之前何書可讀」此一問題強調的是：一流知識份子的存在價值在於「創造能力」的有無，以及「對文明的反省能力」的有無，而非「知識」的多寡。也正為了統合象山重視的此二能力，與朱子重視的泛觀博覽，陽明才設法提出「知行合一」之說，對宋代哲學加以傳承與創新。

（四）象山學說之廣大和諧

綜合以上所言，象山心學的方向不是指向外面；亦不在流俗之中，而屬於人本心的修養範疇。根據天理中一股「於穆不已」之力量，而實踐修養工夫。「於穆不已」之力量即「天之所予我者」，此亦是孟子云人先天所具有的良知良能。故象山的「人能弘道，非道弘人」〔註153〕不能僅僅解釋做唯「人」中心的哲學觀，而應更全面的從「天之所予我者」的廣大和諧來觀察此一問題。關於天人之際廣大和諧的觀點，象山嘗云：

> 孟子言「知天」，必曰「知其性，則知天矣」；言「事天」，必曰：「養其性，所以事天也」；中庸言「贊天地之化育」，而必本「能盡其性」
> 〔註154〕

廣大是指象山言「知性」與「養性」，皆必須在「知天」與「事天」的觀點下立論，以使人性的探討不只停留在人自體之中。又廣大亦是指此「理」是置於宇宙間來討論，例如「此理在宇宙間，未嘗有所隱遁；天地所以為天地者，順此理而無私焉耳」〔註155〕，又「此理在宇宙間，固不以人之明不明，行不

〔註152〕〈答呂子約〉，《朱子文集》，卷四十七。
〔註153〕〈與朱元晦〉，《象山全集》，卷二。
〔註154〕〈天地之性人為貴〉，《象山全集》，卷二十。
〔註155〕〈與朱濟道〉，《象山全集》，卷十一。

行不加損」〔註156〕。和諧則主要是指天、人、地間三極的和諧之道，強調「人與天地並立而爲三極，安得自私而不順此理哉？」〔註157〕，順從此天理則是知性與知天。從本書設定「中庸修養論」觀點而言，即是理解此「理」中的「中和式自然動力」之運作歷程。「順此理」即是表現出中和之道，而自然動力即是使「此道充塞宇宙，天地順此而動」〔註158〕的力量；亦是使「聖人順此而動，故刑清而民服」（同上）的力量。

我們在此觀點下解釋象山之「心與理」的關係，而不同意將象山之「理」範限於人自身之中，認爲象山哲學的「目的是把被朱熹神化了的『理』重新拉回到人間，以表現人在宇宙、社會間的地位和作用」〔註159〕。事實上，從上述於廣大和諧的觀點反省，朱熹亦認爲「理非別是一物，即存乎是氣之中，無是氣，則是理亦無掛搭處」〔註160〕，又說「天下末有無理之氣，亦未有無氣之理」（同上）。即在理氣不離不雜的觀點下，朱熹並未神化了「理」的觀念，只是重視理爲萬物之一原〔註161〕；而象山的「理」也不是那麼地形下，全在「人間」；而是強調在天、人、地之間各司其職〔註162〕，因順其理，故才能說「能盡其性者，雖欲自異於天地，不可得也」〔註163〕。

總之，象山說：「大世界不享，卻要占箇小蹊小徑子；大人不做，卻要爲小兒態，可惜！」〔註164〕，象山立論「心」的基礎是在大世界、在天人之際廣大和諧觀點下立說，才能進一步強調「人能弘道」與「要當軒昂奮發」之理，亦才能使其學問有重心與基礎，並產生實踐力量。

參、陽明心學之歷史背景

陽明的「心」意義爲何？以下將我們先從「心學之歷史背景、心體觀念在陽明學中的重要性、心之本體原只是箇天理、陽明心學中天地萬物一體的

〔註156〕〈與朱元晦〉，《象山全集》，卷二。
〔註157〕〈與朱濟道〉，《象山全集》，卷十一。
〔註158〕〈與黃康年〉，《象山全集》，卷十。
〔註159〕參見劉宗賢：《陸王心學研究》，山東：山東人民出版社，1997，頁95。
〔註160〕《朱子語類》，卷一。
〔註161〕「論萬物之一原，則理同而氣異；觀萬物之異體，則氣猶相近，而理絕不同也」〈答商伯第四書〉，《朱子文集》，卷四十六。
〔註162〕即遵守著「人之爲人，則抑有其職矣：垂象而覆物，天之職也；成形而載物者，地之職也」〈與朱元晦〉，《象山全集》，卷二。
〔註163〕〈天地之性人爲貴〉，《象山全集》，卷二十。
〔註164〕〈語錄〉，《象山全集》，卷三十五。

觀點是否爲泛神論、陽明心學對宋明理學的傳承」等構面，以宏觀歷史的方法析論陽明之「心」觀念，做爲第三節分析其「心即性，性即理」學說之立論基礎。

一、陽明心學之歷史背景

陽明以心立言，又以良知釋心，故「心」觀念成爲其學說的基礎，其學說體系亦以「心」爲起點而展開。陽明對「心」觀念的處理，有其廣遠的歷史背景；除了承接宋代理的學課題外，隋唐以來佛教長期的影響力亦不可忽視。這使得宋明儒家爲了回應佛教哲學，有必要提出一新的表達系統以恢復儒學的傳統。

儒學是一種哲學，佛學是一種宗教；哲學指導人生與社會，宗教引導出世之精神與修養。然而佛學中心性論的完備，則刺激了宋明理學家對心性論之建構動機，使心性觀點的提出有其內在需求性。例如二程說：「在人爲性，主於身爲心」〔註165〕；又如朱熹所說：「理在人心，是之爲性」〔註166〕、「心是動底物事，自然有善有惡」〔註167〕。這些觀念皆指出心性問題的主要題旨，同時指出心學在範疇上必須處理與「性」、「理」二概念及其道德實踐等主題。經過宋明理學家的努力，心性哲學在當時蔚爲大觀，成爲陽明心學形成的歷史因素與外在條件。

就陽明心學的內在形成因素而言，一般我們皆簡要地說其觀點繼承象山「心即理」而來。唯爲求對陽明之「心」有一完整的理解，我們必須回顧陽明本人的學說的轉折情形，才能妥善地理解，爲何陽明學說重視「聖人之道吾性自足」的向內開發的方向。

從《年譜》〔註168〕中記載可知，陽明二十一歲在越曾經遍求考遺書讀之，爲宋儒格物之學。因思先儒謂眾物必有表裡精粗，一草一木，皆涵至理，故取竹格之；後因沉思其理不得遂遇疾，乃自委聖賢有分，隨世就辭章之學。直至龍場悟道，始知聖人之道，吾性自足，向之求理於事物者誤也；乃以默記《五經》之言證之，莫不吻合，因著《五經臆說》。

陽明這段經歷，使他體會了眞正的「吾性自足」與「不當求理於事物」

〔註165〕《二程遺書》，卷十八。
〔註166〕《朱子語類》，卷九十八。
〔註167〕《朱子語類》，卷五。
〔註168〕《年譜》，《王陽明全書》（四），頁80～84。

的經驗，故使其試圖在「性即理」的原則中找到一條通往「人心」之路〔註169〕。陽明向內開發，強調了「人心」的作用與力量；以為「知是理之靈處，就其主宰處說便謂之心，就其稟賦處說便謂之性」〔註170〕，以為「器道不可離，二之即非性」〔註171〕，此即繼承了象山「道器不離」與「心即性」的立場，進一步再透過其個人遭遇以及教學相長，逐漸地使其心學邁向成熟的體系。

二、心體觀念在陽明學中的重要性

心體即所謂道心，是為學頭腦處。相對於程朱熹之注重「性」，陽明繼承了象山，似乎將重點放在「心」上，強調「聖人之學，心學也」〔註172〕，「聖人之學明，則仙佛自泯」〔註173〕；即「心學」除了是陽明的生命之學，亦具有回應佛教哲學的功能。心學能具此一功能，必須注意到心體的概念，「王陽明所說的心，含義較廣，指知覺、思維、情感、意向等等，從為學與為道的角度看，首先應當注意的是心體的概念」〔註174〕。即如陽明所云：

> 須於心體上用功，凡明不得，行不去，須反在自心上體當，即可通，
>
> 蓋四書五經，不過說這心體；這心體即所謂道心，體明即是道明，
>
> 更無二，此是為學頭腦處。〔註175〕

「心體」是陽明知行的前提，是為學頭腦處，在陽明學中無疑地有其重要性。所以，他說「凡明不得，行不去，須反在自心上體當」。陽明認為，古人讀四書五經之旨，亦是為了明白心體之豐富內涵；他首先將心與性、性與理連接起來，認為「心即性，性即理」〔註176〕。即他以「心」為本源，以開展其詮釋「性與理」的哲學體系；但陽明如何處理其連接「性與理」二概念的關鍵是我們所關心的。陽明曾經說：

〔註169〕陳來先生認為陽明學向內的立場受湛甘泉的影響，參見陳來：《有無之境》，北京：人民出版社，1991，頁22～23。

〔註170〕〈傳習錄〉上，同註1，頁28。

〔註171〕陽明子之南也其友湛元明歌九章以贈崔子鐘和之以五詩於是陽明子作八詠以答之，參見《王陽明全書》（二），頁134。

〔註172〕〈姚江學案〉，《明儒學案》，卷十。

〔註173〕〈傳習錄〉上，同註1，頁15。

〔註174〕參見楊國榮：《良知與心體——王陽明哲學研究》，台北：洪葉文化公司，1999，頁81。

〔註175〕〈傳習錄〉上，同註1，頁12。

〔註176〕〈傳習錄〉，上，同註1，頁12。

> 所謂汝心，亦不專是那一團血肉。若是那一團血肉，如今已死的人，
> 那一團血肉還在，緣何不能視聽言動？所謂汝心，卻是那能視聽言
> 動的，這箇便是性，便是天理；有這箇性，才能生這性之生理，便
> 謂之仁；……以其主宰一身，故謂之心，這心之本體，原只是箇天
> 理。〔註177〕

從引文中可以發現陽明認爲「心」不只是感性或心情，亦不專只是一團血肉，它「以理的滲入，而賦予『心』以二重相關聯繫的品格，即先天性與普遍必然性」〔註178〕。這裡陽明將「心」與「性」皆等同於「天理」，爲什麼陽明如此定義其「心」是我們關心的問題，爲了解釋這個問題，我們必須先理解其「心體」與「天理」的關係。

三、心之本體原只是箇天理

關於心的內涵，我們必須從陽明的天人關係進行理解；其次，才能說明其論「心、意、知、物」的觀點時，並未離開其源頭，即未離開其「天人一體」哲學的基礎。陽明對天人之際的觀點是依據「蓋天地萬物與人原是一體，其發竅之最精處，是人心一點靈明」〔註179〕而立論。

在肯定萬物一體的觀點下，即「心」通過「靈明」才進一步過渡到意、物等範疇；並以此「天地萬物發竅的最精處」來看待「人與萬物」。即從天地萬物的觀點來看待「人心與天地之心」，在此背景下論「吾心」，再論「心外無物，心外無事，心外無理，心外無義，心外無善」〔註180〕；換言之，在「天人原是一體」的保障下，「吾心」方有一立足點與基礎。即在天人哲學的前提條件下，陽明方可能從人自體的觀點，而延伸出其強調「良知」主體的理論，並使「致良知」有一實踐的依據，以及使「致」有一源自天地的自然動力。如用陽明的話說，即是有一「靈明之心」〔註181〕充塞天地之中；唯一的阻礙，即「形體」或由形體延生的習性與私欲；但人可由此靈明之心而致知，並展開其「意」與「物」之理論〔註182〕。

〔註177〕〈傳習錄〉上，同註1，頁30。
〔註178〕參見楊國榮：《良知與心體——王陽明哲學研究》，前揭書，頁81。
〔註179〕〈傳習錄〉下，同註1，頁90。
〔註180〕〈與王純甫〉，《王陽明全書》（二），頁9。
〔註181〕「充天塞地中間，只有這箇靈明，人只爲形體自間隔了」〈傳習錄〉下，同註1，頁104。
〔註182〕問：「身之主爲心，心之靈明是知。知之發動是意。意之所看爲物。是如此

　　近人毛保華論王陽明之心〔註183〕，肯定個體的意義與價值，從「個體之心」論陽明，反對「道心」在吾心之外，認爲人所求之善、義、理、物、事都在此一個人之心中，每個人只須反求於自己的心，即可獲得人生的價值。肯定吾心是正確的，但毛氏認爲「陽明初以天地萬物爲人心之源，但當他（陽明）及他的弟子，都承認靈明是人心的根本特徵時，王陽明從個體之心逐漸擴大，此時他所說的心，『已離開』其源所在，即只是從心爲起點展開其哲學體系」〔註184〕，本書對此一觀點有不同看法。

　　我們認爲即使陽明在開展其心、意、知、物的觀點時，並未離開其源頭；即未離開「天人原是一體」的基礎，例如陽明常說：「後世不知作聖之本是純乎天理」〔註185〕，以及「只在此心純天理上用功，即人人自有，箇箇圓成」〔註186〕。要求此心純乎天理，即是必須回歸到天人原是一體的基礎；同時，陽明云「後儒不明聖學，不知就自己心地良知良能上體認擴充」（同上），即陽明強調常人缺乏此一回溯（天理）的能力與哲學歷程，所以極易陷入知識論式的二元論或一元獨斷。

　　人一旦失去回溯「天理本源」的能力，也就失去了人與自然的直接關係；人的無限性即隨之失去，而極易陷入文字性平面式的概念分析。一旦人失去發覺文字工具本具之暗示眞理的功能，以及發覺眞理所指向成聖的無窮可能性時；此時，人一旦發現自身的有限性，同時又失去理想性，並失去與天道的連繫時，極易流於私欲的追逐；此亦是宋明理學的強調「天理人欲之辨」的原因。象山云：「元來無窮，人與天理萬物，皆在無窮之中者也」〔註187〕，亦是強調相同哲學應設法提供人回歸「天理」觀念哲學管道。

四、陽明心學說是否爲泛神論

　　以「泛神論」稱呼陽明學是常見的意見〔註188〕，唯本書對此評價有不同看

否」？先生曰：「亦是」。〈傳習錄〉上，同註1，頁20。
〔註183〕參見毛保華：〈王陽明心學之心〉，《孔孟月刊》，第36卷，第3期，頁22～25。
〔註184〕同上，頁24。
〔註185〕〈傳習錄〉上，同註1，頁23。
〔註186〕〈傳習錄〉上，同註1，頁26。
〔註187〕〈雜著〉，《象山全集》，卷二十二。
〔註188〕張君勱、楊國榮等人都討論了這個問題，參見：張君勱：《王陽明》，前揭書，頁71～75。楊國榮：《王學通論》，台北：五南圖書公司，1997，頁36～46。

法。此以楊國榮教授所主張泛神論的觀點為例，提出一澄清的方向。楊氏認為王陽明的「心」（良知）有雙重規定：（1）理與心融合於「在物」的過程中；（2）心體（良知）與萬物一體同流〔註189〕。理與心融合於「在物」的過程中主要是指對心的規定，始於對「心理關係」的分析。楊氏強調王陽明「肯定普遍之理與吾心的合一，必然要經歷從抽象到具體的轉換；即認為以先天形式表現出來的心即理，只有在事親事君等過程中，才能獲得多方面的規定」〔註190〕。此即陽明所云：「後世所以有專求本心，遂遺物理之患，正由不知心即理耳」〔註191〕的意義。而心體（良知）與萬物一體同流主要是指「具有普遍性與個體性之雙重規定的心體（良知），同時又是萬物的本體，成為萬物所以存在的根據」〔註192〕。這種觀點強調心體（良知）內在於萬物，而心體的這種內在性，又決定了它不能離開萬物而存在；楊氏因此即認為「王陽明的心物一體論在某些方面接近泛神論，陽明雖然拋棄了神的形式，但在承認心體的內在性與萬物的統一性上，與唯心主義泛神論相似，因而具有準泛神論的性質」〔註193〕。

　　楊氏指出心體的內在性與萬物的統一性是正確的，但以其為泛神論的觀點則不完全適用陽明學的觀念。因為泛神論很重要的特性即是「一切」都在神內，而神以內在的生命而具有必然性，故無論是神或是受造物均「無選擇的自由」。但一如上述所言，陽明開展其「心、意、知、物」的觀點時，並未失去選擇的自由度，例如陽明云：「吾心之良知自有以詳審精察之，而能慮矣；能慮，則擇之無不精，處之無不當，而至善於是乎可得矣」〔註194〕。陽明的良知仍是能慮、能擇，故良知或心並未具備泛神論的最重要特徵，即陽明學不應被誤解或簡單的歸類其中；並且陽明所云萬物一體的意思，主要是指出其學說並未離開其生命根源，即未曾離開其「天人原是一體」的基礎。

　　王學在形式上是雖說萬物一體；但在存在上，因為存在的無窮性（即陽明所云「心之理無窮盡」〔註195〕），故人所能做的，即永遠需要有一無限性的參照系統（即天理）。人必須以類比的方式，思考此無限性系統中的「天人關係」

〔註189〕參見楊國榮：《王學通論》，前揭書，頁36～46。
〔註190〕同上，頁39。
〔註191〕〈傳習錄〉中，同註1，頁35。
〔註192〕參見楊國榮：《王學通論》，前揭書，頁43。
〔註193〕同上，頁44～45。
〔註194〕〈大學問〉，同註1，頁121。
〔註195〕〈傳習錄〉下，同註1，頁79。

的存在性所指；換言之，因爲人在認知永遠有其限度，而「天人本無二，不必言合」的哲學態度，卻必須安置在上述無限性的系統之上，「天」與「人」才能發生意義的聯繫；故陽明必須指出「只在此心純天理上用功」〔註196〕，以及「盡夫天理之極」〔註197〕。此中，無論是「純之」、「盡之」與「極之」，都在在證明了陽明的天人關係，皆必須回歸到人心窮向那無限性的基礎上，方能使其「心」產生實踐力量。同時，此自然力量才能使良知與良能主導一切，使陽明心意知物的系統得到貫串不息的一致作用，使「致良知」的觀念發揮其功用。

五、陽明心學對宋明理學的傳承

王陽明的學問，從學術之精神而論並未離開宋明理學之旨趣〔註198〕；即對宋明理學而言，陽明思想並非革命性的轉變理學風潮者。其心學的體系雖能包容一切「無所不該」，但因其主要精神就是強調去人欲存天理，此仍然同於宋代的「變化氣質」之目標。例如以下這則對話內容所示：

> 黃以方問：「先生格致之説，隨時格物以致其知，則知是一節之知，非全體之知也，何以到得溥博如天，淵泉如淵地位？」先生曰：「人心是天淵，心之本體『無所不該』，原是一個天，只爲私慾障礙，則天之本體失了；心之理無窮盡，原是一個淵，只爲私慾窒塞，則淵之本體失了；如今唸唸致良知，將此障礙窒塞一齊去盡，則本體已復，便是天淵了。〔註199〕

這裡對於「心」的內容，陽明賦予了一個「溥博如天，淵泉如淵地位」；其中所言「心之本體無所不該」即是賦予了「心」積極的主動性，使其學說，從形上的大至人心的欲，無所不該，而有獨到的見解。錢穆先生認爲：「大體扼要來說，宋代學者所熱烈討論的問題，不外兩部份，第一部份是屬於本體論的，另一部份是屬於修養論的；他們對本體論的共同見解是萬物一體，他們對於修養論的共同見解是變化氣質」〔註200〕。依此檢視陽明學的範疇，陽明雖倡言「心體」，亦不離此旨趣地以「理」爲心之本體。唯陽明學在這方面有了新的論點，認爲

〔註196〕〈傳習錄〉上，同註1，頁26。
〔註197〕〈傳習錄〉上，同註1，頁2。
〔註198〕錢穆與楊國榮先生的研究成果亦支持此論點，參見錢穆：《陽明學述要》，台北：素書樓文教基金會，蘭台出版社，2001，頁 42、50、62。楊國榮：《良知與心體——王陽明哲學研究》，前揭書，頁69。
〔註199〕〈傳習錄〉下，同註1，頁79。
〔註200〕錢穆：《陽明學述要》，前揭書，頁 1〜2。

物理不在我心以外；求「理」於我心，才是聖門知行合一之教。關於修養論的部份，陽明亦指出「聖人之所以爲聖，只在此心純乎天理而無人欲之雜」〔註201〕，即肯定了宋明六百年間理學家們各種形式的努力，將理學目標再度彰顯，吸收佛教觀念，並越過佛教觀念，將中國哲學推向另一高峰。

　　總之，心學的發展從孟子、象山至陽明而達巔峰，「孟子之槃槃大才確定了內聖之學之弘規，然自孟子以後，除陸象山與王陽明外，很才有能接得上者」〔註202〕。象山之心學，以「宇宙便是吾心，吾心便是宇宙」〔註203〕的氣勢，指出心的重要性；以「萬物森然于方寸之間，滿心而發，充塞宇宙，無非此理」〔註204〕與「此心此理實不容有二」〔註205〕的觀點，得出「心即理」與「心一理一」的結論，爲心學的發展確立基本原則。陽明繼承象山觀點，重視心觀念，其聖人之學即心學。陽明嘗云：「莫道聖門無口訣，良知兩字是參同」，又說「人人自有定盤針，萬化根源總在心」〔註206〕。相對於程朱之注重性理，陽明將更多的重點放在心與良知上，重視心的本體性意義。但其心不只是與身相對之心，心也不只是「身之主宰」；更是著重在以「心之本體」以把握「天之本體」〔註207〕觀點下的「心」。這種側重「心之體，性也；性之原，天也」〔註208〕的方向，是本書詮釋「心即性，性即理」命題的重要方向，也是分析陽明如何掌握「致良知」方法的關鍵課題。

肆、陽明心學要義

　　陽明在爲象山文集作序時，曾經認爲心學從孟子以後便失傳，後來在中國哲學中便只有佛教的心學較爲盛行，正統儒家心學一直到宋代才有象山重新倡導，陽明亦自認其學說自以心學爲根基，爲進一步掌握其心觀念要旨，以下將從「心之意義」與「心的雙重特性」兩方面說明「心」概念，做爲理解其「心學」內在結構的起點。

〔註201〕〈示弟立志說〉，同註1，頁158。
〔註202〕參見牟宗三：《從陸象山到劉蕺山》，前揭書，頁216。
〔註203〕〈年譜〉，《象山全集》，卷三十六。
〔註204〕〈語錄〉，同註50，卷三十四。
〔註205〕〈與曾宅之〉，同註50，卷一。
〔註206〕〈詠良知四首示諸生〉，《王陽明全書》（二），頁206。
〔註207〕「心之本體無所不該，原是一個天。只爲私慾障礙，則天之本體失了。」〈傳習錄〉下，同註1，頁80。
〔註208〕〈傳習錄〉中，同註1，頁36。

一、陽明「心」之意義

陽明以「心」立言，又以心爲基礎發揮其良知學說，演述其「心學」體系，陽明對心之義可以從二方面進行分析，第一、從人的存在狀況之演化而論人心；第二、從知識論、本體論與價值哲學的角度而探討人心；以下即從此二觀點析論此一主題。

（一）從人存在狀況之變化論心

陽明說：「日之本體無不明也，故謂之大明；有時而不明者，入於地，則不明矣；心之德本無不明，故謂之明德；有時而不明者，蔽於私也。去其私，無不明矣」〔註209〕。這段話論述了人從完善的存在狀況，至缺陷出現的各種狀況下的心。陽明在這段話中指出「心」依人的存在狀況而有變化，至少其中含有三種意義：第一、是大明之心，即人最初的，純潔的心。第二、有時不明潔的心，即受私欲所蔽的心。第三、去私後，本無不明之心，重新彰顯之心，成聖者重新光復而得的眞心。換言之，陽明之「心」最大的特性是「心有自決的、自善的能力，不求外助」。〔註210〕

這個觀點給予我們的啓示有三：第一、心之本體爲至善：人性本善如日之本體無不明也，故陽明視心之本體爲至善。第二、人心可能受私慾所蔽而爲惡，一如陽光「有時而不明者，蔽於私也」，即指出心之本體如太陽自然的發光，但亦因受遮與否而有陰晴，故人亦時有善與惡的行爲表現。第三、陽光終將再現，善惡終將自辨；陽明言「知行合一之功，正所以致其本心之良知」〔註211〕即發揮了此義。

（二）從知識論、本體論與價值哲學的角度而探討人心

陽明的「心」不但有知覺作用，更是透過其「本體論」，融合了知覺生命與道德生命。使其「心」不落入主客二元對立之中，免除了物理吾心終判爲二，無所得入的問題；亦免除了類似康德的西方哲學，將主體區分爲認知主體（純粹理性）與道德主體（實踐理性）之後，無法解決其不同體系兩者間融貫性之問題。以下將從哲學的基本結構，從知識論、本體論與道德論三方面進一步說明陽明「心」的基本定義。

1. 從知識論而言「心」概念具有知覺與自覺的作用

〔註209〕〈五經臆說十三條〉同註1，126頁。
〔註210〕參見秦家懿：《王陽明》，前揭書，頁57。
〔註211〕〈傳習錄〉中，同註1，頁43。

陽明的心是具有意識活動的精神體，陽明曾說：「心不是一塊血肉，凡知覺處便是心，如耳目之知視聽，手足之知痛癢，此知覺便是心」〔註212〕。心除了知覺作用外，尚對耳目感官尚有支配作用，「這視聽言動皆是汝心，汝心之視發竅於目，汝心之聽發竅於耳，汝心之言發竅於口，汝心之動發竅於四肢；若無汝心，便無耳目口鼻」〔註213〕。即心除了具有「知覺」與「支配」作用外，陽明之心更強調「心」有「自覺」的能力。在給顧東橋的信中陽明說：「行之『明覺』精察處即是知」〔註214〕，可見陽明之「心」主導「知行合一」，即是根據人心本身具有的「自覺能力」而立說。即人在道德行為上有應該或不應該之「自覺」，這亦是其「良知」的功能，亦是「心」之超乎「知覺」的作用。

2. 從本體論分析陽明「心」觀念如何仲介兩大哲學範疇

「心」為陽明理論中，貫串「本體的存在世界」與「概念表達的文字世界」二者間的關鍵性觀念。我們在此欲說明的是其心本體或良知本體論的基礎內容為何？為何能具有這種涵蓋兩大哲學範疇之特性？

陽明對本體論的學說，亦涉及著其對宇宙論與道德論的探討面向，他的方法是：首先將「心」、「良知」二概念與宇宙太虛認同，視心之本體、良知為天與太虛，以重新定義此二概念內容的方式，設法使其良知學說提升到本體論的高度，以做為其安排宇宙與定位人生的方法。例如陽明說：

> 良知之虛，便是天之太虛，良知之無，便是太極之無形；日月風雷，
> 山川民物，凡有貌象形色，皆在太虛無形中發用流行，未嘗作得天
> 的障礙；聖人只是順其良知之發用，天地萬物，俱在我良知的發用
> 流行中；何嘗有一物超於良知之外，能作障礙？〔註215〕

陽明在其對宇宙本體的領悟下運用「心」觀念，建構了良知本體論；以良知之虛喻天之太虛，再以天之太虛喻道德之良知。進一步通過其良知本體論的基礎，貫通了宇宙論與道德世界；提供出一使形上與形下、知識與實踐兩者間有一合理、人人皆可以為堯、舜的通路。故上述引文中，天地與良知兩範疇間之「發用流行」皆無障礙，這亦證明出他所言「人的良知，就是草木瓦石的良知，……天地萬物，與人原是一體」〔註216〕的立論具合理的基礎。陽

〔註212〕〈傳習錄〉下，同註1，頁101。
〔註213〕〈傳習錄〉上，同註1，頁30。
〔註214〕〈傳習錄〉中，同註1，頁35。
〔註215〕〈傳習錄〉下，同註1，頁90。
〔註216〕〈傳習錄〉下，同註1，頁89。

明就是在此一觀點下立說，故能結論出「其發竅之最精處，是人心一點靈明」
〔註 217〕的命題，陽明指出此「人心一點靈明」的觀念，即是其理論能從知識
論進入、並上達本體世界之關鍵觀念。

3. 從價值論而言陽明的「心」是道德實踐原則的根據

　　陽明說：「以此純乎天理之心，發之事父便是孝，發之事君便是忠，發之交
友治民便是信與仁；只在此心去人欲存天理上用功便是」〔註 218〕。「發之」
是向外指出，向外使力。從反省的角度向內反觀使能推動「發之」的基礎即是
「心」，此心即是道德實踐的根據。故牟宗三先生以「作用見性」定位陽明之心，
「認為心是超越的道德本心，透過感應與明覺，心可以引申出種種道德實踐之
原則」〔註 219〕。從這些先天道德原則，可見人未受私欲所蔽前之本性，即
陽明所云「此心無私慾之蔽，即是天理」〔註 220〕。這是說明「心」觀念的
「發生」階段，以下說明其「應用」階段。

　　在應用階段，「心」之發用有「忠、孝、信、仁」等節義，是「禮儀」的依
據，故云：「這心之本體，原是個天理，原無非禮」〔註 221〕。即陽明心之本體，
可以顯示「天之理」的內涵；更進一步，若從形上觀念落實於倫理生活時，即
可以從「天之理」而顯發「人之理」。又其中「理」與「心」的關係，實是「因
所指而異名」；即因表出對象之異而藉用不同之概念，其實都是一心中存在性力
量之彰顯。換言之，其中各種變化，實即陽明所說之「夫在物為理，處物為義，
在性為善，因所指而異其名，實皆吾之心也」〔註 222〕。此處即可見陽明理論，
以折衷的方法統合各種觀念，視情形提供學生不同的觀念以便於理解其學說（因
材施教），亦使「心」在其天理的保障下，能成為道德實踐原則之根據。

二、陽明「心」觀念之雙重特性

　　陽明之心觀念具有雙重特性，首先是心是價值之根源；其次，心具有「即
本體即工夫」與「體用一源」的特性，以下說明之。

（一）「心」觀念為價值之根源──心之本體為善

〔註 217〕〈傳習錄〉下，同註 1，頁 89～90。
〔註 218〕〈傳習錄〉上，同註 1，頁 2。
〔註 219〕參見牟宗三：《從陸象山到劉蕺山》，前揭書，頁 222～223。
〔註 220〕〈傳習錄〉上，同註 1，頁 2。
〔註 221〕〈傳習錄〉上，同註 1，頁 30。
〔註 222〕〈與王純甫書〉，《王陽明全書》（二），頁 9。

　　「心之本體爲善」的觀念，可從中延伸出心性與道德的關係。陽明理論中心、性、理三概念是可以相通的，即是屬於同一存在層級的哲學概念。例如陽明說：「心之體，性也，性即理也；天下寧有心外之性，寧有性外之理乎」〔註223〕。其中即認爲心、性、理三者相通爲一，皆具有主觀精神的形式；以性爲心之體，認爲心性是一；性不在心之外，不可離心以說性。又「性無不善，則心之本體本無不正也」〔註224〕，即明確闡釋陽明的心、性，皆同具有天賦之善良本質，即因其以「心之本體爲善，性也爲善，故其所謂性即仁義禮智之性」〔註225〕。仁義禮智等道德觀念，在此既可作爲「心」的內涵，同時又可作爲人性本質中自然延伸出的法則；陽明透過其對心性的界定，使其心性一貫的觀念，形成一合理的論述體系；所以能本於「心」作爲價值之源，使「心」又能知善知惡。例如陽明說：

　　　　心也者，吾所得於「天之理」也，無間於天人，無分於古今：苟盡
　　　　吾心以求焉，則不中不遠矣；學也者，求以盡吾心也。〔註226〕

故我們可以說通過「天之理」界定的「心」，陽明將先驗道德律引入了心體，使良知有知善知惡的能力。即「從靜態而言，心呈現爲普遍必然的道德律；從動態論，心又表現爲道德實踐領域的立法者。後者體現了心的主宰性，就其以理爲心之體，並將作爲心之體的理主要理解爲普遍的道德律而言，陽明的思路與程朱並沒有實質的差異」〔註227〕，即「心」因爲可以包含了道德律的基礎，所以陽明方能云「心能知善知惡」。

　　（二）「心」觀念可展現出王學具「即本體即工夫」與「體用一源」特性

　　陽明曾說「廓然大公，方是心之本體」〔註228〕，即他透過「心之本體」觀念，指出如何通過「良知」觀念以向形上存有境域提升。試圖一方面展示其主體無私的存有的境界，另一方面則爲「致良知」的實踐覓得基礎，使良知體系能以「致良知」（本體）統攝諸說。良知本體觀念，於王學體系中不僅止於理論目標；更在於從良知的內在潛能中，鍛煉人心中的道德意志（工夫）；使生生不息的仁心更加彰顯。

〔註223〕〈書諸陽卷〉，《王陽明全書》（四），頁13。
〔註224〕〈大學問〉，同註1，頁122。
〔註225〕參見張立文主編《心》，台北：七略出版社，1996，頁269。
〔註226〕〈答徐成之〉，《王陽明全書》（二），頁75。
〔註227〕楊國榮：《良知與心體——王陽明哲學研究》，前揭書，頁82。
〔註228〕〈傳習錄〉上，同註1，頁25。

　　陽明從「心」展示其「即本體即工夫」的哲學，此一觀點無疑地是以「體用一源」爲其更內在的根本特徵。生生不息之仁心即「體」，而整個「知行合一」的體系，都指出其「用」的目標必須以良知本體爲基礎。此一「體用一源」特徵，明顯地表現在陽明學的諸多面向當中。例如陽明云：「明德、親民，一也；古之人明明德以親其民，親民所以明其明德也；是故明明德，體也；親民，用也；而止至善，其要矣」〔註229〕。這裡陽明即展現了其明明德與親民是體用一源的觀點，「明德、親民，一也」則指向兩者的共同基礎——「心之本體」。

　　心體的內涵，從《中庸》修養論觀點分析，從理論基礎言，即是「廓然大公」的哲學內涵；它既是仁心仁性，亦是仁體與天命之性。其發用後的特徵我們才說它是「萬物一體」或「自然靈昭不昧者」。例如陽明說的大人者、視天下猶一家、一體之仁皆是此意：

> 大人者，以天地萬物爲一體者也，其視天下猶一家，中國猶一人焉。……大人之能以天地萬物爲一體也，非意之也，其心之仁本若是，其與天地萬物而爲一也……一體之仁，對小人之心亦必有之；是乃根於天命之性而自然靈昭不昧者也，是故謂之明德。〔註230〕

陽明「體用觀點」乃建基於其一體觀，此一體觀實有「天命之性」、「大人者能以天地萬物爲一體」與「視天下猶一家」等三個層次。第一層次，是天命於人生生不已的動力因。第二層次，實爲良知本體論或形上學的基礎。第三層次，實爲良知之用。

　　陽明從人性根源，開顯其「體用」觀點於天下、國家、人與人、人與社會之中。即透過明德與親民二觀念，立其天地萬物一體之體，達其天地萬物一體之用，開展心學從主體心客觀化，落實於社會的方法；結合理想與現實，使主靜特性之明明德工夫，能具體落實到動態地親民之上。如此不但有益個人、社會、國家；同時，此一同於佛教重視「心」的論點更能避免外人倫與遺物理。例如陽明云：「釋氏之外人倫，遺物理，而墮於空寂者，固不得謂之明其心矣」〔註231〕。對照釋氏的觀點，陽明聖人之學則強調「無人己，無內外，一天地萬物之爲心」〔註232〕，由此可知陽明辨儒佛甚明。

〔註229〕〈書朱子禮卷〉，《王陽明全書》（四），頁13。
〔註230〕〈大學問〉，同註1，頁119。
〔註231〕〈與夏敦夫〉辛巳，《王陽明全書》（二），頁25。
〔註232〕〈重修山陰縣學記〉，同註1，頁215。

陽明說：「只說明明德，而不說親民，便似老佛」〔註233〕，陽明學與禪學之別主要是在於心的作用處、良知之發用處與佛家不同。然而，如同陳榮捷教授所言：「陽明之批評禪學，正如明儒之批評陽明，皆不免門戶之見」〔註234〕。即禪宗有其偉大之宗旨與理想是不容置疑的，陽明亦曾吸取許多禪宗教觀念的優點；同時，亦主張悟修兼用，故其理論亦可以說是「功夫即本體」。但他強調應避免成為狂者而有失偏頗，即對陽明而言「聖狂天淵隔，失得分毫釐」〔註235〕。他曾訓戒弟子王畿不要「懸空想個本體」，只滿足於良知理論的高邁意境不做努力。陽明認為為多數人乃「不免有習心在，本體受蔽，故且教在意念上實落為善、去惡，功夫熟後，渣滓去得盡時，本體亦明盡了」〔註236〕。這是陽明復征思田之際，對德洪與汝中的教導；期使中人上下皆可引入於道。

以上從心之意義與雙重特性二方面說明「心」概念，彰顯其「心」之「體用一源」特性；並以「明德、親民，一也」為例，一方面顯示「心」觀念是其本體論基礎，另一方面「心」觀念也是其工夫論的起點。陽明在貴陽書院倡「知行合一」學說，以及後來提出的「誠意之教」，即是其心觀念與體用一源理論之發揮與應用。

第三節　致良知方法之進路：心即性，性即理

陽明哲學的主要精神，一是肯定「心即理」之普遍的本質，另一則是以「心即性」做為解釋人性與修養論原理之依據；所以，「心即性，性即理」的命題，即成為理解釋陽明「致良知」方法之重要進路。這兩條進路的出發點皆在心體，因為陽明強調「於心體上用功」〔註237〕，又認為「至善只是此心純乎天理之極便是」〔註238〕；可知其心體是一聯繫至善天理與純乎天理之極的工夫之關鍵。同時，陽明依此心體內涵，而延伸出其天道觀與價值學；本節即試圖說明陽明如何能從形上開顯其天道論思想，並建構出其處理「自然與人」，「整體與個體」相關之哲學議題，解決並說明：人如何能推動「致知」的實踐過程，使「致良

〔註233〕〈傳習錄〉上，同註1，頁21。
〔註234〕參見陳榮捷：《王陽明與禪》，台北：台灣學生書局，1984，頁73～80。
〔註235〕〈憶昔答喬白巖因寄儲柴墟〉三首之一，《王陽明全書》（二），頁135。
〔註236〕〈傳習錄〉下，同註1，頁98。
〔註237〕〈傳習錄〉上，《王陽明全書》（一），頁12。
〔註238〕〈傳習錄〉上，《王陽明全書》（一），頁3。

知的主宰不息」〔註239〕，使「良知」之用成為可能。以下將從「方法與進路」與《中庸》的觀點，分析「心即性，性即理」此一主題如何掌握「致良知」方法的實踐動力，使陽明「致良知」體系成為一有本有源的體系。

壹、方法與進路

一、具「極限式表達」〔註240〕特徵之方法與進路

陽明提出的「致良知方法」，本書認為它具有一「極限式表達」之特徵。所謂「極限式表達」表達，它的意義在於突破「概念」對文字本身存在性掌握不足的缺點；要求人在書不盡言之後，進一步理解到言亦不能盡意；進而反推出必須有一在言、意之外，承擔言、意成為可能的存在基礎，此即「極限式表達」所追尋之目標。換言之，「極限式表達」理論目的在於指出：每一觀念，都有「使觀念發生」的基礎；每一個表達，都必須有「使其表達成為可能」的存在性背景，而且此一背景必須被發掘出來，並以哲學分析，提供對此一發掘成果的說明與展示。

例如《中庸》先說「思知人，不可以不知天」，此命題中「知天」的目標，即成為「知人」的詮釋背景；此一背景，即使得哲學追求「自知」的終極性任務，成為與「知天」的目標難以二分。「知天」的觀念提出後，進一步就必須說明如何知天；故而提出欲知天，即需從盡性著手，故一系列之「至誠」、「盡其性」、「盡人之性」、「盡物之性」以「贊天地之化育」的方法就被完整的提出。此一分析系列，即是中國哲學試圖解決表達不周延的問題，使人設法打破文字與人自體之間的藩籬；使學者經由想像力與創造力的恢復，在接受古代經典的啟發之後而能進入存在自身。

從方法的角度看陽明學，陽明對心、性與理的意義說過：「心之體，性也，性即理也；窮仁之理，真要仁極仁；窮義之理，真要義極義；仁義只是吾性，故窮理即是盡性」〔註241〕。從「窮仁之理」與「窮義之理，」的引文中，「窮」與「極」的觀念，皆明確地朝向逼現「仁」與「義」概念的邊界，試圖使人再進一步透過存心養性工夫，真見仁與義之本體；即可見陽明是採取了一種「極

〔註239〕〈傳習錄〉下，《王陽明全書》（一），頁84。
〔註240〕「極限式表達」一詞源自史作檉對「無欲」觀念的分析過程，本文再加以觀念的移轉應用至理解《中庸》的觀念中。參見史作檉：《廿一世紀人類文明及宗教新探》，台北：桂冠圖書公司，2001，頁372～380。
〔註241〕〈傳習錄〉上，同註1，頁28。

限式表達」方法，試圖使學者真見良知本體。我們引介此一「極限式表達」觀念之目的，在於進一步論述陽明「心、性、理」觀念間的意義之聯繫；這種表達形式最初從《周易》、《中庸》至《孟子》一直影響著中國哲學。例如：

子曰：「書不盡言，言不盡意。」（《周易·繫辭上》）

能盡其性，則能盡人之性；能盡人之性，則能盡物之性。（《中庸》）

盡其心者，知其性也。知其性，則知天矣。（《孟子·盡心上》）

陽明「致良知」哲學即繼承了這種理論特徵，目的在探討人性的存在意涵；故他說「仁義只是吾性」。但對於「仁義」概念化後於社會中的僵滯事實，即《論語》中「禮云禮云！玉帛云乎哉？樂云樂云！鐘鼓云乎哉？」的狀況，他認為有所不足必須加以改變；故陽明採取《中庸》一書中，上溯至天命的宏觀原則，探尋「仁義」與「人性」發生意義的聯繫之原因。所以他提出「窮仁之理，真要仁極仁；窮義之理，真要義極義」〔註242〕特殊的表達形式，以「極限式表達」的方法，說明了「窮理」為何即是「盡性」，以及為何「仁義只是吾性，故窮理即是盡性」的意義。同理，本書認為陽明「致良知」概念中之「致」一觀念，亦有將「良知」概念推向極限的方向，逼現人在實踐「盡心」工夫之後的「心之本體」，此亦屬於極限式表達觀念之應用方式。

在極限的觀念下，我們清楚地知道「心」與「性」有其相通的一面，並且窮理即是盡性。換言之，我們可所以說「理」在表達體系中，代表一種存在的結構，為心之條理；而性則代表存在內容，是為心之體。又因心性是一，心又不限於性，故我們可以說「以理為本（以性為體），即決定了心的先天性（先驗性），其與存在的感性聯繫則使心無法隔絕於經驗之外；這樣，心在總體上便表現為先天形式與經驗內容、理性與非理性的交融」〔註243〕。即以統合與趨向極限的表達方式，陽明才能夠折衷了「心、性、理」三之間可能發生的分裂、矛盾與衝突，適當地詮釋心、性、理間的關連性。

二、以「極限式表達」方法論心與理間的關連

「心即理」在陽明學中的地位有第一原理之稱〔註244〕。陽明對心與理的關係，從「心也者，吾所得於天之理也」〔註245〕展開，視心與理之間有一意

〔註242〕〈傳習錄〉上，同註1，頁28。
〔註243〕參見楊國榮：《良知與心體——王陽明哲學研究》，前揭書，頁85。
〔註244〕參見陳來：《有無之境——王陽明哲學的精神》，前揭書，頁20。
〔註245〕〈答徐成之〉，《王陽明全書》（二），頁1。

義的聯繫，此一聯繫如何可能，即為此處的論題之所在。「理」通常有普遍理則的意思，有時以「天理」一詞呈現更多的本體論特質；在陽明體系中可以代表於穆不已之體、仁體、性體、天、天命、天道等意義。統觀陽明的良知體系，其心與理間意義的聯繫，主要是在盡心與至誠意脈落下，才使得兩者關連之意義得以發生。以下從兩方面來分析陽明此一觀點。

首先，陽明繼承由孟子，由四端之心與反求諸己的觀念，採取一逼近極限，即盡心的功夫而達成。例如陽明云「此心純乎天理之極，便是至善」的方式，此方法即孟子「盡心知性知天」的進路。其次，他分別從「至誠感神」〔註246〕的觀點，從「誠者，天之道也，思誠者人之道也」〔註247〕的觀點，在「人道與天道」、「吾心與天理」之間，陽明繼承中庸「中和」與「至誠」的思考，透過至誠感神的極限式表達，以掌握心與理之間的意義關連。他認為「中和是人人原有」〔註248〕，又以中的「無所偏倚」特性論述中與天理的意義的聯繫；進而提出「中只是天理」〔註249〕的命題，從中的無所偏倚特性，要求使「私心，（被）掃除蕩滌，無復纖毫留滯」〔註250〕；最後即能使「此心全體廓然，純是天理」〔註251〕，從而證成其「心即理」的命題，依此而把握先天普遍之「天理」與「至善」。

簡言之，陽明學以吾心為出發點，是從「人自體」中透過盡心與至誠觀念為切手處，透過《孟子》與《中庸》二書的理論支持，進而提出其「心即理」的命題。從形式上說，盡心與至誠觀念都是一種極限式表達的方法；從內容上說，陽明以此命題貫串人與自然、形上與知識、理論與實踐動力，進而才可能以「致良知」的方法規劃其良知體系，在其哲學結構中，安排其他對「天、道、理、氣、性、情、欲」等諸多哲學議題的討論。

貳、從「《中庸》修養論」的觀點：論心即性、性即理

一、《中庸》修養論

陽明如何能從「天人之際」的觀點，結論出「這個性便是天理」一命題，

〔註246〕《尚書・大禹謨》。
〔註247〕《孟子・離婁上》。
〔註248〕〈傳習錄〉上，同註1，頁19。
〔註249〕〈傳習錄〉上，同註1，頁19。
〔註250〕〈傳習錄〉上，同註1，頁20。
〔註251〕〈傳習錄〉上，同註1，頁20。

並應用在「心即性，性即理」的原則中，是本節試圖解答的問題。此一觀點主要源自陽明所云：「心也者，吾所得於天之理也」〔註252〕，又說「夫心之體，性也；性之原，天也」〔註253〕；其中性是心之本體，而心又是得於天之理。所以，探討人性的最終根據，自然地指向《中庸》所謂之「天命之性」的概念。我們透過天命之性的分析，目標在觀察陽明如何從一形上世界中，開顯其天道論思想，並從中建構出其處理自然與社會，以及使整體與個體相關之哲學結構。

王學重視「良知」觀念，更強調以「致良知」作為其良知學說的入手處；其中的關鍵在於點出「致」的觀念，強調「致」的觀念目標在於說明人自體中源自天命的力量（性之原，天也），如何推動「致知」的實踐過程，使「致良知的主宰不息」〔註254〕，使「良知」之用成為可能。

陽明這種側重從「心之本體」（良知）溯源，以把握「天之本體」〔註255〕的基礎之作法，使王學直返《中庸》原義；並使王學在思考面項上呈顯了異於程朱之風格。一如陽明所云：「所謂汝心，卻是那能視聽言動的，這箇便是性，便是天理；有這箇性，才能生這性之生理，便謂之仁」〔註256〕。這段引文指出陽明從「天理」說性與仁，以「天理」觀念作為處理其心性問題的基礎，強調「心便是性，性又是天理」，明顯地承繼了《中庸》的觀點。

《中庸》從天命之性到「已發未發」的論題，重視的是心性哲學從理論到實踐的過程。而陽明所言「才能生這性之生理，便謂之仁」，引文中「仁」的觀念，即呼應了《中庸》「誠者自成」與「成己，仁也」的價值觀。此即陽明所云：「性即理也，窮仁之理，……窮理即是盡性」〔註257〕，亦即如果我們欲能完整解析「致良知」方法的實踐力量，即必須從《中庸》修養論的實踐觀點，對心性理的基礎予以深入探討。

從心性哲學的歷史來分析，宋代程朱「以性說心」的進路，在理論上已融合了先驗與超驗性；故對人的行為具有法則效用，對視聽言動都具有強制力量；其中以道心指導人心的道德原則形式是明確的。二程「性即理也」的

〔註252〕〈答徐成之〉，《王陽明全書》（二），頁1。
〔註253〕〈傳習錄〉中，同註1，頁36。
〔註254〕〈傳習錄〉下，同註1，頁84。
〔註255〕「心之本體無所不該，原是一個天。只為私慾障礙，則天之本體失了。」〈傳習錄〉下，同註1，頁80。
〔註256〕〈傳習錄〉上，同註1，頁30。
〔註257〕〈傳習錄〉上，同註1，頁28。

觀點，即強調人之本性、道德法則與宇宙法則內在的一致性。朱子進一步運用其理氣論，並結合了《中庸》「天命之謂性」的觀點，認爲：「論天地之性，則是專指理言；論氣質之性，則以理與氣雜而言之」〔註258〕。朱子並舉例說天命之性如水，氣質之性如鹽水；每個人的天命之性都是相同的，但因氣質不同，故有前儒分性爲三品、善惡混或性惡等說出現，實皆爲氣質之性的表現。依此理、氣觀點說人性與天理的關連性，指出在天命之謂性的基礎下，每個人都有先天相同的善性；唯因個體氣稟之異，已發未發情形多有不同，故需修養心性，使喜怒哀樂發而中節。

二、《中庸》已發未發的修養工夫——心統性情

　　陽明以「心」觀念統攝已發未發的問題，他曾說：「人君端拱清穆，六卿分職，天下乃治，心統五官，亦要如此」〔註259〕。關於已發未發的探討，宋代朱子早期以心爲已發，性爲未發；即以性爲體，以心爲用；心在任何時候都是已發的狀態，未發只能指性；這個時期朱子的觀點「與《中庸》從情感發作的前後，定義未發已發意義不同」〔註260〕。但四十歲（所謂己丑之悟）以後，朱子不再以心只屬已發狀態：

> 思慮未萌、事物未至之時爲喜怒哀樂之未發，當此之時即是心體流
> 行寂然不動之處，而天命之性體段具焉；以其無過不及、不偏不倚，
> 故謂之中，然已是就心體流行處見，故直謂之性則不可。〔註261〕

此即朱子四十歲以後，分「心」的活動有已發與未發兩階段；分別以主敬以立其本，窮理以進其知爲修養方法。其中思慮未萌、事物未至爲未發；此時心體處於寂然不動之狀態，天命之性體段具焉，是人性力量之本源；此時本源是體是一，無過不及，不偏不倚，故謂之中。「性」主要乃指未發的狀態，而已發的情形則爲「情」。例如：

> 情之未發者性也，是乃所謂中也，天下之大本也；性之已發者情也，
> 其皆中節則所謂和也，天下之達道也。〔註262〕

即朱子對「性」與「情」，以「未發」與「已發」來作解釋，主要目的乃在於

〔註258〕〈答鄭子上〉，《朱文公文集》，卷五十八。
〔註259〕〈傳習錄〉上，同註1，頁18。
〔註260〕參見陳來：《宋明理學》，台北：洪葉文化公司，1994，頁153。
〔註261〕〈已發未發說〉，《朱文公文集》，卷六十七。
〔註262〕〈太極說〉，《朱文公文集》，卷六十七。

指出「性」是「情」的活動依據或根源，此爲體用一源法則之再度運用。朱子說：

> 心主於身，其所以爲體者，性也；所以爲用者，情也；是所以貫乎
> 動靜而無不在焉。〔註263〕

> 性是體，情是用，性情皆出於心，故心能統之；統如統兵之統，言
> 有以主之也。〔註264〕

朱子從張載所提出的「心統性情」的觀點，明確的說出「性」是心之體，「情」是心之用；並認爲對「性」與「情」兩者，「心」皆能「統之」。統如統兵之統，即心對性情具有主宰義，「心」即成爲對治已發之「情」中不中節的重點。換言之，「情之未發者性也」或「是乃所謂中也」全有賴於一「心」之涵養，故程頤的涵養需用敬，進學在致知完全爲朱子繼承。朱子指出「涵養需用敬」的「敬」即可使身心收斂，「只收斂身心、整齊、純一，不憑地放縱，便是敬」〔註265〕。又說「敬則心存，心存，則理具於此而得失驗」〔註266〕，可見「敬」成爲心存與理具的關鍵，更爲心統性情的起點。

簡言之，朱子是以性說心，以性是心之體；但因其堅持「當今日格一件，明日又格一件，積習既多，然後脫然有箇貫通處」〔註267〕的信念，故不論是以性說心，或以性是心之體，在詮釋上仍呈現重視理性的特徵。理性原則雖是人類的推理工具，但理性原則卻不能完全代表人性的內在整體，而只能是內在的部份能力。

相對於朱子，陽明認爲其良知學說，重視良知內存的實踐動力，並設法在理論中，保留了理性原則外更多的可能性。這種努力一如當代現象學重新對「理性」基礎之尋求一般，陽明也試圖從宋代重視性與理的方向上，試圖在物理與吾心之間，尋找出一更爲廣大的基礎；以連接「心」與「理」，使「理」的先驗與超驗性格，能保留其普遍性的同時，又能化解經驗或感性的二元對立，使道心與人心能二者統一。關於此一問題楊國榮教授解釋道：「王陽明在肯定心以理爲本的同時，又聯繫身以說心，並將情、意以及樂視爲『心』應有之義，無疑更多地注意到了主體意識多方面的內容，以及人存在的多方面

〔註263〕〈答何叔京二十九〉，《朱文公文集》，卷四十。
〔註264〕《朱子語類》，卷九十八。
〔註265〕《朱子語類》，卷十二。
〔註266〕《朱子語類》，卷十八。
〔註267〕《朱子語類》，卷十八。

的規定」〔註268〕。這個觀點指出了陽明心觀念的特色，也說明了陽明如何解決其「物理」與「吾心」終判爲二的問題。

三、天命之性，靈昭不昧，而萬理之所從出也

依陽明所云：「大人之能以天地萬物爲一體也，非意之也，其心之仁本若是，……是乃根於天命之性，而自然靈昭不昧者也」〔註269〕；又說「天命之性，靈昭不昧，而萬理之所從出也」〔註270〕。因爲陽明之「心」使終保有一與天命的相關連，本此而論心即性，性即天理；使「心」成爲價值之根源。即陽明採取主觀形式，以人性中的正面方式提升「心之本體」使之爲善；並透過「心」概念，展示其「即本體即工夫」的哲學觀點；以性爲心之體，強調心性是一，性不在心之外，不可離心以說性等原則。

這其中即已融合了張載、朱子以來「心統性情」與「體用一源」的精神。陽明繼承之以「心即性，性即理」與「知行合一」爲實踐過程，強調明明德以親其民；從個人修養至治平天下，都符合宋代理學，以實踐聖人境界爲人生的終極目的。王學雖亦如朱子以「體用一源」爲原則，但實際上更重視「體」，強調未發之中；故陽明云：「蓋體用一源，有是體，即有是用；有未發之中，即有發而皆中節之和；今人未能有發而皆中節之和，須知是他未發之中亦未能全得」〔註271〕。他強調「中」即重視「體」，重視使「心」、「性」、「理」觀念存在的基礎；並結構性地安置了情、意、身的位置，使「心」兼具理性與感性的作用，並始終保有一與天命的相關性。

正因爲陽明心學始終保有一源自天命的精神，故本書設計以「中和式自然動力」強調此一觀念。即其學說中根於天命之性的「心」，存在著一股「自然力量」貫串其中，使人能夠具足知行兩種能力，活潑潑地用「致良知」工夫。本此基礎，我們才能說「心即性，性即天理」。換言之，以性爲天理，即是先肯定了「至善者性也」的前提；並以「止於至善」觀念，做爲恢復人心本然狀態的目標，此即陽明所云：「至善者性也，性元無一毫之惡，故曰至善；止之，是復其本然而已」。〔註272〕

〔註268〕參見楊國榮：《良知與心體——王陽明哲學研究》，前揭書，頁87。
〔註269〕〈大學問〉，同註1，頁119。
〔註270〕〈親民堂記〉，同註1，頁208。
〔註271〕〈傳習錄〉上，同註1，頁15。
〔註272〕〈傳習錄〉上，同註1，頁21。

簡言之，在王學系統中，天人的關係已從「天理」轉移至「人心」，故強調「良知」概況。但陽明並不使之停留於「人心」，他用宋代「理一」（理一分殊）的觀念提出其「心一」的原則；即運用《中庸》一書的觀念，重視對哲學整體的看顧，故而強調「心一而已，以其全體惻怛而言，謂之仁；以其得宜而言謂之義；以其條理而言謂之理」〔註273〕，統合其體系中的各種哲學概念。換言之，陽明以「心」觀念出發，強調「是乃根於天命之性」，絕不肯失去「於穆不已之體」之義，故陽明方能妥適地安排其形上體系與人自體實存遭遇中可能面對的課題，並保留其中解決的力量，依此而把握心學體系中活潑有力之精神。

結　語

以上是從「良知即是天理」、「心」觀念的歷史溯源、「心即性，性即理」等主題，試圖分析出陽明心學，是一有本有源，是一具有實踐動力的體系。本書尋求王學觀念的基礎，實即尋求陽明使各種觀念得以發揮其力量之根源。在論證程序上，我們一方面闡釋了陽明「致良知方法的進路」，分析了陽明如何掌握致良知方法之力量根源，以及其中「天人之際」觀念轉移的關鍵性過程。另一方面，又從陽明對宋代理學心、性、理觀念的繼承當中理解到：真正欲追求古典哲學之精神，重點並不在於求其方法、用語或形式之相仿相同；反之，應學習其哲學方法，與理解其方法得以成功的背景基礎，追求其存在的實質內容。同時，並要求本書的工作，其中的文字、概念與表達系統，應能透過精確、適當的時代性詮釋，使其能再次符合當代心靈的真正需求；又能提供社會人心正面的鼓勵與安慰。我們認為這亦是陽明哲學在明代所提供的功能，亦是後來其能門徒遍天下，流傳逾百年的重要原因。

〔註273〕〈傳習錄〉中，同註1，頁35。

第三章　陽明致良知方法之建立

　　陽明立說以「良知」爲其核心觀念，良知屬於本體的層次；從本體至發用，陽明提出「致良知」以落實其觀念。「致」觀念即是一方法與工夫的強調，具體而言即是知行合一與誠意之教。知行合一之「知」必須從「良知」本體意義之觀點理解，方有可能使「知」與「行」合一，其原因是本節論證的重點。

　　從本體到工夫的過程，陽明晚年以「四句教」之意義作爲教法；對陽明而言，四句教是一徹上徹下功夫，涵融陽明學說之主要精神。但亦因無善無惡心之體的問題，引起後來的學術爭議；唯於理論提出次序上有先後之別，陽明從 1508 年龍場悟道後，先由「知行合一」與「誠意」的教法開始，至 1521 年始揭「致良知之教」；「四句教」是 1527 年奉命往征思田之際才論及之理論；所以，本章將依此一歷史脈絡，依序分析陽明致良知學說。

第一節　知行合一與誠意之教

　　陽明三十七歲在龍場於生死之際，悟格物致知之學；次年主貴陽書院始論「知行合一」，其後十年（1508～1519）之中學問宗旨，主要是「誠意之教」。例如 1513 年與徐愛同舟歸越暢論《大學》宗旨，1518 年又刻古本大學，皆屬本時期事件，所重視的是「大學『明明德』之功，只是箇誠意」〔註1〕。不論是知行合一或誠意之教，皆是強調「在事上磨練」的工夫。其中知行合一之「知」，指價值判斷或知善知惡之良知本體；「行」指由意念展開至行爲之整個歷程；「合一」乃就發動處講，取根源義。即陽明在方法上，以良知

〔註1〕　《傳習錄》上，《王陽明全書》（一），頁5。

為始點，強調「致知在格物」，並視兩者為不可分；又運用知行合一與誠意教法，試圖使動靜能合一，使動亦定靜亦定，完成其事上磨練的理想。以下即從「知行合一」與「誠意之教：格物與格心」兩個方向分析「致良知體系」內涵。

壹、知行合一之宗旨

知行合一之「知」是著重在從本體論的觀點而言，與見聞之知，或所謂知識之「知」不同。知行之知是「良知」之知，是從形上本體的觀點立論；在這個角度上，我們才可以理解陽明所謂「知行本體」之觀念，為何能夠分析出「只說一個知，已自有行在」的結論。又在此思考脈絡下，知行合一之「行」，也並不僅指外顯的行為而言，而是包含了良知本體所屬之心理活動、思想意向在內的範疇。試觀陽明所云：

> 問知行合一。先生曰：「此須識我立言宗旨，……一念發動處，便即是行了；發動處有不善，就將這不善的念克倒了，……不使那一念不善潛伏在胸中。此是我立言宗旨。」〔註2〕

此已被私欲隔斷，不是知行的本體了，未有知而不行者。〔註3〕

從上文可知知行合一的宗旨，仍在於「為善去惡」與「存天理去人欲」兩項要點。陽明認為這是其立言宗旨與教學方向；在第二句引文中可以觀察到陽明提出了所謂「知行本體」之概念，即「知與行」在本體意義上是不可分的，兩者是一非二。

就知行合一而言，陽明與宋儒之異在於：陽明之「知」所側重者在於人之內在的意識之知，較一般宋儒所謂知識之「知」或求知之「知」的屬性更著重形上本體意義。而其「行」之意義，則從外在行為擴及到內在的心理活動，較宋儒的行的意義廣泛。換言之，在陽明之知行系統中，於心識活動的層面看，知行是有其相通性的；而在道德實踐的層次看來，二者又是不可分開。所以陽明說：「知而未行只是未知」〔註4〕，即知必然涵蓋了行的可能，未涵蓋行之可能的知即不足以稱之為知；如果以本書研究方法中的「人自體」觀點論陽明的知行本體，我們可以下再做以下兩點分析：

〔註2〕 〈傳習錄〉下，同註1，頁80。
〔註3〕 〈傳習錄〉上，同註1，頁3。
〔註4〕 〈傳習錄〉上，同註1，頁3。

一、知——「人自體」與「自知」之詮釋

「知」就其意義來說，我們可從「理性之知」與「存在性的理解之知」兩層面分析。理性之知包含了對知識的認識，以及對道德的知識；然而存在性的瞭解之知，則更指向主體的道德自覺與經驗內涵。換言之，理性之知是一種知性的瞭解，亦即一般意義的「知」；此知並不必然指向於行；而「存在性的瞭解之知」是一種與生命體驗相結合的理解，它必然包括了存在主體的內外在活動，透過行動力，才得以構成「存在性之體驗」與「自知」。

所以，陽明知行合一之「知」所指，乃就「存在性之知」立說。它所涵蓋的層面要高過於「理性之知」。存在性之知所觸及的是本體性之問題，它所實際發生的是一種存在性的生命覺醒，於是「知行本體」所探討的問題，不僅是外顯的行為與認識主體間的關係；而更是道德主體對於自身自體的存在性自覺。它所歸屬的領域，已不僅只是道德或實踐的領域，而更及於「人自體」之形上領域。若以陽明之理論來說，此知行之知即是「致良知」之知，也是一種本體性的「自知」。

二、行——「To be」的觀點

就「行」之意義來說，我們也可以把「行」區分為「外在形式上之行為的符合」，以及「存在上的行為要求」兩個等次。前者我們可以用 to do 來表示，而後者除了 to do 之外，更加入了 to be （成為）之要求。換言之，在陽明而言，其知行合一之行，所意指者應為「存在上的行為要求」。若僅是外在形式上的行為而無內在動力之要求，則亦不足與「知」相合，即非本體意義之行；所以，陽明之「行」（存在上的行為要求）仍離不開致良知之工夫，仍須此心純乎天理始得。

簡言之，就方法而言「知行合一」的「知」，在進路上必須先是「回到自身」，即回到「人自體」，從自身本體的角度而立論；一如「知痛，必已自痛了，方知痛」〔註5〕。因為私欲的本質，即離開自身而企求外界事物；而「回到自身」即是凡事不曾有私意隔斷。反之，若不知陽明立言之旨而只關心細節，則致良知學無用；此即陽明所云「若不知立言宗旨，只管說一箇兩箇，亦有甚用」〔註6〕，這就失去了心學重實踐與行動之主要精神。

〔註5〕〈傳習錄〉上，同註1，頁4。
〔註6〕〈傳習錄〉上，同註1，頁4。

貳、知行合一之工夫

從上述「自知」與「人自體」的分析知行，我們可以理解「知行」都只是自身的一個工夫；兩者都源自同一「人自體」的實踐過程。而其中「使知行是一」的存在性基礎的內容，是我們接下來的分析目標。其次，在知行合一的實踐中，陽明認爲人總是容易於「軀殼上起念，所以流入功利」〔註7〕，故克除私欲的工夫絕不可少。以下即從「知行只是一個工夫」與「克除私欲」二方面分析「知行合一」之工夫。

一、知行只是一個工夫，不可分做二事看

（一）「心體」是知行能「合一」的基礎

陽明提出心本體論與良知學說目標是爲了實踐，他在爲學生制定的〈教約〉中第一條即強調「在家所以愛親敬畏之心，得無懈忽未能眞切否？溫清定省之儀，得無虧缺未能實踐否？」〔註8〕。可見其立學之旨在於踐行，他「繼承了朱熹的知行並進說，卻批判了朱熹的知先行後說」〔註9〕，認爲朱子之學析「知、行爲先後兩截，日以支離決裂」〔註10〕，而使聖學益以殘晦；因此他提出「知行只是一個工夫」的觀點。在回答徐愛問題中他說道：

知是行的主意，行是知的功夫。知是行之始，行是知之成，若會得時，只說一箇知，已自有行在；只說一箇行，已自有知在。〔註11〕

即陽明認爲，只知不行就是空想空思；而只行不知就是冥行妄作；所以，知行不宜分作兩事。唯對於「知行合一的基礎」，或知行合一「可能的成立依據」，我們並不認爲關鍵是由陽明的「主觀唯心論」所造成〔註12〕。因爲從整體來看，我們認爲知行合一可能的成立依據在於「心體」；心體才是陽明知行的前提。他說「凡明不得，行不去，須反在自心上體當……此是爲學頭腦處」〔註13〕；即

〔註7〕〈傳習錄〉上，同註1，頁26。

〔註8〕〈傳習錄〉中，同註1，頁72。

〔註9〕參見蒙培元：《理學的演變》，台北：文津出版社，1990，頁380。

〔註10〕〈傳習錄〉中，同註1，頁40。

〔註11〕〈傳習錄〉上，同註1，頁4。

〔註12〕例如：蒙培元：《理學的演變》，前揭書，頁384；以及張立文：《宋明理學研究》，北京：中國人民大學出版社，1985，頁562。秦家懿教授對以主觀唯心論研究陽明的學者是否涉及意識形型的立場有詳盡的批判，參見其《王陽明》，台北：東大圖書公司，1997，頁232；本文解決此「知行合一基礎」之方向主要是從心體觀點來尋求解答。

〔註13〕〈傳習錄〉上，同註1，頁12。

心體才是探討「知行合一基礎」的大者，或決定性因素，心體才是陽明知行「合一」可能的依據。

有關心體的內涵，陽明認爲心之本體原只是箇天理，故其心體的基礎即建立在「心即理」原則上；即陽明對心與理的觀點是依據「這心之本體，原只是箇天理」〔註14〕而立論。也基於此一思考脈絡，陽明才認爲「知」與「行」只是一個工夫；以下將再說明知行是一觀念在王學中的意義。

（二）不論「知行是一或二」，基本上「哲學是暗示真理之學」

陽明強調不可以「外心以求理」；因爲，外心以求理正是「知行所以爲二」的根本原因。一如陽明說；「夫物理不外於吾心，外吾心而求物理，無物理矣……外心以求理，此知行所以，爲二也；求理於吾心，此聖門知、行合一之教」〔註15〕。可見知行合一的根據即在「吾心」；在這個思考脈絡下，我們在《傳習錄》中找到兩組自相矛盾的語言：第一組語言即是上述肯定「知行合一」的命題；第二組則是「必說一箇行，方纔知得真，此是古人不得已，補偏救弊的說話〔註16〕」。表面上似乎這兩組語言，產生了矛盾與衝突，前者肯定了「合一」，後者卻又說「是古人不得已」，陽明到底要表達什麼意圖呢？陽明思想是否在此產生了自我矛盾？

對陽明學說中這種類型的疑問，我們以「知行是一或二」爲例分析的結果，發覺在此一觀點下，陽明哲學給予當代研究的啓示是：基本上「哲學是暗示真理之學」。因爲陽明曾說：

> 知行本體，原是如此；今若知得宗旨時，即說兩箇亦不妨，亦只是
> 一箇，若不會宗旨，便說一箇，亦濟得甚事？只是閒說話。〔註17〕

從這段引文中可以發覺，「知行」是一個或兩個並沒有一定的結論。陽明認爲，若知得宗旨時，即說兩箇亦不妨，亦只是一箇；若不知宗旨，即使只說一箇，亦只是閒說話。

可見要旨在於「知行合一」觀念背後的意義，即此一觀念欲指出的「哲學真理」是什麼，才是陽明學說的重點。即陽明強調「知得宗旨」才是緊要的；即在此例中，不論知行是一個或兩個，如果不能得到陽明所暗示的真理，則都

〔註14〕〈傳習錄〉上，同註1，頁30。
〔註15〕〈傳習錄〉中，同註1，頁35。
〔註16〕〈傳習錄〉上，同註1，頁4。
〔註17〕〈傳習錄〉上，同註1，頁4。

「只是閒說話」，哲學亦只是一堆高明的文字，人亦不可能活活潑潑地致良知了。

簡言之，此一問題的意義在於，陽明極力避免西方知識式二元析的缺點，以前文所述之「極限式表達」方法，要求回到「心體」一元之中。但在存在實質上，此一元並非與二元相對的一元；而是在一元與二元相對之上，即是「心即天，言心則天地萬物皆舉之矣」〔註18〕的「天」一元。於此，我們可以借用西方知識的語言指出，陽明的「天」一元並非主客二元意義下的任何一元；亦非設定欲以一元獨斷，統合主客二元。而是透過「人自體」實踐「致良知」工夫後，經由盡心、盡性、知天程序後，所發覺的「天」一元。所以，王學重實踐之理由在此，其追求真理的方向，亦從知識論式的提出「What」，轉向至倫理學式的提問「How」；而倫理學中最困難的問題即是「去私欲」的問題。這是我們提問陽明的「哲學真理」是什麼的問題初步的解釋方向，以下將從「克除私欲」進一步分析「知行合一」宗旨的緊要處。

二、克除私欲

陽明認為「人之氣質，清濁粹駁；有中人以上，中人以下」〔註19〕，意即中人上下，多需對氣質與各種習性加以修養。陽明很重視這個習慣的改善，知行合一的理論亦為此而發。他說「此不是小病痛，其來已非一日矣，某今說箇知行合一，正是對病的藥」〔註20〕。常人習慣錯誤皆日久不知，或者知亦不願善改，故積習日久即促成「本性難移」的個性；而陽明要求人「復那本體」〔註21〕，就是實踐知行合一的關鍵觀念。

欲實踐「知行合一」的關鍵，從分析而言其次序似乎是：「知」→「復那本體」→「行」。但這樣說仍是不周延的，仍是知行二元對立的說法；我們應就存在事實而言，以「復那本體」的觀點涵容「知行」兩觀念。即就分析言，才說「知」與「行」是兩觀念的涵容與互動；但在存在事實上，知行觀念卻正如「如好好色……只見那好色時，已自好了」〔註22〕。即知行只是「復那本體」整體性觀念中，分析性地說法；具體來說，「知行合一」的踐履，即是人能自知病痛；即是人去除私欲後，復那人最本然與存在的完美狀態，並不再為各種現實因素所困。

〔註18〕 〈答季明德〉，《王陽明全書》（二），頁52。
〔註19〕 〈傳習錄〉上，同註1，頁23。
〔註20〕 〈傳習錄〉上，同註1，頁4。
〔註21〕 〈傳習錄〉上，同註1，頁4。
〔註22〕 〈傳習錄〉上，同註1，頁4。

陽明云：「聖賢教人知行，正是要復那本體」〔註23〕，「復」的要求就指出「知行合一」工夫，必須把握「去除私欲」與「求理於心」的觀念，才能使得知行「合一」的精神有著實處。陽明在與學生的問答中曾經說：

　　知、行如何得合一？……先生曰：「博學只是事事學存此天理，篤行

　　只是學之不已之意。……常常學存此天理，更無私欲間斷。」〔註24〕

可見去私的具體方向，仍在事事學存此天理，博學與篤行皆如是，尊德性與道問學亦皆如是。為什麼陽明要將方向導回「天理」仍是重點；根據上述分析「心體」觀念的結果，我們認為人對心體的自覺，根本上要求一股反省的力量；此即陽明提出「求理於心」的方向。換言之，從向人自身的反省或反求諸己中，我們將獲得一股「是乃根於天命之性」〔註25〕的力量。此即本書方法論中「中和式自然動力」概念之所指，這種「自然動力」或「求理於心」的自覺，即是陽明所言「良知」是「靈昭不昧者，皆其至善之發見」〔註26〕的意義。

「靈昭不昧者」即是良知本體，「至善之發見」即是致良知力量之源泉；此乃聖賢教人知行正是要復那本體的目標。能做到真正的「求理於心」，即是能心存天理，能心存天理即是能致知格物的依據。此即陽明云：「所以須用致知格物之功，勝私復理」〔註27〕。簡言之，克除私欲，即是為了致其本體之知。克除私欲的同時，人自身的結構，即呈現出現一種更為堅實的狀態；亦即去私，使人能產生出一種凝聚生命力之效果，此即陽明所提出的復理之目標；亦是「知行合一」宗旨的緊要處。如此「致良知」與「知行合一」之教，方能不致支離，而契入知行本體之要。

陽明在對知行觀念的解釋中說：「一念發動處，便即是行了」與「不使那一念不善潛伏在胸中，此是我立言宗旨」〔註28〕。故我們可以確定一念之善或不善是知行的關鍵，即「一念」的問題是「知行合一」的另一個著實處；此即陽明「誠意之教」的內容，即「格物」或「正心」的課題。唯不論是知行合一或誠意之教，兩者皆是強調致良知學中「在事上磨練」的工夫；以下將繼續對「誠意之教」進行分析，以對陽明知行本體有更周延之理解。

〔註23〕　〈傳習錄〉上，同註1，頁3。
〔註24〕　〈傳習錄〉下，同註1，頁101。
〔註25〕　〈大學問〉，同註1，頁119。
〔註26〕　〈親民堂記〉，同註1，頁208。
〔註27〕　〈傳習錄〉上，同註1，頁5。
〔註28〕　〈傳習錄〉下，同註1，頁80。

參、誠意之教的內涵：格物與格心

以下將從三個角度，考察「誠意之教」在陽明教法中的地位與意義：第一個角度是由陽明重視古本《大學》的觀點，從歷史的視野分析誠意之教。第二個角度則從個體的觀點，分析陽明對「身、心、意、知、物」五項道德成素的內容。第三個角度則從整體觀點，分析誠意之教的特徵為一「開放與還原系統」。即透過此三角度，依據天理與良知的關係，在格物與格心的觀點下，說明人之所以能「誠切專一」與「知行合一」的理由與動機。

一、著實去致良知，便是誠意

（一）誠意之教為融合《中庸》、《大學》與《孟子》之哲學觀

從學思歷程分析，陽明早歲曾依朱子格物之教學習而無所得，故龍場悟道後即改變方向；重視在身心上做工夫，強調知行合一與在事上磨練，又重視《大學》的觀念。1513 年與徐愛同舟歸越，暢論《大學》宗旨；1518 年又刻古本大學。

在此一階段，陽明的重點都落在「誠意」上，強調「隨時就事上致其良知，便是格物；著實去致良知，便是誠意」〔註 29〕。在陽明「格物」即「格心」的觀點下，他承繼《中庸》、《大學》與《孟子》精神，一方面以開放的系統處理「天命」下貫之性，使得人心可「眾理具而萬事出」〔註 30〕；另一方面，運用《大學》「誠意之教」的方式還原回人自體，以發覺純乎天理之心，復良知之本然。換言之，此一歷程蘊含著從形而上的本質，向個體存在的開放的方向；亦說明了致良知方法的基礎，即蘊含在天理與良知、天命之性與格物致知發生意義的聯繫的過程之中。其中的哲學處理，與觀念的轉移過程相當複雜；我們必須先能夠解析出「誠意之教」中的思考脈絡，才有可能發覺其中實踐力量之根據與理論的基礎。

陽明在〈大學古本序〉中，以「庶幾復見聖人之心，而求之者有其要」〔註 31〕，表示聖學工夫與體用規模，基本上皆建基於此。此後「其學雖續有進展，但此序所定下的學術綱領，始終是確切不移的」〔註 32〕。陽明五十歲

〔註 29〕　〈傳習錄〉中，同註 1，頁 67。
〔註 30〕　〈傳習錄〉上，同註 1，頁 12。陽明在精神上繼承了《孟子》「萬物皆備於我矣」觀點。
〔註 31〕　〈大學古本序〉，同註 1，頁 188。
〔註 32〕　參見鍾彩鈞：《王陽明思想之進展》，台北：文史哲出版社，1993，頁 71。陳

以後雖以「致良知」爲中心，但主張復古本《大學》的方向已然確立。

　　陽明與朱子對《大學》的觀點是不同的，朱子解釋八條目是採取分析後的視野；以致知、格物屬於知識的範疇，而誠意以後則屬於實踐的範疇；強調先知後行，並以窮理解釋格物。陽明不同於朱子，從三十八歲主貴陽書院始論知行合一；其後四十一歲與徐愛同舟歸越，倡論《大學》宗旨；至四十九歲巡撫江西，總體來說經過十年教學相長的體會。此一歷程大致以「誠意之教」爲其學說總綱，是其「致良知教」形成前的醞釀時期。此一階段在知行一貫觀念下，他重新處理了《大學》的內容，以「誠意」觀念統合「格物」。他說：

> 《大學》之要，誠意而已矣；誠意之功，格物而已矣；誠意之極，
> 止至善而已矣；止至善之則，致知而已矣；正心，復其體也；修身，
> 著其用也。〔註33〕

陽明認爲《大學》一書最重要的修養工夫即是「誠意」，而誠意的落實處（著其用也）在於格物、正心與修身；修身的目標在止於至善。具體而言，「誠意之教」即是透過誠意工夫回到自身；回到人自體當中，思考人與自然的直接關係，思考天理至善的根源；打破知識與對象的二分，使窮理與吾心行動合二爲一，同時進行道德實踐的工夫。

（二）朱子格物窮理觀點對陽明的影響

　　我們先回顧朱子對格物窮理的解釋；朱子的觀點是「格，至也；物，猶事也；窮至事物之理，欲其極處無不到也」〔註34〕。又，朱子對整體《大學》觀念是：

> 人心之靈莫不有知，而天下之物莫不有理，惟於理有未窮，故其知有
> 不盡也，是以《大學》始教，必使學者即凡天下之物，莫不因其已知
> 之理而益窮之，以求至乎其極；至於用力之久，而一旦豁然貫通焉，
> 則眾物之表裡精粗無不到，而吾心之全體大用無不明矣。〔註35〕

　　　　來教授則不同意這種觀點，他認爲「陽明在江西時期以前是以提倡誠意之學
　　而著稱，這個時期把格物作爲誠意之功的看法與江右以後以格物爲致知之功
　　的看法是有所不同的」頁131《有無之境──王陽明哲學的精神》；本文則依
　　陽明晚年〈答顧東橋書〉的觀點，以「誠意之說，自是聖門教人用功第一義：
　　但近世學者乃作第二義看，故稍與提掇緊要出來，非鄙人所能特倡也」，故同
　　意鍾氏觀點。

〔註33〕〈大學古本序〉，同註1，頁188。
〔註34〕朱熹：《四書集註》，台北：中華書局，1984，頁2。
〔註35〕《大學或問》，卷2。

朱子對格物窮理的觀點是：盡力思索具體事物之理，並能窮理至其極限；但因「理」普遍存在各種萬物之中，故格物的對象無所不在。又因知無有窮盡，所以，必使學者從其已知之理開始而窮之，以求至乎其極；而且，只要持之以恆必能豁然貫通，使吾心之全體大用無不明矣。

相對於朱子的格物窮理觀點，陽明在至誠之道的觀點下，依《中庸》「誠之者，人之道也」的原則，提出「著實去致良知，便是誠意」〔註36〕的觀點。即在不離開「誠者，天之道也」的背景下，以誠意之教，盡天理之極而邁向至誠的目標。能至誠則能盡其性，即如《易》所謂「窮理盡性，以至於命」。具體來說，此即陽明所言「無時無處不是存天理，即是窮理」〔註37〕；「著實去致良知」即以「致良知」，為實踐「誠意」觀念的頭腦；以誠意為致知工夫中，在心之所發與一念之所動處用功。

陽明即依此原則，以「誠意之教」為中心，處理其「格物」與「窮理」的問題；陽明認為「誠意之教」是一個核心觀念，可避免朱子格物說的弊端，使吾心與物理為二發生支離。他說：

> 聖人懼人之求之於外也，而反覆其辭，舊本析而聖人之意亡矣；是故不務於誠意而徒以格物者，謂之支；不事於格物而徒以誠意者，謂之虛；不本於致知而徒以格物誠意者，謂之妄；支與虛與妄，其於至善也遠矣。合之以敬而益綴，補之以傳而益離；吾懼學之日遠於至善也，去分章而復舊本，傍為之什，以引其義。庶幾復見聖人之心，而求之者有其要。〔註38〕

這裡可以看出，陽明主張誠意的目的在於返回至善與天理。他遵守了「至善，只是此心純乎天理之極便是」〔註39〕的原則，故要求實踐「格物」亦要回到「誠意」工夫上；又以「誠意之功，只是箇格物」〔註40〕的命題統合誠意與格物兩概況。認為如不務於誠意，而徒以格物者，是忽略了見聖人之心的目標，這是學習的支微末節；又如不事於格物，而徒以誠意者，這是空言理念，自縛於觀念界；此則自陷於虛假之境，故必須以誠意為宗，兩者兼具。

如果我們將陽明對朱子的評價存而不論，只看朱子所云之使「眾物之表

〔註36〕〈傳習錄〉中，同註1，頁67。
〔註37〕〈傳習錄〉上，同註1，頁5。
〔註38〕〈大學古本序〉，同註1，頁188。
〔註39〕〈傳習錄〉上，同註1，頁3。
〔註40〕〈傳習錄〉上，同註1，頁5。

裡精粗無不到，而吾心之全體大用無不明」原則而言，這確實是一做學問的遠大理想。朱子此一種理想，明代卻為追求科舉功名的讀書人誤解，使朱學失去學問之活力。陽明極思使當時學術風氣改變，故他提出了新的格物與窮理觀點，試圖從內在精神的改變，使《大學》之精神重新得到源頭活水。他對「格物」與「窮理」的詮釋如下：

> 「窮理」者，兼格致誠正而為功也：故言「窮理」，則格、致、誠、正之功皆在其中，言「格物」，則必兼舉致知、誠意、正心，而後其功始備而密；今偏舉「格物」而遂謂之「窮理」，此所以專以「窮理」屬「知」，而謂「格物」未常有行。非惟不得「格物」之旨，并「窮理」之義而失之矣。〔註41〕

陽明所言「窮理」，即以包含格致誠正而為功，同時強調倡言「格物」時，亦必兼舉致知、誠意、正心，而後其功始備而密。此一類型的分析，即是擺脫分析《大學》中之單一觀念，而強調從《大學》之整體觀點做為理解方向。其中的動機，主要仍遵從儒學強調「吾道一以貫之」〔註42〕的理想，以及《中庸》「唯天下至誠，為能經綸天下之大經，立天下之大本」的原則；足見陽明的「誠意之教」，確實是「致良知」方法實踐過程中的重要工夫。

二、誠意之教的五個道德成素：身、心、意、知、物

陽明誠意之教的內涵，包含《大學》所論之「身、心、意、知、物」五個道德成素。陽明將之開展為一「身之主宰便是心，心之所發便是意，意之本體便是知，意之所在便是物」〔註43〕的歷程。以下將分析「身、心、意、知、物」五個道德成素，以及陽明哲學對此五項要點所採取的態度。

（一）「身」觀念為精神修養之承載與立足點

陽明云：「身之主宰便是心」，即指出身心關係，或物質與精神關係，兩者之間的關連性是重要的。「身」是否僅只生理性的身體呢？陳來教授認為「就陽明思想來看，『身』觀念在儒家倫理哲學中的意義，不是生理性軀體；而是指處在社會生活中的個人活動和行為。即『修身』是指使人的行為，合於社會準則和規範。陽明這個解釋是清楚的，無論是從經典或思想來看，都是可以成立的」〔註44〕。

〔註41〕　〈傳習錄〉中，同註1，頁40。
〔註42〕　《論語·里仁》
〔註43〕　〈傳習錄〉上，同註1，頁5。
〔註44〕　參見陳來：《有無之境——王陽明哲學的精神》，北京：人民出版社，1991，

　　我們雖同意陳氏的觀點，但認為可加以擴充；即在「身」觀念除了精神修養外，應增加「身體」的觀點。因為陽明強調「身之主宰便是心，心之所發便是意」，所以如果排除了身體的可能性，則陽明可以省略第一句話，直接從第二句話「心之所發便是意」開始申論其體系，即「身體」的觀念是值得我們關注的。所以，本文將試著從《詩經》：「既明且哲，以保其身」之命題提出一探討方向，此方向將使「身」的觀念，包含身體與精神二者。

　　人本身即包含身體與精神二者。《大學》強調的「正心、誠意、致知、格物，皆所以修身」〔註45〕，其中而做為「修身」對象的「人自體」，除了《周易》「君子以反身修德」之精神意義外；其「身」概念本身不應排斥一兼具物質性的整體。即身體亦自有其重要性，例如孔子云：「志士仁人，無求生以害仁，有殺『身』以成仁」《論語·衛靈公》；「身體」在此即為一承載精神修養的立足點。陽明亦云：「故無心則無身，無身則無心」〔註46〕，以及「利用安身，以崇德也」〔註47〕：可見對「身」的定義，應當包含生理與心理，或者從精神修養之承載與立足點來定位較為適當。但又因「身」概念容易被誤解為單指「身體」一義，所以，在本書的研究方法論中，即以「人自體」的觀點，代表此「修身」哲學與「身」概念的多重側面，亦代表「君子以厚德載物」〔註48〕中與「載德」觀念相當之基礎物。

　　（二）「心」觀念為一致中和與修身之機制

　　陽明說：「正心修身工夫，亦各有用力處，修身是已發邊，正心是未發邊；心正則中，身修則和」〔註49〕。可見「心」觀念是一個中間的機制；機制的一端是「修身」，是已發邊，其目標是發而中節之「和」，與向「天下之達道」不休止之開放。另一端則是「盡性」，從修道、率性工夫，向「天命之性」的精神不止地還原。統合二端而言，此中人物各循其性之自然，即是「心正則中」，即是處在喜怒哀樂未發的狀態，並保有天理之根源義與自然動力。如此不但可以使人慎獨修身，亦可以使人正心與誠意；經由此二方向，我們認為《中庸》一書觀點強烈地影響了陽明對「心」的處理方式。例如關於心、身、

頁 155。
〔註45〕〈傳習錄〉中，同註1，頁63。
〔註46〕〈傳習錄〉下，同註1，頁75。
〔註47〕〈傳習錄〉中，同註1，頁62。
〔註48〕《周易·坤卦》
〔註49〕〈傳習錄〉上，同註1，頁21。

性的關係，陽明嘗云：

> 所謂「汝心」，亦不專是那一團血肉（身體）。若是那一團血肉，如
> 今已死的人，那一團血肉還在。緣何不能視聽言動？所謂汝心，卻
> 是那能視聽言動的。這箇便是「性」，便是「天理」。〔註50〕

可見陽明視「心」為一致中和與修身之機制，心不只是「身體」，更是修身成
敗的關鍵。所以，欲理解「心」觀念即必須同時理解「身、性與情」三者的
關連性。上述引文中：「這箇便是性，便是天理」，即指出陽明以「心」的一
端是「天命之性」與「率性之道」的依據，亦是其心所以具有統合能力的基
礎。與此相對的另一端則是血肉之軀，以及人自體中的知情意等特性。有關
「心與良知」學說處理「性」的方式陽明說：

> 先生曰：「喜、怒、哀、懼、愛、惡、欲」，謂之七情，七者俱是人
> 心合有的：但要認得「良知」明白。〔註51〕

> 七情順其自然之流行，皆是良知之用。〔註52〕

王學體系處理情與欲問題的起點在於「心」觀念。情欲問題亦從心之本體所
延伸而出，陽明云：「大抵七情所感，多只是過，少不及者；才過便非心之本
體」〔註53〕。他認為解決問題的要領亦在於心，陽明云：「心統性情；性，心
體也；情，心用也」〔註54〕；這個方向是理解陽明處理「性」與「情」問題
的原則，即對「心之用」如果處理得當，即是「心得其宜之謂義」〔註55〕。
又心此一致中和的機制是不假外求的，一如陽明云「諸君要『實見此道』，須
從自己心上體認，不假外求始得」〔註56〕，即對心的理解，仍必須通過自身
格物與誠意的「實見此道」工夫。例如陽明云：

> 工夫難處，全在格物致知上，此即誠意之事：意既誠，大段心亦自
> 正，身亦自修。〔註57〕

故陽明在提出「致良知教」階段前，皆強調誠意工夫。如果「致良知」是晚

〔註50〕　〈傳習錄〉上，同註1，頁30。
〔註51〕　〈傳習錄〉下，同註1，頁93。
〔註52〕　〈傳習錄〉下，同註1，頁93。
〔註53〕　〈傳習錄〉上，同註1，頁13。
〔註54〕　〈答汪石潭內翰〉，《王陽明全書》（二），頁2。
〔註55〕　〈傳習錄〉中，同註1，頁60。
〔註56〕　〈傳習錄〉上，同註1，頁18。
〔註57〕　〈傳習錄〉上，同註1，頁21。

年總結性教法，則其前一階段的「誠意之教」無疑地已具有促成致良知教成
為可能的基礎。以下，我們將進一步說明「意」的觀念，做為稍後以「開放
與還原系統」，說明「誠意之教」的立論基礎。

（三）「意」：其虛靈明覺之良知應感而動者，謂之意

心之所發便是意，意之本體便是知，「意」在王學中是重要的觀念，但陽明
的「意」指何物？他曾經說：「蓋鄙人之見，則謂意欲溫凊、意欲奉養者，所謂
『意』也，而未可謂之誠意」〔註58〕。即「意」通常是指行動的意念，有實踐
前之「意圖」的意思；在陽明而言「意」即是「心之所發」，是「心之動」。

陽明又云：「虛靈明覺之良知應感而動者，謂之意」〔註59〕；即意在良知
體系中是指「感應而動」者；故「意」觀念中有善有惡，可善可惡。又因「有
知而後有意」〔註60〕，即「意」在這五種道德成素中，首先承接源頭上的「心」
與「知」；又在「感應而動」之後，形成其自身的意義內容。但其與良知體系
的關係，主要仍是透過「誠意」的概念後產生關連性。

陽明說「意」，重視其「實行」與「實踐」意義下的誠意工夫，即「必實
行其溫凊奉養之意，務求自慊，而無自欺，然後謂之誠意」〔註61〕。整體而
言，在人行為面臨對象物之際，「意」擔任一「心物關係」的轉承角色，使致
良知方法能夠透過「誠意之教」，真切而具體地從觀念落實到人事，從內聖開
顯至外王的事功當中。

（四）「知」：知是理之靈處，知是心之本體

陽明體系中的「知」，不只是單指理性之知的意思；其重點在道德良知與
心之本體的意義。例如《傳習錄》中記載：

> 知是理之靈處……孩提之童無不知愛其親，無不知敬其兄；只是
> 這個靈能不為私欲遮隔，充拓得盡便完完是他本體，便與天地合
> 德。〔註62〕

「知」在王學中亦具本體與良知意義，例如「知是心之本體；心自然會知，見
父自然知孝，見兄自然知弟，見孺子入井，自然知惻隱，此便是良知」〔註63〕。

〔註58〕〈傳習錄〉中，同註1，頁40。
〔註59〕〈傳習錄〉中，同註1，頁39。
〔註60〕〈傳習錄〉中，同註1，頁39。
〔註61〕〈傳習錄〉中，同註1，頁40。
〔註62〕〈傳習錄〉上，同註1，頁28。
〔註63〕〈傳習錄〉上，同註1，頁5。

即「知」在王學中，主要是指「良知本體意義」的知；此一作爲心之本體的「知」，亦同時擔任「意之本體」。例如陽明云：「有知而後有意，無知則無意矣，知非意之體乎？」〔註64〕

由以上分析可知，良知本體意義之「知」有雙重內涵：（1）「知」是心之體及意之體；（2）「知」的本體意義必須進一步透過致知工夫而發揮其作用。換言之，在陽明學說中「知」的意義主要非認識之知，即非專指眞知或假知，或「知如何而爲溫凊之節」的知識內容之「知」。陽明對「知」與「致知」作了區別：

> 知如何而爲溫凊之節，知如何而爲奉養之宜者，所謂「知」也，而未可謂之「致知」：必致其知如何爲溫凊之節者之知，而實以之溫凊，致其知如何爲奉養之宜者之知，而實以之奉養，然後謂之「致知」。〔註65〕

由此可見，陽明著重道德實踐中的「實以之」、「知善知惡」與「愛親敬長」的「實踐之知」；這種實踐之知是「理之靈處」，其作用必須不爲私欲遮隔，即需「勝私復理」〔註66〕才能發揮功效。陽明又說：「自聖人以下，不能無蔽，故須格物以致其知」〔註67〕，可見此「知」的充拓得盡不是簡單功夫，陽明說「充拓得盡便完完是他本體，便與天地合德」，一方面顯示陽明與天地合德的理想，同時亦指出其困難度，即困難的解決又需回到格物與正心的誠意之教，其本體論方有落實處。

（五）「物」：意所在之事謂之物

陽明說：「物者，事也，凡意之所發必有其事，意所在之事謂之物」〔註68〕，又說：「格物者，《大學》之實下手處，徹首徹尾，自始學至聖人，只此工夫而已」〔註69〕。陽明「物」觀念的定義，必須在「心」與「意」的聯繫脈絡中討論，方能有較整體性的理解。陽明解釋「格物的物字，即是事字，皆從心上說」〔註70〕。在「意」之所用的脈絡下，「物」的探討即必須預設格

〔註64〕　〈傳習錄〉中，同註1，頁39。
〔註65〕　〈傳習錄〉中，同註1，頁40。
〔註66〕　〈傳習錄〉上，同註1，頁5。
〔註67〕　〈傳習錄〉上，同註1，頁28。
〔註68〕　〈大學問〉，同註1，頁122。
〔註69〕　〈傳習錄〉中，同註1，頁63。
〔註70〕　〈傳習錄〉上，同註1，頁5。

物工夫作爲基礎，同時與「誠意」工夫一起觀察，「物」觀念才能在「致良知」學說中發生作用。

「物」觀念就外在而言，它成爲一考察外物的起點；就內在而論，它又是一存在之意境；兩者皆從心上說。陽明論「物」非指「天下之物」，亦非山川草木之物，而是指實踐過程中的「事」而言；即其「物不同於本然的存在，本然的存在總是外在於主體意識；作爲意之所在的物，則是已爲意識所作用，並進入意識之域的存在」〔註71〕。即在「意之所用」脈絡下，「物」（有是意即有是物）與「誠意」二者產生觀念的連結；並透過格物觀念與誠意之教二者的理解，將較有助於我們掌握陽明如何詮釋《大學》一書。

總體而言，「身、心、意、知、物」各概念，在「致良知」的體系中自有其各別功能，亦有其運作與理解的根據。就各別功能而言，它們是在人自體中的不同作用；例如「身」則爲精神修養之承載過程；「心」觀念擔負一天與人之間的轉承功能；「意」觀念具有心物關係間的中繼特性；「知」則有知善惡與心之本體的意義；「物」既爲一思想考察的起點（意之所發），「格物」則是陽明方法中「其所用力，實可見之地」〔註72〕，這些是就概念的個別性功能來分析。

如就其運作的共同根據而言，「身、心、意、知、物」皆是人性修養論中的重要道德成素。在王學中這五者是一而非多，即在陽明所謂之「性一」〔註73〕與「理一」的原則下，此五者共同呈現與支持陽明的核心觀念。陽明「性一」的原則，有助於我們理解「身、心、意、知、物」在陽明學中必須以整體觀點看待；又不論是「仁、義、禮、知」或「喜、怒、哀、樂」，對陽明而言只是「性一」範疇中的性之性、性之情或性之蔽。再就「理一」的觀點而言，陽明則說：「格物者，格其心之物也，格其意之物也，格其知之物也；正心者，正其物之心也；誠意者，誠其物之意也；致知者，致其物之知也，此豈有內外彼此之分哉？『理一』而已」〔註74〕，即指出對王學的理解，必須以「理一」的統觀原則進行。

〔註71〕　參見楊國榮：《良知與心體──王陽明哲學研究》，台北：洪葉，1999，頁108。

〔註72〕　〈傳習錄〉中，同註1，頁63。

〔註73〕　「性一而已；仁、義、禮、知，性之性也，聰、明、睿、知，性之質也，喜、怒、哀、樂，性之情也，私欲、客氣，性之蔽也。質有清濁，故情有過不及，而蔽有淺深也；私欲、客氣，一病兩痛，非二物也。」〈傳習錄〉中，同註1，頁57。

〔註74〕　〈傳習錄〉中，同註1，頁63。

　　簡言之，從「身、心、意、知、物」等個別性分析，以及「性一」、「理一」原則當中，我們可以再次發現王學體系以「心即性，性即理」為主要原則；並以此原則統合《大學》與《中庸》二者精神，並以「中庸言『不誠無物』，大學『明明德』之功，只是箇誠意」〔註75〕為實踐方向。

三、格物與格心

　　陽明曾說：「心之良知更無障礙，得以充塞流行便是致其知；知致則意誠」〔註76〕。即「誠意之教」亦是「致良知」學說的目標；唯此一目標的基礎在於「格物」與「格心」觀念的處理。「從根本上說，陽明是通過對心與理問題的解釋打通解決格物問題的道路。換言之，格物的解釋必須依照對心理問題解決的方向來進行，後者是本體，前者是工夫」〔註77〕。即從「心即理」的命題來看，「格物」便是「正物」，即陽明所云「格者，正也，正其不正以歸於正之謂也。正其不正者，去惡之謂也；歸於正者，為善之謂也，夫是之謂格」〔註78〕。因為格物涉及正其不正，可見陽明的「格物」與「正心」密切相關，例如他說：「正心只是誠意工夫裡面，體當自家心體，常要鑑空衡平，這便是未發之中」〔註79〕，可見誠意之教，必須同時處理格物與正心的問題。

　　關於格心，陽明用「格其非心」〔註80〕釋格物之義。又在答少宰羅欽順問學時說「故格物者，格其心之物也」〔註81〕，可見陽明格物即格心的明確立場。在〈答顧東橋書〉中又云：「事事物物皆得其理者，格物也，是合心與理而為一者也」〔註82〕，即表示「格物」承繼了「心即理」的原則；並以此為基礎，所以「格物」在王學中才能說是「格心」。在此一思考下，「事事物物皆得其理」不應說是「物格」，亦不應視為「效驗」〔註83〕。例如陽明所云：

　　　吾心之良知，即所謂「天理」也；致吾心良知之「天理」於事事物

〔註75〕　〈傳習錄〉上，同註1，頁5。
〔註76〕　〈傳習錄〉上，同註1，頁5。
〔註77〕　參見陳來：《有無之境──王陽明哲學的精神》，前揭書，頁133。
〔註78〕　〈大學問〉，同註1，頁122。
〔註79〕　〈傳習錄〉上，同註1，頁28。
〔註80〕　〈大學問〉，同註1，頁122。
〔註81〕　〈年譜〉，《王陽明全書》，（四），頁120。
〔註82〕　〈傳習錄〉中，同註1，頁37。
〔註83〕　參見陳來：《有無之境──王陽明哲學的精神》，前揭書，頁157。陳氏指出「事事物物皆得其理者」是「物格」而非「格物」，是「效驗」而非工夫，有違《大學》宗旨。

> 物，則事事物物皆得其理矣；致吾心之良知者，致知也；事事物物
> 皆得其理者，格物也；是合心與理而爲一者也。〔註84〕

「致吾心良知之天理」即是向天理的溯源與開放，尋求致良知可能的存在性基礎。並使源自天理的自然動力能下貫至事事物物中，而事事物物亦能依天理法則運作。這就是以格物的工夫，經由向天理的尋求使心與理的「合一」具有存在性基礎；故格物在此仍是工夫而非效驗。從上述分析可知，透過格物與格心將使「心之良知」更無障礙，得以充塞流行，此即爲陽明「致知」方法的基礎。

「誠意」之教是陽明龍場悟道後十年最主要的教法，與其理論成熟時期提出「致良知教」本出同源，所以陽明才說「著實去致良知，便是誠意」〔註85〕，皆源自陽明思考孟子一系「盡心」哲學，如何在明代重新詮釋的問題。龍場一悟使陽明「乃躍然喜」〔註86〕，所喜者在於發覺「誠意」與「良知」工夫實一體兩面，所以他強調「明誠相生，是故良知常覺常照」〔註87〕。「誠意」工夫又與「格物」不可分，因爲「格物」是青年陽明思考物理與吾心二分受挫的重要問題。

陽明在〈大學古本傍釋序〉認爲，「誠意」只是愼獨工夫在「格物」時的運用，「誠意」的觀念一如《中庸》之「戒懼」的觀念。同時，陽明認爲君子小人之分，只是能誠意與不能誠意的區別。人總是誠於中，形於外，故君子必愼其獨也。陳來教授對誠意與格物做了良好的區分，「誠意與格物相較，誠意只是指意識活動本身是否眞切篤實；它只要求好善的意是實實在在的，惡惡的意是實實在在的；而格物則指具體的實踐，使意通過實踐實現知行合一。因而，誠意主要是指意念本身的存天理去人欲，格物主要是指在實際活動中爲善去惡」〔註88〕。

可見陽明的誠意之教，實以格物與格心的行動爲內涵。因意念之發是有善有惡，需待「誠意」工夫去存善去惡，故《大學》工夫必須到「誠意」始有具體實踐與著落處。具體來說，格物即是正事或正心，即正意之所在或正心之所發。「致良知」方法的重點，即必須透過此格物與格心的誠意工夫，方有一具體落實處。

〔註84〕 〈傳習錄〉中，同註1，頁37。
〔註85〕 〈傳習錄〉中，同註1，頁67。
〔註86〕 〈贈周以善歸省序〉，同註1，頁183。
〔註87〕 〈傳習錄〉中，同註1，頁60。
〔註88〕 參見陳來：《有無之境——王陽明哲學的精神》，前揭書，頁153。

肆、誠意之教的結構爲一開放與還原的系統

陽明認爲「端本澄源，便是立誠。古人許多誠身的工夫，精神命脈，全體只在此處；眞是莫見莫顯，無時無處，無終無始，只是此箇工夫」〔註89〕。又說：「著實去致良知，便是誠意」〔註90〕，可見「誠意之教」是致良知觀念實踐中的重要工夫；又是《大學》宗旨的核心觀念。所以陽明說：「聖，誠而已矣，君子之學以誠身。格物致知者，立誠之功也；譬之植焉，誠，其根也」〔註91〕。這裡指出「立誠」是一切工夫的根源，不論格物、致知都有待其根源工夫的確立，而後方能產生預期效果。對此一重要觀念，我們嘗試以一「開放與還原的系統」〔註92〕進行說明；希望對陽明「致良知」體系的說明，有更精確的分析與助益。以下我們將從「人於存有中向大自然『開放』」與「明明德、誠切專一地『還原』良知之本然」兩個主題分析「誠意之教」與「良知」觀念間的關係。

一、人於存有中向大自然開放

誠者是天之道，誠意的性之德，是合天人、合外內之人道。從人道而仰觀天道，本文提出一「人於存有中向大自然開放」的觀念，用以詮釋實踐此一「誠意之教」心境與狀態。以陽明的語言即是「吾心之良知，即所謂天理也」〔註93〕的意思。

從本書所設定之「《中庸》修養論」言，由於「人自體」存在於宇宙與天理流行不息的力量當中；所以根源於「人自體」的良知，才能向天理、向大自然開放，使「心」的內容能夠明覺良知內有一「中和式自然動力」之源頭。此即發覺陽明所云「天植靈根，自生生不息」〔註94〕的動機存在於人心，並可做爲「誠意」的根源性力量。

誠意只是「如好好色，如惡惡臭」地反省眞實的自我。一方面論善念惡念，更無虛假，一切依循於理，而無私意之偏；同時，另一方面「良知」的本然狀態，亦自然地向外在事物開放，此即陽明「所謂致知格物者，致吾心

〔註89〕〈傳習錄〉上，同註1，頁29。
〔註90〕〈傳習錄〉中，同註1，頁67。
〔註91〕〈書王天宇卷〉，《王陽明全書》（四），頁2。
〔註92〕「一種理想性之哲學的雙向系統，實際上，就是一種開放的還原系統」參見史作檉：《新世紀的曙光——廿一世紀人類文明及宗教新探》，台北：桂冠圖書公司，2001，頁88。
〔註93〕〈傳習錄〉中，同註1，頁37。
〔註94〕〈傳習錄〉下，同註1，頁84。

之良知於事事物物也」〔註95〕的作用。此一觀點《中庸》以「誠者非自成己
而已也，所以成物也」描繪出，從內而外，由成己而成物。綜合上述兩方向，
可知誠意之教呈顯的特點，在於透過窮天理之極而為良知學說覓得活水。即
在陽明 1521 年正式提出致良知教前，陽明以「誠意之教」，使物理與吾心不
再分而為二，統收於人自體的運作當中；所以此時期他強調「子務立其誠而
已」〔註96〕與「立誠盡之矣」〔註97〕的觀念。

　　人若能踐履「窮天理之極」而為良知學說覓得活水，即是人能於存有中
向大自然開放；即能處於本書方法論中所指出的「中庸的道德心境」，並感受
到陽明所言令人「乃躍然喜」的中和心情：

> 周以善究心格物致知之學有年矣，苦其難而不能有所進也，聞陽明
> 子之說……默然良久，乃告之以立誠之說，……明日，又言之加密
> 焉，證之以《大學》；明日，又言之加密焉，證之以《論》、《孟》；
> 明日，又言之加密焉，證之以《中庸》；「乃躍然喜」。〔註98〕

這種「乃躍然喜」的中和心情，或本書所設定的「中庸的道德心境」；皆一如
《孟子・盡心盡》所言「萬物皆備於我矣，反身而誠，樂莫大焉」的心境。「萬
物皆備於我」即是人能向大自然存有開放，受中和式自然動力的影響；這股
自然動力在陽明而言即是一種凝聚力，即是他所言之「以其理之凝聚而言則
謂之性，以其凝聚之主宰而言則謂之心」〔註99〕。基於此一詮釋，就自然容
易理解陽明為何云「正心誠意四字亦何不盡之有」〔註100〕、「若誠意之說，自
是聖門教人用功第一義」〔註101〕，以及「惟其工夫之詳密，而要之只是一事」
〔註102〕等等概念。這些關鍵問題的背後基礎，雖然可以說是修身或正心誠意；
但更根本地說，這些古典概念，皆應建基在人於存有中向大自然開放，所建
立起來的人與自然的直接關係中。此一觀念如從古典文本來分析，即是「誠
則明矣，明則誠矣」，並且與「能盡人之性，則能盡物之性；能盡物之性，則
可以贊天地之化育」的觀念目標一致。

〔註95〕 〈傳習錄〉中，同註1，頁 37。
〔註96〕 〈贈鄭德夫歸省序〉，同註1，頁 185。
〔註97〕 〈贈林典卿歸省序〉，同註1，頁 182。
〔註98〕 〈贈周以善歸省序〉，同註1，頁 183。
〔註99〕 〈傳習錄〉中，同註1，頁 63。
〔註100〕 〈傳習錄〉中，同註1，頁 63。
〔註101〕 〈傳習錄〉中，同註1，頁 34。
〔註102〕 〈傳習錄〉中，同註1，頁 63。

二、「明明德」與「誠切專一」地還原良知之本然

陽明曰：「立誠盡之矣；夫誠，實理也」〔註103〕；又說「大學『明明德』之功，只是箇誠意」〔註104〕。對現代人而言，我們應思考陽明強調「人」之所以能「誠切專一」的理由是什麼，此一觀點成立的動力源何在等問題。

陽明「誠意之教」提供了一個解決問題的思考方式，即他以「良知即天理」為前提，使人心向天理「開放」，以取得天命下貫的力量，這是他提供的一條上升之路。同時，他又建立一個「天理即是明德，窮理即是明明德」〔註105〕之還原思考系統，即他也提供了一條從天理再返回人自身的哲學「還原」過程，以做為其實踐德性、修養自身，以及知行合一的理論基礎；此一「開放」與「還原」同時並行的思考模型，本書認為是理解「誠意之教」觀念的重要方式，也是本節提出以「誠意之教的結構為一開放與還原的系統」詮釋方法的目的。

再者，此一還原系統以古典語言形容，即是「明明德」的實踐過程，即實踐「自格物致知至平天下，只是一個明明德」〔註106〕的修養工夫。若於實踐過程中「拘於體面，格於事勢等患，皆是致良知之心未能誠切專一」〔註107〕，未能還原至良知本然的狀態。反之，人若能誠切專一，則能「勝私復理」〔註108〕，則能「精察天理於此心之良知而已」〔註109〕，如此則合理地連結了「個體去人欲的修養工夫」，以及「上察天理之形上世界」二層次的理論關係。

其次，「心」觀念在良知體系中，亦是具有一「開放與還原」功能的概念。如前文所言，人如能「精察天理於此心之良知」，即指出「心」在「天理」與「良知」二者間的功能。當然，「心」能具有此一功能，依陽明成熟期的理論而言，此一「入手處」在於理解「致」觀念，即「能致良知則心得其宜矣」〔註110〕一語的意思。

也即是因為「心」觀念，在良知體系中亦具有一「開放與還原」的功能；所以才使得人的知識與情感，能夠做某種程度的融合。即心一方面能於存有

〔註103〕〈贈林典卿歸省序〉，同註1，頁182。
〔註104〕〈傳習錄〉上，同註1，頁5。
〔註105〕〈傳習錄〉上，同註1，頁5。
〔註106〕〈傳習錄〉上，同註1，頁21。
〔註107〕〈答魏師說〉，《王陽明全書》（二），頁55。
〔註108〕〈傳習錄〉上，同註1，頁5。
〔註109〕〈傳習錄〉中，同註1，頁38。
〔註110〕〈傳習錄〉中，同註1，頁60。

中向大自然宇宙「開放」——即「精察天理於此心」，發覺天理的無限可能；另一方面，人又能仰賴源於天理的中和精神，透過中和式自然動力作用，使喜、怒、哀、樂等性之情，自然地趨向發而中節，並設法「還原」至良知的本然狀態，使行為有改善的機會。所以陽明所謂之「正心」不是一個虛設的環節〔註 111〕；而應是回歸或還原人心根源的起點，其作用在於使人於存有中向大自然開放，能活潑潑地實踐致良知工夫。

三、誠意之教與致良知的關係

宋明理學一脈相傳的存天理去人欲精神，陽明以致良知方法加以發揮，使其學實有可用功處。陽明的目標，實際上是融合古本《大學》一書觀念的統合性成果，再以「致良知」觀念進行表達。因為《大學》中的格物、致知、誠意、正心、修身五者，在陽明「心」觀念的重新定位下，此五者實際上成為了同一個工夫。陽明說：「格、致、誠、正、修者，是其條理所用之工夫，雖亦皆有其名，而其實只是一事」〔註 112〕，陽明只是分就不同層面來看而有的不同說明；其目的皆在克除私慾、復其天理。

陽明的致良知教，統合了「誠意」觀念與《大學》之觀點，其中動態的意義聯繫點即是「心」觀念。格物致知的內容是根據「好善惡惡之心」，切實地去做「為善去惡」之功夫；「誠意」概念的目標即是如此。對陽明言：「誠意的工夫只是格物致知；若以誠意為主，去用格物致知的工夫，即工夫始有下落；即為善去惡，無非是誠意的事」〔註 113〕。

透過前文所設定之「開放與還原系統」的說明，我們整合了陽明源自《大學》一書之修養步驟與《中庸》的觀點；使良知能於存有中向大自然開放的同時，人亦能以誠意之教還原良知之本然。從《中庸》的觀點考察，本書方法論中所設定的「中和式自然動力」，實即王學中是「正意念」的動力，其可「正」的力量，實源自「天命之性，粹然至善」〔註 114〕的「良知」本體。其目標是使人能去「私意」與「私心」，即去其心之不正，以全其本體之正，以使良知無私無礙，良知無礙，方可云「便是致其知，知致則意誠」；「致知」

〔註 111〕陳來教授認為因為心之本體無所謂不正，故「正心」是一個虛設的環節。參見陳來：《有無之境——王陽明哲學的精神》，前揭書，頁 155。

〔註 112〕〈大學問〉，同註 1，頁 119。

〔註 113〕〈傳習錄〉上，同註 1，頁 32。

〔註 114〕〈親民堂記〉同註 1，頁 208。

是指能勝私復理，能復理即能獲得心體之本然心境。從格物致知到誠意正心修身的過程，一方面是在事上磨練之歷史性的經歷；另一方面立志追求「復理」與「全其本體之正」的原初狀態，這是一種人的存在之自覺過程，也是「人自體」中一種凝聚力（中和式自然動力）的表現。

簡言之，雖然「致知」之「知」是人人皆具；但良知在人行爲中的表現，經常爲私欲與習慣所惑，而選擇惡行或中立價值的行爲，並未發展出其原有的德性之知。故陽明要求致其良知與正心，而使良知復其本然狀態。陽明說：「然欲致其良知，亦豈影響恍惚而懸空無實之謂乎？是必實有其事矣，故致知必在於格物」〔註115〕。即擴充良知的過程，必須經由格物工夫才算是實有其事。

陽明定位格物在於正事，大凡「意」之所發必有其「事」；而意之動有善有惡，故須正其不正以歸於正；不正其意則是物有未格。此即陽明所說的：「苟不即其意之所在之物而實有以去之，則是物有未格，而惡之之意猶爲未誠也」〔註116〕。其中的要領即是對「意之惡」的「實有以去之」，以及對良知所知之善「實有以爲之」。陽明認爲「良知所知之善，雖誠欲好之矣，苟不即其意之所在之物而實有以爲之，則是物有未格，而好之之意猶爲未誠也」〔註117〕。從「良知所知之善，雖誠欲好之矣」可知「良知」觀念是「誠意之教」的指標，又從「苟不即其意之所在之物而實有以爲之，則是物有未格」又可知「格物」（正事、正意）是誠意的具體落實處。

綜合以上所言，陽明以「天理」與「良知」，結合了「天」與「人」，統合了「天道」與「人道」。而此一人道，即《中庸》「率性之謂道」的「道」，即《大學》的「誠意」之教；皆使人各循其性之自然，莫不各有當行之路。又，陽明以誠意之教爲宗旨，提出對「格物」與「格心」的新詮釋內容，解決了格物方法所形成之物理與吾心二分的困境。其動機不論是遵從儒學強調「吾道一以貫之」的理想，或者是運用《中庸》「唯天下至誠，爲能經綸天下之大經，立天下之大本」的原則；我們確實可以得出一個結論，即陽明設法使古代經典經由時代的適當詮釋而活化。即其誠意之教與格物致知學說，於明代透過窮天理之極的方式，以良知學說爲儒學的「心」觀念覓得活水。他也運用《中庸》天命之性的觀點，強調其中所蘊含的中和式自然動力，在正

〔註115〕〈大學問〉，同註1，頁122。
〔註116〕〈大學問〉，同註1，頁122。
〔註117〕〈大學問〉，同註1，頁122。

式提出「致良知教」前，以「誠意之教」作爲教學相長準則，使得人於修養過程中，最後終能感受到一種「中庸的道德心境」。

第二節　致良知之教

陽明云：「致良知三字，眞聖門正法眼藏」〔註118〕。可見致良知方法，是使其學說，當下便有實地步可用功的關鍵；本書亦將其做爲研究王學方法的代表觀念。以下將從本書方法論所設定之「《中庸》修養論」角度析論陽明的「致良知之教」。

陽明在〈大學問〉中釋「致知」概念說道：「致者，至也⋯⋯致知云者，非若後儒所謂充廣其知識之謂也」〔註119〕。陽明之致知，不同於宋儒之致知，例如朱子之致知，乃著重於對外物之客觀性的認識；而陽明在此意義上，更增加了「致其良知」以發明本心。他以「知是心之本體」〔註120〕，做爲「致知」之根本意義。其立論的依據則在《中庸》的「天命之性」；例如陽明說：「良知者⋯⋯是非之心，不待慮而知，不待學而能⋯⋯是乃天命之性，吾心之本體，自然靈昭明覺者也〔註121〕」。所以，本節試圖運用「天命之性」的觀念，提供「致良知教」的三元結構分析〔註122〕，以突顯陽明的理論層次；以便於說明「致知」方法，不是單向意義的專指求知，但亦非排除求知的意義。再者，亦將探討陽明如何能使「良知無礙」，即其「勝私復理」的基礎何在；以及分析「致良知教」可能的優缺點。

壹、「致良知教」的三元結構分析：《中庸》修養論觀點

陽明嘗謂「致良知是學問大頭腦，是聖人教人第一義」〔註123〕，即表示致良知教是一知識與行動兼具，是一可眞知、可力行的體系。換言之，「致良知教」並非一平面的理論，而是從「至善與天命」觀念（第一元）的高度，透過「良知與心體」觀念（第二元），進一步開展其「明德與親民」的人倫體

〔註118〕〈年譜〉，《王陽明全書》（四），頁125。
〔註119〕〈大學問〉，同註1，頁122。
〔註120〕〈傳習錄〉上，同註1，頁5。
〔註121〕〈大學問〉，同註1，頁122。
〔註122〕「所謂三元，即：自然一元，人一元，因人而有之世界一元」。進一步說明，請參考拙著《哲學表達及其基礎——中國哲學研究之新思維》第二章：〈哲學看待世界的方法——三元性結構之方法論〉（台北：理得出版社，2005）
〔註123〕〈傳習錄〉中，同註1，頁58～59。

系（第三元），進而將其理論與理想，具體地落實到實踐過程當中。換言之，「至善、心體與事理」三者，從本體論的層次，當然我們可以說它是「一元三義」；但本書指出的三元結構，則是從分析與表達的層次則析其爲三元。以下即從此觀點分析王學致良知教的內涵。

一、「至善與天命」一元指向「生命最大理想的可能性」

致良知教的第一元結構，即是「至善與天命」觀念，此一觀念指向「生命最大理想的可能性」，指向人創造自身價值最大的可能性。因陽明強調「良知是天理之昭明靈覺處」〔註124〕，從此一觀點，我們可以發現其良知與心性哲學仍扣緊天命之性。例如陽明曾經說：

> 天命之性，粹然至善，其靈昭不昧者，皆其至善之發見，是皆明德
> 之本體，而所謂良知者也。〔註125〕

「良知」在觀念的第一層次（存在層次）中，它除了體現大化流行與自然之機，又爲「天理」觀念在人自體中的呈現。此外，在觀念的第二層次（表達層次）中，「良知」概念亦是「心體」、「明德」與「自知」等概念的先驗依據。本書設定「至善與天命」一元的目標，即在指出「良知」概念的基礎在於「存在層次」（第一層次）中。所以，藉由《中庸》一書觀點指出：在「天命之性」下貫於人的道德實踐中，陽明的心性哲學，不只是發揮了「即心言性」的功能，亦可開展出其中天道下貫的人性存有。在此一思考脈絡下，上文「發見」二字，即是從「反省」與「自知」的觀點，「發現」人性內在於天之中的「天命與至善」一元。此一元，即是人追求無限理想的可能性之根源；此一元，即是「良知」本體發用時活力湧現不盡的基礎。它又是「天命之性」下貫與延伸後，在語言世界中的象徵式表達概念。陽明哲學即依此爲基礎，特重其形上世界的存在性自然動力，因此方能提出「良知即天理」的命題。

接下來回答一常見的問題：即我們對王學的處理，是否可只論「良知」觀念，而略去「至善與天命」觀念呢？從陽明與鄭朝朔的問答中，可以找到具體的解決線索如下：

> 鄭朝朔問：「至善亦須有從事物上求者」，先生曰：「至善只是此心純
> 乎天理之極便是。更於事物上怎生求？且試說幾件看」。朝朔曰：「且

〔註124〕「良知是天理之昭明靈覺。故良知即是天理，思是良知之發用。若是良知
　　　　　發用之思，則所思莫非天理矣。」〈傳習錄〉中，同註1，頁59。
〔註125〕〈親民堂記〉，同註1，頁208。

如事親，如何而爲溫凊之節，如何而爲奉養之宜，須求箇是當，方
是至善。所以有學問思辨之功」。先生曰：「若只是溫凊之節，奉養
之宜，可一日二日講之而盡。用得甚學問思辨？惟於溫凊時，也只
要此心純乎天理之極。奉養時，也只要此心純乎天理之極。此則非
有學問思辨之功，將不免於毫釐千里之繆。所以雖在聖人，猶加精
一之訓。若只是那些儀節求得是當，便謂至善，即如今扮戲子扮得
許多溫凊奉養得儀節是當，亦可謂之至善矣」。〔註126〕

鄭氏先問「至善」，陽明則告訴他方向應在「天理」一元的追求上；但鄭氏不
解，故回答陽明如何爲溫凊之節，以及如何而爲奉養之宜，必須安排妥切適
當；他認爲這就是朝向「天理」或「至善」了。就常理而言似乎是如此；但
就陽明致良知教的精神而言，卻完全不是如此。因爲所有哲學完整精神的掌
握，都必須要求一有本有源的內涵。故陽明雖言心體與良知，但其對形上世
界的自然動力來源是絕對不肯捨棄的。

　　鄭氏的回答內容只是世俗的「禮教」，未可以代表陽明哲學的主要精神。
陽明認爲這些禮教是「可一日二日講之而盡，用得甚學問思辨？」即表示這
種類型的回答內涵絕不是陽明「致良知教」的精義所在。反之，陽明「致良
知教」的真正精神，在於其必須進入「形上」與「思辨」的歷程。例如「只
要此心純乎天理之極」即指向形上；「此則非有學問思辨之功，將不免於毫釐
千里之繆」，即要求其哲學必須符合「思辨」的原則。

　　從這裡我們可以看出陽明哲學，實際上是必須經過嚴謹地形上與思辨的
歷程；再進一步透過「只要此心純乎天理之極」的工夫，才能使其心性哲學
有一實踐力量。即爲了突顯陽明哲學的完整性，還原「良知」概念的基礎與
力量，所以本書方設計「中和式自然動力」與「中庸修養論」等概念，做爲
理解之方法論，以象徵王學所強調的天命下貫於人性中的自然力量，如何能
做爲「致良知」觀念的依據。

二、「良知與心體」一元指向「人於現實與理想之間的存理去欲」工夫

　　致良知教的第二元結構即是「良知與心體」，此一元指向人於「現實與理
想之間」的各種衝突，對自我之考驗；或者說此一歷程即是一種「存天理去
人欲」的工夫，是理解「致良知教」三元結構的關鍵。因爲「天命」（理想）

〔註126〕〈傳習錄〉上，同註1，頁3。

的實體內涵人永遠難以眞知；所以，我們只能對其採取一種「盡心知性知天」，或「存心養性事天」的態度，以面對無限性的宇宙。進而設法在自身之內，尋得一最佳的天人關係，此即陽明「事天雖與天爲二，然已良知天命之所在」〔註127〕的方向。

　　爲處理理想與現實、外在與內在、天理與人欲之辨等問題；陽明提出「良知與心體」觀念，做爲其安排宇宙與定位人生的方法。這亦是本書視陽明「致良知」觀念爲一「方法」的主要原因；因爲唯有透過「良知」一元，我們方能見「致良知教」得以在明代成功的整體基礎，不致以「良知」概念爲王學唯一重點，而忽略眞正使「致良知」觀念成爲可能的「天理」一元之基礎。

　　陽明幾乎是使「良知」與「心體」成爲一種同義的擔當；而良知與心體，又與「至善之性體」不可輕易分離。例如陽明說：

　　　　心之本體原自不動，心之本體即是性，性即是理。〔註128〕

　　　　至善者性也，性元無一毫之惡，故曰至善；止之，是復其本然而已。〔註129〕

　　　　好古人之學，而敏求此心之理耳；心即理也，學者，學此心也：求者，求此心也。〔註130〕

陽明「心之本體原自不動」，是就「至善與天命」的第一元內容說的，強調此一觀念中的永恆義與無限性。陽明即以特性代表人性內涵，展開「良知與心體」的第二元結構之理論應用，以此爲天理於人自體中的表現場域。這一種哲學對人性規畫的方式，自然有其哲學家本身深刻的考量；我們可以從存在與價值二個方向思考此一問題。

　　就存在而言，人性的最高表現是能是「復其本然」的狀態，目標指向人性存在的圓滿狀態；這自然是陽明與孟子一系哲學的一種設定，也是王學提出「天理即良知」（第一元）觀念的理由。就價值而言，人性努力的最大可能，是恢復（止之）於至善之本性；即面對「理性」尋問「人的意義爲何」必有困境的情形下，早熟的中國先哲將問題意識轉向，轉而探問「人生該如何規劃才是最好的？」即立基於此一深刻的生命抉擇轉向，「良知與心體」觀念（第

〔註127〕〈傳習錄〉中，同註1，頁36。
〔註128〕〈傳習錄〉上，同註1，頁20。
〔註129〕〈傳習錄〉上，同註1，頁21。
〔註130〕〈傳習錄〉中，同註1，頁43。

二元），在王學中即必須兼負起重責大任；即必須設法使人能從「良知」重返「天理」，使人能從第二元結構向第一元理想溯源，使人性盡量恢復完整的可能。此即孟子「盡心哲學」的目標，亦是王學「致良知」觀念的目的。

在此第一、第二元理論有層次、有條理的安排，方可明白爲什麼陽明說「凡意念之發，吾心之良知無有不自知者」〔註131〕。其中「自知」即使我們有一清楚明白的分析基礎（三元結構），做爲價值指標；以保障「良知與心體」觀念，能有道德自覺與反觀自省的能力。此一內在的道德要求，即成爲「致良知」方法的實質要義；同時，這種以「至善與天命」爲基礎的「良知」學說，基本上就成爲王學統一各種道德德目的中心。例如吳汝鈞的研究即認爲陽明有進於孟子的是「孟子說四端，猶是仁、義、禮、智並列地說，未能顯著地表現心在是非善惡方面所樹立的內在標準；陽明則將『智』提上來說良知，由此顯示心德的中心」〔註132〕。基於上述理由，我們認三元性哲學的強調，實爲分析王學的重要基礎。

三、「明德與親民」一元指向「具體實踐理想的歷程與行動」

致良知教的第三元結構，即是「明德與親民」。當我們思考王學中的知與行二概念如何合一的問題時，我們發覺「明德與親民」觀念，即發揮了知、行二者間意義的聯繫之功能。誠如陽明所說：「是乃根於天命之性，而自然靈昭不昧者也，是故謂之『明德』」〔註133〕，天命觀念仍是明德的基礎。

「明德與親民」一元，即是透過天命觀念，再與陽明強調的「良知與心體」一元產生關連性，例如陽明後學徐階說：「吾心之良知，不待慮而知，不待學而能，是乃天命之性，吾心靈昭明覺之本體也」〔註134〕。即「天命之性」是致良知教的第一元，而吾心靈昭不昧的「良知本體」是第二元。「天命」觀念指向人的理想，指向人盡心知性的最大努力之可能；「良知」本體的意義，在於指出人在理想與現實環境二者間，盡己之性後的折衷性處理過程；「明德與親民」觀念，則指出人在第一與第二元的交忽作用下，既盡己之明德，又實踐明德目標——親民，朝向他者努力的過程。換言之，此時王學的目標，已從「個體的良知」，

〔註131〕〈大學問〉，同註1，頁120。
〔註132〕參見吳汝鈞：〈王陽明的良知觀念及其工夫論〉，《哲學與文化》，第23卷，第4期，1996.04，頁1485。
〔註133〕〈大學問〉，同註1，頁119。
〔註134〕〈陽明先生文錄續編〉，同註1，頁8。

指向「群體之親民」理想；從個人的修養工夫，指向群體之創造。

　　「明德」觀念，自先秦時期即長存於中國哲學中，陽明在此融合了《尚書》的精神，例如《尚書》〈梓材〉所云：「勤用明德」與「既用明德」，又如〈康誥〉中之「克明德愼罰，不敢侮鰥寡，庸庸、祇祇、威威、顯民」；其意義皆爲一國之君，依循天命之性的實踐過程。如以本書三元性結構的方法詮釋，即皆是以天命一元爲基礎，透過第二元的良知自體或人自體爲折衝的場域，在創造人性的最大價值的方向上運作，以親民一元之觀念，治國平天下。

　　又對於《大學》一書所云：「大學之道，在明明德，在親民，在止於至善」，在上述三元性結構的理解角度下，陽明即可將個人的修身內聖，與親民的外王行動，在止於天命至善的觀點，下融合爲一哲學體系。例如他說「以言乎己，謂之明德；以言乎人，謂之親民」〔註135〕，又在〈大學問〉中指出「明德與親民」觀念，皆爲「立其天地萬物一體」〔註136〕之論。

　　陽明視「明德與親民」觀念，做爲其「是可以窺聖門致知用力之地」〔註137〕；此中「明德」觀念，乃有賴「戒懼克治」的工夫做爲理論的著實處；一如《尚書・文侯之命》中要求「克愼明德」的精神。陽明「致良知」學說的用力處，仍要求一種常提不放之功，強調一嚴格的工夫過程。唐君毅先生認爲這是一種「恆自戒愼其善惡之念之發，自恐懼其所發之陷於是非；此即無異一先之省察，或超越的內在之省察，而非只是一靜態的涵養之事」〔註138〕。而常提不放之功，即「謹獨」觀念的實踐，其對象並非靜態的；陽明不特別強調靜態的涵養需用敬，而是進一步在靜態工夫外，要求在人情事變上作修養工夫。

　　陽明強調在「人情事變」上作工夫，即是在個人每天的生活，在每一件事情上做修養工夫。就治國之君而言，此一目標即是「親民」；就常人而言，動態的修養對象，即是人情事變。「親民」與「人情事變」兩者皆是「致良知教」在生活日用中的具體內容，例如陽明說：

> 先生曰：「除了人情事變，則無事矣，喜怒哀樂非人情乎？自視聽言動以至富貴貧賤患難死生，皆事變也；事變亦只在人情裡，其要只在致中和，致中和只在『謹獨』」。〔註139〕

〔註135〕〈大學古本序〉，同註1，頁188。
〔註136〕〈大學問〉，同註1，頁119。
〔註137〕〈傳習錄〉中，同註1，頁43。
〔註138〕唐君毅著：《中國哲學原論》（原性篇），台北：台灣學生書局，1989，頁452。
〔註139〕〈傳習錄〉上，同註1，頁12。

人情，人情事變即一切；這是王陽明在落實其「致良知」方法時，所指出的觀點；強調其哲學必須能通考現實生活的考驗，否則即非真正的理解其「知行合一哲學」之精神。人情即喜怒哀樂與事變，視聽言動以至富貴貧賤患難死生，皆事變的內容。

　　陽明以「戒懼克治」的工夫做為理論的著實處，為的即是處理喜怒哀樂。例如他說：「聖人到位天地，育萬物，也只從喜怒哀樂未發之中上養來」〔註140〕；此即是本書從「《中庸》修養論」觀點詮釋陽明致良知方法的主要理由。引文中陽明云「除了人情事變，則無事矣」；我們可以順著這個意思說「人情事變即生活之整體」。

　　事實上，「生活之整體」的累積成果，即是歷史與文化的整體；陽明所提出的致良知方法，無論是格物致知到誠意正心修身，都要求必須經歷此一歷史與文化生活的考驗，並承擔這個過程。陽明強調「就自己心地良知良能上體認擴充」〔註141〕；本書方法論中設定的「人自體」概念，實即是對「良知」觀念的現代詮釋方法而設立，目標即是強調陽明哲學中，人自身必須能經歷生活世界的各種考驗，在知行合一中體驗王學之真義。

　　如以本書所設定的人自體概念，分析陽明的「戒懼克治」觀念；在歷史與各種區域性文明交衝之際，人如何反省當代文明的危機，尋求人類文明的出路即是王學對其時代的精神要求。人自體，它既是生命力量的承載者，亦是自然生命發用時實存的經歷者。人唯有透過向「天命與至善」一元的開放過程，使源於天命之性的自然動力下貫於「良知本體」；再經由人自身的「克懼明德」工夫，才能使「個人之內聖」工夫與「親民之外王」理想二者合一。

貳、「致良知」哲學的利弊分析

　　陽明曾說致良知的道理是「此道至簡至易的，亦至精至微」〔註142〕。從「《中庸》修養論」的觀點，本節將指出王學具有「易簡而天下之理得」的優點；即因致良知之教易簡，故其學流傳快速門徒偏天下。但，亦是因其易簡原則，故在理解過程中困難重重；所以陽明後學，方感嘆「此『知』恐是無方體的，最難捉摸」〔註143〕。也正因為如此，王門諸子日後才衍生出各種流

〔註140〕〈傳習錄〉上，同註1，頁12。
〔註141〕〈傳習錄〉上，同註1，頁26。
〔註142〕〈傳習錄〉下，同註1，頁104。
〔註143〕〈傳習錄〉下，同註1，頁104～105。

弊。以下從聖人之學應本「至易至簡」精神與「不可爲典要，惟變所適」兩方向論述王學的優點，同時兼指出「至易至簡產生的流弊」。

一、王學的優點：易簡而天下之理得

（一）聖人之學應本「至易至簡」精神

「易簡而天下之理得」是陽明學之特性，這也是中國哲學的重要精神；「易簡」思想的提出首見於《周易》：

> 乾知大始，坤作成物。乾以易知，坤以簡能。易則易知，簡則易從。
>
> ……易簡而天下之理得矣。(《周易・繫辭上》)

上述引文中「易簡」精神，主要目的在指出「天地之道不爲而善始，不勞而善成」〔註144〕。即以天地之道，說明乾爲太初始於自然，故無所艱難，平易爲人所知；坤作成物乃順承乾陽，毋需勞苦，以簡約見其功。陽明繼承了《周易》乾以易知，坤以簡能的精神，所以也提出聖人之學，亦應「至易至簡」的觀點。例如他說：

> 聖人之學所以「至易至簡」，「易知易從」，學易能而才易成者，正以
>
> 大端惟在復心體之同然，而知識技能非所與論也。〔註145〕

陽明本著「至易至簡」的精神，發展出「心學」的體系，故稱「言『心』則天地萬物皆舉之矣，而又親切簡易」〔註146〕。心學的簡易精神，常被誤解爲簡單易行；而事實上，陽明良知之說，卻是其從百死千難中得來。其外表雖簡易，內裡卻深奧；陽明常從辯證中，透過其良知學說的轉化，方能使相反的概念融通爲一，使四書、五經在其詮釋下貫穿爲一。

值得注意的是「此道至簡至易的，亦至精至微的」一語中，「易簡」與「精微」二者是同時併存的觀念；我們認爲這是一個理解的關鍵。即從形式上看陽明云：「良知即是《易》」〔註147〕，是一清楚且明白的命題；但從存在上看則非如此。因爲，宇宙間的事物變化，「其爲道也屢遷，變動不居，周流六虛，上下無常，剛柔相易」〔註148〕，即說明其存在性內容的理解，困難度極高。

〔註144〕參見王弼、韓康伯注、孔穎達正義：《周易正義》，台北：中華書局，1977，卷七，頁2。
〔註145〕〈傳習錄〉中，同註1，頁45。
〔註146〕〈答季明德〉，《王陽明全書》（二），頁52。
〔註147〕〈傳習錄〉下，同註1，頁105。
〔註148〕同上。

對此一形式與存在兩範疇的差異，陽明曾經舉例說明：

> 又曰：「此道至簡至易的，亦至精至微的，孔子曰：「其如示諸掌乎」，
> 且人於掌何日不見，及至問他掌中多少文理，卻便不知；即如我良
> 知二字，一講便明，誰不知得：若欲的見良知，卻誰能見得？〔註149〕

「其如示諸掌乎」是很具體且生活化的比喻；陽明之意，在強調明白「良知」二字並非易事。更認為「此『知』如何捉摸得？見得透時便是聖人」〔註150〕；可見對此一原則的理解與把握並不容易。解決之道，事實上亦在於對「易簡」與「精微」二觀念的理解。此二觀念所代表的，即是《中庸》一書的精神；「易簡」實即中道原則，指《中庸》所言「天命之謂性，率性之謂道，修道之謂教」的總綱內容，代表了「中道」之內涵與方向。此中道標準人人本具，即「道也者，不可須臾離也，可離非道也」（同上）之「道」。其次，「精微」即緊接著率性之後的修道歷程，「故君子戒慎乎其所不睹，恐懼乎其所不聞；莫見乎隱，莫顯乎微，故君子慎其獨也」（同上），即「精微」重視的是「戒懼」與「慎獨」工夫。

若從《中庸》「天命之性」觀點回顧，「易簡」與「精微」實一互滲觀念之不同側面；易簡中有精微，精微中有易簡。如果從「致良知教」內容而言，「易簡」即是良知人人本具的事實，即「致良知功夫，明白簡易，使人言下即得入手」〔註151〕之所指；「精微」則是去私的歷程，「人不能『盡精微』，則便為私欲所蔽，有不勝其小者矣」〔註152〕；去私的工夫有賴「戒懼克治」與「常提不放」，即必有事焉而勿忘勿助。

簡言之，在本書所設定的《中庸》修養論觀點的詮釋結構中，王學在尋求致中和的目標下，其中的「易簡」觀念，即指中道與天下之大本，即是未發之中，即象徵天命中的存在性自然動力；「精微」觀念，則是天下之達道，即發而中節之和。

（二）「不可為典要，惟變所適」之易簡內容

從《中庸》觀點，透過「易簡」與「精微」觀念為理解構面，我們將進一步指出使王學發展快速的一股凝聚性力量。為了便於說明，本書在方法論

〔註149〕同上。
〔註150〕同上。
〔註151〕〈傳習錄〉中，同註1，頁33。
〔註152〕〈傳習錄〉下，同註1，頁102。

中暫時設定它爲一股「中和式自然動力」，並以這股動力做爲「致良知教」的
內在基礎。試觀陽明所云：

> 良知即是《易》，「其爲道也屢遷，變動不居，周流六虛，上下無常，
> 剛柔相易，不可爲典要，惟變所適」〔註153〕

《周易・繫辭下》說：

> 《易》之爲書也不可遠，爲道也屢遷。變動不居，周流六虛，上下
> 無常，剛柔相易，不可爲典要，唯變所適。其出入以度，外內使知
> 懼。又明於憂患與故，無有師保，如臨父母。初率其辭而揆其方，
> 既有典常，苟非其人，道不虛行。（第八章）

從「中和式自然動力」的觀點，我們嘗試以較具存在性的詮釋方法，發揮「致
良知教」的內涵。例如〈繫辭〉此一引文所言「變動不居，周流六虛，上下
無常，剛柔相易」的觀念；依據本書結構，即是受到這股「自然動力」的影
響。面對這股自然動力，《周易》指出了「不可爲典要，唯變所適」，以及「出
入以度，外內使知懼」的方向或態度。

對於「不可爲典要，唯變所適」的意義，《周易正義》以「六位錯綜，上
下所易皆不同，是不可爲典常會要也；即言剛柔相易之時，既無定準，唯隨
應變之時所之適也」〔註154〕解釋此義；指出《易》理可啓發我們應知所惕懼，
使出入、外內皆得其宜。如果再用陽明「精微」的觀念，考察此一觀點，其
「精微」即指出了去私的歷程；而去私的工夫如前文所言，有賴「戒懼克治」
與「常提不放」。此一觀點與《周易》相當一致，因爲「不可爲典要，唯變所
適」，是一確定不變的「易簡」原則；但其內在的本質，卻是探討「變動」的
人生關係。一旦面對複雜的人生遭遇，即有待「精微」的哲學處理與轉化，
以「發而中節」爲目標，使人內在變動的力量，轉向而爲一「中和式」的「自
然動力」；同時，並實踐動心忍性哲學，使人之情緒，朝向一「中庸的道德心
境」努力以赴。

《周易》「不可爲典要，唯變所適」的「易簡」原則，實質上，象徵了一
股動力的變化，與對變化的歸納法則。面對社會的要求，這股自然動力必須
透過「出入以度，外內使知懼」的態度呈現於陽明所謂的「人情事變」之中。

〔註153〕〈傳習錄〉下，同註1，頁105。
〔註154〕參見王弼、韓康伯注、孔穎達正義：《周易正義》，卷八，台北：中華書局，
　　　　1977，頁11。

再從形式與存在二方向分析,「易簡」原則象徵存在的形式與表達部份,是言語與詮釋之必須;「精微」則指向存在的實質遭遇部份,是實踐工夫之必須。

此二者難以完全區分,同時也無絕對二分的必要;反之,應在此二觀念間取得一操作性平衡。因爲陽明認爲對此「精微」的要求,不須完全刻意地以「精微」概念限制人自體;人只需依此一「觀念」指導與修正行爲,但不應以其爲絕對律令般的強制人性。例如陽明說:「用功到精處,愈著不得言語,說理愈難;若著意在精微上,全體功夫反蔽泥了」〔註155〕。即陽明首先區分出「語言」(概念)與「存在」,區別出語言之「能指」與「所指」,要求後學不以「概念」限制「存在」。換言之,即我們必須區分「言語」與「使此言語得以成立的自然力量」二者;因爲,一旦能掌握其中的分別,則功夫才有基礎。才不至於只在言語或概念上著意,滯於見聞,「專求之見聞之末,則是失卻頭腦」〔註156〕。此一原則是理解王學「致良知教」的一個關鍵;如能掌握此要一領,則在修身、齊家、治國上都將有一定程度的功效。例如在〈答聶文蔚書〉中即記載:

> 堯、舜、三王之聖,言而民莫不信者,致其良知而言之也;行而民莫不說者,致其良知而行之也。是以其民熙熙皞皞,殺之不怨,利之不庸,……聖人之治天下,何其簡且易哉!〔註157〕

陽明在此以「至易至簡」的精神,詮釋堯舜之道所以能風行草偃,主因即在於能夠掌握「易簡」精神。此易簡之內容,即在於能「盡精微」,盡精微即能「好問而好察邇言」,故能「致其良知而言」與「致其良知而行」。即先能掌握住使言行得以成立之基礎,所以,在《中庸》中孔子才稱贊舜說:「舜好問而好察邇言,隱惡而揚善,執其兩端,用其中於民,其斯以爲舜乎」。三王之聖所以能有言而民莫不信,行而民莫不悅的能力,皆是能做到知所惕懼,使出入、外內皆得其宜,方能正確地理解與發揮了「致良知」學說之功效。

二、王學的缺陷:「至易至簡」表達形式之流弊與解決方案

(一)至易至簡的優缺點

陽明以「良知」發用指導去人欲的工夫爲一簡易法則,他說:「良知發用之思,自然明白簡易,良知亦自能知得。若是私意安排之思,自是紛紜勞擾,

---

〔註155〕〈傳習錄〉下,同註1,頁96。
〔註156〕〈傳習錄〉中,同註1,頁58。
〔註157〕〈傳習錄〉中,同註1,頁65。

良知亦自會分別得」〔註158〕。王學的優點，即是這種明白簡易，而能「自能知得」與「自會分別」的特性；他不愛畫蛇添足的工夫理論，故稱「工夫總是一般，今說這里補箇敬字，那里補箇誠字，未免畫蛇添足」〔註159〕。這種「易簡而天下之理得」之精神，自然不著重詞章記誦或貪多求快；所以，才強調使天下務去其文，以求其實的觀念。例如他說：

> 孔子述六經，懼繁文之亂天下。惟（思）簡之而不得。使天下務去
> 其文，以求其實。非以文教之也。〔註160〕

陽明的精神是「易簡而天下之理得」，並不著重在詞章記誦，故云使天下務去其文，以求其實。唯後人不能真切地了解，即流於不讀書之狂禪一派。例如一般以陽明所言「良知」，似乎是先天地現成，且不言而喻。此一問題出現在王學末流，「王學末流以現成言良知，掃聞見以明心，任心而廢學；掃善惡以空念，任空而廢行。以致於輕詩書禮樂、名節忠義所帶的流弊，影響了晚明理學之發展」〔註161〕。

明末東林學派講學、劉蕺山、黃道周等人，均對王學末流侈言良知之弊有所修正；並使明末學風趨向客觀、實踐的經世致用之學。顧憲成即以陽明之說優點是令人「一切解脫，無復掛礙，高明者入而悅之」〔註162〕；但缺點即是使多數人「以任情為率性，以隨俗襲非為中庸，以閹然媚世為萬物一體」（同上）。明末清初的學者如顧炎武、王夫之與朱舜水，更批評陽明學對時局的危害，其主要的批評角度是以其為禪；或責備王學末流廉恥喪，忘君父。

如王夫之云：「王氏之學……無忌憚之教立，而廉恥喪，盜賊興……故君父可以不恤，名義可以不顧」〔註163〕。對於這些批評，解鈴仍需繫鈴人，我們認為問題的解決仍必須回到對王學的重新理解。王學的缺點，即是對觀念的解釋重存在原則，而輕表達原則；陽明自然懂其良知體系脈絡下的文義與真義，唯其弟子是否有能力，穿透語言本身可能有的「虛擬」特性〔註164〕，

〔註158〕〈傳習錄〉中，同註1，頁59。
〔註159〕〈傳習錄〉上，同註1，頁32。
〔註160〕〈傳習錄〉上，同註1，頁6。
〔註161〕參見陳福濱：《晚明理學思想通論》，台北：環球書局，1983，頁2。
〔註162〕《明儒學案》，卷五十八，頁1390。
〔註163〕《張子正蒙注》，台北：世界書局，1962，卷九。
〔註164〕有些語言可能有其虛擬性，這是哲學史上的重要問題，例如《墨子‧經下》：「以言為盡誖，誖，說在其言」，即懷疑「言」能完整地表達「意」的觀點。又如《莊子‧天道》：「語之所貴者意也，意有所隨。意之所隨者，不可以言

指直王陽明精髓，似乎「四句教」學術公案的存在事實，已經否定了我們的期待。「至易至簡」的流弊，即發生在王學之表達範疇，例如：

> 聖人作經，固無非是此意，然又不必泥著文句。〔註165〕

> 義理無定在，無窮盡……再言之十年，二十年，五十年，未有止也〔註166〕。

> 此理豈容分析？又何須湊合得？聖人說精一，自是盡。〔註167〕

「此理豈容分析」，這似乎是反對「理性分析」，只籠統地說一切盡在不言中；這裡即隱藏了王學發生質變的可能。「不必泥著文句」與「義理無定在」的意思，不是說不必讀書；而是認爲，要能先掌握讀書的方向，才能說不必泥著文字。唯後人不能眞切地了解，即流於不讀書的狂禪；所以，可以說「至易至簡」的流弊，即發生在王學「語言」或「表達」特性上；此一特性使學者對致良知方法的理解，易滯於見聞，又專求之見聞之末；所以，產生各種流弊，王門諸子的問題亦由此衍生。

（二）「明覺精察」與「真切篤實」：表達與存在之困境與解決

陽明曾經說：「心之精微，口莫能述，亦豈筆端所能盡已！」〔註168〕。對心體的分析，以文字或表達形式分析其義，常難以盡之。因爲，「概念與言說往往限於某一個側面，因而執著於名言，常常難以把握心體」〔註169〕；換言之，即表達系統對存在狀態的逼近，仍有其先天的困境，使心之精微，口莫能述。陽明對此問題的解決曾經說「如何不講求？只是有箇頭腦」〔註170〕。而這「有個頭腦」的比喻，主要目的在指出使言說（表達）與存在的問題，不再「牽制纏繞於言語之間，愈失而愈遠矣」。例如陽明說：

> 學者不能著體履，而又牽制纏繞於言語之間，<u>愈失而愈遠矣</u>。行之明覺精察處即是知，知之眞切篤實處即是行。〔註171〕

除了必須明白表達與存在二者間的哲學問題外；陽明將解決問題的方向，導

傳也」等觀點皆指出此一問題。

〔註165〕〈傳習錄〉上，同註1，頁9。

〔註166〕〈傳習錄〉上，同註1，頁10。

〔註167〕〈傳習錄〉上，同註1，頁12。

〔註168〕〈答王天宇〉，《王陽明全書》（二），頁15。

〔註169〕參見楊國榮：《良知與心體──王陽明哲學研究》，前揭書，頁232。

〔註170〕〈傳習錄〉上，同註1，頁2。

〔註171〕〈與道通書〉，《王陽明全書》，上海：上海古籍出版社，1992，頁1207。

向了從「知行合一」中尋求「實有諸己」的方向。所以，才接著說「行之明覺精察處即是知，知之眞切篤實處即是行」。即在哲學存在的基本位置上，陽明並不走向老子的道不可言、不可名的方向；亦不走向維根斯坦對言說保持沉默。反之，他對表達本身的缺點（流於口耳的問題），採取了「其精微必時時用力省察克治，方日漸有見」的實踐性進路，以創造最大的人性價值的哲學方式，既避免了西方知識論式的哲學困境；亦避免了老子哲學，衍生出過度強調神秘特性，太強調非理性面發展可能。例如他說：

> 今爲吾所謂格物之學者，尚多流於口耳。況爲口耳之學者，能反於此乎？天理人欲，其精微必時時用力省察克治，方日漸有見。如今一說話之間，雖只講天理，不知心中倏忽之間，已有多少私欲；蓋有竊發而不知者，雖用力察之，尚不易見，況徒口講而可得盡知乎？
> 今只管講天理來頓放著不循，講人欲來頓放著不去，豈格物致知之學？後世之學，其極至，只做得箇義襲而取的工夫。〔註172〕

時時用力克治省察，實即是克己、爲己與成己；一如陽明說：「人須有爲己之心，方能克己，能克己，方能成己」〔註173〕。陽明從成聖的理想出發，通過對心體的自悟，成就內在德性。就王學在表達範疇的困境而言，楊國榮認爲「這種爲己的過程，也就是使心體實有諸己的過程。與之相對，名言的辯析，往往以成就知識爲特點；就其與心體的關係而言，它首先將心體視爲理解的對象，從而使兩者的關係而爲能知與所知互相對待的局面」〔註174〕。這種能知與所知互相對立的情況，「名言的辯析便從屬於個體的自悟，言意之辯上的『說』則相應地轉向了身心之學上的『行』」〔註175〕，即從「口耳之學」的辯析，更實際地轉向以下三種「致良知」的內容。

　　「致良知」的工夫基本上包含了「修身立志」、「必有事焉」與「勿忘勿助」三要點，以下分別說明之。

　　陽明說；「志不立，天下無可成之事」〔註176〕，「修身是已發邊，正心是未發邊，心正則中，身修則和」〔註177〕。從正心到修身，陽明重視從立志開

〔註172〕〈傳習錄〉上，同註1，頁21。
〔註173〕〈傳習錄〉上，同註1，頁29。
〔註174〕參見楊國榮：《良知與心體——王陽明哲學研究》，前揭書，頁233。
〔註175〕參見楊國榮：《良知與心體——王陽明哲學研究》，前揭書，頁236。
〔註176〕〈大學問〉，同註1，頁120。
〔註177〕〈傳習錄〉上，同註1，頁21。

始；陽明所言之「立志」可以從兩方面分析：第一、立志是一種凝聚力量的過程，使人能運用「中和式自然動力」，實踐陽明所言之「活潑潑地」用「致良知」工夫，故陽明說「志不立，天下無可成之事」〔註178〕。第二、立志是一種「人自體」的存在性之自覺過程，即要求人在立志之初「要去除舊習中所愛好者」〔註179〕。此即陽明所喻，一如樹初生時，必須刪削方能使根幹能大；初學時亦然，故立志貴專一。

陽明又說「必有事焉」與「勿忘勿助」二觀念，他曾經說：

> 若時時去用「必有事」的工夫，而或有時間斷，此便是忘了，即須「勿忘」：時時去用「必有事」的工夫，而或有時欲速求效，此便是助了，即須「勿助」。其工夫全在「必有事焉」上用。〔註180〕

「必有事焉」指出工夫上必須「常提不忘」，常「戒懼克治」以去私欲，即時時去集義。如果工夫有時間斷了，則此時須有「勿忘」的工夫，如果有貪求速效的心理出現，則須「勿助」的提撕警覺。此二觀念，其意義在指出：王學除了是一學說之外，更是一種人存在的生存方式，而絕不僅是一種知識論的分析過程；換言之，哲學在陽明而言，即是生活世界中困境的面對，而非學術宮殿中的理論傳授；此一特性，大有蘇格拉底在街頭辯論哲學觀念，孔子周遊列國推展理想的實踐性格，亦是原初哲學發展的主要目的。

（三）「念慮之精微」或「事理之精微」──「尊德性」與「道問學」

從「精微」的角度，觀察自身缺點是必要的；自身的缺點有許多是「不勝其小者」，必須仔細地觀察才能得知。所以，陽明說：「人不能『盡精微』，則便爲私欲所蔽，有不勝其小者矣。故能細微曲折，無所不盡，則私意不足以蔽之，自無許多障礙遮隔處，如何廣大不致？」〔註181〕。即陽明認爲如果人不能「盡精微」則難以察覺思維的死角，故仍容易「爲私欲所蔽」；只落在「言說」上致良知，在念慮上盡精微。一如以下這段陽明與學生的問答：

> 又問：「精微還是念慮之精微，事理之精微？」曰：「念慮之精微，即事理之精微也。」〔註182〕

發問者的程度，仍落在思辨上，區分是「念慮之精微」或是「事理之精微」。

〔註178〕〈大學問〉，同註1，頁120。
〔註179〕〈傳習錄〉上，同註1，頁27。
〔註180〕〈傳習錄〉中，同註1，頁68。
〔註181〕〈傳習錄〉下，同註1，頁102。
〔註182〕〈傳習錄〉下，同註1，頁102。

陽明並非直接回答此問題，而是針對此發問之基礎或背景，而回答「念慮之精微，即事理之精微也」。從相對層面分析，陽明的回答亦是否定了發問者二分之基礎。因爲發問者，只是發揮了「語言」層次的提問水平，而未能盡細微曲折，所以，陽明認爲他未能眞正做到「盡精微」工夫。這種陷入二元困境的問題，不但是陽明本人欲解決的課題，其實亦是理解王學最困難的部分，也是本章在第二節中，提出三元性結構以理解王學的目的。相同問題，亦發生在「尊德性」與「道問學」的觀念上：

> 以方問「尊德性」一條。先生曰：「『道問學』即所以尊德性」也。晦翁言子靜以『尊德性』晦人，某教人豈不是『道問學』處多了些子，是分『尊德性道問學』作兩件。且如今講習討論下許多工夫，無非只是存此心，不失其德性而已：<u>豈有『尊德性』只空空去尊，更不去問學</u>，問學只是空空去問學，更與德性無關涉？……「『盡精微』即所以「致廣大」也，「道中庸」即所以『極高明』也。〔註183〕

發問者的問題，仍在於未能掌握陽明「精微」之旨；即未能掌握「致良知教」中「自然動力」的結構性。即有眞正的哲學能力、能盡精微，陽明的良知學說才是活的；如不能盡精微，未見致良知的內在動力性，則所有的觀念只是空詞。即是只見「枝葉」，而未見「本原」，故產生流弊。所以陽明在「尊德性」與「道問學」的問題上強調，不能「只空空去尊，更不去問學」。

這裡很明顯地即指出其「良知」非現成，非先天具有各種知識系統的；同時，亦突顯了其「良知」主要是屬於一種道德性的應然之知的範疇。一如牟宗三教授認爲「不可取世間極成之知識以爲良知……良知天理只是一個應當不應當之先天的決定……知識是良知之貫徹中逼出來的」〔註184〕。牟氏指出了知識論中的「知識學問」與倫理學中「應然之知」不同；良知範疇的靈明，主要是對於何者應當不應當的判斷。

陽明並非認爲良知即涵攝所有的知識體系，而是如本章第二節所言，三元論中的第一元——「至善與天命」一元說萬物一體與心外無物。在「至善與天命」流行不息的背景下，心體時時刻刻都可以遵循「精微」的原則，運用良知本具的自然動力，呈現活潑潑地致良知功夫。此即陽明所云：「要時時

〔註183〕〈傳習錄〉下，同註1，頁102。
〔註184〕參見牟宗三：《從陸象山到劉蕺山》，台北：台灣學生書局，1979，頁 257～258。

用致良知的功夫，方才活潑潑地，方才與他川水一般」〔註185〕，「活潑潑地」用致良知工夫即是重體驗與實踐，這是陽明對其學說可能發生流弊所做的彌補。因此，「體驗」在其學說中是一種要的方法，例如王陽明問陳九川「於致知之說『體驗』如何？」〔註186〕，王陽明非常關切學生對良知體系的「體驗」與「實踐」情形，這是在其提出「易簡」原則時的必須注意的條件。

總之，如果能同時掌握陽明傳承自《中庸》的精神，以及「易簡」與「精微」二觀念；並使其一貫而全無所失，即是著實地實踐「修身立志」、「必有事焉」與「勿忘勿助」三種致良知內容；即是實踐王學的中道內涵。這種不偏不倚的態度，正是本書採用「《中庸》修養論」的方法分析陽明「易簡」哲學的目標。即在簡易與精微兩者之間，透過回歸「良知」與「天理」的原則掌握其中的一貫精神，以避免王學的「至易至簡」原則，產生各種流弊的可能。

第三節　四句教

四句教為陽明晚年所立教法，陽明云「我年來立教，亦更幾番，今始立此四句」，可知此四句教在陽明一生的學問進展上，實具關鍵性地位。四句教的記載見於《傳習錄》下、《年譜》三，以及《王龍溪全集》卷一〈天泉証道記〉；前二者是緒山（錢德洪）所記，後者則由龍溪（王汝中）所載。四句教文本形成的過程，當然難以免除記錄者個人意見滲入其中；例如緒山的行文，在語氣上較近似於傳述，此與龍溪另立四無說，在行文之語氣上多所發揮者，完全不同。

又因陽明所立的是四有，且他以四無為「此顏子、明道不敢承當，豈可輕易望人？」，所以，本文的討論將以《傳習錄》與《年譜》為主，以龍溪所載為參考。在分析方法上，仍然從「中庸修養論」的觀點考察「四有說」與「四無說」。因為「四句教」的內容，本來即分別是對上、下根器者而有的不同立論與分析；陽明認為四句教的處理原則，在於使緒山與龍溪「二君（的觀點）相取為用」，而其在目標則在於使「中人上下皆可引入於道」〔註187〕；而《中庸》一書的內容，亦明白地為根器不同者指出相同的努力方向，例如「或生而知之，

〔註185〕〈傳習錄〉下，同註1，頁86。
〔註186〕〈傳習錄〉下，同註1，頁78。
〔註187〕〈傳習錄〉下，同註1，頁98。

或學而知之，或困而知之，及其知之，一也；或安而行之，或利而行之，或勉強而行之，及其成功，一也」等觀念。所以，本節將嘗試從「中庸修養論」的觀點來，分析陽明四句教內容，以獲得一理解王學適當的視域。

壹、「四句教」之內涵

一、陽明四句教的內涵

四句教的內涵從歷史分析，發生在一五二七年九月陽明準備復征思田之際。此時，陽明師生間有一段重要的問學紀錄：

> 汝中舉先生教言：「無善無惡是心之體，有善有惡是意之動，知善知惡是良知，爲善去惡是格物。」德洪曰：「此意如何？」汝中曰：「此恐未是究竟話頭：若說心體是無善、無惡，意亦是無善，無惡的意，知亦是無善、無惡的知，物亦是無善、無惡的物矣。若說意有善、惡，畢竟心體還有善、惡在。」〔註188〕

〈年譜〉中對此師生對話之紀錄更爲詳盡，可以爲看出陽明對緒山與龍溪對話的評價與語氣。爲了使表達更爲完善，我們將不避冗長的引述相關的對話，以見陽明之思想與教學態度：

> 九月壬午，發越中，是月初八日，德洪與畿訪張元沖舟中，因論爲學宗旨。畿曰：「先生說知善知惡是良知，爲善去惡是格物，此恐未是究竟話頭。」德洪曰：「何如？」畿曰：「心體既是無善無惡，意亦是無善無惡，知亦是無善無惡，物亦是無善無惡。若說意有善有惡，畢竟心亦未是無善無惡。」德洪曰：「心體原來無善無惡，今習染既久，覺心體上見有善惡在，爲善去惡，正是復那本體功夫。若見得本體如此，只說無功夫可用，恐只是見耳。」畿曰：「明日先生啓行，晚可同進請問。」

> 是日夜分，客始散，先生將入內，聞洪與畿候立庭下，先生復出，使移席天泉橋上。德洪舉與畿論辯請問。先生喜曰：「正要二君有此一問！我今將行，朋友中更無有論證及此者，二君之見正好相取，不可相病；汝中須用德洪功夫，德洪須透汝中本體；二君相取爲益，吾學更無遺念矣。」德洪請問，先生曰：「有只是你自有，良知本體原來無有，本體只是太虛；太虛之中，日月星辰，風雨露雷，陰霾曀氣，

〔註188〕〈傳習錄〉下，同註1，頁98。

何物不有？而又何一物得爲太虛之障？人心本體亦復如是，太虛無形，一過而化，亦何費纖毫氣力？德洪功夫須要如此，便是合得本體功夫。」畿請問，先生曰：「汝中見得此意，只好默默自修，不可執以接人；上根之人，世亦難遇，一悟本體，即見功夫，物我內外，一齊盡透，此顏子、明道不敢承當，豈可輕易望人？〔註189〕

首先我們分析這段引文的幾個重點：第一、「四句教」之教法，以「無善無惡是心之體，有善有惡是意之動，知善知惡是良知，爲善去惡是格物」爲內容。然因理解之角度有所不同，而引發「四有說」與「四無說」之爭論；其中四有說，爲錢緒山之主張，強調復那本體的功夫，反對只見本體，說無功夫可用；這是基於多數人「今習染既久」而發的觀點。四無說則爲王龍溪之見解，強調心體既無善無惡，則心、意、知、物皆無善無惡，以及良知本體原來無有；著重在本體論的形上觀點。

第二、陽明對兩人皆有間接地稱贊，例如：「朋友中更無有論證及此者」與「二君之見正好相取」。即表示陽明重視與肯定兩人的問題意識，認爲二人提出的問題，由於涉即知識論的邊際問題，如何過度到形上學與價值論的範疇，雖說其解決之道不易爲之，但基本上已經屬於難得的哲學問題。

第三、因緒山個性的特點是能「見工夫」，在修養工夫上又重「有」的觀念；所以，陽明答以「無」，以「有只是你自有，良知本體原來無有」，向緒山強調在工夫之背後的本體與根源觀念，設法使緒山能見工夫，亦能見本體。又對龍溪個性上能「見本體」的特質，在理論上又重「無」的特性；所以，陽明答之以「有」，而以「一悟本體，即見功夫」的原則，向龍溪強調本體與工夫，必須「物我內外，一齊盡透」，而不能只去懸空想個本體。這是陽明依學生個性與專長不同，因材施教的例證。

第四、陽明特別強調：「上根之人，世亦難遇」；即在陽明而言「生而知之者」是很少的，故云「此顏子、明道不敢承當，豈可輕易望人」。陽明在此，有警告龍溪的意思，提醒他不可輕易以此法教人；陽明著重的教法仍是以多數的常人爲對象，但亦兼上根之人。從另一角度看，我們也可以說陽明「在內心對四無之說更爲欣賞，但作爲指導學者的學問宗旨來看，他更強調四有之說的實踐意義」〔註190〕。

〔註189〕〈年譜〉，《王陽明全書》（四），頁147。
〔註190〕參見陳來：《有無之境——王陽明哲學的精神》，前揭書，頁203。

第五、關於陽明爲什麼將「心體」說成無善無惡，根據日籍學者岡田武彥的研究中發現：陽明不言「至善是心之體」，而說「無善無惡心之體」；從龍溪的觀點說，有可能是因爲當時學者認情爲性，誤解了孟子性善說主旨，故爲了打破當時學者執於意見之弊，掃盡一切意見與情識，而直下悟得良知之無體，故有此說。從緒山的觀點而論，則是因爲當時求至善者，學者多求事物之定理與規範，以爲虛靈內先有個善，所以反而窒其虛靈之體，塞其聰明之用，故陽明特意說心體無善無惡就是爲了匡救此弊〔註191〕。《明儒學案》中，錢緒山亦云：「故先師曰『無善無惡者心之體』，是對後世格物窮理之學，先有乎善者立言也。因時設法，不得已之辭焉耳」〔註192〕，可見陽明以「無善無惡」立論「心體」，確有其時代背景的考量與針砭時局的迫切需要。

二、陽明教學方法之特性

陽明認爲學生的資質，並非完全相同；其教學理論之設定對象，主要是以「中人上下」爲對象，兼顧「利根」（上智）之人。例如他曾經說：

> 我這裏接人，原有此二種：利根之人，直從本原上悟入，人心本體
> 原是明瑩無滯的，原是箇未發之中；利根之人一悟本體即是功夫，
> 人己內外一齊俱透了，其次不免有習心在，本體受蔽，故且教在意
> 念上實落爲善、去惡，功夫熟後，渣滓去得盡時，本體亦明盡了。
> 汝中之見，是我這裡接利根人的：德洪之見，是我這裡爲其次立法
> 的。二君相取爲用，則中人上下皆可引入於道。〔註193〕

陽明非常贊賞利根之人，認爲這種人是直接從本原上悟入，一悟本體即是功夫，人己內外一齊俱透了，正如足色之精金。唯這種人很少，故他雖認肯龍溪的體悟，但在教育理論方面，爲求一適合較多數人的中庸性發展，他著重緒山的工夫路線。例如陽明說道：

> 二君已後與學者言，務要依我四句宗旨：無善無惡是心之體，有善
> 有惡是意之動，知善知惡是良知，爲善去惡是格物。以此自修，直
> 蹟聖位；以此接人，更無差失。」畿曰：「本體透後，於此四句宗
> 旨何如？」先生曰：「此是徹上徹下語，自初學以至聖人，只此功夫。
> 初學用此，循循有入：雖至聖人，窮究無盡：堯、舜精一功夫，亦

〔註191〕參見岡田武彥：《王陽明與明末儒學》，上海：上海古籍出版社，頁106～107。
〔註192〕《明儒學案》，第十一卷，頁235。
〔註193〕〈傳習錄〉下，同註1，頁98。

只如此。」先生又重囑付曰:「二君以後再不可更此四句宗旨。此四句中人上下無不接著;我年來立教,亦更幾番,今始立此四句。人心自有知識以來,已為習俗所染,今不教他在良知上實用為善去惡功夫,只去懸空想個本體,一切事為,俱不著實。此病痛不是小,不可不早說破。」是日洪、畿俱有省。〔註194〕

可見四句教為徹上徹下、適合各種資質學生的教法。從上述引文可觀察到,陽明重視的是對「教法」本身的探討,故重視教法(接人)的方式本身是否「更無差失」,是否適切。並使「初學用此,循循有入,雖至聖人,窮究無盡」,使初學與聖人,都涵攝入其教法之中。

以最初設定的目標言,陽明所立之教法,其適用性範廣大,從百姓至聖人,從中下根人至上智之人。但同時也顯示出其問題,即陽明所說「二君以後再不可更此四句宗旨」;這似乎是限制了其後學進一步開展其學說的可能性。這裡我們可以做兩種推測:第一,有可能是因為陽明內心明白,其兩位高徒的程度,仍未能真切地達到其最佳理想境地;即未能具有再創造儒學新體系的實力,故發此語。第二,「不可更動此四句宗旨」一語,所指不可變者為傳至陽明二千年的「儒學精神」,並非指儒學的表達形式。宋明理學的表達結構,基本上是吸宗佛教語言與概念後的新表達形式,但在精神上仍舊上承先秦儒學精神,並非更動。

總之,我們認為陽明雖欣賞利根之人,但在理論上已指出其教法,應著重的入手處——致良知,並強調實用功夫與實踐過程。同時,也已告誡學生,切切不可使「一切事為,俱不著實」;並認為「此病痛不是小,不可不早說破」。即陽明在教學上,已經完成了警惕學生之責,所以,一旦後學誤解,任性自為,即應自付其責。

本書在此亦對相關議題提出二項看法:第一,哲學理論,例如孔孟與陽明學說本身,即是哲學家本人,對其生命現象的反省與再創造的「表達成果」;即孔孟與陽明本人,並不在意其理論是否偉大或具社會性成就,反之,理論的完成本身,即是其生命的一種呈現方式。第二,如果後來有陽明必須為亡明負責一說,則其王學的責任即在「一無」觀念的提出困難度過高,遠超過後期學者的理解。換言之,陽明在其哲學的「表達系統」的範疇內可能有瑕疵,但在其所用心的「存在系統」——「心即理」與「致良知」觀念,確實

〔註194〕〈年譜〉,《王陽明全書》(四),頁 147。

已將宋明儒學再次帶向時代高峰。

三、四句教中「一無」與「三有」之意義

　　「一無」觀念是指「無善無惡是心之體」所指稱的本體，即龍溪所據以理解之出發點。從正面而言，這是「陽明更有進於先儒之說者，在人性為善惡混之諸說既起之後，而欲確證人心之性善，便只有一方面承認心之兼有善端與不善端之表現；同時，指出此心在另一方，又能在更上一層次，自善其善兼惡其惡，方見此心之性之畢竟唯在向善」〔註195〕。從反面而言，這亦是後來陽明被指責為「掃善惡以空念」的原因。

　　陽明的用語確有其缺失，其學說原本建構在「良知與心體」之上，但卻以「無善無惡」描述心體，此即間接地危及了心體的價值。並且，使學生非常容易產生誤解，使後學以為其「良知與心體」與道德價值無關；同時，「一無」的觀念，亦使「陽明之弟子門生多主張任性自然，無有不善；此則未必盡陽明學之本義，故產生極大之流弊」〔註196〕。一如明末顧憲成即以「性乃至善」的觀點，反對陽明「無善無惡」說：

> 近世喜言無善無惡……予竊以為經言無方無體，是恐著了方體也；言無聲無臭，是恐著了聲臭也；言不識不知，是恐著了識知也。何者？吾之心，原自超出方體聲臭識知之外也。至於善，即是心之本色，說恁著不著？如明是目之本色，還說得個不著于明否？〔註197〕

透過第二節「致良知教三元結構」的分析，我們認為陽明「無善無惡」之說，至少必須透過三元性的理解，方能呈現一種有本有源的整體觀。但是，此一三元分析的過程，對王學理論於社會的傳播需求而言，無疑地是困難的；這是陽明學在形式上的一個重大缺陷，亦是其「表達系統」本身的問題。

　　其改善的可能，如就本書方法論所提三元結構觀點分析，「心」之本體「無善無惡」的概念，如果能接受《中庸》所云「至善與天命」一元的基礎觀點在先，則可較容易理解陽明「無善無惡」觀念的真正意思。因為在《中庸》的體系下，從「致中和，天地位焉，萬物育焉」的觀點而言，天地位與萬物育，所隱含的命題即是「萬物並育而不相害，道並行而不相悖」。如果我們能

〔註195〕參見唐君毅：《中國哲學原論》〈原性篇〉，台北：台灣學生書局，1989，頁460。

〔註196〕參見陳福濱：《晚明理學思想通論》，前揭書，頁77。

〔註197〕《明儒學案》，卷五十八，頁1390。

先體認此一觀點，則我們將很容易理解王學的「三有」觀念的前提，所根據的自然動力，與陽明在四句教提出「無善無惡」觀念，根本是立足於同一基礎的。同時，在分析王學各種概念中，亦能注意到王學的本源問題，即注意到陽明立「天理即良知」原則的主要用意。

王學的「三有」觀念，主要是指「有善有惡是意之動，知善知惡是良知，為善去惡是格物」的內容。所強調者為「工夫」，即錢德洪所依據之具體教法；亦是陽明設教，為多數學生所指出的最後趨向。從上述「致中和」的觀點，我們即可以「從存在的角度」，稱這股使天地位，萬物育的力量，為中和式的自然動力；以彰顯這股——使王學「三有」的工夫可以有落實之力量。也可以「從表達的角度」，視「三有」觀念，以「有善有惡」、「知善知惡」與「為善去惡」三結構，表達了其教法的主要內容，做為後學實踐修養工夫的三項指標。

如再就「三有」的觀點回顧陽明一生教法，我們發現「三有」一說，實為陽明綜合了朱陸之學而有之新表達形式。因為，陽明早期重內在的誠意、修身，此即是重視「有善有惡」的問題；進一步提倡知行合一之教，較重視收攝靜養，此即是四句教之「為善去惡」的工夫；江右以後，專提「致良知」三字，則是重視四句教中的「知善知惡」的良知本體。此時「心體」知是知非，又無是無非；既能判斷善惡，又無善惡，即為四句教之「一無」的內涵。

換言之，陽明「三有」觀念的內涵，一方面是存天理；另一方面，則是去人欲。這與朱子存養本心，與省察天理的模型是類似的；至於陽明與朱子的不同則在於陽明依據「象山心即理之教，以先立此即天理之昭明靈覺，即良知之心體，以為其雙管齊下，而一面存養天理以知是，一面省察以知是而亦知非之所本；於是存養與省察二工夫，在陽明乃打併歸一」〔註198〕。即一方面承繼宋代哲學，另一方面在明代又運用了新的詮釋語言，表達了宋明理學存理去欲之精神。

從上述對「一無」與「三有」的分析可知，「四無說」所理解的出發點為良知本體，乃針對「利根之人」而言。而「四有說」強調之觀點為則為工夫，針對「人有習心」而發。從上述引文的語氣與陽明的評價分析，特別是「人心自有知識以來，已為習俗所染，今不教他在良知上實用為善去惡功夫，只去懸空想個本體，一切事為，俱不著實」一語，可知陽明確實重視「四有說」。因為「四

〔註198〕參見唐君毅：《中國哲學原論》〈原性篇〉，台北：台灣學生書局，1989，頁467。

有說」所強調之觀點為「有實地步」可用之工夫；同時，他認為若僅說本體，或僅知工夫，則是「各執一邊，跟前便有失人，便於道體各有未盡」。

如果在理論上只贊同王龍溪強調的「四無」觀念，以心、意、知、物皆屬「無」的概念，則似乎陽明提出「知行合一」、「誠意之教」與「致良知教」三者，皆屬於多餘。然而，陽明雖然較重視「四有說」，但在整體看顧中之，他並不否定「四無說」，並不否認利根之人，可以透過四無說達成同樣的目標。因為在陽明學中本體與工夫實乃合一的，無工夫則不足以成就本體，無本體則工夫形同支離。本書認為對「四有」與「四無」觀念的辯論，實應從「表達」與「存在」二系統，進行一較全面的理解，方能使此二觀念如陽明所言「相資為用」。

其次，關於陽明立四無說時期的思想；根據本書的分析，我們不宜認為陽明從江西末期到居越末期的學說，必須看作「兩個不同的發展階段」〔註199〕。因為，如果陽明此時期的觀點有所不同，其實那只是在「表達系統」中的觀察，而非在「存在系統」產生了實質性不同。即就存在的整體分析，我們認為孔子的「吾道一以貫之」《論語‧里仁》，或者《孟子‧告子上》之「從其大體」，以及《中庸》「立天下之大本」的精神，早已為陽明所繼承，並在較早的「誠意之教」時期與稍後「四句教」時期同時展現。

例如陽明說：「致良知三字，真聖門正法眼藏」〔註200〕，「自滁州到今，亦較過幾番，只是『致良知』三字無病」〔註201〕，以及「致良知是學問大頭腦，是聖人教人第一義」〔註202〕等觀念，他都嘗試以不同的表達方式，表現其學說的主要精神——在於「致良知教」。

又對於陽明「心體」與「善惡」關係的探討，陳來教授認為「四句教」中，陽明「無善無惡心之體」所討論的問題與倫理的善惡無關，而是強調「心」所本具的「無滯性」；並由無滯性的觀點，所以才能說心之本體明瑩無滯，是未發之中；即心之本體，其本體不是指某種本質，某種倫理原則，而是一種本然的情感——心理狀態〔註203〕。並且，陽明平日論「至善者心之本體」，所指「心」之「至善」如何與「無善無惡」的衝突得到解決，陳氏認為這裡「至善」的意

〔註199〕參見陳來：《有無之境——王陽明哲學的精神》，前揭書，頁 329～330。
〔註200〕〈年譜〉，《王陽明全書》（四），頁 125。
〔註201〕〈傳習錄〉下，同註1，頁 87。
〔註202〕〈傳習錄〉中，同註1，頁 58～59。
〔註203〕參見陳來：《有無之境——王陽明哲學的精神》，前揭書，頁 202～210。

義不是道德的,而是超越道德的﹝註204﹞。我們認視良知心體「與倫理的善惡無關」是值得討論的觀點,因為中國哲學無論如何,都難以離開道德與倫理的善惡問題。假設此「心」概念是指「不著意思」與「不動於氣」的「心」,我們認為此「心」仍應與「道德的心」是同一個心。由「無滯性」的觀點說心,我們亦認為此一「無滯性」亦應是一種道德的無滯性。即陽明的「心」觀念,無論是用「至善無惡」、「無善無惡」等方式論述,皆指同一個「人自體」中的心或良知,並由此發展出其與「天理」的關係,以及心、性、理相關的哲學。

貳、錢緒山與王龍溪之論學

王門弟子遍及全國,又因浙江為王陽明故鄉,故從遊者眾。門人中徐愛早亡,故緒山與龍溪遂於王門稱大弟子。陽明平宸濠歸,四方來者眾,亦常由兩人先疏通其大旨;後卒業於陽明,一時稱教授師,在王門後學中地位甚高。唯兩人由於個性不同,對陽明學說的理解有不同的側重,緒山主後天誠意之教;主張在意念上為善去惡,以此回復先天之性。龍溪則主不起念,以保任先天至善在心中流行不息。此一不同的理解,開啟了王門後學不同的發展路徑。

一、錢緒山之學

錢德洪字洪甫,號緒山,浙之餘姚人。資性篤實,與王龍溪特質不同;受學於陽明平豪歸越之後,習聞陽明晚年致良知之教。在野三十年無日不講學,對陽明良知學的把握方向有二:一是承認先天良知,第二是認為先天良知必須配合格物、致知、誠意、正心的後天工夫。他反對只見工夫不見本體,使得工夫本身不自然,阻塞了良知本體中流行不息之力量。亦反對只見本體而不見工夫,養成虛狂之見。緒山之著作並未流傳﹝註205﹞,今人多只能以王龍溪的〈緒山錢君行狀〉﹝註206﹞與周汝登的《王門宗旨‧錢緒山先生語抄》﹝註207﹞來進行理解。錢緒山所傳承陽明最重要的精神主要在「誠意」之功,例如他說:

> 昔者吾師之立教也,揭誠意為《大學》之要,指致知格物為「誠意」
> 之功,門弟子聞言之下,皆得入門用力之地。……誠意之功,自初

﹝註204﹞ 參見陳來:《有無之境——王陽明哲學的精神》,前揭書,頁211。

﹝註205﹞ 根據《明史‧藝文志四》的記載錢德洪有《緒山集》二十四卷,今不見。(卷九十九,頁1079)

﹝註206﹞ 《明儒學案》,卷十一,頁94～100。

﹝註207﹞ 《四庫全書存目叢書》,子部13,卷十,台南,莊嚴文化公司,1995,頁722～737。

學用之即得入手，自聖人用之精詣無盡。……師云：「誠意之極，止
至善而已矣。」是止至善也者，未嘗離「誠意」而得也。言止則不
必言寂，而寂在其中；言至善則不必言悟，而悟在其中，然皆必本
於誠意焉。何也？蓋心無體，心之上不可以言功也。應感起物而好
惡形焉，於是乎有精察克治之功。誠意之功極，則體自寂而應自順，
初學以至成德，徹始徹終無二功也。是故不事「誠意」而求寂與悟，
是不入門而思見宗廟百官也；知寂與悟而不示人以誠意之功，是欲
人見宗廟百官而閉之門也，皆非融釋於道者也。〔註208〕

錢緒山之學中「誠意之教」的重點有二：第一，誠意觀念，不但爲「入門用
力之地」，且「初學以至成德（成聖），徹始徹終無二功也」。第二，「誠意之
極，止至善而已矣」，故不必言寂，而寂在其中；言至善，則不必言悟，而悟
在其中；反對再言歸寂與証悟的教法。

　　對陽明「良知與心體」一元的內涵，他亦認爲是爲了覺察「致良知教三
元結構」的第一元——「至善與天命」而立說。他說：「良知者，至善之著察
也」〔註209〕；又說「人只有一道心，天命流行，不動纖毫聲臭，是之謂微；
纔動聲臭，便雜以人矣；然其中有多少不安處，故曰危；人要爲惡，只可言
自欺，良知本來無惡」〔註210〕。可見他深得陽明宗旨，在至善天命之性的觀
點下，以良知本來無惡；但如果雜以人欲干擾，不見三元結構，便將立即落
入二元相對，則人終將失去「良知」觀念中的天命基礎而爲惡；且自欺欺人。

　　雖說陽明良知學說，重視對「天命」一元的掌握能力，較不強調「見聞
之知」；但緒山深知，陽明此說常容易遭誤解，使人只單方向地著重「不睹不
聞之見」，否定「見聞之知」的重要性。所以，他認爲宜在「良知」觀念的實
踐上，重視「精察」的工夫，並在上述兩個努力方向之間，尋求一中庸之道。
例如他說：

良知不假於見聞，故致知之功從不睹不聞而入；但纔說不睹不聞，
即著不睹不聞之見矣。今只念念在良知上精察，使是非非無容毫
髮欺蔽〔註211〕

〔註208〕《明儒學案》，卷十一，頁231。
〔註209〕《明儒學案》，卷十一，頁232。
〔註210〕《明儒學案》，卷十一，頁231。
〔註211〕《明儒學案》，卷十一，頁230。

緒山所指出在「念念在良知上精察」的工夫，即扣緊了陽明「良知」一元觀念的關鍵，進而精察「天理、至善」與「明德、親民」二元觀念。以本章第二節所言「良知」學說的三元性結構而論，緒山之學可說是同時把握住了工夫與本體二者，相當穩健地掌握了王學之精髓。

二、王龍溪之學

王畿字汝中，別號龍溪，浙之山陰人。資性明敏、穎悟，爲同門所不及。與錢緒山共同協助陽明教授弟子，被稱爲教授師；追隨陽明甚久，以傳授陽明精神爲己任。

（一）龍溪理論

龍溪之學，從先天本正之心體著手；他認爲學問必須「從心上立根」並且「以先天統後天」。例如他說：

> 從心上立根，無善無惡之心即是無善無惡之意，是先天統後天；從意上立根，不免有善惡兩端之決擇，而心亦不能無雜。〔註212〕

龍溪之學要求「立根」，故明確地直接指出致良知教的「根本」，即「至善與天命」一元。立根原則是王龍溪的優點，使良知學說有了基礎動力源；但他說「以先天統後天」，則同時種下其學的「病根」。因爲人先天的良知良能，本來無差等；但如果以「先天統後天」詮釋良知學說，並以之爲所有的行事原則，即相當容易產生「良知現成說」的弊端。

此即後來所謂「靈丹一粒，點鐵成金」〔註213〕，或「滿街都是聖人」〔註214〕等對王學的負面描述；即單向地要求「直下悟得良知之無體」，進而否定陽明的四句教；認爲「此（四句）恐未是究竟話頭」，轉而強調「若說心體是無善無惡，意亦是無善無惡的意，知亦是無善無惡的知，物亦是無善無惡的物矣」〔註215〕。換言之，他重視良知之「無」，從否定的辯證方式來呈現本體內涵。在此一思考脈絡下，「良知」可以是無中生有，「良知原是無中生有，即是未發之中；此知之前，更無未發，即是中節之和，此知之後，更無已發，自能收斂，不須更主於收斂，自能發散，不須更期於發散」〔註216〕。至此，

〔註212〕《明儒學案》，卷十二，頁238。
〔註213〕〈傳習錄〉下，同註1，頁77。
〔註214〕〈傳習錄〉下，同註1，頁97。
〔註215〕〈傳習錄〉下，同註1，頁98。
〔註216〕《明儒學案》，卷十二，頁239。

原為利根之人設教的「無善無惡」說，產生了觀念的質變；「良知之無」的觀念，在詮釋上產生了模糊的意義與內容。

（二）對龍溪理論之檢討

反省龍溪的觀點，就工夫而論良知是「當下現成，不假工夫修整而後得」（同上）。我們雖評估龍溪能掌握王學的精神，其四無說亦本為陽明所首肯；但卻對其執意側重「無中生有」的立場不能完全同意。特別是在表達系統之中，他明顯地出現偏向第一節誠意之教所分析之「開放之系統」，而忽略良知學說本身同時強調的「還原之功能」。所以，他所倡言之理論，例如「不須防檢、不須窮索、當下現成」等觀點，極易陷入禪學的缺失而不自知。

又例如龍溪說：「良知者無所思為，自然之明覺」〔註217〕，以及「學覺而已，自然之覺良知也，覺是性體，良知是天命之性，良知二字性命之宗」（同上）的觀點，皆是是相當具有存在性，但缺乏周延性的表達方式。所謂存在性，指龍溪指出了「至善與天命」一元，實為良知本體的最終基礎；缺乏周延性，是指「無所思為」與「學覺而已」的單線思維。因為此一思維，並不足以表達出其「至善與天命」一元的豐富內涵；亦不足以完整地指導後學，如何透過「良知」學說，還原出「天人關係」的完整理論。考察龍溪的四無說，似乎王學表達特性中的缺點，不但在龍溪身上仍未得到改善，反而更形偏頗。例如四無說雖本為陽明所首肯，但龍溪解釋自己的四無說時，竟以四無為「心體」：

> 蓋無心之心則藏密，無意之意則應圓，無知之知則體寂，無物之物
> 則用神；天命之性粹然至善，神感神應，其機自不容已，無善可名；
> 惡固本無，善亦不可得而有也，是謂無善無惡。〔註218〕

這段文字，相當能代表龍溪的「良知與心體」內涵；由其「無心之心」與「無意之意」的邏輯，亦可看出其「致虛」的學問進路。龍溪明白地說：「良知之能備萬物之變，以其虛也；致虛，則自無物欲之間，吾之良知自與萬物相為流通，而無所凝滯」〔註219〕。此即龍溪設法以「致虛」工夫的進路，讓先天本善之性體，直接透至良知與心體層面。

〔註217〕〈致知議略〉，《龍溪王先生全集》（上），卷六。
〔註218〕〈天泉証道紀〉，《龍溪王先生全集》（上），卷一。
〔註219〕〈宛陵會語〉，《龍溪王先生全集》（上），卷二。

　　簡言之，龍溪以「無」爲主要概念，運用有無辯證之後的思考空間，悟得本體即功夫之學。就精神而言，實有其高明之處；此高明處就在於它突破了宋明儒者「存天理，去人欲」與「爲善去惡」的窠臼，而另闢蹊徑。他所開闢的新途徑，就是將後天意念發生的通路塞斷，讓先天本善之性體直接透至心體層面，再進一步強調愼獨工夫。龍溪雖提倡良知之現成，但並不否定工夫的重要性；而且特別指出其工夫是指「內在的本體工夫」，並以「一念」爲對象。例如「百年事業」、「一念萬年」或「易簡直截事業」之所指，又例如：

> 千古聖學只從一念靈明識取……隨事不昧此一念靈明謂之格物，不
> 欺此一念靈明謂之誠意，一念廓然，無有一毫固必之私，謂之正心
> 〔註220〕

他認爲良知本來無欲，如能一念廓然，良知本自能無將無迎，住著天機常活，此乃易簡直截的根源。唯此一高邁理想，爲何卻爲劉蕺山批評爲「直把良知作佛性看，懸空期個悟，終成玩弄光景，雖謂之操戈入室可也」〔註221〕；這是王門後學必須反省的。龍溪之學是否爲禪是學術公案；事實上，龍溪曾經主張人性不分儒釋道，良知之性「以天地萬物爲一體，範圍三教之樞」，即龍溪曾經試圖以其理論涵容儒釋道，同時亦曾明確指出儒釋禪之別。例如他說：

> 人受天地之中以生，均有恆性；初未嘗以某爲儒，某爲老，某爲佛，
> 而分受之也。良知者性之靈，以天地萬物爲一體，範圍三教之樞，
> 不徹典要，不涉思爲，虛實相生而非無也，寂感相乘而非滅也。學
> 佛老者，苟能以復性爲宗，不淪於虛妄，是即道釋之儒也。〔註222〕

王龍溪此一觀點與《陽明全書》中的精神是一致的：

> 聖人盡性至命，何物不具？何待兼取？二氏之用，皆我之用；即吾
> 盡性至命中完養此身，謂之仙；即吾盡性至命中不染世累，謂之佛；
> 但後世儒者不見聖學之全，故與二氏成二見耳；譬之廳堂，三間共
> 爲一廳，儒者不知皆我所用，見佛氏則割左邊一間與之，見老氏則
> 割右邊一間與之，而己則自處中間，皆舉一而廢百也；聖人與天地
> 民物同體，儒、佛、老、莊皆吾之用，是之謂大道。〔註223〕

〔註220〕〈水西別言〉，《龍溪王先生全集》（下），卷十六。
〔註221〕〈師說〉，《明儒學案》，頁8。
〔註222〕〈重修白鹿書院記〉，《王龍溪先生全集》，卷十七。
〔註223〕〈年譜〉，《王陽明全書》（四），頁146。

陽明對佛老的吸收主要是在工夫論方面，在形上學體系上仍是儒家的。這種能涵容儒釋道優點的精神，爲龍溪所繼承；唯龍溪仍被蕺山批評爲「有無不立，善惡雙泯，任一點虛靈知覺之氣，從橫自在，頭頭明顯，不離著於一處，幾何而不蹈佛氏之坑塹也哉！」〔註224〕蕺山評龍溪「直把良知作佛性看」與「良知爲知覺之流行」的觀點值得商議，龍溪雖言「有無不立，善惡雙泯」的功夫，但其良知觀念畢竟不同於佛性。良知是有，更是至善；佛性則強調是空；且龍溪之悟，是悟至善，並非悟空。

黃梨洲評龍溪言「無善無惡心之體」〈天泉證道〉，以及「至善無惡者心之體」〈答吳悟齋〉兩句中的「無善」與「至善」觀念不能歸一，有可議之處。因爲，「無善無惡的心體」與「至善無惡的性體」從「存在系統」而言，所指爲同一事。即龍溪是從存有系統的觀點，析論本體；而梨洲，則從道德價值的系統做出評價。事實上兩人的觀點亦未直接衝突；例如張學智的研究結論言：「黃梨洲之學承其師劉宗周，爲正王門後學猖狂自恣，與魚餒肉爛之弊。欲從根本上救正王學，恢復陽明一生知行合一的學風。其用心良苦，但其言確有過重處」〔註225〕。其言過重之處，即是針對龍溪學過於強調本體觀念，而在表達上極易遭誤解。

我們認爲龍溪強調「不起意」的精神是正確的，但其「入手處」卻有問題。即其根本原因，在於龍溪過於強調本體觀念。此一觀念精神上雖不離陽明宗旨，但對其工夫本身的表達歷程，則有所欠缺；所以，後來劉蕺山亦是從論述工夫的理論，從表達結構進行改善。例如他說：「知行自有次第，但知先而行即從之，無間可截，故云合一。後儒喜以覺言性，謂之一覺即無餘事；即知即行，其要歸於無知。知既不立，一亦難言。噫！是率天下而禪也」〔註226〕。劉氏仍主張陽明的「合一」觀點，但在表達上即更爲精確的強調「立知」的精神。吳光先生亦提出類似見解，他說明末「蕺山之學主要是針對王學末流蹈空襲虛、佞佛近禪的傾向，起而救偏補弊而發；並且，爲黃梨洲的理論總結工作，開闢了一條通往實學的新思路」〔註227〕。實學是否能晚救中國哲學是未有定論的課題；然而，尋求中國哲學新的出路的欲求與目標，卻從陽明學延續迄今。

〔註224〕〈師說〉，《明儒學案》，頁 8。
〔註225〕參見張學智：《明代哲學史》，北京：北京大學，2000，頁 133。
〔註226〕《黃宗羲全集》，第一冊，台北：里仁書局，頁 265。
〔註227〕參見吳光：〈論黃梨洲對陽明心學的批判繼承與理論修正（二）〉，《鵝湖月刊》，第 19 卷，第 7 期，223，1994.1，頁 30。

三、緒山與龍溪論學

　　當陽明對緒山與龍溪說：「二君之見正好相資爲用，不可各執一邊」之際，我們可以肯定錢、王兩人思想宗旨，其差異是不大的；至少在「存在系統」的一致性是經過陽明本人認可的。即「假如兩人的差別只在修、悟的偏向上；則其差異只是性向、穎悟上的，而不能說在思想上有什麼不同」〔註228〕。如果要說不同，就是在兩人「表達系統」之中。關於兩人表達方式之異，黃梨洲在《明儒學案・浙中王門學案一》指出：

> 先生（緒山）與龍溪親炙陽明最久，習聞其過重之言。龍溪謂：「寂者心之本體，寂以照爲用，守其空知而遺照，是乖其用也。」先生（緒山）謂：「未發竟從何處覓？離已發而求未發，必不可得。」是兩先生之「良知」，俱以見在知覺而言，於聖賢凝聚處，盡與掃除，在師門之旨，不能無毫釐之差。龍溪從見在悟其變動不居之體，先生只於事物上實心磨鍊，故先生之徹悟不如龍溪，龍溪之修持不如先生。乃龍溪竟入於禪，而先生不失儒者之矩矱，何也？〔註229〕

暫不論梨洲的觀點是否正確，我們從這段對話中，確實可見兩人哲學反省工夫，以及表達風格的不同。龍溪「從見在悟其變動不居之體」；緒山則「於事物上實心磨鍊」。唯兩人對於良知，梨洲認爲都是以「見在知覺」而論之，即皆以現成、以先天完善充足言良知，本身著不得功夫。然而，一旦落實在修養上，緒山主張誠意正心；龍溪則主張不起意，以心意知物爲一事。爲何最後龍溪被判爲禪，被視爲離開始人情物理呢？

> （王龍溪）此不起意之教，不爲不盡，但質美者習累未深，一與指示，全體廓然；習累既深之人，不指誠意實功，而一切禁其起意，是又使人以意見承也。久假不歸，即認意見作本體，欲根竊發，復以意見蓋之，終日兀兀守此虛見，而於人情物理常若有二，將流行活潑之眞機，反養成一種不伶不俐之心也。〔註230〕

從實踐過程而言，緒山認爲龍溪不起意之教不爲不盡，一與指示，全體廓然；可見緒山同意龍溪亦能掌握陽明精神。唯緒山不同意龍溪處，是龍溪論學不

〔註228〕參見鍾彩鈞：〈錢緒山及其整理陽明文獻的貢獻〉，《中國文哲研究通訊》，第8卷，第3期，31，1998.9，頁74。
〔註229〕《明儒學案》，卷11，頁225。
〔註230〕《明儒學案》，卷十一，頁229。

指出誠意實功，而使後學以意見承，或者即以意見作本體，而失陽明學中流行活潑之眞機；反成養成一種不伶不俐之心也。這即是前文指出陽明學本身具有的「存在系統」與「表達系統」兩者間的困境。在值得注意的是緒山雖重工夫，但並非只枝節地強調誠意，他曾經說：

> 椿問：「日來功夫覺只見病痛，不見本體，如何？」曰：「本體有何可見？覺處即是本體」。〔註231〕

可見緒山在實踐上並未企圖以「誠意」功夫代替「致良知教」，他的誠意之教仍重視整體性的看顧，即「緒山並不是在其上枝枝節節地誠意，而是就其是否爲良知的表現，而精察克治之」〔註232〕。誠意之教只是指出了緒山學問的方向，爲的是使「今日工夫，只將勝心習氣知見等項一齊除卻，便得良知精明，神觸神應，百姓與聖人同」〔註233〕。

同樣地，龍溪雖被批評過於重視「無」，以「良知之無」觀念使王學受到誤解，但在實踐上他的現成良知並非廢去工夫的。龍溪對此曾說：

> 苟不用致知之功，不能時時保任此心，時時無雜念，徒認現成虛見，
>
> 附和欲根，而謂即與堯舜相對，未嘗不同者，亦幾於自欺矣。〔註234〕

可見龍溪在實踐上，同意致良知的工夫是必須的；也否定人心當下即可無欲無私；他認爲那是自欺。他又認爲「學者舉心動念，無非欲根；而往往假托現成良知，騰播無動無靜之說」〔註235〕。分析至此，我們發覺王龍溪其實是相當注意錢緒山對其理論，對其表達王學方式的提醒了。「龍溪說見在良知，或良知現成，並不是認爲人的現實生活都是天理流行；而是認爲不論現實之生命是何等情況，良知總是可以當下呈現。現實生命的各種私欲習染，都不足以完全障蔽良知」〔註236〕。於此，我們只能說錢、王兩人之學，表達風格殊異；但在精神上皆承續了王學的宗旨。如果再從兩人的來往的信書中，更可清楚顯示當時兩人觀念的溝通相當流暢。

從情感層面而言，緒山與龍溪情同手足，在獄中仍交換其含忍於苦難之

〔註231〕《王門宗旨》，前揭書，頁726。

〔註232〕參見鍾彩鈞：〈錢緒山及其整理陽明文獻的貢獻〉，前揭書，頁76。

〔註233〕周汝登：《王門宗旨》，前揭書，頁728。

〔註234〕〈松原晤語〉，《龍溪王先生全集》（上），卷二。

〔註235〕〈壽念菴羅丈松原晤語〉，《龍溪王先生全集》（下），卷十四。

〔註236〕參見楊祖漢：〈王龍溪對王陽明良知說的繼承與發展〉，《鵝湖學誌》，第11期，1993.12，頁48。

體驗與感思。在緒山獄中予龍溪的書信中，可以見如下記載：

> 親蹈生死眞境，身世盡空，獨留一念熒魂。耿耿中夜，豁然若省，
> 乃知上天爲我設此法象，示我以本來眞性，不容絲髮掛帶。平時一
> 種姑容因循之念，常自以爲不足害道，由今觀之，一塵可以曀目，
> 一指可以障天，誠可懼也。噫！古人處動，忍而獲增益，吾不知增
> 益者何物，減削則已盡矣。〔註237〕

緒山因審理權臣郭勛案而得罪皇帝下獄，獄中之苦，如親蹈生死眞境；此時
書信內容可謂患難中見眞情。緒山仍關切龍溪之學，同時又試圖恢復陽明學
既高明又篤實的原貌；於是建議龍溪注意其「一念廓然」的「易簡直截事業」，
不可淪爲「一種姑容因循之念」。在另一封信中又提醒龍溪注意從本體入手之
「疏略處」，他說：「久菴謂吾黨於學，未免落空，初若未以爲然，細自磨勘，
始知自懼；日來論本體處，說得十分清脫，及徵之行事，疏略處甚多，此便
是學問落空處」〔註238〕。緒山深知龍溪的缺失有二：

> 龍溪之見，伶俐直截，泥工夫於生滅者……但渠於見上覺有著處，
> 開口論說，千轉百折不出己意，便覺於人言尚有漏落耳；執事之著，
> 多在過思，過思、則想像亦足以蔽道。〔註239〕

吾心本與民物同體，此是位育之根，除卻應酬更無本體，失卻本體便非應酬；
苟於應酬之中，隨事隨地不失此體，眼前大地何處非黃金。若厭卻應酬，心
必欲去覓山中，養成一個枯寂，恐以黃金反混作頑鐵矣。〔註240〕

緒山指出龍溪學可能的缺失，相當能代表王門諸子的後來產生的二項缺
點。第一，過於感性，使想像力障蔽了眞理；例如「泰州之後，其人多能以
赤手搏龍蛇，傳至顏山農、何心隱一派，遂復非名教之所能羈絡矣」〔註241〕，
即是這種類型的過思；以赤手搏龍蛇，誤用想像力，拒斥適中的名教觀。第
二，以悟本體代實作工夫，如此即可能「養成一個枯寂，恐以黃金反混作頑
鐵」。學被後人評價爲束書不觀，空言心性，或「反智識主義」〔註242〕亦是
基於此一原因。

〔註237〕《明儒學案》，卷十一，頁234。
〔註238〕《明儒學案》，卷十一，頁233。
〔註239〕《明儒學案》，卷十一，頁234。
〔註240〕《明儒學案》，卷十一，，頁234。
〔註241〕《明儒學案》，卷三十二，頁711。
〔註242〕參見余英時：《歷史與思想》，台北：時報出版公司，1989，頁93。

　　緒山與龍溪論學是否能謹守陽明告誡「二君之見，正好相資爲用，不可各執一邊」〔註243〕呢？從以下緒山的一段話中，我們判斷錢山與龍溪兩人的觀點最終仍能相資爲用，且互有進步：

> 龍溪學日平實，每於毀譽紛冗中，益見奮惕；弟向與意見不同，雖承先師遺命，相取爲益，終與入處異路，未見能渾接一體；歸來屢經多故，不肖始能純信本心，龍溪亦於事上肯自磨滌，自此正相當。〔註244〕

這段引文即指出緒山與龍溪間雖有意見不同，但皆能承陽明之教，相取爲益。緒山之學最高理想是「究極此知之體，使天則流行，纖翳無作，千感萬應，而眞體常寂，此誠意之極也」〔註245〕。此即使「良知與心體」的一元透過「誠意之極」觀念，上求「至善與天命」一元；既緒山雖強調誠意工夫，亦重視知之本體。在相同的目標下，龍溪亦「從一念生生不息，直達流行，常見天則」〔註246〕的觀念，透過「於事上肯自磨滌」的工夫，而完成其「良知本無起滅，一念萬年，恆久而不已」（同上）的理想；即其既強調本體，亦重視工夫，故能益見奮惕。兩人之學由於個性不同，所以學說「未見能渾接一體」；但二人各取王學精神，以成就其各自生命價值最大化，以及生命最大成長化的目標，兩人實已完成。

參、從良知與心體之開放與還原結構——分析「心外無理、心外無事、心外無物」

　　從本章第一節論述「誠意之教」中，我們分析出「心」與「良知」皆具有一種開放與還原的特性。陽明整合了源自《大學》一書以身、心、意、知、物爲道德成素之修養步驟；一方面使良知能於存有觀念中，向大自然開放，向外發展，使良知由觀念系統，向表達系統延伸與凝聚出理論學說；同時，另一方面人亦能以誠意之教的工夫，透過格物與格心的實踐，使「心之良知」更無障礙得以充塞流行，以還原出良知之本然。換言之，在第一節中我們經由對「良知與心體」的「開放與還原」結構的分析，指出了陽明良知體系如何能在意義上聯繫天理與良知、宇宙與人自體、本體與工夫間的關連；進一

〔註243〕〈傳習錄〉下，同註1，頁98。
〔註244〕《明儒學案》，卷十一，頁235。
〔註245〕《明儒學案》，卷十一，頁231。
〔註246〕〈答周居安〉，《龍溪王先生全集》（下），卷十二。

步，我們將指出其「知行合一」與「誠意之教」中所含蘊的自然動力與基礎，如何能轉出「心外無理」、「心外無事」、「心外無物」等觀念。

一、「良知與知行」系統的體用一源，及其「開放與還原」結構

陽明以良知爲本體，但亦說「良知本體原來無有，本體只是太虛」〔註247〕。所以他說不可分別善惡與不可有所著，在這本體與原來無有之間是有一致性的。但是，陽明的語言雖言「無」，實際意義不可能言虛無；因爲就知行合一的觀點言，知的對象必指向「有」，知與行方可眞合。同時，如果其理論果然指向虛無，則我們對其軍旅生涯，以及明德親民的儒學本色，將無法取得一合理解釋。

基於此一考量，我們將分析方向朝著「本體與原來無有」兩者背後更深的根源，探究使其良知學說得以成立的依據；此即本章第二節裡《中庸》「至善與天命」一元之所指。從「有」的觀點言，此一元即《中庸》「喜怒哀樂未發之中」的「中」一元；從「無」的觀點言，即是《易傳》「寂然不動」的意思，陽明稱爲「原來無有」；陽明「致良知」是統合上述有無兩者而說的。

就「至善與天命」第一元觀點言，「良知本體原是無動無靜的，此便是學問頭腦」〔註248〕，這是說其理論的本源與基礎；具體來說，實即是本書方法論中所強調的自然動力。由本體而至發用，即是「良知與心體」第二元的作用；即致良知之「致」的功能，「只是順其良知之發用」〔註249〕。然而，從本源到發用並非時間性的二分，即本書提出開放與還原的觀點，並非分析性地說；而是在整體看顧中提出此一「開放與還原」觀念。

因爲良知與心體的「開放」，是以「萬物一體」爲基礎而展開的，此即陽明所云：「聖人只是順其良知之發用，天地萬物俱在我良知的發用流行中，何嘗又有一物起於良知之外能作得障礙？」〔註250〕此即指出，人心向大自然存有的「開放系統」，使天地萬物可以在我良知的發用流行中。此亦陽明所言的「天之理」；無論如何，這是一個理解的關鍵，有了此「天理」一元保障，王學的「還原系統」才有基礎，人心才有自然的實踐動力。

〔註247〕〈年譜〉，《王陽明全書》（四），頁 147。
〔註248〕〈傳習錄〉下，同註1，頁 87。
〔註249〕〈傳習錄〉下，同註1，頁 89。
〔註250〕〈傳習錄〉下，同註1，頁 89。

　　所以，陽明方能提出「心之本體，無所不該，原是一箇天」〔註251〕的命題；其中所蘊含的自然動力，即能使良知盡去私欲障礙，足以使「致良知」與「知行合一」成爲可能。進一步從知識或概念之知，「還原」並「返回」活潑潑地與天地相似之力量中；因此人才能從良知主體重新出發，眞切地體認到，知行合一的「知」爲良知本體；而「行」的具體方向，在於只要此心純乎天理之極。人一旦能體認到隔斷本體之私欲，自然能眞知「知行合一」之本體；能眞知「知行本體」，則從本體「發之事父便是孝，發之事君便是忠」〔註252〕；即可達到宋儒要求變化氣質之功效。

　　簡言之，無論是「致良知」與「知行合一」，都必須先求上達「至善與天命」的一元，再回到「良知與心體」的第二元，「致良知」方法方能眞有落實處。透過此一天理人欲之辨境界的轉換分析，以及下學而上達的過程，「良知與心體」之開放與還原系統的運作才得以完成，後人方能正確的實踐王學；此即陽明所云之「學問至極處，聖人也只如此」〔註253〕。

二、對「心外無理、心外無事、心外無物」之分析

（一）從「致良知教的三元結構分析」對此問題進行處理

　　陽明對於「良知與心體」說過「虛靈不昧，眾理具而萬事出；心外無理，心外無事」〔註254〕。這其中「良知」不但是「具眾理而萬事出」，但他似乎又以「心外無物，心外無事，心外無理，心外無義，心外無善」〔註255〕觀念，否定了外界的實有存在與道德價值。關於此一問題，陽明在與王純甫的問答中很明確地交待了他對此一問題的看法，他說：

> 純甫平日徒知存心之説，而未嘗實加克治之功，故未能動靜合一，而遇事輒有紛擾之患……已失之支離外馳而不覺矣：夫心主於身，性具於心，善原於性，孟子之言性善是也。善即吾之性，無形體可指，無方所可定，無豈自爲一物，……純甫之意，蓋未察夫聖門之實學，而尚狃於後世之訓詁，以爲事事物物，各有至善，必須從事事物物求個至善，而後謂之明善，……夫在物爲理，處物爲義，在

〔註251〕〈傳習錄〉下，同註1，頁80。
〔註252〕〈傳習錄〉上，同註1，頁2。
〔註253〕〈傳習錄〉下，同註1，頁86。
〔註254〕〈傳習錄〉上，同註1，頁12。
〔註255〕〈與王純甫〉，《王陽明全書》（二），頁9。

> 性爲善，因所指而異其名，實皆吾之心也。心外無物，心外無事，
> 心外無理，心外無義，心外無善；吾心之處事物，純乎理而無人僞
> 之雜，謂之善，非在事物有定所之可求也。處物爲義，是吾心之得
> 其宜也，義非在外可襲而取也。格者，格此也；致者，致此也，必
> 曰事事物物上求個至善，是離而二之也。〔註256〕

這裡很清楚的指出陽明對心外之物、心外之理等事項之看法。王純甫的「存心說」，代表多數人的錯誤觀點；未加克治，亦未能動靜合一；故遇事輒有紛擾之患，嚴重地失之支離外馳，而不能自覺。陽明指出其否定心外之物、事、理、義、善，目的不在於眞正的否定道德價值；而在於指出「心」的各種存在性義涵──「在物爲理，處物爲義，在性爲善，因所指而異其名，實皆吾之心也」。

　　陽明會有這種想法，主要是因爲他認爲「善」（即「至善與天命」第一元）本身，實即「無形體可指，無方所可定」；由於第一元的內容無法以理性使之具現，所以第二元的「良知與心體」內容的表達，亦是「因所指而異其名」。在這種語言表達分殊的情形下，陽明指出理解其學說之三元結構的關鍵，在於「格者，格此也；致者，致此也」。即關道德價值，陽明認爲必須以「存在性的還原系統」回到「心體」上，即回到陽明所謂的「純天理」的工夫，對道德價值方能有眞正的體會。此即是「吾心之處事物，純乎理而無人僞之雜，謂之善」的過程，即王學目標仍是朝向「至善與天命」一元價值的尋獲，但陽明強調「良知與心體」觀念，爲的即是點出其目標的入手處。

　　有關陽明「良知」觀念對「心物關係」的認識論結構之處理，我們認爲他的認識論，並非西方哲學以理性認知爲主的認識論；故陽明對心物關係之界定，亦不是唯心論或心物二元論；而是以「心物關係」（感應）本身爲重點的三元結構。即所謂「心」一元，「物」一元，心物之「感應」一元。此「感應」一元，實即「良知與心體」一元。非心，則物無以顯示其存在意義；非物，則心只是寂然不動，即無以展現其認識之功能。所以，心與物之意義必在「心感於物時」始得建立。這是其致良知教很特殊，也別具特色的論點。再從陽明的例子觀察可以更容易地理解：

> 在感應之幾上看：豈但禽、獸、草、木，雖天、地也與我同體。
> 〔註257〕

〔註256〕〈與王純甫〉，《王陽明全書》（二），頁9。
〔註257〕〈傳習錄〉下，同註1，頁103～104。

> 先生遊南鎮，一友指巖中花樹問曰：「天下無心外之物……先生曰：
> 「你未看此花時，此花與汝心同歸於寂：你來看此花時，則此花顏
> 色一時明白起來：便知此花不在你的心外。」〔註258〕

以認識論言，巖中花樹自然存在著，毋需做爲儒家的陽明費心探討。陽明之言，所強調乃是「良知與心體」一元，對吾心的影響性。此一元，是陽明認爲對其哲學能夠有一「整體性理解」的入手處；故在教學上，突顯以「致良知」爲理解方法的原則。再就學習的立場言，陽明在文字表面上似乎亦否定了「學」的必要性，而說「心外無事，心外無理，故心外無學」。表面上，這是陽明表達系統上的缺點，但我們如果從整體中來分析，即可知其表達的目標並非如此。例如陽明云：

> 孟氏所謂「學問之道無他，求其放心而已矣」者，一言以蔽之：故
> 博學者，學此者也；審問者，問此者也；愼思者，思此者也；明辯
> 者，辯此者也；篤行者，行此者也。心外無事，心外無理，故心外
> 無學……處事接物，無所往而非求盡吾心以自慊也。〔註259〕

即陽明認爲一切皆在於透過「良知與心體」一元，往上追溯返求一理想性的「至善與天命」的一元；再透過「博學、審問、愼思、明辨、篤行」的工夫；在動中求定，設法在事上磨練，方能結論出「心外無事，心外無理，故心外無學」的觀念。即王學實際上不是強調「心外無學」，而是要指出人努力的方向必須有所本，即知修養工夫必本於「良知心體」的重要性。

因爲「良知」觀念的開放與還原特性，可在表達與存在二系統間取得一操作性平衡；所以，才能主導整個良知學說與理論，使「良知」學說的文字理論，反轉成爲一種存在性的內容；使「致良知」的動力有一源自「至善與天命」一元之自然力量，做爲王學之基礎。

（二）從「誠意之教的開放與還原結構」觀察此一問題

以下我們再從「誠意之教的開放與還原結構」，分析陽明所謂之「心外無理、心外無事、心外無物」觀念的哲學義涵。從誠意之教之「誠切專一」所具有的「勝私復理」功能觀察，我們發覺問題的關鍵，即在於對「有無」與「意之所用」的詮釋方式。例如陽明說：

> 凡意之所用，無有無物者；有是意即有是物，無是意即無是物矣；

〔註258〕〈傳習錄〉下，同註1，頁90。
〔註259〕〈紫陽書院集序〉，同註1，頁185。

物非意之用乎？〔註260〕

有無的問題，在陽明體系中必須扣緊「意」的觀點來理解。上述引文中有物、無物的內容實由「意之用」決定；「物」非指天下萬物，而是必須從四句教中「有善有惡是意之動」與「為善去惡是格物」的觀點進行理解。「物」指實踐過程中的「事」，即必須在「意之動」的脈絡下論「物」的意義。

　　既然如此，陽明為何又說：「如意在於視聽言動，即視聽言動便是一物；所以某說無心外之理，無心外之物」〔註261〕。此處發生「無心外之物」與「有是意即有是物」兩觀念之衝突，此一衝突之解消即成為陽明學內在之重要論題，我們設定解決問題的途徑在：良知向「萬物一體」的開放系統，以及「誠切專一」的還原系統上。兩觀念皆源自陽明所云聖人「推其天地『萬物一體』之仁以教天下，使之皆有以『克其私，去其蔽，以復其心體之同然』」〔註262〕，前句中指出「推」或「致」其天地萬物一體之仁的開放系統，後句則指向經由「誠切專一」與「明明德」克私與去蔽，以完成還原良知本然，以復其心體之同然的目標。

　　能實踐復其心體之同然的目標，即有可能解消「無心外之物」與「有是意即有是物」兩觀念之衝突。因為如果真能「推其天地萬物一體之仁」，則可「無有乎人己之分」；使人己內外的表達界線消除，在存在系統中融合為一。例如陽明言：

　　　蓋其心學純明，而有以全其萬物一體之仁，故其精神流貫，志氣通
　　　達，而無有乎人己之分，物我之間，譬之一人之身。〔註263〕

能「全其萬物一體之仁」，則能無有乎人己之分，使得物我之間，譬之一人之身；如此，即可於「人自體」觀念中論萬物皆備。唯此一觀點，並非否定客觀的外物，而是在去私，以復其心體之同然後，使良知觀念中，萬物一體的存在境界顯現；其次，才能在此基礎上表達「無心外之理，無心外之物」。此時心本無內外、有無是一，「物我之間，譬之一人之身」。基於此一基礎，所以陽明可以提出「無心外之物」等觀念；並且，不與「意之動」思考的脈絡下「有是意即有是物」觀念衝突。換言之，心外無理、心外無事、心外無物

〔註260〕〈傳習錄〉中，同註1，頁39。
〔註261〕〈傳習錄〉上，同註1，頁5。
〔註262〕〈傳習錄〉中，同註1，頁44。
〔註263〕〈傳習錄〉中，同註1，頁45。

等觀念在本節中的第二種探討方法，即是經由格物、格心與誠意之教而後轉出，方能理解其中的結構。

「隨時就事上致其良知，便是格物；著實去致良知，便是誠意」〔註264〕。在陽明「格物」即「格心」的觀點下，朱熹格物的認識功能，陽明以「誠意」的方式重新詮釋。陽明承繼了《中庸》、《大學》與《孟子》之精神，一方面以開放的系統，處理天命下貫之性，使得人心可「眾理具而萬事出」〔註265〕。另一方面，致良知方法亦可透過修養工夫，以還原的方式來理解；即透過「誠意」之教而還原回人自體，發覺純乎天理之心，以復良知之本然。這個歷程，蘊含著從形而上的本質向個體存在的還原，指向了「致良知」方法的力量與源頭，即蘊含在天理與良知、天命之性與格物致知發生意義的聯繫的過程之中。

從修養觀點言，唯有解析出「誠意之教」中的思考脈絡，才有可能發覺其中實踐力量之根據，與理論的合理基礎。反之，陽明認為如果心之體「為私欲障礙，則天之本體失了」〔註266〕，如此「心外無物，心外無事，心外無理，心外無義，心外無善」就無法有一合理的解釋。可見前文所述向「至善與天命」一元開放的理解進路，有其相對必要性。因為「若須臾間斷，便與天地不相似」〔註267〕，即人若不實踐誠意之教為私欲所蔽，將障礙良知與心體，則使陽明「心外無物」系列的解釋與「有是意即有是物」的觀點取得一致性。

簡言之，從理論與實踐觀察，可以證明陽明哲學並非否定心外之物與道德價值。從理論分析，在誠意之教的開放與還原結構下，致良知教的三元性明白可見；三元性哲學所指出的內容，正突顯了王學「明誠相生，是故良知常覺常照」〔註268〕的理論功能。誠意之教，不但能解決「心外無物」一系之問題；又因陽明說「著實去致良知，便是誠意」〔註269〕，可見誠意之教實為致良知實踐過程中的重要教法。就實踐過程分析，常人容易誤以為王陽明既然說「心外無事，心外無理」；即是忽視外在社會責任、禮樂刑政與知識份子的任務。事實並非如此，例如陽明就說「亦不是將名物度數全然不理，只要『知所先後，則

〔註264〕〈傳習錄〉中，同註1，頁67。
〔註265〕〈傳習錄〉上，同註1，頁12。
〔註266〕〈傳習錄〉下，同註1，頁80。
〔註267〕〈傳習錄〉下，同註1，頁86。
〔註268〕〈傳習錄〉中，前揭書，頁60。
〔註269〕〈傳習錄〉中，前揭書，頁67。

近道』」〔註270〕。陽明一生知行合一的表現，已是其哲學價值最有力的證明。總之，他強調的是「知所先後」，知以「至善與天命」一元爲先在基礎；以「良知與心體」一元爲修養入手處；再以格物一系工夫，尋求治國平天下；此即爲他融合《大學》、《易傳》與《中庸》於其理論的高明之處。

結　語

由於陽明反對二元分裂性的思維，要求回到「心體」的一元之中；故我們探討知行合一可能的方向，即設定在「合一如何可能」的基礎內涵之分析。最終發覺到，在存在實質上此使「合一」可能的一元，並非與二元相對的一元，而是在一元與二元相對之上的「至善與天命」一元；即是「心即天，言心則天地萬物皆舉之矣」〔註271〕的「天」一元。

又再此一基礎上，我們從「人於存有中向大自然『開放』」與「明明德、誠切專一『還原』良知之本然」兩個主題，分析誠意之教與良知體系間的關係，此乃「良知與心體」一元之功效。進一步我們運用了「表達系統」與「存在系統」的結構，從「一無」與「三有」的角度分析四句教；體認到無工夫則不足以成就本體，無本體則工夫形同支離。

另一方面，龍溪之學要求從心上立根，從一念生生不息，直達流行，常見天則；以及緒山之學，以使天則流行做爲誠意之極，也佐證了本文方法論的設定，即以《中庸》的三元結構論證致良知教，可以提供一較清晰的分析結構。依此結構觀察四句教，即可知無論是「四句教」或「致良知」，皆是既明本體又重功夫之教法。總之，陽明功夫之要，在能復其本心，致其本體之知；而本體之明德之確立，仍需回歸修養功夫之落實。若僅言本體，則易落於虛無縹緲、狂妄空疏之弊；若僅言功夫而無境界之提攜，則只落於紛雜事相之支離，使對陽明的理解「日繁日難」〔註272〕。

〔註270〕〈傳習錄〉上，同註1，頁19。
〔註271〕〈答季明德〉，《王陽明全書》（二），頁52。
〔註272〕〈傳習錄〉中，同註1，頁44。

第四章　陽明同期學說之爭論及其致良知方法之發展與影響

　　隨著王陽明致良知觀念與體系的建立，王學影響力日增，《明史・儒林傳序》稱其門徒遍天下，流傳逾百年。其弟子盈天下主因於其致良知思想特色，能棄訓詁傳注為主的繁瑣，以清新之學風直探四書所載之孔孟心傳，遙承仁義道統，發揚正統儒學之精神。唯從歷史觀察，與陽明同期的學者，如湛甘泉（1466～1560）、羅整菴（1465～1547）、王廷相（1474～1544）等人，對朱、陸皆有異於陽明之承繼與改造，其觀點與陽明學說的差異是值得進行對比與參照的，我們將在第一節處理此一問題。

　　在陽明學的後續發展上，止因其學主張「學貴得之心」〈答羅整菴少宰書〉的精神，又反對絕對權威式言論，故王學精神本質上即難以文字意義進行掌握；到了萬曆初年陽明後學即已各執一說，形成「一本而萬殊」的學術局面；在這種局面下，第二節將以《中庸》觀念分析主題，透過四位王門學者作，分析陽明成熟期思想中有關《中庸》精神的後續發展。

　　經過王門諸子流變的異采紛呈，以及清代學者的努力，第三節在有關當代學者部分，我們將選擇極具原創性的學者牟宗三（1909～1995）先生作為代表，以呈現當代新儒家學者受到陽明思想的影響狀況。以下即依據歷史發展的序列，從王學同期反陽明學說之論爭、王門諸子對陽明《中庸》觀點的闡釋，與當代新儒家對陽明學的發展，針對特定代表性人物進行分析，以掌握致良知方法之發展與影響。

第一節　王學同期反陽明學說之論爭

　　本節將探討湛甘泉、羅整菴、王廷相三位與學者對陽明學的觀點。與王陽明同時期的湛甘泉，承繼陳白沙觀點對心學發展具中介作用，甘泉雖亦倡導心學，唯其哲學觀點與陽明同中有異，在格物致知與儒釋之辨中內容各有側重，兩人論述的共同議題值得提出比較。羅整菴早期受程朱理學影響較大，後潛心佛老約十年，其學說中最有代表性的是以理氣說為中心的自然觀，其以理為氣之理，認為客觀外在的世界才是人們應認識的對象，否定了王陽明以心為認識對象的觀點，強調以知覺為性是錯誤的思想，進一步對理學提出修正與革新。王廷相從氣本論的角度，以元氣哲學對宇宙論相關的主題重新定義，並依此反對心學中先天道德的觀點，批評陸、王為徒務虛寂，也批評程、朱徒事講說，其理論重視從經驗累積以提升至對本質的認識，開啓了我們反省陽明學的另一個新視野。以下即依序分析湛、羅、王三人學說。

壹、湛甘泉：隨處體認天理

　　湛若水字元明，廣東增城人，因居增城甘泉都故號甘泉，嘗云：「聖學工夫，至切至要，至簡至易處，總而言之，不過只是隨處體認天理」〔註1〕。其觀點承襲自陳白沙，白沙思想以自然自得為主，而甘泉則強調隨處體認天理，存敬以為實踐，認為「故善學者必令動靜一於敬，敬立而動靜渾矣，此合內外之道也」〔註2〕。其隨處體認天理的觀念，為其學說找到了心與理的湊泊處，以下即分析其體認天理與格物實踐，並與陽明比較，以呈現明代整體心學概況。

一、心與天地萬物為體，心體物而不遺

　　甘泉學說之要旨主要建立在其「心」與「隨處體認天理」兩概念之意義上，甘泉之心是萬物皆備的大心，他認為「人心與天地萬物為體，心體物而不遺；認得心體廣大，則物不能外矣」〔註3〕。物不能外矣，指出甘泉之心是有能力體萬物者；有能力體萬物，故一方面能使人心與萬物成為無內外之分；另一方面在心性問題上，亦能使其性與心之概念是一非二。他說：

　　　　性者，天地萬物一體者也……性者，心之生理也，心性非二也；譬

〔註1〕　〈四勿總箴附說〉，《甘泉文集》，卷二一，頁2。
〔註2〕　《明儒學案》，卷三十七，頁880。
〔註3〕　〈與陽明鴻臚〉，同註1，卷七，頁1；在〈心性圖說〉中亦云「心也不而遺者，體天地萬物者也」，同註1，卷二十一，頁1。

之谷焉，具生意而未發，未發故渾然而不可見。〔註4〕

這裡指出「性」是心之生理，與心同樣地與天地萬物爲一體，是萬物中體現的「生意」（生命力）；當我們進一步追問其心性是一非二的基礎何在？甘泉認爲其「氣」的宇宙觀可以解釋此一問題。即在其理氣一體的原理上，氣是貫通宇宙萬物的實體，他說：「渾然宇宙，其氣同也」〔註5〕，透過這個理氣一體的宇宙觀，甘泉「氣即性也，性即理」〔註6〕的形上學保障了心性論的基礎，使心、性、天成爲一體而無二者也〔註7〕。一如岡田武彥說：「甘泉之所以以渾一之學爲要，是因爲把人性看作爲貫於一氣的東西，並指出其中有容不得私意的物我同體的本然之心，自然之理」〔註8〕。換言之，在心物合一的觀點下，他才能主張心體物而不遺，並證明出天地無內外，心亦無內外的命題〔註9〕。此一理氣一體的觀點繼承了朱熹理氣論精神，又不完全與之相同；甘泉試圖避免理在氣外，理在事外別有一物的可能性發生。在此思考脈絡下，我們追問其提出隨處體認天理之目的爲何？又「天理」內涵爲何？對此一問題，甘泉曾經說：

> 以隨處體認天理爲求之於外者，非也。心與事應，然後天理見焉，天理非在外也；特因事之來，隨感而應耳，故事物之來，體之者心也；心得中正，則天理矣；人與天地萬物一體，宇宙內即與人不是二物。〔註10〕

「人與天地萬物一體」即前述之心物合一概念，在此意義下「心與事應，然後天理見焉」才成爲可能；即此天理的普遍意義與心物合一原則有其一致性，故甘泉才說心得中正，則天理矣。換言之，天理不離其心而有，而所謂隨處體認天理，即是任何事物在與心相應之後心得中正、心無所偏的中庸狀態，即是從中正以觀天下的角度看心與事應的：

〔註4〕　〈心性圖說〉，同註1，卷二十一，頁2。

〔註5〕　〈心性圖說〉，同註1，卷二十一，頁1。相同的觀點甘泉云：「宇宙間只是一種氣充塞流行，與道爲體，何莫非有，何空之云？」〈寄陽明〉同註1，卷七，頁3。

〔註6〕　「天地間只是一種個性，氣即性也，性即理也，更無三者相對」〈新泉問辨錄〉，同註1，卷八，頁8。

〔註7〕　「心也，性也，天也，一體而無二者也」〈天泉書堂講章〉，同註1，卷二十，頁27。

〔註8〕　參見岡田武彥：《王陽明與明末儒學》，上海：上海古籍出版社，頁71。

〔註9〕　〈心性圖說〉，同註1，卷二十一，頁2。

〔註10〕　〈答聶文蔚待御〉，同註1，卷七，頁29。

> 體認天理云者,「兼知行合內外」言之也……吾之所謂隨處云者,隨心隨意隨身隨家隨國隨天下,蓋隨其所寂所感時耳;一耳,寂則廓然大公,感則物來順應;所寂所感不同,而皆不離於吾心「中正之本體」;「本體即實體也,天理也,至善也」,物也,而謂求之外,可乎?〔註11〕

可見甘泉認為心即理,認為「理即心之中正也」〔註12〕,強調了理在大心中的地位,理兼合知行功能,誠如劉宗賢所言「甘泉視心為一與天地萬物普遍聯繫的知覺本體,又強調理,突出理對於知覺的指導和規範作用」〔註13〕。換言之,此一以中正為價值標準之天理,具體而言即是一種道德本體,在道德本體的角度中,天理是至善亦是實體,天理與心得中正是一非二,天理含攝人自體中之道德意識與所有的知行活動,在這個方向上明顯地同於陽明設定的「至善與天命」一元的方向。

在天理的問題上,甘泉以天理為心之中正之體並未離開心學立場而發展,天理與心之中正成為甘泉哲學的重要觀念,並在其理論體系上產生兩種意義,第一是他對心、性、情的處理原則亦原自此,他說:「心具生理,故謂之性;性觸物而發,故謂之情;發而中正,故謂之真情」〔註14〕,其中的「生理」與前述之「生意」,使我們發覺《易傳》天地之大德曰生之精神已為甘泉哲學所繼承;第二個意義是此「心之中正」之理亦成為物之理與物之性,即甘泉的「物」亦非求之於外,而是在「天理與至善」一元的保障下,以心之中正之理為物之理,進一步才能使「心包乎天地萬物」〔註15〕成為可能,以下我們從湛、王兩家之論辯中,可以進一步理解雙方對本體論的內外、功夫論中之格物、體認天理等方法之差異性。

二、甘泉與陽明主要觀點的比較

甘泉心學之旨主要是建立在「道、心、事合一」〔註16〕與「隨時隨事何莫非心」(同前)上,不追求其師主「靜」的修持觀點,而改之以「敬」的執

〔註11〕 同註2,卷三十七,頁887。
〔註12〕 〈正心〉,《格物通》,卷二十。
〔註13〕 參見劉宗賢:《陸王心學研究》,山東:山東人民出版社,1997,頁248。
〔註14〕 〈復鄭啟范進士〉,同註1,卷七,頁20。
〔註15〕 「心也者,包乎天地萬物之外,而貫夫天地萬物之中者也」〈心性圖說〉,同註1,卷二十一,頁2。
〔註16〕 〈答歐陽崇一〉,同註1,卷七,頁31。

事觀念，試圖使其思想能夠用於社會，故反對「是內而非外也，重心而略事也」〔註17〕，以下我們將從本體論與功夫論分析甘泉與陽明主要觀點的不同。

（一）關於「心即理」與本體論之內涵

從上述心得中正，則天理矣的觀點，甘泉又指出「心即理也，理即心之中正也，一而已矣」〔註18〕，這種觀點與象山仍相當一致，故黃宗羲批評他仍爲舊說所拘，而以「天理無處而心其處」〔註19〕認爲其言終覺有病，即甘泉的心即理與陽明在表達形式上相同，兩人皆設法使物理與吾心不致分離爲二；但兩人在心即理的觀念上仍有細微之差異，陽明與甘泉之心皆有其各自依據之基礎，此一基礎基本上是不相同的；陽明的理論根據是「心即天，言心則天地萬物皆舉之矣」〔註20〕，以及「循理則與天爲一」〔註21〕，將天與心體、良知同時呈現；甘泉的根據卻是其「渾然宇宙其氣同也」與「心與事應，然後天理見焉」之理氣一體觀，這就造成了兩者相當的差異性。

陽明之心即理是依據心即天的背景，故其心性哲學與天道論雖有不同的表達系統，但在存在系統上是二而一的；而甘泉的思想邏輯，卻是先立理氣一體，之後才是心性理哲學的開展，兩人在起點上的差異一如陳福濱教授所言「（甘泉的起點在）講天理不言（陽明）良知之論，以隨處體認天理爲鵠的，事物之來，體之者心，心中正則天理得」〔註22〕；換言之，甘泉在〈心性圖〉中，把從性到情到天地萬物的圖式放在心中，就是要表明「（中正的）本心具有客觀規定性，理是作爲天地萬物之理而存在於心中的」〔註23〕，甘泉使心之理具客觀性，不同於朱子有一在氣之先、之外的理，我們認爲這是他融合宋代理學與白沙之學而後有的獨到見解，然而，其對心之設定如何避免陷入獨斷（即他把性到情到天地萬物的圖式放在心中），則是值得再思之議題。

〔註17〕〈二業合一訓〉，同註1，卷五，頁1。

〔註18〕〈正心〉，《格物通》，卷二十。

〔註19〕同註2，卷三十七，頁877。

〔註20〕〈答季明德〉，《王陽明全書》（二），頁52。

〔註21〕〈山東鄉試錄〉，《王陽明全書》（一），頁135。

〔註22〕參見陳福濱：《晚明理學思想通論》，台北：環球書局，1983，頁12。

〔註23〕參見喬清舉：《湛若水哲學思想研究》，台北：文津出版社，1993，頁79。甘泉雖主張「心性合一，天下之道」〈雍語〉，而反對心性分離說，但他的心性渾一說相對於陽明的以心爲本之教，可以說是以性爲本的：即陽明是把心延伸到性而加以提倡，而甘泉則是把性延伸到心而加以提倡。同註8，頁76。

　　陽明哲學以致良知教爲核心觀念，致良知的本體論包含著內外動靜與知行之合一，強調在心上做工夫，反對外心以求物理。他與甘泉定交雖久，但卻認爲其隨處體認天理之說仍是求之於外，甘泉在與陽明的信中說道：「兄意只恐人舍心求之於外，故有是說；不肖則以爲，人心與天地萬物爲體，心體物而不遺」〔註24〕；甘泉認爲陽明誤解了其隨處體認天理的意思，他所謂能體認天理之心是一大心，是能包乎天地萬物之外而又能貫乎其中的心，即〈心性圖〉所示最外圍之大圈，此即顯示其心與天地萬物同體且又與之同大，所以萬物皆不在心之外，故云能體萬物而不遺。

　　在此一思考脈絡下，他即與陽明之心各有著不同的定位〔註25〕，甘泉視陽明之心爲個體之心指腔子裡而爲言，而設定陽明之心僅是人身體中的認知與感官能力，此與陽明「心即道，道即天，知心則知道知天」〔註26〕所欲指出的良知與心體內涵差距頗大，但亦可見出甘泉強調「心學」功夫不能只局限於個人意識的觀點〔註27〕，心應具備超越個別理性，同時又能貫通萬物無分內外之特性，他認爲「岐內外、本末、心而二之也，是故支離之弊生；是內而非外也，重心而略事也，猶然不悟，反謂立本，誤也！」〔註28〕，即湛、王兩人的心皆能涵容萬物並與之一體，但解釋的方向有所不同。

　　綜合來說，兩人皆重視心與理的觀念，但甘泉以大心包括萬物並與之一體，並設法推向理論的應用，強調「吾儒學要有用，自綜理家務，至於兵、

〔註24〕〈與陽明〉，同註1，卷七，頁16。

〔註25〕甘泉說：「蓋陽明與吾看心不同，吾之所爲心者，體萬物而不遺者也，故無內外；陽明之所謂心者，指腔子而爲言者也，故以吾之說爲外」〈答楊少默〉，同註1，卷七，頁24。岡田武彥則認爲兩人都以體認爲宗旨，但甘泉以天理爲學問之頭腦，而陽明則以良知爲學問的頭腦，這種差別主要是因爲陽明以主觀生命物爲主，甘泉則以客觀普遍物爲主。本文則認爲，以文字雖可區分主、客觀，然以存在而言，所有區分主客內外之「方法」皆源於人之存在，即所有的「方法」皆源於人之「主觀創造活動」。同註8，頁71。

〔註26〕〈傳習錄〉上，同註21，頁18。

〔註27〕甘泉云：「聖人之學，皆是心學，所謂心者，非偏指腔子裡方寸內與事爲對者也，無事而非心也」同註2，卷三十七，頁989。總之，甘泉認爲盡管心性是渾一的，但由於性是形而上的東西，故若不在心上用功，就會失去知性的手段，所以甘泉以盡心爲學要，認爲「盡心則知性」《甘泉文集》，卷28；但因爲王、湛兩人的渾一之主體存有差異，即使就心而言，在陽明那裡有直達靈明的涵義，而在甘泉那裡，則有渾厚廣大的涵義，因此兩人之間有異也有同是毫無疑問的。同註8，頁76。

〔註28〕〈二業合一訓〉，同註1，卷五，頁1。

農、錢、穀、水利、馬政之類，無一不是性分內事」〔註29〕，其理論先主涵養自身，後導向經世日用。陽明之心則必須先返回「天理」〔註30〕，以「天理」概念爲象徵與暗示物；透過此一概念指向萬物，而後能說與萬物合一，故人需先能純乎天理再論其運用，在心與理兩者中著重以心的主觀功能含攝經世日用。進一步，將分析兩人「格物」與「知行」觀的不同。

（二）功夫論中之「格物」與「知行」觀

1. 格物亦只是隨處體認天理

陽明與甘泉第一次辯論格物問題是在正德乙亥年〔註31〕，此後不久甘泉有〈與陽明鴻臚〉一文，其中甘泉云：「心體物而不遺，認得心體廣大，則物不能外矣，故格物非在外也，格之致之心又非在外也，於物若以爲心意之著見，恐不免有外物之病」〔註32〕。即甘泉對陽明「意之著見」表示懷疑，陽明認爲「物者，事也，凡意之所發必有其事，意所在之事謂之物」〔註33〕；這種觀點被甘泉認爲是有外物之病。在甘泉之心包萬物的大心觀念下，他認爲萬物不在心外而在心中；故格物並非在外也，並且如果把格物視爲外在則是自小其心。事實上，陽明學中格物的意義是從心即理命題而來的，格物便是「正物」〔註34〕，

〔註29〕　〈大科訓規〉，同註1，卷六，頁1。

〔註30〕　陽明說：「成就之者，亦只是要他心體純乎天理；其運用處，皆從天理上發來，然後謂之才」即是其一例證，〈傳習錄〉上，同註21，頁19。岡田武彥對兩人的天理觀有一中肯的比較：甘泉認爲若懂得良知即天理，知就不會成爲空知，若懂得天理即良知，理就不會成爲外在之理，所以也一方面力求兩者的渾一，另一方面又不以良知爲宗，而以天理爲宗。……陽明也以良知爲天理，但由於陽明把工夫之力歸於良知本體，並注重本體由工夫自向上發展的一面，所以陽明的立場是在本體上講工夫，主張本體即工夫，相反的，甘泉盡管也提倡本體工夫的渾一，卻以工夫爲重點，由此而復歸本體。同註8，頁79。

〔註31〕　「正德乙亥，九川初見先生於龍江；先生與甘泉先生論格物之說，甘泉持舊說；先生曰『是求之於外了』。甘泉曰：『若以格物理爲外，是自小其心也』」（〈傳習錄〉下，同註21，頁75。）其舊說基本上是指程朱格物窮理之說，陽明的觀點並未爲甘泉所同意。

〔註32〕　〈與陽明鴻臚〉，同註1，卷七，頁1。

〔註33〕　〈大學問〉，同註21，頁122。岡田武彥認爲如果與王學之心學比較，甘泉之心學可以說堅持的是把物擴大到心而以物爲心的立場，就是說甘泉沒有把物作爲心之物，而是把物當作本然之心；他認爲如果像陽明那樣視物爲心之物的話，那就把物當作了心與意的顯現，結果以專求本心爲格物之工夫，從而難免產生以內爲是，以外爲非之弊。同註8，頁76。

〔註34〕　「格」的意思即是「格者，正也，正其不正以歸於正之謂也；正其不正者，去惡之謂也；歸於正者，爲善之謂也，夫是之謂格」〈大學問〉，同註21，頁122。

因爲格物涉及正其不正，故格物與正心與誠意之教密切相關〔註35〕。

反觀甘泉的格物，以隨處體認天理爲內涵，主張陽明以正念頭釋格物有缺點〔註36〕。如果陽明是訓格爲正，格物即正念頭，此與《大學》誠意、正心所指文義重複；並且以格物爲正念頭，就必須先有一番學問思辨行之標準，以判斷念頭之正與不正。又甘泉解釋「格」是「至」〔註37〕，「物」是「意身心感應國家天下之事，而理義出焉，故謂之物」〔註38〕。這裡的物等同於理，相當具有主客、心理合一的價值觀，即先以體認天理爲最高原理，而要求後學在學問思辨行上「至其理」。接著甘泉在隨處體認天理原則下，將格物定位爲造道，甘泉說：「格即造詣之義，格物者即造道也」〔註39〕，即他的格物即是造道，即是修身；以吾心中正之本體爲修身標準，追求體認天理而涵養之，故不會有正念之標準與念頭在心之內外的二分之弊。同時，造道與至其理的解釋亦相當能使內外二分的狀況合一。甘泉以「至」釋「格」表面上是同於程朱，但因其「至其（天）理」的目標在於返回大心，故使其「至」的功效反而同於陽明之「正心」。

綜合來說，湛、王兩人皆是從道德修養意義來看格物的，修身與止於至善是《大學》的宗旨〔註40〕，〈傳習錄〉記載有陳九川與陽明在正德十四年的對話，顯示甘泉對格物的看法最後亦同陽明轉向了古本《大學》：

> 問：「甘泉近亦信用大學古本，謂『格物』猶言『造道』，又謂窮如窮其巢穴之窮，以身至之也，故格物亦只是隨處體認天理：似與先生之說漸同」先生曰：「甘泉用功，所以轉得來；當時與說親民字不

〔註35〕 陽明云：「正心只是誠意工夫裡面，體當自家心體，常要鑑空衡平，這便是未發之中」，這是陽明以心即理爲本體，以正心誠意爲工夫之理論結構。〈傳習錄〉上，同註21，頁28。

〔註36〕 「陽明訓格爲正，訓物爲念頭，格物是正念頭也，苟不加學問思辨行之功，則念頭之正否，未可據」，同註2，卷三十七，頁876。

〔註37〕 甘泉說：「格物者，至其理也；學問思辨行，所以至之也，是謂以身至之也；所謂窮理者，如是也，近而心身，遠而天下，暫而一日，久而一世，只是格物一事而已；格物云者，體認天理而存之也。」同註2，卷三十七，頁882。

〔註38〕 〈約言〉，同註1，卷二十二，頁5。

〔註39〕 〈答陽明〉，同註1，卷七，頁16。在同處甘泉又說「物者，天理也，即言有物，……格物者即造道也；知行並進，博學審問慎思明辨篤行，皆所以造道也，故讀書、親師友、酬應，隨時隨處，皆隨體認天理而涵養之，無非造道之功」。

〔註40〕 甘泉說：「《大學》要在修身，而古本以修身釋格致，然後直接數千載不傳之緒」同註2，卷四十二，頁1020。

須改，他亦不信今論格物亦近但不須換物字作理字，只還他一物字
便是」〔註41〕

雖然甘泉以物爲理，以格物爲造道之思想與陽明不完全相同，但格物只是隨
處體認天理的觀點，已近於陽明之正事，皆是以修身爲解釋之總原則。甘泉
之格物原則皆求體認天理而涵養之，無非造道之功，即顯示出甘泉涵養之目
標在於體認天理，有別於朱子之格物窮理過程〔註42〕。其格物目標在止於至
善〔註43〕，其涵養之功在於將修身與格物所得之天理，涵養之並用於修齊治
平，此與陽明的至善是心之本體，只是明明德到至精至一處便是〔註44〕的目
標，可謂終當殊途同歸也，試觀陽明所云：

隨處體認天理，是眞實不誑語，鄙說初亦如是；及根究老兄命意發
端處，卻似有毫厘未協，然亦終當殊途同歸也；修齊治平總名格物，
但欲如此節節分疏，亦覺說話太多。〔註45〕

我們並不認爲甘泉與陽明的格物觀點是完全一致的〔註46〕，特別是在陽明即
物正心與甘泉即物體認天理道心（大心）的結構上兩人是相當不同的，但值
得思考的問題即是爲什麼陽明認爲兩人「終當殊途同歸」？陽明主張的根據
爲何？誠如日籍學者志賀一朗的觀點，「甘泉與陽明對格物的解釋，既有相同
處，又有不同處；由於兩人對格物的解釋不同，導致了甘泉過份強調《古本
大學》中的修身說，只用修身來解釋格物，而陽明則以誠意爲本，用誠意來
解釋格物，這是兩人的重要區別之一；所以，陽明總是以心爲中心，而甘泉
則總是以身爲中心，以身爲中心故強調心體萬物而不遺；陽明以心爲中心，
則強調正吾心即是正物，這與甘泉所謂之隨處、廓然大公、物來順應等的『至』
的立場正好相反」〔註47〕。

〔註41〕〈傳習錄〉下，同註21，頁76。
〔註42〕朱熹的格物是活動，是過程，甘泉的格物即物格，止至善，重在表示結果，
即獲得天理。參見張學智：《明代哲學史》，北京：北京大學出版社，2000，
頁64。
〔註43〕甘泉強調「格物者即造道也……誠正修工夫皆於格物上用，家國天下皆即此
擴充，無兩段功夫，此即所謂止至善」〈答陽明〉，同註1，卷七，頁16。
〔註44〕〈傳習錄〉上，同註21，頁2。
〔註45〕〈答甘泉〉，《王陽明全書》（二），頁26。
〔註46〕容肇祖認爲湛、王兩人解釋格物皆不能無偏於內心方面，唯一的不同即在於
陽明以爲不學而能，而甘泉則以爲須學而能。參見《明代思想史》，台北：台
灣開明書店，1982，頁64。
〔註47〕參見志賀一朗：〈王陽明與湛甘泉的學說之爭〉，本文收錄於方祖猷、滕复編：

我們認為陽明清楚地明白隨處體認天理與其學說之不同，但他說亦終當殊途同歸的原因，本文推論這是他基於「天理」一元的宏觀視野而有之評價語；從引文「修齊治平總名格物」的內涵可以發覺陽明的思維以「宏觀」與「綜合」為特性，例如其「格物的物字，即是事字，皆從心上說」〔註 48〕，或「中庸言不誠無物，大學明明德之功，只是箇誠意；誠意之功，只是箇格物」（同上）等，都顯示出其思維方法中的宏觀與圓融統觀之特質。再反觀甘泉的隨處體認天理，從理氣一體至心包乎天地萬物之外而貫夫天地萬物之中，事實上都能突顯其理論之整體特色，足以使陽明在目標上認同甘泉而給予終當殊途同歸之評價。

2. 隨處體認天理而涵養之，則知行並進矣

在格物方面陽明與甘泉兩人有過一番辯論，但在知行觀點上，甘泉「知行交進」說則與陽明「知行合一」說較為一致。甘泉的知行觀點是：「夫學不過知行，知行不可離，又不可混……隨處體認天理而『涵養』之，則知行並進矣」〔註 49〕，即甘泉的知行觀同於陽明是主張合一的，並且相當有一致性的從其天理觀中延伸而出，例如甘泉說：「僕之所以訓格物者，至其理也；至其理云者，體認天理也；體認天理云者，兼知行合內外言之矣」〔註 50〕；故知甘泉兼知行合內外的觀點，主要是源自其本體論中的「隨處體認天理」原則。

然而，在「知行並進」觀念中，甘泉與陽明仍然同中有異，其異處在於甘泉知行之中以「知」為初始，而陽明則反對知先行後，認為一念發動處，便即是行了〔註 51〕。甘泉強調：「大抵知行終始，只是一理一工夫，如點一燭相似，知則是初燃也」〔註 52〕，即其知行終始，以知在先，強調知行之要旨在「察見天理，知天之所為如是」〔註 53〕。另外，甘泉除了強調天理外，他同時強調「敬」之觀念，做為其知行並進的基礎。

甘泉是從「涵養須用敬，進學在致知」〔註 54〕與「勿忘勿助」〔註 55〕二

《論浙東學術》，北京：中國社會科學出版社，1995，頁 138。

〔註 48〕〈傳習錄〉上，同註 21，頁 5。

〔註 49〕同註 2，卷三十七，頁 881。

〔註 50〕〈答陽明論格物〉，同註 1，卷七，頁 27。

〔註 51〕〈傳習錄〉下，同註 21，頁 80。

〔註 52〕〈天關語通錄〉，同註 1，卷二十三，頁 14。

〔註 53〕同註 2，卷三十七，頁 879。

〔註 54〕他說「涵養須用敬，進學在致知，如車兩輪，自一念之微，以至於事為講習之際，涵養致知一時俱道，乃為善學也」〈答陳惟浚〉同註 1，卷七，頁 9。

進路強調此一觀點的，其〈心性圖〉中亦安置了始敬、終敬，使心之已發未發時時刻刻都以敬爲修養目標。唯主敬亦有缺點，可能的缺點發生在「知者能了解主敬在甘泉手中有新義，不同於宋儒；不知者以爲甘泉又回到了宋儒，而爲當時反程朱學風所不喜；然在當時程朱學者如羅整菴之輩，也不引爲同調，所以甘泉兩面不討好」〔註56〕。在表達形式上，甘泉對「敬」的實踐則選擇了孟子勿忘勿助爲基礎，他將孟子的勿忘勿助與陳白沙論自然之旨結合，在隨處體認天理之外還要用勿忘勿助的工夫。甘泉的勿忘勿助只是說一個敬字，即是主一或主敬，換言之，即是執事敬的工夫與一以貫之的精神〔註57〕，即敬是隨處體認天理的本體論落實在修養論上的主要精神，而其具體工夫則透過勿忘勿助來修養，關於此點陽明評論甘泉說：

> 區區因與說我此間講學，卻只說箇「必有事焉」，不說「勿忘、勿助」；……；其「工夫全在必有事焉上用」，「勿忘、勿助，只就其間提撕警覺而已」；若是工夫原不間斷，即「不須更說勿忘」，原不欲速求效，即「不須更說勿助」；此其工夫何等明白簡易！〔註58〕

可見在陽明學中勿忘勿助只是用來提撕警覺而已，只是支節而非本體，其重心仍在於以致良知宗旨做爲其學問的大頭腦，這種理解上的基本差異，使得湛、王兩人亦曾經因此而展開辯論，甘泉曾說：「勿忘勿助，心之中正處，這時節，天理自見，天地萬物一體之意自見；若先要見，是想像也；王陽明每每欲矯勿忘勿助之說，惑甚矣」〔註59〕。

　　可見在陽明知行合一與甘泉知行並進的形式雖然相近，然而實質上卻是各有定位。陽明的定位在於必有事焉的去實踐良知自覺，以事上磨練工夫爲輔助，以避免陷入心體的空寂；而甘泉則要求體認天理之際的心無念，又無求速妄取

〔註55〕甘泉說：「勿忘勿助只是說一個敬字，忘助皆非心之本體，此是心學最精密處，不容一毫人力；故先師又發出自然之說，至矣……勿忘勿助之間，只是中正處也，學者下手，須要理會自然功夫。」〈答轟文蔚待御〉，同註1，卷七，頁30。

〔註56〕參見陳郁夫：《江門學記——陳白沙及湛甘泉研究》，台北：台灣學生書局，1984，頁64。

〔註57〕他說「元來只是敬上理會未透故未有得力處，又或以內外爲二而離之；吾人切要，只於執事敬用功，自獨處以至讀書酬應，無非此意，一以貫之」〈答徐曰仁〉同註1，卷七，頁3。

〔註58〕〈傳習錄〉中，同註21，頁68。

〔註59〕同註2，卷三十七，頁909。相同的論爭另見甘泉云：「惟求必有事焉，而以勿助、勿忘爲虛；陽明近有此說，見於與轟文蔚待御之書，而不知勿正、勿忘、勿助，乃所有事之工夫也」，同註2，卷三十七，頁903。

本體。兩人的工夫進路是各自發揮其詮釋的專長,而使得對《孟子・告子》之必有事焉而勿正,心勿忘勿助長也的原典解釋,各自發揮了不同的功能與目標。

綜合而言,陽明與甘泉兩人皆在萬物一體的觀念下論述人心,但在本體論與工夫論的內涵上各有其著重處。在本體論上陽明重視的是心即理,心即天,從天命於人的形上背景,在人自體的立場上注意主客內外的統合。甘泉則從理氣一體出發,以氣即性也,性即理的形上學保障其心、性、天三者的一體,扣緊其大心與無內外之說,在格物工夫中強調同時體認天理與造道,從白沙的自然觀導了向人與萬物的關係中。

在工夫論方面,陽明從良知與心體出發,側重對身、心、意、知、物等範疇之論證;而甘泉則以吾心中正之本體為標準,主張隨處體認天理而涵養之,則知行並進矣;比較注意一內外、合知行,注意知行二分的缺失。在為學歷程上,甘泉以勿忘勿助與執事敬為體認天理的主要方法;陽明則以勿忘勿助只是提撕警覺的工夫,認為人只要能必有事焉的在心體上用功,即已包含勿忘勿助的功效了。在知行問題上,兩人同主知行合一以涵養致知來修養自身;唯甘泉主張知行如點一燭相似,「知」則是初燃也,即其知行終始以知在先;陽明則以一念發動處即是行做為回應,統合知行。

總之,湛、王兩人相交厚而共倡心學,並通過學術爭論而有互補,陽明卒後,其王門如鄒守益、聶雙江、羅洪先仍常與甘泉互相論學;有些王門弟子如劉秉監、周沖、蔣信、楊驥等更同時受學於甘泉,足見湛氏對王門後學亦有相當之影響性。

貳、羅整菴:通天地亙古今,無非一氣

羅欽順字允升,號整菴,江西泰和人;黃宗羲言其論理氣最為精確〔註60〕,明朝朱學的發展於羅整菴起開始一新的里程〔註61〕。整菴對理氣的新觀點,使其被稱為朱學後勁,他對當時盛行的心學予以深入的批判。同時,他亦認為從周敦頤、程頤到朱熹都以理、氣為二實體,認為理氣決是二物的看法提出質疑,羅整菴反對這個觀點;他認為理作為氣之理,為氣運行之內在規則,氣理實為一物。他同時堅持程朱的格物觀點,否定陽明格物即格心

〔註60〕 同註2,卷四十七,頁1108。
〔註61〕 羅整菴的思想是一個新的開始,容肇祖則認為這個開始是對王陽明一派的反動,是對程朱一派的擁護,見容肇祖:《明代思想史》,台北:台灣開明書店,1982,頁184。

說，以下將針對上述綱要，分析其理氣與心性學說，並論述他對心學之批判內容。

一、「理只是氣之理」與「人心人性」

（一）就氣認理：「理只是氣之理」

整菴沿續朱子理論，但其理氣觀點與朱熹已有所不同，他以「通天地亙古今，無非一氣而已」〔註62〕爲其哲學原則；以理爲氣之理，從氣理實爲一物的觀點，視理爲氣運行之內在規則。關於理整菴認爲理只是氣之條理；朱子之理本強調理的實體性與主宰性，在邏輯上是理先氣後，但又說「無是氣，則是理亦無掛搭處」〔註63〕，故又有理依於氣或依氣而行的意思。此一原則被整菴加以改造與創新，他明確主張「氣上認理」〔註64〕，例如他說：「理須就氣上認取，然認氣爲理便不是」〔註65〕，即整菴認爲理並非氣外別有一物，說理依氣而立或認氣爲理終有析理氣爲二物之嫌，主張「氣上認理」即以氣爲宇宙間唯一實體〔註66〕。「理」的特性則是一動一靜，一往一來，一闔一闢，一升一降，循環無已的氣之條理，例如他說：

> 理只是氣之理，當於氣之轉折處觀之，往而來，來而往，便是轉折
> 處也；夫往而不能不來，來而不能不往，有莫知其所以然而然，若
> 有一物主宰乎其間，而使之然者，此理之所以名也；易有太極，此
> 之謂也〔註67〕

即整菴以「氣之動」的（轉折之）形式爲理，但氣之動的方向並非有一主導的力量，故他云莫知其所以然而然，這種氣之動的形式即是「理」，即是太極的內涵。這種氣之動的形式之理，張學智認爲是「實然的物理而非比喻的、象徵的倫理」〔註68〕；這與宋代朱子之理有很大的不同，朱子之理所追問的

〔註62〕《困知記》，北京：中華書局，1990，頁4。

〔註63〕《朱子語類》，卷一。

〔註64〕蒙培元教授對羅整菴有相當高的評價，認爲整菴繼承朱子「理不離物」的思想而批判了「理先氣後」，從「理氣爲二」到「氣上認理」，這種轉化過程遠比從朱子轉化爲陽明學困難得多。參見蒙培元著：《理學的演變》，台北：文津出版社，1990，頁412。

〔註65〕同註62，頁32。

〔註66〕「理果何物也哉？蓋通天地亙古今，無非一氣而已，氣本一也，而一動一靜，一往一來，一闔一闢，一升一降，循環無已；……初非別有一物，依于氣而立，附于氣以行也」同註62，頁4。

〔註67〕同註62，頁68。

〔註68〕參見張學智：《明代哲學史》，前揭書，頁320。

是「莫不有以知夫所以然之故，與其所當然之則」〔註69〕，即決定一物之所以為一物的決定因子是理，但卻又認為理、氣是兩個實體，故使其理氣論在主一與二物之間產生爭議。

在這方面，整菴認朱子的觀點是受周敦頤影響〔註70〕，他反對這種二分的結論，對程顥的易、道、神、性統一論較為贊同〔註71〕。他認為程顥易道的觀點代表了理氣渾然一體，以及即氣即理的歸一原則；對於歸一的精神，整菴又說：「若論一，則不惟理一，而氣亦一也」〔註72〕，以及「氣之聚便是聚之理，氣之散便是散之理，唯其有聚散，是乃所謂理也」〔註73〕。換言之，理即是氣之動的（聚散）形式；如果氣是單一的，理自然也是單一的。其功用即如陳來教授認為「整菴的理只是氣的規律，即理是作為實體的氣自身的某種條理和規定」〔註74〕。總之，整菴「理氣一物」的觀點一方面改變程朱以來「理在氣先」的存在層級，另一方面形成了以「氣」為唯一實體的「氣一元論」。

（二）「理一分殊」與「人心人性」

「理」作為「氣之理」為「氣」運行之內在規則，氣理實為一物。整菴又以「理一分殊」的原則處理人物之性，並解釋上智與下愚之別。對於氣之理，整菴賦予「理」一常理常則義與確定性，他認為「理無往而不定也，不定即非所以為理」〔註75〕，此一定之理或正理即是人性的根源，例如他說：

> 夫感應者氣也，如是感而，則如是而應，有不容以毫髮差者理也……
> 其中和之氣，自為感應者，未始有一息之停；故所謂亭亭當當，直
> 上直下之正理，自不容有須臾之間，此則天之所命，而人物之所以
> 為性者也。〔註76〕

即依據中和之氣，「理」有所謂之正理，正理的內涵即天命之性，做為人物之

〔註69〕《朱子語類》，卷十七。

〔註70〕整菴認為「《太極圖說》中，『無極之真，二五之精，妙合而凝』三語，愚不能無疑……朱子終身認理氣為二物，其源蓋出於此」。同註2，卷四十七，頁1116。

〔註71〕整菴曰：程伯子之言有云：「上天之載，無聲無臭，其體則謂之易，其理則謂之道，其用則謂之神，其命則謂之性」，只將數字剔撥出來，何等明白！學者若於此無所領悟，吾恐其終身亂於多說，未有歸一之期也。同註62，頁30。

〔註72〕同註62，頁43。

〔註73〕同註62，頁38。

〔註74〕參見陳來：《宋明理學》，台北：洪葉文化公司，1994，頁284。

〔註75〕同註62，頁67。

〔註76〕同註62，頁68。

所以爲性者的依據，這裡整菴爲其「莫知其所以然而然」〔註77〕的氣之理找到定位，透過最初的中和之氣，理具有了普遍性與確定性。在否定朱子以理爲核心的觀點後，整菴以正理觀念發展了理的普遍性意義，同時，依此運用「理一分殊」的原則更具體地說人性之內涵，例如他說：

> 竊以性命之妙，無出「理一分殊」四字。……蓋人物之生，受氣之
> 初，其理惟一；成形之後，其分則殊；其分之殊，莫非自然之理；
> 其理之一，常在分殊之中，此所以爲性命之妙也。語其一，故人皆
> 可以爲堯、舜；語其殊，故上智與下愚不移。〔註78〕

「性」在整菴而言是「宇宙根本之理」在人、物上的體現，「理一」強調的是人都有共同的本性，「分殊」則指出人的個體差別；整菴提出「理一分殊」的規則，目的在於改善朱子以「理先氣後」爲基礎的天命之性與氣質之性的觀念，爲此他說：

> 性善，理之一也，而其言未及乎分殊；「有性善有性不善」，分之殊
> 也，而其言未及乎理一……天命之性，固已就氣質而言之矣，曰氣
> 質之性，性非天命之謂乎？一性而兩名，且以氣質與天命對言，語
> 終未瑩；朱子猶恐人之視爲二物也，乃曰「氣質之性即太極全體墮
> 在氣質之中」，夫既以墮言，理氣不容無罅縫矣；唯以理一分殊喻之，
> 則無往而不通〔註79〕

羅整菴在氣一則理一的前提下，試圖解決傳統的人性爭論；他認爲孟子的性善只看到了人性有成聖的普遍可能，但並未見人性的殊異。而告子之性有善有不善，則亦只見其殊異而不見其普遍的本質。改善之道在於理解天命之性與氣質之性皆是「氣質之理」，即兩者是一非二，因人皆稟受了相同之理，故應有相同之性。

　　整菴在「理一」的普遍基礎上承認人皆有具體「分殊」差異之事實，依此而試圖化解孟子與告子之爭。然而，其對「理一分殊」的觀念與朱子不同，朱子的「理一」代表宇宙之根本法則，此一根本法則在具體世界的不同體現則謂之分殊。就理氣論的觀點而言，朱子人人有一太極，物物有一太極的觀點指出其「理」在萬物中的同一性，而其在具體世界的不同體現則由於氣稟

〔註77〕同註62，頁68。
〔註78〕同註62，頁7。
〔註79〕同註62，頁7～8。

之不同。換言之，在朱子，理一分殊的內在性是以「理同氣異」爲基礎的，「理」
的同一性與絕對性使其與「氣」之間總有一區別的事實；而整菴的理一分殊
即試圖以「氣之理」的模型就氣上認理，使理氣無縫隙，此即是整菴對朱子
的創新處。整菴「氣之理」的思維在解決傳統的人性論上有其特色，但在詮
釋其心性的部份，則出現不周延處，他對心、性、理的定義是：

> 心者，人之神明，性者，人之生理；理之所在謂之心，心之所有謂
> 之性；不可混而爲一也。……二者初不相離，而實不容相混，精之
> 又精，乃見其眞。其或認心爲性，差毫釐而謬千里矣。〔註80〕

整菴的性繼承了朱子的觀點，接受「性即理」的觀點，認爲「性」是人之生
理，因而反對陽明「心即性」的說法。他認爲「性」指人之所以爲人的本質，
或人所異於禽獸者，本質上是道德意義的〔註81〕；「心」則主要是指人的思維
活動之功能，此即與王學相當不同。整菴依此觀點，亦批評佛教心學「釋氏
之明心見性，與吾儒之盡心知性相似，而實不同；蓋虛靈知覺，心之妙也，
精微純一，性之眞也」〔註82〕。即對整菴而言，「心」的功能是用而非體，是
末而非本。依朱子哲學，道心、人心都源自心而不是性；整菴在心性論上以
理爲主導，強調人物同爲一理，但心性有別，此理以道心言即爲性，以人心
言即爲情，例如他說：

> 道心，性也：人心，情也。心一也，而兩言之者，動靜之分，體用
> 之別也。凡靜以制動則吉，動而迷復則凶。〔註83〕

整菴論心性〔註84〕，以道心是性，是寂然不動者也。人性是情是感而遂通者
也，他以動靜之分與體用之別，分說道德與人心，這無疑地是其氣一元論思
想在心性論中的自然開展〔註85〕。他在理論上「提高氣的地位，氣的物質性
必然會使感性存在的個體生命得到重視，對欲望重新解釋」〔註86〕，換言之，
氣論的思維貫串著其心性哲學，同時他並以之處理其天理人欲之辨。

〔註80〕同註62，頁1。
〔註81〕參見陳福濱：《晚明理學思想通論》，台北：環球書局，1983，頁18～23。
〔註82〕同註2，卷四十七，頁1111。
〔註83〕同註62，頁2。
〔註84〕「道心，寂然不動者也，至精之體不可見，故微；人心，感而遂通者也，至
　　　　變之用不可測，故危。」同註62，頁2。
〔註85〕「道心性也，性者道之體；人心情也，情者道之用；其體一而已矣」同註62，
　　　　頁115。
〔註86〕參見傅小凡：《晚明自我觀研究》，成都：巴蜀書社，2001，頁65。

　　整菴對人欲的看法是「夫性必有欲，非人也，天也；既曰天矣，其可去乎？欲之有節無節，非天也，人也；既曰人矣，其可縱乎？」〔註87〕，即整菴提出了「理不離欲」的思想，認爲人性必有欲望，這是自然現象而不可能完全去之；但節制之德性亦是人所自然具備，人不可能以縱欲爲常則與常態，這種觀點和朱子言「聖賢千言萬語，只是教人明天理，滅人欲」〔註88〕，以及陽明「只在此心去人欲存天理上用功便是」〔註89〕的思想明顯地不同。

　　整菴即依此而爲宋明理學中人欲與天理觀念的對峙尋求一新出路，正面地處理人類欲望的問題，從「理一分殊」的原則處理其人心人性的課題。其方法並非沒有問題，其理氣論批判了朱子以「理」主導「氣」的觀點，但在心性論上又以「理」爲主導區分心性，後來劉蕺山即指出其理氣論與心性論間的不一致性，蕺山說：

> 先生（整菴）既不與宋儒天命、氣質之說，而蔽以「理一分殊」之一言，謂「理即是氣之理」，是矣；獨不曰「性即是心之性」乎？心即氣之聚於人者，而性即理之聚於人者，理氣是一，則心性不得是二，心性是一，性情又不得是二：使三者於一分一合之間，終有二焉，則理氣是何物？心與性情又是何物？天地間既有個合氣之理，又有個離氣之理，既有個離心之性，又有個離性之情，又烏在其爲一本也乎？……考先生於格物一節，幾用二三十年工夫。迨其後，即說心、說性、說理氣一字不錯，亦只是說得是，形容得著，於坐下毫無受用。〔註90〕

蕺山的批評顯示整菴的理論有其不周之處，其「氣之理」思維本應發展出能統合心、性、情三者之理論，而不應使三者於一分一合之間，終有成爲二。整菴的問題，根本上源於其「理一分殊」原則下所導致的理同氣異，以及其「氣一元論」間兩者的不一致與矛盾。誠如張學智所言：「整菴的宇宙實體統一於氣，人的倫理活動統一於心；根據其理氣論，他的心性論應是如後來戴震所謂情之不爽失者」〔註91〕，能達情遂欲而去私解蔽。

　　綜言之，整菴的問題出現在他試圖統合象山與朱子二者間結構性差異過

〔註87〕同註62，頁90。

〔註88〕《朱子語類》，卷十一。

〔註89〕〈傳習錄〉上，同註21，頁2。

〔註90〕同註2，頁10。

〔註91〕參見張學智：《明代哲學史》，前揭書，頁329。

大的主題，他一方面承繼朱子的理氣論，另一方面又改變朱子以理為中心的結構。其次，他又試圖吸收象山心即理的觀點，以理之所在謂之心，心之所有謂之性建構其哲學；但卻採取了朱子分言體用、動靜的觀點，未如象山統合形上形下而論體用動靜是一，故在兩套理論的銜接上產生缺點。但是，在心性論上他強調「理欲統一」與「欲未可謂之惡」的觀點，對朱熹到戴震間心性論之發展，無疑地有相當之影響性。

二、論整菴之「格物」觀及其對佛學、心學之批判

（一）「通徹無間」：論整菴之「格物」觀及其與陽明之異

正德末年整菴與陽明曾就格物問題有過一次重要的對話，陽明對格物的主要觀點在他用「格其非心」釋格物之義〔註 92〕，表示「格物」在陽明而言自然是「正心」，自然是以心體向天理的溯源。整菴站在朱子學的立場，對陽明以「格物為格心」之說提出批評，他認為如果陽明訓「格」為「正」，那麼，對於山、川、鳶、魚等客觀事物，人怎麼去正其不正以歸於正？整菴又批評陽明「以良知為天理」〔註 93〕。

整菴強調「格物之義……當為萬物無疑，人之有心，固然亦是一物，然專以格物為格此心則不可」〔註 94〕。如果如整菴言格物不是格心，那麼他的「格物」定位何在？又格物與致知的關係，以及其與「理」的關係為何，則是我們所欲探討的，以下從個別與整體兩方面考察整菴的格物說。

就個別的角度看，其「格物說」包含始與終、知與行，以及心與理的運作過程。例如他說：「格物致知，學之始也；克己復禮，學之終也……物格則無物，惟理之是見，己克則無物，惟理之是由；沛然天理之流行，此其所以為仁也；始終條理，自不容紊」〔註 95〕，即整菴指出格物致知與克己復禮皆吾人學習之歷程，其目標在於「物格與己克」，其境界在於追求「沛然天理之流行」的仁者氣象。

〔註 92〕〈大學問〉，同註 21，頁 122：其它地方亦有相同的觀點，例如：在答少宰羅欽順以書問學時說「故格物者，格其心之物也」（〈年譜〉，《王陽明全書》，（四），頁 120。）　又例如：在答顧東橋書中云：「事事物物皆得其理者，格物也，是合心與理而為一者也」（〈傳習錄〉中，同註 21，頁 37。）

〔註 93〕「以良知為天理乃欲致吾心之良知於事事物，則是道理全在人安排，事物無復本然之則矣」，又說「草木金石，吾未見其有良知也」同註 62，頁 120。

〔註 94〕同註 62，頁 114。

〔註 95〕同註 62，頁 10。

如再從整體的觀點看格物，他認爲宋代理學家呂祖謙的觀點較爲完整與全面：

> 呂東萊釋天壽平格之格，又以爲「通徹三極而無間」，愚按通徹無間亦至字之義，其意味猶爲明白而深長……格物之格，正是通徹無間之意〔註96〕

整菴認爲以「通徹三極而無間」釋「格物」諸義可以包含知行與物我各個層面，一方面改善了程朱物理與吾心兩者間之距離，另一方面避免了陽明以格物爲致吾心之良知於事事物物，使「理」爲完全主觀，忽略了格物工夫要求「實用其功」之精神〔註97〕。陽明以「正」訓格，程朱以「至」訓格，羅氏則以「通徹無間」的觀點試圖超越兩者，認爲格物就是追求萬物一體與見萬物一理的過程，故云：「所貴乎格物者，正欲即其分之殊，而有以見乎理之一；無彼無此，無欠無餘，而實有所統會，夫然後謂之知至，亦即所謂知止」〔註98〕。這是整菴以「通徹無間」釋格物的功效，其目標在見乎理之一與有所統會，「理一」的目標主要是理解到「所貴乎格物者，正要見得天人物我原是一理」〔註99〕，又在具體的格物實踐上仍然認爲「欲見得此理分明，非用程朱格物工夫不可」〔註100〕，換言之，「通徹無間」既是格物的工夫又是格物之境界，其具體的實踐，一方面在察之於身，另一方面在察之於物，例如《明儒學案》記載：

> 察之於身，宜莫先於性情，即有見焉，推之於物而不通，非至理也；察之於物，固無分於鳥獸草木，即有見焉，反之於心而不合，非至理也。必灼然有見乎一致之妙，……斯爲格致之極功。〔註101〕

從察之於身至推之於物，指出格物過程中的主觀想法必須再驗於客觀之物；又從察之於物到反之於心，指出對客觀物之考察亦必須返回普遍的原則中進行檢視。基本上，整菴認爲窮理於心後必須與輔以外物之印證，而窮理於外亦必返心自證才是格物之極功，這裡明顯地有合內外與持守《中庸》標準之態度。

　　綜合來說，格物觀念可以說是整菴修養論的全部代表，包含知行、終始

〔註96〕同註62，頁4。
〔註97〕整菴說：「《大學》之教，必始於格物，所以開其蔽也；……今之學者，動以不能盡格天下之物爲疑，是豈嘗一日實用其功？徒自誣耳！」同註2，卷四十七，頁1111。
〔註98〕同註62，頁109。
〔註99〕同註62，頁124。
〔註100〕同註62，頁124。
〔註101〕同註2，卷四十七，頁1142。

與其理氣論的運用，以格物致知爲學之始，以克己復禮爲學之終，主張向客觀事實窮理，反對陽明專求於心與反觀內省的方向。其通徹無間的觀點，既是一種方法，亦是一種境界。方法指其以「見乎理之一與有所統會」爲目標，進行主觀與客觀的比照與分析；境界則指出「物即我，我即物，渾然一致」〔註102〕的存在狀態。整菴即依此步驟，由事件而現象，再由現象而深入本體的探討，以格物爲基礎而有所統會，又因實有所統會，然後才謂之知至。

（二）整菴對佛學與心學之批判

羅整菴與王陽明一樣曾出入佛道，但整菴四十歲官南京國子司業後，對儒家與程朱理學進行諸多的研究，聖賢書未嘗一日離手，逐漸摒棄佛學，歸本孔孟，對佛教有許多批判。整菴認爲儒學與佛學皆重視性的內涵，但卻對性的看法有不同的定位，他說：「佛氏之所謂性者，覺；吾儒之所謂性者，理；得失之際，無待言說；然人物之生，莫不有此理，亦莫不有此覺」〔註103〕。即佛學之「性」以「覺」爲內容，覺的意義主要在於指出人是一認識、感受與覺悟的主體，覺爲佛家義理之基本要素與統覺之機能。他又說：

> 釋氏之明心見性，與吾儒之盡心知性相似，而實不同；蓋虛靈知覺，
> 心之妙也，精微純一，性之眞也；釋氏之學，大抵有見於心，無見
> 於性，故其爲教，始則欲人盡離諸象，而求其所謂空，空即虛也、
> 既則欲其即相即空，而契其所謂覺，即知覺也；覺性既得，則空相
> 洞徹，神用無方，神即靈也；凡釋氏之言性，窮其本末，要不出此
> 三者；然此三者，皆心之妙，而豈性之謂哉？〔註104〕

整菴認爲這種「以覺爲性」的觀點，使得人性的倫理基礎徹底被消除，拋棄窮理盡性的觀點，使儒家的仁義道德失去內在的依據。爲了改變這種思想之負面影響，整菴力倡儒家實學，反對虛空曠蕩的佛學〔註105〕。在承繼朱學的立場下，他認爲爲儒家實學追求的是萬物本根之理一，吾人必須透過窮理然

〔註102〕「工夫至到則通徹無間，物即我，我即物，渾然一致雖合字亦不必用矣」同註62，頁4。
〔註103〕同註62，頁33。
〔註104〕同註62，頁2。
〔註105〕「千聖相傳，只是一理……蓋通天地人物，其理本一，而其分則殊；必有以察乎其分之殊，然後理之一者可見；……此博約所以爲吾儒之實學也；禪家所見，只是一片虛空曠蕩境界，凡此理之在吾心與其在事物者，竟不能識其至精至微之狀爲何力如，而顧以理爲障。」同註62，頁84。

後理一可見；相對的，佛家以知覺爲性，所求爲空，故一悟便見個虛空世界。一如〈證道歌〉所謂之了了見無一物，亦無人，亦無佛即是此意，其深入的批判佛學，使得高攀龍稱贊他：「於禪學尤極探討，發其所以不同之故，自唐以來，排斥佛氏，未有若是之明且悉者」〔註106〕。整菴又舉《大學》與《中庸》爲例區分儒、佛之別：

> 《大學》之教，不曰「無意」，唯曰「誠意」；《中庸》之訓，不曰「無
> 思」，唯曰「愼思」；此吾儒入道之門，積德之基，窮理盡性必由於
> 此；……彼禪學者，唯以頓悟爲主，必欲掃除意見，屛絕思慮，將
> 四方八面路頭一齊塞住，使其心更無一線可通，牢關固閉，以冀其
> 一旦忽然而有省；終其所見，不過靈覺之光景而已，性命之理，實
> 未嘗有見也；安得以此亂吾儒窮理盡性之學哉！〔註107〕

整菴認爲佛學中的無意、無念、無思目的在悟心地空明的修養境界，故要掃除意見屛絕思慮。相對於佛家，儒家亦講無意，但目的在於指出經由誠意而達無私意與去人欲，而不是寄望於「忽然有省」，整菴認爲這只是靈覺之光景而已，於儒家眞正的性命之理，實未嘗有見也。

　　事實上，整菴所指的佛家之弊應以北宗禪的「離念」爲對象，北宗禪認爲念慮都是染污的，故要提倡離念，而南宗禪則以爲「念」是人心的動態表現，而人心必有活動，故而不應守空寂之境，故主張修養相對的念想或分別心（妄念），以使所起之念成爲淨念，並非言全不起念。但基本上整菴認爲儒、佛之根本區別在於起念之後，是否能通過窮理盡性以成就聖賢人格，並贊天地之化育。整菴對佛學之批判，其目的即在避免其說成爲如象山、陽明與湛甘泉般「其所以安於禪學者，只爲尋個理字不著」〔註108〕，使自身之學說成爲高論，並且使之「說來說去未免時有窒礙也」（同上）！

　　整菴對象山與陽明之批判，主要亦是認爲心學與禪學有密切的內在連繫〔註109〕。他在程朱性即理的觀點上，認爲性是天理下貫於人性中者，在天爲命，在人爲性，心是人的神明，理存於心而心不即是理。他在這個思考脈絡

〔註106〕 同註2，卷四十七，頁1110。
〔註107〕 同註62，頁81。
〔註108〕 同註62，頁157。
〔註109〕 整菴云：「象山之學吾見得分明是禪……佛氏有見於心，不見於性，象山亦然；
　　　　其所謂至道，皆不出乎靈覺之妙，蓋以靈覺爲至道，乃其病根，所以異於吾
　　　　儒者，實在於此」。同註62，頁114。

下，批評象山自謂其學承自孟子能立其大者，但卻忽略其「心之官能思」的重要特性，故認為象山「乃執靈覺以為至道，非禪而何？」〔註110〕他對象山「心即理」之核心命題展開解構，例如他說：

> 人之有心，固然亦是一物，然專以格物為格此心，則不可。……理在人則謂之性，在天則謂之命；心也者，人之神明，而理之存主處也，豈可謂心即理，而以窮理為窮此心哉？良心發見，乃感應自然之機，所謂天下之至神者，固無待於思也，然欲其一一中節，非思不可；研幾工夫，正在於此；若此心粗立，猶未及於知止，感應之際乃一切任其自然，遂以為即此是道，其不至於猖狂妄行者幾希！
>
> 凡象山之為此言，誤人多矣，其流禍迄今益甚。〔註111〕

這裡整菴對象山與心學主要的觀點加以批判，反對心學以靈覺之心為至道。他更精確地分析了良心之「無待於思」與「非思不可」兩種狀況，認為這種區別是必須的，是研幾工夫；正因為象山未能注意的即是其「此心粗處猶未及於知止」，過分突出了心的功能而忽略了細節，故亦不能中節，這是至於猖狂妄行，故不符合中庸哲學之精神。

整菴批評心學皆只重心未遽見性〔註112〕，又批評陽明以良知為天理，使得「易簡在先」〔註113〕，易生流弊。他認為這是不正確的觀點，因此他主張「博學，審問，慎思，明辨，篤行，廢一不可；循此五者以進，所以求至於易簡也；敬厭夫問學之煩，而欲徑達於易簡之域，是豈所謂易簡者哉？」〔註114〕整菴強調統會貫通必須通過歷史與知識的累積，理解文明的進展演變，才能達於易簡之域，這對讀書窮理而言是比較周延的理論，也對治了王學只把學問作一種光景玩弄的弊病。陽明自己亦曾經強調「某於『良知』之說，從百死千難中得來，非是容易見得到此；此本是學者究竟話頭，可惜此體淪埋已久；學者苦於聞見障蔽，無入頭處；不得已與人一口說盡；但恐學者得之容易，只把作一種光景

〔註110〕同註62，頁35。

〔註111〕同註62，頁114。

〔註112〕整菴云：「心性至為難明，象山之誤，正在於此；故其發明心要，動輒數十百言，而言及於性者絕少」同註2，卷四十七，頁1118。

〔註113〕整菴云：「以良知為天理，則易簡在先，工夫居後，後則可緩；白沙所謂『得此欛柄入手，更有何事？自茲以往，但有分殊處，合要理會』是也；謂天理非良知，則易簡居後，工夫在先，先則當急，所謂果能此道矣，雖愚必明，雖柔必強是也」同註2，卷四十七，頁1141。

〔註114〕同註62，頁4。

玩弄，孤負此知耳！」〔註115〕依據這段引文，我們發覺事實上陽明在「工夫在先」的原則上是同意整菴的，即陽明的良知學說在形成過程，即在其存在系統中仍是以「易簡居後，工夫在前」爲原則的；唯良知在傳述過程與在表達系統中，則有流爲「易簡在先，工夫居後」的事實產生。

綜合以上所言，明代朱學的發展以羅整菴的理論最爲精確，其理氣論內容以理爲氣之理，做爲其論理一分殊之基礎，並以之處理人物之性，批評陸王只重心，未遽見性。他認爲心性不謂之一物，亦不謂之二物，而以動靜，或體用言之；在學問工夫上以認識作爲道德判斷的依據，反對陽明重視易簡而天下之理得的精神，認爲陽明以良知爲天理使得「易簡在先，工夫居後」，易生流弊。又以「通徹無間」重新定位與解釋格物，以格物爲追求萬物一體與見萬物一理的過程。總之，羅整菴一方面批判了心學與佛學，另一方面又改造理學，以欲情皆「性之所有」故不可去，提出理不離欲的思想，批判了存天理去人欲之說，其理論代表了朱學在明代理學中的演變與革新。

參、王廷相：理根於氣

王廷相字子衡，號浚川，河南儀封人，繼承宋儒張載「氣」一元論的觀點提出元氣哲學，對北宋以來理學家重心性論者予以深入批判。主要的哲學著作爲《雅述》與《愼言》，以氣本論的哲學改造朱子的理本論，以氣一元的觀點解釋理氣關係，反對理能生氣，主張理根於氣，不能獨存也。人性論方面認爲「性」由氣質所決定，主張離氣言性，則性無處所與虛同歸之人性論。王廷相的研究受意識型態影響在大陸地區曾經受到重視〔註116〕，近年則較受冷落〔註117〕，其重實踐與批判之研究態度，相當具有近代自然科學方法的精神，唯與陽明的哲學方法明顯不同。

一、元氣實體與氣性相資

（一）以「元氣」為基礎實體

王廷相云：「天內外皆氣，地中亦氣，物虛實皆氣，通極上下，造化之實

〔註115〕此條原載《全書》，卷目錢德洪之《刻文錄敍說》……「又曰」以下又略載《年譜》正德十六年正月。

〔註116〕葛榮晉認爲王廷相是明代「最偉大的哲學家」，是「中國哲學史上第一流的哲學家」，參見《王廷相》，台北：東大圖書公司，1992，頁1，以及頁301。

〔註117〕參見商聚德：〈明代哲學兩顆星──王守仁與王廷相之比較〉，本文收錄於秦家倫編：《王學之路》，貴陽：貴州民族出版社，2000，頁36～50。

體也；是故虛受乎氣，非能生氣也；理載於氣，非能始氣也；世儒謂理能生氣，即老氏道生天地矣；謂理可離氣而論，是形性不相待而立，即佛氏以山河大地爲病，而別有所謂眞性矣；可乎？不可乎？」〔註118〕其元氣哲學的主要觀點有二：第一、以氣爲實體，物虛實皆氣；第二、以理能生氣爲老氏道生天地之弊，謂理可離氣而論是形性不相待，是佛氏之病。

王氏指出宋儒「理能生氣」是錯誤的，因爲他認爲「氣」才是宇宙唯一的實體，故其理與宋儒理能生氣之理不同。其「理」是氣之理，理成爲氣所固有的規律；其元氣哲學以氣是萬物的基本與原始質料，故說天內外皆氣通極上下，造化之實體也，即「以氣爲基本實體」〔註119〕建構其宇宙論。又因氣通極上下，故宇宙間並不存在絕對之虛無，虛實皆氣之變化型態〔註120〕，萬物在元氣基礎上可以相互轉化形成各種樣態，唯氣之轉化（出入太虛）其本質未曾改變，氣之本質王廷相認爲即是原始物質中含有的種子〔註121〕。本體之「氣」王廷相又稱爲元氣或道體〔註122〕，他說：

> 道體不可言無，生有有無，天地未判，元氣混涵，清虛無間，造化之元機也，有虛即有氣，虛不離氣，氣不離虛，無所始無所終之妙也；不可知其所至，故曰太極，不可以爲象，故曰太虛，非曰陰陽之外有極有虛也，二氣感化，群象顯設，天地萬物所由以生也，非實體乎！〔註123〕

元氣作爲實體，因不可知其所至故曰太極；又因其不可以爲象故曰太虛，此虛與老子所謂之虛不同。王廷相認爲老子之虛以「虛無」爲內涵，自認爲其虛以元氣爲本體，故不可同論。關於理與氣的關係，王氏認爲「理載於氣，非能始氣也；世儒謂理能生氣，即老氏道生天地也」〔註124〕，此即指出王廷相不同意理能生氣的立場，他認爲在元氣哲學的基礎上「離氣無理」。氣是唯

〔註118〕《王廷相集》，北京：中華書局，1989，頁 753。

〔註119〕王廷相曰：「道體本有本實，以元氣而言也」同註2，卷五十，頁 1193。

〔註120〕對於氣之變化王廷相說：「氣有聚散，無滅息；雨水之始，氣化也；得火之炎，復蒸而爲氣；草木之生，氣結也，得火之灼，復化而爲煙，以形觀之，若有有無之分矣，而氣之出入太虛者，初未嘗減也」同註118，頁 753。

〔註121〕「元氣本體具有此『種』，故能化出天地、水火、萬物」同註118，頁 974。

〔註122〕元氣即道體；有虛即有氣，有氣即有道，氣有變化，是道有變化；氣即道，道即氣，不得以離合論者。同註118，頁 848。

〔註123〕同註118，頁 751。

〔註124〕同註118，頁 754。

一的實體，理或道代表了氣之規律意義〔註 125〕，即王廷相對程朱理學中，氣有變化生滅，理無變化生滅觀點提出修正；他秉持以元氣為基礎的觀點，以氣之變化原則主導道或理之變化現象，例如王廷相說：

> 天地之間，一氣生生，而常，而變，萬有不齊；故氣一則理一，氣萬則理萬；世儒專言理一而遺理萬，偏矣；……統而言之，皆氣之化，大德敦厚，本始一源也；分而言之，氣有百昌，小德川流，各正性命也。〔註 126〕

天地萬物是一氣之生生所化，理會隨氣之變化而有各各差別，萬有由氣化的過程形成具體事物，事事物物又各正性命，各有其條理與規則。換言之，宇宙事物皆一氣之化，故說氣一則理一，氣萬則理萬，在變化中有不變的元氣實體，做為變化規律與秩序（理）的依據；氣變化萬千，故理的種類亦有萬千。相較於朱子強調理的統一性、普遍性與至善義，王廷相的元氣哲學不能離氣而論理，其理的統一性與普遍性在元氣實體之中，成為一注重具體事物的條理與規則，他大大地影響了明代重實學一派的重要主張，亦將宋明理學從理想與現實並重的趨勢，導向重現實輕理想之路線。

（二）「離氣言性，則性無處所，與虛同歸」之人性論

人性由氣質所決定而有善有惡，人性的要素王廷相繼承宋儒人心與道心的觀點有了創新，他認為兩者實皆人性本具，「謂之人心者，自其情欲之發言之也，謂之道心者，自其道德之發言之者也；二者，人性之所必須具者」〔註 127〕。在人性論上王廷相首先分析「心」觀念的功能〔註 128〕，心在其哲學中既是體又是用；因其是體故能統性情，因其是用故能思能知，即「知覺者，心之用；虛靈者，心之體」〔註 129〕的意義。其次，關於人心與道心的主題，王廷相認為人心與道心，前者涉及情欲，後者關涉道德，他認為此二者皆人性之所具者，情欲既謂之心，則不應以為得之於外，以人欲為「奪乎道

〔註 125〕王廷相云：「氣有變化，是道有變化……氣有常有不常，則道有變有不變：一而不變，不足以該之也」，同註 118，頁 848。

〔註 126〕同註 118，頁 848。

〔註 127〕同註 118，頁 851。

〔註 128〕王廷相云：「心有以本體言者，『心之官則思』與夫『心統性情』是也：有以運用言者，『出入無時，莫知其向』與夫『收其放心』是也：乃不可一概論者，執其一義則固矣」同註 118，頁 834。

〔註 129〕同註 118，頁 838。

心之天」〔註130〕，這是其以體用的觀點釋人心與道心的基本結構。

在性與理方面，王廷相說：「理根於氣，不能獨存也，故曰：神與性皆氣所固有」〔註131〕。他從元氣哲學的立場提出「離氣言性，則性無處所，與虛同歸」〔註132〕的人性基礎，再由元氣分出陰陽之氣，由陰陽之氣產生天地萬物之性理。王廷相說「余嘗以為元氣之上無物，有元氣即有元神，有元神即能運行而為陰陽，有陰陽則天地萬物之性理備矣」〔註133〕；又以「性者五常之本」〔註134〕與「五常皆性為之也」，強調性非即理。王廷相認為「性即理」的觀點是有問題的，例如《易傳》的「窮理盡性」即是區別了性與理，不能以「盡性」改為「盡理」，又明道的「定性」亦不能改為「定理」；進一步在元氣的觀點下認為只有氣質之性，即人性由氣質所決定而有善有惡，否認有本然之性，例如他說：

> 余以為人物之性，無非氣質所為者；離氣言性，則性無處所，與虛同歸；離性言氣，則氣非生動，與死同塗；是性與氣相資，而有不得相離者也；但主於氣質，則性必有惡，而孟子性善之說不通矣；故又強出本然之性之論，超乎形氣之外而不雜，以傅會於性善之旨，使孔子之論，反為下乘，可乎哉？不思性之善者，莫有過於聖人，而其性亦惟具於氣質之中，但其氣之所稟，清明淳粹，與眾人異，故其性之所成，純善而無惡耳，又何有所超出也哉？聖人之性，既不離乎氣質，眾人可知矣；氣有清濁粹駁，則性安得無善惡之雜？故曰：「惟上智與下愚不移。」是性也者，乃氣之生理，一本之道也。〔註135〕

依據這段引文，王氏論性的大原則是「離氣言性則性無處所」。在此原則下性與氣的關係是「性與氣相資，而有不得相離者也」，故反對孟子的性善論〔註136〕，

〔註130〕曰：「人心之欲，奪乎道心之天也。」曰：「既謂之心，則非自外得者也」同註2，卷五十，頁1182。

〔註131〕同註118，頁602。

〔註132〕同註118，頁518。

〔註133〕同註2卷五十，頁1183。

〔註134〕文中子曰：「性者五常之本，蓋性一也，因感而動為五。」是五常皆性為之也，若曰「性即是理」，則無感、無動、無應，一死局耳……文中子之見當為優。荀悅曰：「情意心志，皆性動之別名。」言動則性有機發之義，若曰「理」，安能動乎？同註2，卷五十，頁1178。

〔註135〕同註118，頁518。

〔註136〕「性善之說不足以盡天人之實蘊矣」。同註118，頁518。

亦反對有所謂之本然之性。其人性內涵是依氣之清濁而言性之善惡，即氣有清濁粹駁，則性安得無善惡之雜。他以爲性由氣質所決定，宋儒氣質之性與本然之性的區分是儒者之大惑也〔註137〕，又性也者，乃氣之生理，一本之道，即指出性只是一定氣質的性，以及善惡皆源自此「性」之一本〔註138〕。

　　整體而言，其「性」之一本根源於「氣」之一本，進而統合性善、性惡之論，反對宋儒梏於性善之說。誠如葛榮晉先先的觀點：「在人性本源上王廷相把人作爲稟氣於自然，而後具有形體的自然之人，即人先有氣聚而凝成的身體，然後才有一定的生命力、情感、欲望和道德意識」〔註139〕，如就氣本論的觀點而言，其人性論與宇宙論間確實具有相當的一貫性。

二、致知涵養與因習聞見

　　在修養論的觀點上，王廷相試圖融合朱熹與陽明觀點，以「內外交致之力」〔註140〕與「致知之實地」〔註141〕工夫對宋明理學之弊病提出檢討。此一「內外交致」之力，可能受到王陽明致良知的「致」觀念重視自然動力之影響，重視致知工夫應落實在人倫日用中，即有個致知的實地，即致知是其明道的關鍵，涵養指其體道的工夫。致知以理性思考爲基礎，故說「致知本於精思」〔註142〕；涵養本於程朱精神強調主敬，故說「主敬以養心，精義以體道」〔註143〕。統合兩者而言，「明道莫善於致知，體道莫先於涵養；求其極，有內外交致之道」〔註144〕，此致知與涵養二者的共同作用，即爲其內外交致之道的內涵。

　　在明道莫善於致知的精神下，王廷相反對陽明的良知說、甘泉的隨處體認天理說。其學說重視國家養賢育才將以輔治的實務方向〔註145〕，重視禮教，

〔註137〕同註118，頁609。

〔註138〕「善故性也，惡亦人心所出，非有二本」即是此意同註118，頁609。

〔註139〕參見葛榮晉：《王廷相和明代氣學》，北京：中華書局，1990，頁190。

〔註140〕王廷相云：「無事而主敬，涵養於靜也，有內外交致之力……一其內，由之不愧於屋漏矣，此學道入門第一義也」同註118，第775頁。

〔註141〕王廷相說：「不徒講究以爲知也，而人事酬應得其妙焉，斯致知之實地也；不徒靜涵以爲養也，而言行檢制中其則焉，實致養之熟途也」同註118，頁775。

〔註142〕同註118，頁821。

〔註143〕同註118，頁778。

〔註144〕同註118，頁778。

〔註145〕他認爲：「近世好高迂腐之儒，不知國家養賢育才將以輔治，乃倡爲講求良知、體認天理之說，使後生小子澄心白坐，聚首虛談，終歲囂囂於心性之玄幽，求之興道致治之術，達權應變之機，則闇然而不知」。同註118，頁873。

「聖人以禮防天下，使民各安其分而不爭」〔註146〕，故反對心學的治心論性之玄幽，亦反對靜坐澄心〔註147〕，反對陽明講求良知，亦反對甘泉隨處體認天理說。基本上「陽明重體驗講反身而誠，廷相重實證講實用篤行；討論問題，陽明喜歡從良知講起，廷相則喜歡從天地自然講起」〔註148〕，王廷相主張重視感性經驗見聞，他指出：「耳目之聞見，善用之，足以廣其心，不善用之，適以狹其心」〔註149〕，可見王廷相的心亦依賴見聞之知，即其「認識論是一種可知論，肯定了人的主觀認識能力，確認客觀世界是可以加以認識的」〔註150〕。換言之，其修養論的基礎在於通過耳目之聞見，認為如能善用此起點則適足以廣大人心，他強調經驗對人的影響，重視以思與聞見的能力來格物，同時認為「人的道德理性不能靠先天的本性，所以，他強調後天禮教的重要，強調聖人以禮防天下」〔註151〕。

王廷相對「格」的這個解釋受陽明的影響，他反對程、朱的觀點，贊同陽明以「格物」為「正物」〔註152〕，但卻不主張以格心來正物，他說：

> 格物之解，程、朱皆訓「至」字：程子曰「格物而至於物」，此重疊
> 不成文義，朱子則曰「窮至事物之理」，是「至」字上又添出 一「窮」
> 字；聖人之言直截，決不如此，不如訓以「正」字。〔註153〕

格物之解釋程、朱皆訓「至」字的觀點為王廷相所反對，同陽明採取了「正」的解釋，但又強調物各得其當然之實，即又回到了其重經驗的價值觀，在經驗法則的思維下，他因此而質疑屬於人孝親敬長之天性，他說：

> 嬰兒在胞中自能飲食，出胞時便能視聽，此天性之知，神化之不容
> 己者。自余「因習」而知，因悟而知，因過而知，因疑而知，皆人
> 道之知也。父母兄弟之親，亦「積習」稔熟然耳。何以故？使父母

〔註146〕同註118，頁784。

〔註147〕王廷相認為「後學小生專務靜生理會，流於禪氏而不自知」同註118，第857頁。

〔註148〕參見商聚德：〈明代哲學兩顆星──王守仁與王廷相之比較〉，本文收錄於秦家倫編：《王學之路》，貴陽：貴州民族出版社，2000，頁39。

〔註149〕《慎言·見聞》，同註118，第836頁。

〔註150〕參見于化民：《明中晚期理學的對峙與合流》，台北：文津出版社，1993，頁140。

〔註151〕參見傅小凡：《晚明自我觀研究》，成都：巴蜀書社，2001，頁72。

〔註152〕「格物者，正物也，物各得其當然之實則正矣；物物而能正之，知豈有不至乎！」同註118，頁778。

〔註153〕同註118，頁838。

生之孩提而乞諸他人養之，長而惟知所養者爲親耳。途而遇諸父母，
視之則常人焉耳，可以侮，可以詈也，此可謂天性之知乎？由父子
之親觀之，則諸萬物萬事之知，皆因習因悟因過因疑而然，人也，
非天也。〔註154〕

重視經驗的知識是「聞見」之知，又將人性的形成歸因於「因習」與「積習」
的過程，故我們以「因習聞見」形容王廷相的人性歷程。上述引文，是他由
於耳目之聞見原則所推論出之結果，指出人倫之親親等事皆因習慣等後天因
素而有，相近的倫理原則如從兄敬長亦是後天形成。本於哲學思維不應受任
何後天教條限制之原則，我們贊同王廷相的個案論證在現實中確實有可能發
生，但是這個論證本身是否屬於前文廷相自己所云的「善用之」則有相當的
爭議性。

　　因爲宋儒論「天性之知」的關係主要是針對人的本性層面而發，在「回
到人的本性」層次之上處理愛親與敬長，而不是「跳開人的本性」進行處理。
如就《大學》的精神來說就是誠意與毋自欺，所謂誠其意者，毋自欺也，如
惡惡臭，如好好色，此之謂自謙。在毋自欺與自謙的原則下，人與人之間本
是互相尊重，不論此一「人與人之間」的內涵是父子、兄弟、師生或君臣，
人性中的積極互敬互重的態度，總是能使人與人的關係走和諧，這是倫理學
原則的形成原理與普遍性基礎。王廷相的個案論證在現實中是有可能發生，
但他是在抽離普遍人性的本質之後，就個案的立場所做的推論，即其大膽的
假設是可取的，但在論證過程中仍因偏重於個案考慮，故就理論的普遍性要
求而言仍有其不周延處。

　　因爲重視經驗與因習聞見的結果，故王廷相在內外交致之力的具體落實
上必須透過致知與力行工夫，而對致知的詮釋選擇了《中庸》博學、審問、
慎思、明辨、篤行的觀點，他說：

君子之學，博聞強記，以爲資藉也；審問明辨，以求會同也；精思研
究，以致自得也，三者盡而致知之道得矣。深省密察，以審善惡之幾
也；篤行實踐，以守義理之中也；改過徙義，以極道德之實也，三者
盡而力行之道得矣……是故君子主敬以養心，精義以體道。〔註155〕

這是其參考《中庸》後的觀點，在方法上追求一內外交養，德知兼致的宏觀視

〔註154〕同註118，頁836。
〔註155〕同註118，頁778。

野，即是其所謂「養性以成其德，應事而合乎道，斯可謂學問矣」〔註156〕的具
體內容，亦是其主敬涵養的修養工夫。王廷相內外交養的工夫觀點可以說是周
敦頤主靜說至元顏主動說間的過渡，「隨著反理學思潮的發展，王夫之、顏習齋
在王廷相的基礎上，徹底拋棄主靜的方法，大力提倡主動說」〔註157〕。

　　總體而言，王廷相從程朱出發回到了張載的氣論，以元氣哲學對程朱理
學提出修正；認為性非即理，認為宋儒氣質之性與本然之性的區分是儒者之
大惑也，進一步以氣之一本，進而統合性善、性惡之論。在修養論的觀點上
以「內外交致之道」與「致知之實地」工夫融合朱熹與陽明觀點，並強調經
驗對人的影響，重視聞見之知，以思與聞見的能力來格物，對宋明理學之弊
病提出檢討。總之，王廷相哲學代表明代理學，從氣學向實學發展的一個新
方向與座標，對王夫之有重要的影響。

　　綜合以上所言，我們可以發覺「明代前期主要是程朱理學的統治時期，
明中期陸王心學扶搖直上，到明晚期則出現了兩家合流的傾向」〔註158〕。陽
明與甘泉之學以心性論為主軸，論氣較少，但甘泉理氣一元的主張則與羅整
菴、王廷相同時關注氣的問題，突顯明代哲學在陽明外的另一學術主流。在
本體論方面，三人對陸王與程朱的理、氣等觀念都有批判與修正，並設法以
氣本體論統會心、性、情等問題。

　　其次，在格物問題上，陽明學中格物便是正物；甘泉認為格物是至其理
也，以「至」釋「格」表面上是同於程朱，但因其「至其（天）理」的目標
在於仍以體認天理與返回大心，故使其至的功效反而同於陽明之正心；整菴
站在朱子學的立場，其格物說包含始與終、知與行，以及心與理的運作過程，
以「通徹三極而無間」釋格物諸義，避免了陽明以格物為致吾心之良知於事
事物物，以及使理為完全主觀而忽略實用其功之精神。王廷相反對程、朱皆
訓「格」為「至」，同陽明採取了「正」的解釋，但又強調「物各得其當然之
實」，回到其重經驗之價值態度，與其元氣哲學觀點相當一致。

　　就三人對明代學術的影響而言，甘泉以心為天地萬物之本體，可以說是
白沙與陽明的中間環節，兩人共同促進心學風潮。羅整菴與王廷相則代表明
代中期理學發生了明顯的分化；相對於陽明心學，兩人繼承了張載的氣論對

〔註156〕同註118，頁779。
〔註157〕參見葛榮晉：《王廷相和明代氣學》，北京：中華書局，1990，頁210。
〔註158〕參見于化民：《明中晚期理學的對峙與合流》，前揭書，頁152。

程朱進行了改造，可以說是朱熹到王夫之的中間環節。整菴之學警示王門學者不可自以爲高論，在王學先得我心之所同然者的原則中，須知仍有毫釐之不同於其間將造成王學理論之自相矛盾；同時，他反對陽明心外無物，以虛靈明覺之心爲性的觀點。整菴提醒了陽明與其後學，人雖然可以以心反映、反省客觀世界，但決不能以心吞併天地萬物。王廷相的元氣哲學明顯與陽明有異，從氣化觀點否定了天即理的思考，與整菴一樣以「性從氣出」的命題反對有本然之性與氣質之性二分說，以氣爲基礎論性、氣相資而不相離，並依此而統會道心與人心，肯定情欲的合理性，在形式上與陽明主張喜怒哀樂，思與知覺，皆心之所發，強調心統性情的觀點有一致性；但對心的觀念、性善與天理等心學所共有的理論基礎，王廷相則與予否定。這些與陽明同期學者否定陽明的事實，在當時給予陽明學許多的衝擊，亦提醒我們研究陽明強調良知與自我作用之際，必須留意其自我與外在，以及個體與群體間的關係在理論上應如何取得良好分界，方是符合《中庸》之學問。

第二節　王門諸子對陽明《中庸》觀點之闡釋及其會通之道

　　王學崛起於明朝中葉，興盛一時，但由於其主張學貴得之心的精神，故而王學即難以文字表面意義，進行其觀念與精神的掌握。隨後，王門諸子分化出不同思想，有幾個重要因素：第一，陽明學在理論目標上重精神實質而輕表達形式，故而表達系統之本身，即使文字表垷先大之缺點再行擴大，故其傳承不易。第二，由於良知學傳承不易，則後學容易借用原有體系之「文字形式」而納入其各自的理解心得，甚至強調陽明本人反對的內容及觀念。再者，在理論的深度上，隨門人資質、個性與經歷有別，又各有不同的把握與傳播方式，故產生不同的影響。第四，因爲陽明理論統合各家之說，故隨著門人掌握程度不同，而有不同之推論，故而開啓學術史上諸多的爭議。

　　本書原本即設定從《中庸》修養論的觀點，研究陽明與王門諸子對致良知方法之發展，故本章將賡續以第三章「致良知的三元結構」的方法爲分析標準，突顯致良知教並非一平面的理論系統；而是從「至善與天命」一元的高度，透過「良知與心體」，進一步開展其「明德與親民」的人倫體系，將其理論具體地落實到實踐中。

　　此一思考脈絡，近似於日本學者岡田武彥所提出的「修證派」內容〔註159〕，但又不完全與之相同。相同處在於他認為「修證派」強調陽明的「良知」即道德原則，即天理，體認陽明工夫即本體之精神，致力於矯正現成派的流蕩與歸寂派的偏靜之弊端，指出天理與性之重要性。相異處，在於他認為天理與性的強調較接近宋學，故與歸寂派一樣難以適合王學的發展與時代之思潮，因此在明末唯獨現成派的思想最為興盛〔註160〕。

　　我們認為岡田武彥區分出修證派相較於其它兩派的優點是非常值得研究王學者參考的，但是對他以現成派思想「最為興盛」即是最「適合王學的發展」觀點，我們則持保留的態度，因為現成派的興盛或人數眾多代表的是屬於傳播效果的範疇，並不能代表「最適合王學的發展」。以質量的觀點評析，前者是「量」，後者是「質」的問題，故兩者不宜混而為一。從《中庸》精神的觀點而言，修證派論點值得注意的原因是「修證派的儒者，在浙中、江右、南中、楚中、粵閩、泰州都有，但數量以江右最多，且都是碩儒；盡管在江右還盛行過歸寂說，然而江右儒者陷於現成派流弊的卻極為罕見」〔註161〕；盡管我們並不認為修證派完全繼承陽明學的精神，但江右修證派弊端較少的事實卻值得重視，這是以下本文選擇代表性的王門諸子時首要之考量因素。

　　本節將以江右王門四位學者為分析對象，從《中庸》的角度觀察王門諸子對陽明成熟期思想的繼承與發展，選擇之主要理由有四：第一、從方法而言，因本文採取《中庸》修養論的研究觀點，故在對陽明後學的發展上將側重能夠發揚《中庸》觀點之王門學者，以見其對此精神的繼承。第二、從時間上觀察，本文研究的致良知觀念是屬於陽明成熟時期，即江右以後的思想，江右（江西）是他長期為官講學的地方，弟子人數眾多，在王門諸子中具相當程度之代表性。第三、江右儒者陷於流弊者最少，黃宗羲亦曾說姚江之學惟江右為得其傳，是時越中流弊錯出挾師說以杜學者之口，而江右獨能破之使陽明之道賴以不墜〔註162〕。第四、江右王門本身是一個可以集中處理的清晰範疇，本身亦有相當豐富的理論成果。基於上述四項指標，在江右王門中，

〔註159〕王龍溪時即已有歸寂、修證、已發、現成、體用、終始六種良知說，後學各以其性之所近，擬議參攪和，紛成異見。（參見〈擬峴台會語〉，《龍溪王先生全集》（上），卷一。
〔註160〕同註8，頁103～105。
〔註161〕同註8，頁239。
〔註162〕同註2，卷十六，頁333。

我們選擇了第一代的學者鄒東廓（1491～1562）與歐陽南野（1496～1554）做爲代表人物；另外，選擇第二代學者王塘南（1521～1605）與胡廬山（1517～1585）作爲分析對象；從此四位學者理論中觀察陽明後學對《中庸》精神的繼承狀況〔註163〕，以助於理解陽明成熟期思想流傳的內涵與演化。

壹、鄒東廓的戒懼之學

　　鄒守益，字謙之，號東廓，江西安福人，其學以戒懼之學爲主旨，他曾經說爲學「須從根上求生死，莫向支流論濁清」〔註164〕。其從根上下手，即是指其戒懼工夫；戒懼源自《中庸》「天命之謂性，率性之謂道，修道之謂教；……是故君子戒愼乎其所不睹，恐懼乎其所不聞；莫見乎隱，莫顯乎微；故君子愼其獨也」。其學說特色在於以獨知爲良知，以戒懼愼獨爲致良知之功的觀點闡釋陽明之學，以下即從東廓之學的《中庸》內涵，以及其良知與戒懼觀念，分析東廓的戒懼之學。

一、東廓之學與修證派的《中庸》宗旨

　　陽明曾經提出「時習之要只是謹獨，謹獨即是致良知」的觀點，並指出謹獨之功本有「靜處體悟」與「動中修鍊」雙重意義，所以戒懼概念可從從良知學中的本體與工夫雙重意義進行詮釋。在前述岡田武彥區分的修證派中，鄒東廓與歐陽南野的獨知觀點皆源自於謹獨；東廓認爲「君子之過人處，即在自省即獨知」〔註165〕，南野則強調以獨知爲本體〔註166〕，使「視聽喜怒諸事愼其獨知而格之」〔註167〕，兩人目的皆在於修證良知現成說或歸寂說的缺點。這個修證的方向王門錢緒山亦提出了看法，他憂心龍溪使良知學流於肆情、墮於空虛〔註168〕，換言之，整個修證的潮流目的皆在於強調陽明的良

〔註163〕王門諸子中涉及《中庸》的學者爲數甚多，如浙中的錢緒山良知即至善、王龍溪良知當下現成，泰州的王心齋良知現成自在、羅近溪赤子之心、耿天台的眞幾不容已等等，在理論中亦有涉及《中庸》的觀點，除了錢緒山、王龍溪在第三章已做處理外，其它諸子限於篇幅，僅能留待日後再行專文處理。

〔註164〕同註2，卷十六，頁338。

〔註165〕〈省齋説〉，同註173，卷三。

〔註166〕「中也，和也，中節也，其名則二，其實一獨知也；故是是非非者，獨知感應之節，爲天下之達道」同註2，卷十七，頁367。

〔註167〕同註2，卷十七，頁369。

〔註168〕「龍溪之見，伶俐直截，泥工夫於生滅者……執事之著，多在過思，過思則想像亦足以蔽道」同註2，卷十一，頁234。「吾師既歿，吾黨病學者善惡之機生滅不已，乃於本體提揭過重，聞者遂謂誠意不足以盡道，必先有悟而

知不只具有知覺功能，而更是道德性的「至善之著察者」〔註169〕，強調良知與天理至善觀念不可分。

緒山對良知的觀點誠如岡田武彥所云：「所謂良知的良，不僅意味著先天性、自然性質（不學不慮），同時也意味著道德性（理、善）；如果過於重視前者，那就會如現成良知派那樣輕視道德性而產生以隨任知覺為致良知的弊端」〔註170〕。即修證派認為陽明的良知不僅具知覺功能更具道德本體之意義，即著重了良知即天理的內涵。錢緒山亦認為良知與天理的關係是「今日良知，不用天理，則知為空知，是疑以虛無空寂視良知，而又似以襲取外索為天理矣」〔註171〕。在肯定此良知與天理的結構下，緒山定位其良知為「以心之靈虛昭察而言謂之知，以心之文理條析而言謂之理；靈虛昭察，無事學慮，自然而然，故謂之良；文理條析，無事學慮，自然而然，故謂之天然；曰靈虛昭察，則所謂昭察者即文理條析之謂也」〔註172〕，他強調良知本於天理而說自然而然，本於心之靈虛能覺而說知，在心之靈虛知覺中見本源自然之天理，而使知不為空知，又使天理（天則）不外於吾心。

近似於緒山的觀點，東廓亦云：「良知精明處，自有天然一定之則」〔註173〕，緒山東廓兩人皆在肯定天理一元的觀點下，定位出致良知教的三元結構〔註174〕，東廓同時指出其對人性與修養工夫的基本原則。在人性方面，他認為「天性與氣質，更無二件，人此身都是氣質用事，目之能視，耳之能聽，口之能言，手足之能持行，皆是氣質，天性從此處流行，氣質與天性一滾出來，如何說得：『論性不論氣』！除卻氣質，何處求天地之性？」〔註175〕。換言之，東廓反對宋代以來天命之性與氣質之性的區分，認為兩者是一，一如離氣無理一般，除卻氣質何處求天地之性？

在此統合天命之性與氣質之性的原則下，他雖強調去欲、無欲的觀念，但其去欲與無欲亦非對立，而是透過天命之性而轉移其修養觀念。他認為劉

意自不生，格物非所以言功，必先歸寂而物自化」同註2，卷十一，頁231。
〔註169〕「心之本體，純粹無雜，至善也。良知者，至善之著察也。良知即至善也。」
　　　　同註2，卷十一，頁232。
〔註170〕同註8，頁143。
〔註171〕同註2，卷十一，頁233。
〔註172〕同註2，卷十一，頁233。
〔註173〕〈答周順之〉，《東廓鄒先生文集》，卷五。
〔註174〕「致良知教的三元結構」請參見第三章第二節。
〔註175〕同註2，卷十六，頁345。

師泉將貨色名利比喻爲霧靄魑魅，是不正確的；東廓認爲形色天性，初非嗜慾，惟聖踐形，只是大公順應之，無往非日月，無往非郊野鸞凰〔註176〕。即他在大公順應的背景下，使修養觀念從純工夫轉移至使工夫得以成立的基礎，此一基礎即是以戒懼觀念使心廓然大公，並保持良知之精明，使貨色名利各自因勢利導，進而完整地承繼陽明七情順其自然之流行的精神。

　　在工夫方面，東廓的戒懼工夫並非全在下學上用〔註177〕，他的觀點是「胸中一有所不安，自戒自懼，正是時時下學，時時上達」〔註178〕。即在戒懼的觀點下，下學與上達的方向產生了觀念性的移轉，下學上達的單一方向爲「至善與天命」一元的存在性取代〔註179〕，其觀念從平面性學習與學習目標的設定，轉移至對天理或天命的存在性根源的探討，以戒懼之體用發揮陽明學中的《中庸》精神，以天與天理爲人效法之對象，提出其良知寂感體用不二的原則。

二、東廓論「良知」與「戒懼」觀念

　　東廓論良知是從肯定至善與天命一元開始的，他說：「良知之教，乃從天命之性」〔註180〕，在繼承《中庸》精神下，他認爲良知是天命之性下貫於人的精神靈覺，故云：「良知虛靈，晝夜不息，與天同運，與川同流，故必有事焉，無分於動靜」〔註181〕。人性的四善端無非良知之運用，戒懼以致中和即本於至善與天命的基礎，在此思考脈絡下東廓使「戒懼」成爲道德修養的全部工夫。例如他說：「故戒懼以致中和，則可以位育，擴充四端，則可以保四海」〔註182〕，戒懼是全部工夫的總名〔註183〕，代表天理與至善一元的功效，

〔註176〕〈簡劉師泉君亮〉，同註173，卷六。

〔註177〕參見張學智：《明代哲學史》，前揭書，頁162。

〔註178〕〈青原贈處〉，同註173，卷二。

〔註179〕「下學而上達，知我者其天乎！」《論語·憲問》下學上達是孔子處理天人關係的方法。

〔註180〕「良知之教，乃從天命之性，指其精神靈覺而言；惻隱、羞惡、辭讓、是非，無往而非良知之運用，故戒懼以致中和，則可以位育，擴充四端，則可以保四海；初無不足之患，所患者未能明耳。好問好察以用中也，誦詩讀書以尚友也，前言往行以畜德也，皆求明之功也；及其明也，只是原初明也，非合天下古今之明而增益之也」〈復夏太僕敦夫〉，同註173，卷五。

〔註181〕同註2，卷十六，頁345。

〔註182〕〈復夏太僕敦夫〉，同註173，卷五。

〔註183〕張學智認爲東廓「戒懼以致中和，是負面工夫，擴充四端，是其正面工夫」，我們認爲就東廓而言，「戒懼」不但是正面工夫，更是全部工夫的總名。參見張學智：《明代哲學史》，前揭書，頁162。

又是道德修養的全部，故可以位育，可以擴充四端與保四海。

從《中庸》修養論的觀點，東廓對良知的定義並不違陽明宗旨。他以戒懼觀念指出了良知說的精神，一方面是對天命之性的自覺，另一方面則從此自覺中，指出擴充人性四端善性的可能。做爲良知於人自體中發用與修養的場域，此一良知之發用，東廓以「敬」與「戒懼」觀念有所發揮。

廓的戒懼即是孔子所謂之「敬事」〔註184〕，東廓對敬與戒懼觀念是「聖門要旨，只在修己以敬；敬也者，良知之精明而不雜於塵俗也；戒愼恐懼，常精常明，則出門如賓，承事如祭；故道千乘之國，直以敬事爲綱領」〔註185〕。敬即是戒懼，敬事既是治國綱領，又是良知之精明，代表戒懼即是修養的總綱；其理論的層次涵蓋個別事項（識事）、意識活動（識念）至本體（眞體），一方面具有白沙學去支離，存全融活潑之神的風貌；另一方面，又能以戒懼把握已發不睹不聞眞體〔註186〕。在此存敬與戒懼的立場下，東廓反對歸寂派區分動靜感寂的立場〔註187〕，主張寂感無二時、體用無二界、愼獨無二功〔註188〕，認爲求寂於感之前，是畫蛇添足、累於外物。對於感、寂，他更企圖能超越此二概念，他說：「倚於寂，則不能以有爲應迹；倚於感，則不能以明覺爲自然」〔註189〕，即他試圖以涵攝此兩概念的方式，超越感寂動靜而達之眞靜眞定。在此考量下，東廓自然反對心意、內外、寂感、體用、動靜、知行等二元相對觀念。東廓說：「心不離意，知不離物；而今卻分知爲內、物爲外、知爲寂、物爲感，故動靜有二時，體用有二境，此分明破裂心體也」〔註190〕。

在主張寂感無二的觀點下，已發未發不是動靜寂感，而是體用關係，他反對以戒愼恐懼爲已發，以收視斂聽的靜存爲未發之說〔註191〕。他認爲不論

〔註184〕子曰：「道千乘之國，敬事而信，節用而愛人，使民以時。」《論語・學而》。
〔註185〕〈簡胡鹿崖巨卿〉，同註173，卷十五。
〔註186〕「正是戒懼工夫，白沙先生所謂去耳目支離之用，全融活潑之神，戒懼便是已發不睹不聞眞體……戒愼恐懼之功命名雖同而血脈各異，戒懼於事識而不識念，戒懼於識念而不識本體」〈錄諸友聚講語答兩城郡公問學〉，同註173，卷七。
〔註187〕「其時雙江從寂處、體處用功夫，以感應、運用處爲效驗；先生（東廓）言其『倚於內，是裂心體而二之也』」。同註2，卷十六，頁334。
〔註188〕「寂感無二時，體用無二界，如稱名與字：然稱名而字在其中，稱字而名在其中，故中和有二稱，而愼獨無二功」〈簡余柳溪〉，同註173，卷五。
〔註189〕〈雙江聶氏壽言〉，同註173，卷二。
〔註190〕〈沖玄錄〉，同註173，卷七。
〔註191〕〈簡兩城靳郡侯〉，同註173，卷六。另見註2，卷十六，頁339。

已發未發都是良知，因良知是動靜合一，故說存養亦是動靜無間，並非專就主靜處說存養。東廓亦就此批評聶雙江以中和爲二致的觀點，是受了靜存動察概念的誤導〔註192〕；他認爲在《中庸》不偏不倚的精神下，不應捨獨知戒懼而說中和，進而強調「中和有二稱，愼獨無二功」〔註193〕，就陽明而言「中和」是致良知的成果，就東廓而言「中和」亦是「先言戒懼後言中和，中和自用功中復得來」〔註194〕的成果。

　　就知行與工夫而言，東廓的工夫型態是「不離日用常行內，直造先天未畫前」〔註195〕。此即表示其戒懼工夫是不分天先後天的，是在「人倫庶物，日與吾相接，無一刻離得」〔註196〕的狀態下論工夫。就知行而言，東廓重視良知是知行的本體，對知行的觀點是「知行不二，以忠信精明爲主，謂之知；以忠信眞純爲主，謂之行」〔註197〕，這個觀點的意義在於設定良知爲具忠信價值的實體，而非僅是在形式上具判斷功能；即致良知必須透過誠意工夫，經由誠意而後眞誠惻坦。錢緒山亦持此一觀點，認爲「正心之功不在他求，只在誠意之中」〔註198〕，並依此原則批判了現成與歸寂派。換言之，工夫必須透過誠意，「以誠意工夫爲要，把良知視爲包括行的誠實的性命本體」〔註199〕，這是修證派對良知精神的把握處，視戒懼爲在本體上用功，目的亦是使良知隨時保持精明，並在日用中亦保持本體的純潔性。浙中季彭山雖亦強調戒懼，但他過份憂慮現成良知之弊，故在強調戒懼時有反本體論的傾向，而使其學接近宋儒〔註200〕。

　　簡言之，東廓在心不離意，知不離物的關係下，他承繼陽明學說，合內外、寂感、動靜、體用而論良知之教。對於情欲、貨色名利採取只是大公順

〔註192〕〈復高仰之諸友〉，同註173，卷六。
〔註193〕〈再答雙江〉，同註173，卷六。
〔註194〕〈復高仰之諸友〉，同註173，卷六。
〔註195〕〈沖玄錄〉，同註173，卷七。
〔註196〕同註2，卷十六，頁342。
〔註197〕〈復李欲平憲良〉，同註173，卷四。
〔註198〕同註2，卷十一，頁228。
〔註199〕同註8，頁145。
〔註200〕季彭山的觀點可參見〈浙中王門學案三·說理會編〉，同註2，卷十三；以及〈再簡季彭山〉，同註173，卷四。東廓云：「警惕變化，自然變化，其旨初無不同者，不警惕不足以言自然，不自然不足以言警惕，警惕而不自然，其失也滯，自然而不警惕，其失也蕩。」先生（季彭上）終自信其說，不爲所動。同註2，卷十三，頁272。

應之的態度，將陽明七情順自然之流行的觀點掌握得相當精確，主張在人倫庶物上用戒懼工夫。東廓之所以享譽王門，主要是他不只繼承陽明謹獨即是致良知的精神，而且突顯出陽明學既高明活潑，又謹慎篤實的風格；他以鳶飛魚躍天機活潑形容良知精明處，又以自強不息的戒懼精神〔註201〕，在《中庸》至善與天命一元的背景下實踐下學與上達工夫，故陽明亦贊美他深得其旨〔註202〕。

貳、歐陽南野自慊獨知之學

歐陽德，字崇一，號南野，江西泰和人，對陽明良知的觀點以獨知說進行發揮而有深刻的見解。陽明認為「人雖不知而己所獨知者，此正是吾心良知處」〔註203〕，南野則認為「獨知昭然不可欺也，……以自慊於其獨知方是格物致知，方是誠意」〔註204〕。如果說鄒東廓致力於反觀內省的戒懼工夫，歐陽南野則致力於信良知而毋自欺以求自慊的工夫〔註205〕。此一觀點承繼了王陽明〔註206〕又融合了《大學》所謂誠其意者，毋自欺也，如惡惡臭，如好好色，此之謂自慊，故君子必慎其獨也，以及《中庸》誠之者，擇善而固執之者也的精神。同時，又本於《中庸》精神論中和與已發未發，認為良知的演化有一定的常則；有常則運作故而良知本體不息，不息則常動常靜，在動靜體用合一的原則下論中和觀念。以下即從《中庸》的觀點，由南野的天人觀點、動靜體用合一原則，論述其自慊獨知之學。

一、神通天地萬物之天人觀

在體用一源的觀點下，南野對天人本無二，不必言合之論有獨到的見解。天人一本是儒家的理論基礎，《孟子》的盡心知性知天，與《中庸》的天命之

〔註201〕「良知精明處，自有天然一定之則，可行則則，可止則止，真是鳶飛魚躍，天機活潑」〈答周順之〉。同註173，卷五。「自強不息，……戒慎乎其所不睹，恐懼乎其所不聞……此千聖人相傳之心法也。」〈康齋日記序〉，同註173，卷五。

〔註202〕一友問曰：「先生何念謙之之深也？」先生曰：「曾子所謂「以能問於不能，以多問於寡，有若無，實若虛，犯而不校」，若謙之（東廓）者良近之矣。」〈傳習錄〉下，同註21，頁97。

〔註203〕〈傳習錄〉下，同註21，頁100。

〔註204〕〈答毛伯祥沈惟順〉，《歐陽南野先生文集》，卷四。

〔註205〕同註8，頁150。

〔註206〕「陽明云：必實行其溫凊奉養之意，務求自慊，而無自欺，然後謂之誠意」。〈傳習錄〉中，同註21，頁40。

性的觀點，爲王陽明「只心便是天」，以及良知即天理的觀念所承繼；南野對天人之際的觀點是「天地鬼神鳥獸草木莫非日用身心性情之學」〔註207〕，即其宇宙論與心性論是兩者互相涵攝合一的。然而，他使兩者合一的方式並非以想像力彼此消除存在的界線，其詮釋方法如下：首先，南野對外在世界仍是承認其存在性的，故他重視見聞之知與知覺。例如陽明在答南野的信中提到「良知不由見聞而有，而見聞莫非良知之用；故良知不滯於見聞，而亦不離於見聞」〔註208〕，南野承繼了此觀點而說良知與知覺：

> 知覺與良知，名同而實異；凡知視、知聽、知言、知動皆知覺也，而未必其皆善；良知者，知惻隱、知羞惡、知恭敬、知是非，謂本然之善也；本然之善，以知爲體，不能離知而別有體；蓋天性之眞，明覺自然，隨感而通，自有條理，是以謂之良知，亦謂之天理；天理者，良知之條理；良知者，天理之靈明，知覺不足以言之也。〔註209〕

南野認爲良知本體不離知覺但與知覺不同，知覺本身無所謂善惡，善惡的價值源自良知本體，良知是本然之善是天理之靈明，是價值之源頭；知覺不足以言良知的內涵，但良知亦不能離視、聽、言、動的知覺活動所在的見聞之知。良知即自然之知，良知與見聞之知的關連性是體用關係〔註210〕，例如他說：「良知不由聞見而有，而聞見莫非良知之用」〔註211〕。故其格物致知觀點，亦不離事物而論，他說：「格物二字，先師以爲致知之實；蓋性無體，以知爲體；知無實，事物乃其實地也；離事物則無知可致，亦無所用其致知之功；大抵會得時，道器、隱顯、有無、本末一致；會未得，則滯有淪虛，皆足爲病」〔註212〕。換言之，南野的目標在於指出：第一、道器、隱顯、有無、本末在良知而言可以是一致的；但不可以離事物而論，離事物則無知可致，哲學將入於玄虛無實，故言未能體會時則滯有淪虛皆足爲病。第二、從第三章致良知的三元結構觀察，良知四端之心爲本然之善根源於天命至善一元，故云天性之眞，是以謂之良知亦謂之天理。第三、天理一元下貫於人心者是爲

〔註207〕　〈答項甌東〉，同註204，卷五。

〔註208〕　〈傳習錄〉中，同註21，頁59。

〔註209〕　〈答羅整菴先生寄困知記〉，同註204，卷一。

〔註210〕　「見聞知識，莫非妙用，非有眞妄之可言，而眞妄是非、輕重厚薄，莫不有自然之知也。」〈答陳盤溪三〉，同註204，卷一。

〔註211〕　〈答馮州守〉，同註204，卷四。

〔註212〕　〈答陳明水二〉，同註204，卷三。

良知之條理,是為人性四善端價值之源。此三要點是其宇宙論與心性論兩者互相涵攝與合一的基礎,亦在此基礎上才能發展其天地鬼神鳥獸草木莫非日用身心性情之學。

其次,在肯定良知之學不可離事物而論的前提下,南野由知不離物進一步說明其神凝而成形,神發而為知,知感動而萬物出的三層次結構:

> 道塞乎天地之間,所謂陰陽不測之神也;神凝而成形,神發而為知,知感動而萬物出焉。萬物出於知,故曰皆備於我;而知又萬事之取正焉者,故曰有物有則。知也者,神之所為也;神無方無體,其在人為視聽,為言動,為喜怒哀樂;其在天地萬物,則發育峻極者……蓋古之言視聽喜怒者,有見於神通天地萬物而為言;後之言視聽喜怒者,有見於形對天地萬物而為言,通則一,對則二,不可不察也。〔註213〕

在道塞乎天地之間的原則下,「神凝而成形」與「神發而為知」是其連結宇宙論與心性論的基本結構。就宇宙論方面而言「神凝而成形」,即道並非專指人心之道,更包含鳶之飛,魚之躍,以至山川之流峙與萬物之發育。就心性論方面而言「神發而為知」與「知也者,神之所為也」,故可云萬物皆備於我。其中關鍵,即在於人是否有能力覺察到《中庸》「天命與至善」的第一元,指導著「良知與心體」的第二元;如果能知到第一元的存在則是「有見於神通天地萬物而為言」。相對地,如果只單論「良知與心體」的第二元涵攝萬物,則是「有見於形對天地萬物而為言」,則使物理與吾心終判為二而無法使道通為一。

這種「神通天地萬物」的天人觀,既肯定宇宙萬物的存在,又設法使心物不離,使知不離物。其影響一如羅整菴與歐陽南野討論良知與天理中所:「天理者,良知之條理;良知者,天理之靈明,知覺不足以言之也」〔註214〕。即「良知」在修證派中即成為人心之文理條析,重視在天性之真與明覺自然中發覺良知自有之條理,使良知學具體而真切的有著實處。誠如岡田武彥的觀點:「修證派特別強調良知是天理,致良知是窮理,從而封住了朱子學者非難王學之口了,修證派雖然提倡理,提倡窮理,但仍認為工夫的終始最後在於良知的精明,可以說在那裡存在著王門之所以為王門的原因」〔註215〕。在此理解下,我們對其主張動靜體用合一與南野自慊獨知之學方能有較佳的掌握。

〔註213〕〈答項甌東〉,同註204,卷五。
〔註214〕〈答羅整菴先生寄困知記〉,同註204,卷一。
〔註215〕同註8,頁144。

二、動靜體用合一說

　　南野主張道器、隱顯、有無、本末在良知而言可以是一致的，自然也主張工夫與效驗的合一。歸寂派的聶雙江以虛寂爲體，以歸寂爲工夫，以感應爲效應；南野則反對這種將本體、工夫、效驗三者相混淆的觀點。他擔心三者相離或者都被視爲工夫，故在回聶雙江的信中作了區分，他試圖能避免歸寂派的沉空與現成派的猖狂，在工夫的支離拘滯與任情肆意之間，他試圖取得某種平衡的價值與態度，例如他說：

> 本體、功夫，效驗，誠不可混，然本體是功夫樣子，效驗是功夫證應；良知本戒懼不睹，恐懼不聞，無自欺而恆自慊；功夫亦須戒慎恐懼，無自欺而恆自慊；果能戒慎恐懼，無自欺而恆自慊，即是效驗矣；良知本文理密察，物物各有其則；功夫亦須文理密察，物物各有其則；果能文理密察，物物各有其則，即是效驗矣；良知本無少偏倚乖戾，無內外動靜先後，而渾然一體；功夫亦須無偏倚乖戾，無內外動靜先後，而渾然一體；果能無偏倚乖戾，無內外動靜先後，而渾然一體，即是效驗矣。故不用功，即是不循本體；功夫不合本體，即不是本體功夫；用功不得效驗，亦即是不曾用功；故用功以本體作樣子，以效應作證應，而不可遂以本體效驗作功夫；以本體效驗作功夫是謂知能自致也；感應變化固皆良知之物，而不可遂以感應變化作功夫，以感應變化作功夫，是謂物本自格也，則是道能弘人，非人弘道也。〔註216〕

南野在此很清楚的說明了本體、工夫與效驗三者。即「良知本體」必須著重文理密察與物物各有其則，一方面不忽略窮理的工夫，但又能無少偏倚乖戾，無內外動靜先後，而使物我一體，心物一體。即論本體必須用工夫，不用功即是不循本體；並且此一工夫必須合本體，工夫不合本體即不是本體工夫。不是本體工夫即不得效驗，用功不得效驗即是不曾用功，即「修證派的工夫是本體的工夫，而不是與本體相對的工夫，所謂本體的工夫就是用功於本體上；所謂之與本體相對的工夫，則可以說是用功而求本體」〔註217〕。即南野與修證派皆重視本體與工夫的一體；反對重工夫輕本體，或重本體輕工夫。南野對於王新甫督學以孔孟所謂致知與盡心，皆去私如磨出鏡之本體表示贊

〔註216〕〈答聶雙江〉，同註204，卷五。
〔註217〕同註8，頁153。

同，認為如果不經過致良知工夫，則高明廣大亦不能成為真切之實境〔註218〕。即南野對於本體與工夫的合一，主要是因為把良知看作是本體自己在用工夫，然後再主工夫而言本體。

能用功於本體工夫中才能論動靜合一，南野說：「良知上用功，則動靜自然為一；動靜上用功，則不得合一也」〔註219〕。換言之，用工夫不必求動於靜，或求靜於動，那都是二分的方式；因為良知是常動常靜的，故不必刻意理會此二概念，所以他說：「學貴循其良知，而動靜兩忘，然後兩得」〔註220〕。而學貴循其良知，即表示工夫就是隨著良知本體的流行；而動靜兩忘，然後兩得，則是南野處理其中和與已發未發的原則。「中和」的「中」是一種不偏不倚的境界，「和」則是情感的發而中節。

關於中和與動靜的關係，南野認為「靜而循其良知也，謂之致中，中非靜也；動而循其良知也，謂之致和，和非動也；蓋良知妙用，有常而本體不息，不息故常動，有常故常靜，常動常靜，故動而無動，靜而無靜」〔註221〕。中和是一種修養的理想狀態，但在喜怒哀樂的未發與已發上，中並非靜，而是靜態地依循良知的流行；和亦非動，而是動態地依循良知的演化，良知的演化有一定的常則，有常則運作則本體不息，常動常靜故又動而無動。《中庸》的中和觀念，陽明用以呈現其良知的不偏不倚義，故不應捨獨知而求中和，強調只有致良知才能得中和。基於此一立場，南野批評聶雙江以致中為致良知，以致知為其效用，是誤解陽明意思，而必須從誠意必先致其知與致知在毋自欺的觀點論致中和之功〔註222〕。

在動靜合一的論點下，心因意的流行變化不息故亦活動不息，南野據此以分析其對意之動靜與寂然感通的觀點，他說：

人心生意流行而變化無方；所謂意也，忽焉而紛紜者意之動，忽焉而專一者意之靜，靜非無意而動非始有；蓋紛紜專一，相形而互異；所謂易也，寂然者，言其體之不動於欲，感通者，言其用之不礙於私，體用一原，顯微無間；非時寂時感，而有未感以前，別有未發之時；蓋雖諸念悉泯，而就業中存，即懼意也，即發也；雖憂患不

〔註218〕〈寄王新甫〉，同註204，卷四。
〔註219〕〈答徐少湖二〉，同註204，卷一。
〔註220〕〈答周陸田〉，同註204，卷一。
〔註221〕〈答陳盤溪〉，同註204，卷一。
〔註222〕〈答聶雙江〉，同註204，卷五。

作，而怡靜自如，即樂意也，即發也。喜怒哀樂之未發謂之中，蓋
即喜怒哀樂之發，而指其有未發者：聖人之情，順萬事而無情，而
常有意，而常無意也；常有意者，變化無方，而流行不息，故無始；
常無意者，流行變化，而未嘗遲留重滯，故無所。〔註223〕

南野以「紛紜專一」論意之動靜，以「體之不動於欲」與「用之不礙於私」，
析論寂然與感通二者，此相當能符合陽明所云良知無分於有事、無事，以及
良知無分於寂然與感通，無前後內外而渾然一體的原則。同時，又能使未發
在已發之中，而使已發之中未嘗別有未發者在，又使已發在未發之中，而未
發之中未嘗別有已發者存〔註224〕。

　　簡言之，人能在「良知上用功，則動靜自一；若動靜上用功，則見良知
爲二，不能合一矣」〔註225〕。南野提醒人在良知上用功而不拘於動靜，能在
良知上用功時時致中即所以致和；在與聶雙江的書信中他提到「夫隱顯動靜，
通貫一理，特所從名言之異耳；故中也，和也，中節也，其名則二，其實一
獨知也」〔註226〕。即隱顯動靜，是依所形容的對象不同而有名言之異，其實
在動靜間有著通貫之一理；這裡南野以「獨知」詮釋了《中庸》精神，認爲
「是是非非者，獨知感應之節，爲天下之達道；其知則所謂貞靜隱微，未發
之中，天下之大本也；就是是非非之知而言，其至費而隱，無少偏倚，故謂
之未發之中；就知之是是非非而言，其至微而顯，無少乖戾，故謂之中節之
和；非離乎動靜顯見，別有貞靜隱微之體，不可以知是知非言者也」〔註227〕。
即良知有體有用，其體即知是知非的道德主體，其用即是現實的認知活動。
從已發未發來說，此一先驗的道德主體一方面是貞靜隱微的未發之中，作爲
天下之大本；另一方面，在發用上不受私欲影響，無少乖戾，故謂之中節之
和。對已發未發，南野認爲心之未發，並不像歸寂派所言在未發之前有一境
界〔註228〕，且以用工夫於未感之前爲未發之動，如此就會養成枯寂之病，以
虛擬爲眞實。

〔註223〕〈答王塈齋二〉，同註204，卷四。
〔註224〕〈傳習錄〉中，同註21，頁52～53。
〔註225〕同註2，卷十七，頁364。
〔註226〕〈寄聶雙江〉，同註204，卷四。
〔註227〕〈寄聶雙江〉，同註204，卷四。
〔註228〕「未有絕無知覺之時，則無時不發，無時不發，則安得有所謂未發之前？而
　　　　已發又不可謂之中，則中之爲道，與所謂未發者，斷可識矣，又安得前乎未
　　　　發，而求其所謂中者也？」〈寄聶雙江〉，同註204，卷四。

三、自慊獨知之學

南野相當重視《中庸》慎獨的觀點，並以《大學》毋自欺的意義詮釋慎獨與良知。他認為為在居處執事與人之際，必須「念念慎其獨知，無自欺而求自慊，則良知一以貫之，有不假言說而自明者矣」〔註229〕。南野以良知即是獨知，獨知非閒居獨處，獨的意義不拘於動靜、不欺於知之是非。「知」的內涵則是靜亦此知，動靜亦此知，是非毫髮不能自欺；此獨知即是良知本體，從慎獨不自欺處發用即是良知的發用，即是天理〔註230〕，天理即是良知，良知即是獨知，獨知不欺心，常惺惺之謂敬〔註231〕。南野認為關鍵即在於念念不欺良知，自強不息到得精義入神，則千古是非只在目前；即毋自欺便能決千古之是非〔註232〕。換言之，良知的毋自欺是既不遠於心而得之，又不只求於見聞之知或講說想像，而僅從自心虛靈的獨知中涵養擴充良知，以得其炯然不可欺。

對於《中庸》所言人一能之己百之，人十能之己千之；果能此道矣，雖愚必明，雖柔必強的精神，南野則加以自慊獨知的詮釋。他說：「人一己百，人十己千，皆心之所自慊未嘗費力故，凡費力支撐只是此志未能誠切之故……獨知惺惺更無私欲之雜是為格物致知，稍不惺惺私意萌動乃是逐物，乃是有所著而蔽其知」〔註233〕。南野本於陽明格物致知之教，認為致知即是不欺其獨知，獨知之知，即是孟子所謂良知是也。而格物，即是就視聽喜怒諸事慎其獨知，而格之必須循其本然之則，致於其極，以自慊於其知〔註234〕。

即對王門諸子中的修證派言，格與致非二功，蓋心惟一知，知惟一念，例如南野說：「知以物為體，事以知為則」〔註235〕，又說：「物為知之用，知為物之則」〔註236〕，知物為一體，格致為一功，徹首徹尾常動常靜，本無內外本無彼此。修證派的觀點是「格物便是致知之物，致知便是格物之知，致知必以格物為要而趨向實地，格物則必以致知為要而完成自身」〔註237〕。這

〔註229〕〈答馮州守〉，同註204，卷四。
〔註230〕〈答馮州守〉，同註204，卷四。
〔註231〕〈答沈思畏待御〉，同註204，卷五。
〔註232〕〈寄李汝貞〉，同註204，卷三。
〔註233〕〈答沈思畏待御〉，同註204，卷五。
〔註234〕〈答馮州守〉，同註204，卷四。
〔註235〕〈寄聶雙江〉，同註204，卷四。
〔註236〕〈贈呂和鄉太史詩序〉，同註204，卷十。
〔註237〕同註8，頁158。

是承繼陽明一貫的精神與態度，陽明認為心之發動不能無不善，故須就此處著力，此便是誠意〔註238〕。又以《中庸》所言不誠無物，《大學》明明德之功，只是箇誠意，誠意之功，只是箇格物，故主以格物為致知之實地〔註239〕；南野亦說：「格物者聖門篤實真切用力之地」〔註240〕，雖說是格物，但因物是心之用（實），所以格物之學就是日用身心性情之學〔註241〕。

南野認為，致知只有通過格物之實地用功才有實效，否則良知也就成為文字知識而不能產生力量；他以致知為實學，以致為實用其力，重視「致」重要性，認為能知良知而後能致良知，知識只是良知之用而非良知。一如聞見只是聰明之用而非聰明〔註242〕，南野認為「致」就是「循其良知而不自私用智以鑿其天命耳」〔註243〕，即致就是自心之勿自欺而自慊；如將此原則用事事物物就是「格」。「格物非泛觀已往，懸擬將來而講說思索之者也；吾身視聽言動、喜怒哀樂、感應酬酢之物，一循其良知之不可欺者，改非禮以復禮，過中以就中，而無不各得其正焉，正斯格矣」〔註244〕。南野的「致」是自慊，故反對以致為推至外物的觀點，而以毋自欺定位之。然自慊亦不是消極的涵養，而是設法基於事物上的實地用功，使其致知能從良知的無自欺而恆自慊中得到；重視毋自欺的自慊工夫，即是重視誠意與去私欲，這是陽明修養的宗旨，亦是《中庸》戒懼慎獨的目標。一如唐荊川說：「欲根銷盡，便是戒慎恐懼」〔註245〕，一念有善有不善，故事物有格有不格；南野認為唯獨知昭然不可欺〔註246〕，其原則是去私欲必須經由獨知的惺惺，戒懼必須經由良知的自慊與誠意。關於誠意南野認為「以自慊於其獨知方是格物致知，方是誠意」〔註247〕，誠意必求之於獨知之自慊，即自知不欺處，此即《中庸》誠之者，擇善而固執之者也的精神。

簡言之，在「神通天地萬物」的天人觀下，南野既肯定宇宙萬物的存在，

〔註238〕　〈傳習錄〉下，同註21，頁99。

〔註239〕　〈傳習錄〉上，同註21，頁5。

〔註240〕　〈答羅整菴先生寄困知記〉，同註204，卷四。

〔註241〕　〈答項甌東〉，同註204，卷五。

〔註242〕　〈答胡仰齋〉，同註204，卷一。

〔註243〕　〈答陳盤溪〉，同註204，卷一。

〔註244〕　〈林乎泉贈言〉，同註204，卷十。

〔註245〕　〈南中王門學案・荊川論學語〉，同註2，卷26，頁600。

〔註246〕　〈答毛伯祥沈惟順〉，同註204，卷四。

〔註247〕　〈答毛伯祥沈惟順〉，同註204，卷四。

又設法使心物不離，使知不離物。在理論上主張道器、隱顯、有無、本末、動靜、已發未發在良知而言可以是一致的；又因心無一時不發，故格、致、誠、正工夫須臾不能離也。此種心性哲學，即所謂之「時時現在，時時完備」〔註248〕，這與緒山「格物之學，實良知見在工夫……著衣吃飯，即是盡心至命之功」〔註249〕有著相似之處。南野並不認同聶雙江以未發已發為時之動靜、境之感寂之說，認為此將養成枯寂之病；他主張在良知上用功而不拘於動靜，能時時致中即所以致和。又本於天人本無二的觀點提出獨知說，認為天理即是良知，良知即是獨知；獨知不欺心，一循良知之不可欺者而格物，使其致知能從良知的無自欺而恆自慊中，使致良知學成為一實學。

參、王塘南的透性研幾說

王時槐，字子植，號塘南，江西安福人，江右王門之再傳，學者稱為塘南先生；弱冠師劉文敏（兩峰），工夫在主靜與涵養本源。年五十罷官，屏絕外務，反躬密體，如是三年，有見於空寂之體；又十年，漸悟生生真機，無有停息，不從念慮起滅。學問從收斂而入，方能入微，故以透性為宗，研幾為要〔註250〕；以生生真機言透性，以見良知之至善。工夫以研幾為要，經由反躬體認貫通本體與工夫。以下將從「生生真機之本體觀」與「透性與研幾之工夫論」分析塘南之學。

一、生生真機之本體觀

（一）以「意」論生生真機

塘南以意論生生真機，他認為陽明以「意之所在為物」，此義最精。蓋一念未萌，則萬境俱寂，念之所涉，境則隨生；故意之所在為物，此物非內非外，是本心之影也〔註251〕。受劉兩峰影響，以主靜為學之始，但深知靜只是初入手時的權法，並非終身學習的最高指標；學習應是無分於動靜的，故雖可在初學之時，暫省外事稍息塵緣，於靜坐中默識自心真面目，但最後應使修養工夫能終日應事接物，周旋於人情事變中而不捨，與靜坐一體無二〔註252〕。

一如陽明所言的動亦定靜亦定的境界，絕不可終身滅倫絕物塊然枯坐，

〔註248〕〈寄聶雙江〉，同註204，卷四。
〔註249〕同註2，卷十一，頁236。
〔註250〕同註2，卷二十，頁468。
〔註251〕同註2，卷二十，頁482。
〔註252〕同註2，卷二十，頁470。

待守頑空冷靜；塘南「意」的生機觀點特殊處，在於生機是從枯槁中自然發出，並非學習方法有所轉換；而是自然如臘盡春回，不自知其然而然也的改變〔註253〕。這種自然演化的觀點源自《易》的生生精神，塘南將之與《大學》與《中庸》融合，建構出一套以生生眞機言性、知、意的獨特系統。塘南說：

> 生幾者，天地萬物之所從出，不屬有無，不分體用；此幾以前更無未發，此幾以後更無已發；若謂生幾以前，更有無生之本體便落二見；陽明曰：「《大學》之要，誠意而已矣」格物致知者，誠意之功也；知者意之體，非意之外有知也；物者意之用，非意之外有物也；但舉意之一字，則寂感體用悉具矣；意非念慮起滅之謂也，是生幾之動而未形，有無之間也；獨即意之入微，非有二也；意本生生，惟造化之機不充則不能生，故學貴從收斂入，收斂即爲愼獨，此凝道之樞要也。〔註254〕

生機是萬物萌發之初端與生發之力，涵攝體用、有無、已發未發等相對概念，而爲天地萬物所從出；單舉「意」之一字，則寂感體用悉具矣。我們可以從個體與宇宙的關連性分析「意」的內涵爲何？就個體而言，在塘南哲學中意非念慮起滅，而是生機之動而未形，在有無之間，意之入於精微之處即是愼獨之獨，即是收斂身心；即收斂方法是塘南哲學中凝聚「道」之力量的關鍵。亦因此意本生生，故他雖言枯槁，誠不無執戀枯寂，然執之之極，眞機自生；換言之，塘南「雖以性體爲虛寂，但由於性體是萬物的生成化育、生生不息的本原，故其虛寂也就是生之德、生之理。」〔註255〕

　　就意與宇宙的關係而言，塘南說：「此心之生理，本無聲臭而非枯槁，實爲天地萬物所從出之原，所謂性也；生理之呈露，脈脈不息，亦本無聲臭，所謂意也」〔註256〕。即在意與宇宙的關連性中，我們發覺意是生理脈脈不息之呈現，此生理乃心之生理，即天命之性，爲萬物所從出之原。這裡塘南對「（眞）性」的內涵以「形氣說」明確定位之，他說：「凡有聲臭可睹聞，皆形氣也；形氣云者，非血肉粗質之謂，凡一切光景閃爍，變換不常，滯礙不化者，皆可覩聞，即形氣也；形氣無時無之，不可著，亦不可厭也；……於

〔註253〕「昔年自探本窮源起手，誠不無執戀枯寂，然執之之極，眞機自生……非學有轉換，殆如臘盡春回，不自知其然而然也」，同註2，卷二十，頁471。
〔註254〕同註2，卷二十，頁472。
〔註255〕同註8，頁230。
〔註256〕同註2，卷二十，頁474。

此有契，則終日無分動靜，皆眞性用事」〔註257〕。形氣說主要是指出宇宙變化皆可觀聞，而非以血肉爲性之內容；塘南論性是指內在的眞性，眞性用事則心不隨境轉而習氣自銷，亦不見有眞性可執，亦不必再言收斂，可自得其本然之收斂。

（二）論塘南之「性」與「心」的定位

塘南受明中晚期氣學觀念影響，以形氣說性，認爲盈宇宙間皆一氣也。即使天地混沌，人物銷盡，只一空虛，亦屬氣耳；此至眞之氣，本無終始，不可以先後天言〔註258〕，依此形氣觀點而論「性」即心之生理；並認爲言「理」亦必須以生生爲內涵，否則必落於空寂，以及使體用爲二，空有頓分〔註259〕。

宇宙運行的原則應是生生不息，人心之生理的開展亦是以生生之性爲本質，此生理之呈露即是意。塘南重視以「意」的生機內涵爲其學說基礎，一改陽明以誠意爲在意念上去善惡的觀點；他以意爲關鍵分「性之無爲」與「性之用爲神」兩方面論性，以體用論性，吸收融合了程朱學說〔註260〕。塘南說：「性無爲者也，性之用爲神，神秘；秘常生謂之意，意者一也；以其靈謂之識，以其動謂之念；意、識、念，名三而實一，總謂之神也；神貴凝，收斂歸根以凝，神也；神凝之極，於穆不已，而一於性，則潛見飛躍，無方無迹，是謂聖不可知」〔註261〕。

對塘南而言，意、識、念三者，名爲三而實一，總謂之神。神是「性之用」，此神的概念重點在於收攝與凝聚，從收斂身心的方向特論性的於穆不已義，繼承了《詩經》維天之命，於穆不已，以及《中庸》天命之性的至善精神。就前引文中「性無爲者」而言，性廓然無際生生眞機是性的呈露處，性是無爲而無不爲，一方面言無可致力，一方面卻是生而無生，至微至密，非有非無惟綿綿若存，退藏於密〔註262〕；再就「性之用爲神」而言，則必須收攝歸寂，方能知至善之本性，塘南說：「蓋性本寂然，充塞宇宙，渾然至善者

〔註257〕同註2，卷二十，頁474。
〔註258〕同註2，卷二十，頁469。
〔註259〕「宇宙萬古不息，只此生生之理，無體用可分，無聲臭可即，亦非可以強探力索而得之；故後學往往到此無可捉摸處，便謂此理只是空寂，原無生幾，而以念頭動轉爲生幾，甘落第二義，遂使體用爲二，空有頓分，本末不貫，而孔門求仁眞脈，遂不明於天下矣」。同註2，卷二十，頁473。
〔註260〕參見于化民著：《明中晚期理學的對峙與合流》，前揭書，頁76。
〔註261〕同註2，卷二十，頁485。
〔註262〕同註2，卷二十，頁488。

也；性之用為神，神動而不知返，於是乎有惡矣；善學者，息息歸寂，以還我至善之本性，是之謂真修」〔註263〕。修者，並非念念提防，事事安排，而是全修是性，全性是修，而非二者同時致力；此乃是分性相，判有與無，自作二見，非至道也。全修是性，是「正指性之至善為本之說也」；全性是修，是其「描寫慎獨之面目」〔註264〕。

塘南以形氣說為基礎，指出性之聲臭可睹可聞；以意之生生為原則，從收斂入手，以慎獨見凝道之樞要，見性之無為與性之用為神，這種思考脈絡下，其心必與可睹可聞之事與物相關。例如塘南云：

> 事之體強名曰心，心之用強名曰事，其實只是一件，無內外彼此之
> 分也……故曰「必有事焉」，又曰「萬物皆備於我」；故充塞宇宙皆
> 心也，皆事也、物也……但言盡心，則天地萬物皆舉之矣；學者誤
> 認區區之心，眇焉在胸膈之內，而紛紛之事，雜焉在形骸之下，故
> 逐外專內，兩不相入，終不足以入道矣〔註265〕。

塘南之「心」勉強說是事之體或物之體，但他不主張心、事或心、物的二分而強調「盡心」；從盡心至虛以入道，從「執事敬」以合本體與工夫。他說：「此心湛然至虛，廓然無物，是心之本體，原如是也；常能如是，即謂之敬；陽明所謂『合得本體是功夫也』若以心起敬，則心是一物，敬又是一物，反似於心體上添此一項贅疣」〔註266〕。湛然至虛與真機自生，皆是指心之本體；前者是論盡心之樣態，後者則論心之生理的呈露與脈脈不息。「居敬」是心的一種呈露方式，但不可以心起敬；如此則心是一物，敬又是另一物，亦不可先言居敬後言窮理。要之，「居敬」二字盡之矣，自其居敬之精明了悟處而言，即謂之窮理，非有二事也〔註267〕。換言之，在意本生生與維天之命，於穆不已的形上背景下，

〔註263〕同註2，卷二十，頁486。
〔註264〕問：「《大學》但言至善，未嘗指其為性；但言獨，未嘗描寫其為動而未形；但言慎，未嘗極示其為潛藏收斂。今何所徵而知其然乎？」曰：「吾徵於《中庸》而知其然矣；《中庸》首揭天命之性，而謂未發為天下之大本；篇中言明善擇善，正指性之至善為本之說也；其言獨曰不睹聞隱微，而即曰莫見莫顯，正所謂動而未形，有無之間；其描寫獨之面目可謂親切矣。既言戒慎恐懼，而末章詳言尚絅、闇然，由微自以入德，潛伏於人所不見，敬信於不動不言，篤恭於不顯，不大於聲色之末，而歸極於無聲臭之至，正潛藏收斂研幾入微之旨也。」同註2，卷二十，頁490。
〔註265〕同註2，卷二十，頁472。
〔註266〕同註2，卷二十，頁470。
〔註267〕所云「居敬窮理」，二者不可廢一，要之「居敬」二字盡之矣。自其居敬之精

塘南承繼了《中庸》天命之性下貫於人心與人性的精神，從「意」的觀點詮釋「性」的神凝之極與於穆不已之內涵，主張收斂歸根以凝聚一股內在的中和力量；使事之體為心，使充塞宇宙皆心、皆事、皆物，並以此為基礎分析為何「敬」能無所不該地包含窮理，使得「敬」外更無餘事。

二、透性與研幾之工夫論

（一）能透悟此性，則橫說豎說，只是此理

「透性說」是塘南本體論的關鍵，亦是其分辨儒佛的標準。他認為儒佛之異處，到透性後自能辨之；如未能透性，而強以猜想立說，終是隔靴爬癢，有何干涉，反使自己真性不明，到頭只是做得箇講說道理，過了一生，安得謂之聞道也〔註268〕。塘南對「性」的各種角度觀察入微，他說：

> 性本不容言，若強而言之，則虞廷曰「道心惟微」，孔子曰「未發之中」，曰「所以行之者一」，「形而上」，曰「不睹聞」，周子曰「無極」，程子曰「人生而靜以上」，所謂密也，無思為也，總之，一性別名也；學者真能透悟此性，則橫說豎說，只是此理，一切文字語言，俱屬描畫，不必執泥；若執言之不一，而遂疑性有多名，則如不識其人，而識其姓氏、名諱、別號以辨同異，則愈遠矣。〔註269〕

性之體本廣大高明，性之用自精微中庸，塘南要求其學為實學，故以生生之理論其性，避免其學落空流於佛老，他認為孔門真理在於「盈天地間只一生生之理，是之謂性，學者默識而敬存之，則親親、仁民、愛物自不容已……故明物察倫，非強為也，以盡性也」〔註270〕。塘南依此而批判釋氏以空寂為性，以生生為幻妄，則自其萌芽處便已斬斷，故必定棄君親離事物，正以其原初見性之際便見偏枯，他說：「誤解虛寂，視性為空寂而本無生機，結果以體用為二，隔裂空有，落於著空著相兩邊，而失本來一貫之旨」〔註271〕。故在其本原處所已毫釐有差，是以至於作用大相背馳，遂成千里之謬。

明了悟處而言，即謂之「窮理」，非有二事也；縱使考索古今，討論經史，亦是居敬中之一條件耳，敬無所不該，敬外更無餘事也；認得居敬窮理，只是一件，則功夫更無歇手。若認作二事，便有換手，便有斷續，非致一之道也。同註2，卷二十，頁470。

〔註268〕同註2，卷二十，頁487。
〔註269〕同註2，卷二十，頁487。
〔註270〕同註2，卷二十，頁473。
〔註271〕同註8，頁231。

從本體論而言，學者能透悟此性，則橫說豎說，只是此理；此理即宇宙之生理，即性即天理，即至善與生生。從道德修養工夫而言，以其不可以有無言謂之中；以其無對謂之獨；以其不二謂之一；以其爲天地人物之胚胎謂之仁〔註272〕。塘南由其對性的定位，並指出其以至善與生生爲基礎的本體論，以及在此基礎下，立其以慎獨與研幾爲要的工夫論。

（二）以慎獨與研幾為要的工夫論

慎獨的概念源自塘南論性之用爲神，就性之用而言，在修養上必須收攝歸寂，方能知至善本性。故善學者惟研幾，研幾的意義非於念頭萌動處辨別邪正，而是在動之微處能知微知彰〔註273〕，退藏於密而藏其用；此動之微處即是慎獨，即是性之用。

塘南對慎獨與研幾的關係說：「性先天也，獨幾一萌，便屬後天；後天不能無習氣之隱伏，習氣不盡，終爲性之障，故必慎之；至於習氣銷盡，而後爲悟之實際，故眞修乃所以成其悟，亦非二事也」〔註274〕。可見先天之性，獨幾一萌便是後天工夫的開始，而後天不能無習氣染污爲性之障，故必須慎之；從慎獨的觀點，我們可以說性貴悟而已，即全性是修，全修是性，悟即成其悟，修悟不二，使得性無可措心處，纔一拈動，即屬染污矣〔註275〕。

塘南對周敦頤誠神幾觀念有了繼承與發揮，他認爲「幾」的內涵是「寂然不動者誠，感而遂通者神，動而未形、有無之間者『幾』，此是描寫本心最親切處」〔註276〕。對心而言，寂是論心之體，感是析心之用；而幾則是體用不二之端倪。例如他說：「幾前無別體，幾後無別用，只幾之一字盡之」（同上）即道出塘南研幾工夫的重要性；又塘南之「幾」概念並非指人的意識或念頭，他說「周子謂：『動而未形，有無之間爲幾。』蓋本心常生常寂，不可

〔註272〕「宇宙此生理，以其萬古不息，謂之命；以其爲天地人物所從出，謂之性；以其不可以有無言，謂之中；以其純粹精至極而不可名狀，謂之至善；以其無對，謂之獨；以其不二，謂之一；以其天則自然非假人力，謂之天理；以其生生，謂之易；以其爲天地人物之胚胎，如果核之含生，謂之仁」同註2，卷二十，頁487。

〔註273〕「幾者，動之微，吉之先見者也；君子見幾而作，不俟終日……君子知微知彰，知柔知剛，萬夫之望。」《周易·繫辭下》。

〔註274〕同註2，卷二十，頁490。

〔註275〕「性貴悟而已，無可措心處，纔一拈動，即屬染污矣；獨爲性之用，藏用則形氣不用事以復其初，所謂陰必從陽」同註2，卷二十，頁490。

〔註276〕同註2，卷二十，頁489。

以有無言，強而名之曰幾，幾者微也，言其無聲臭而非斷滅也；今人以念頭初起為幾，未免落第二義，非聖門之所謂幾矣」〔註277〕。即「幾」概念並非念頭之萌動，相對的，幾的概念在本質上是生幾者，他強調：「性廓然無際，生幾者，性之呈露處也；性無可致力，善學者惟研幾；研幾者，非於念頭萌動辨別邪正之謂也；此幾生而無生，至微至密，非有非無，惟綿綿若存，退藏於密，庶其近之矣」〔註278〕。

由「幾」的生而無生至微至密，可見其「幾」的意義與其「意」的涵義相近；生幾者是天地萬物之所從出，又是性之呈露處；而意非念慮起滅之謂也，是生幾之動而未形，有無之間也。故而研幾，即是在動之微處下工夫，與誠意工夫有相同的功用；唯塘南之「意」超出身、心、意、知、物的系列，涵義較廣。以「意」本生生，惟造化之機，從統合的觀點論意，使得單舉「意」之一字，則寂感體用悉具矣。

綜合而言，塘南之學從「意」的生機觀點，指出生機是從枯槁中如臘盡春回自然發出；此一生機觀點就宇宙而言，即是生幾者，天地萬物之所從出。其學說以透悟為宗旨，雖主張靜坐、主靜收斂等靜功；唯一旦能透悟心體，則邪障消除而工夫自然動靜合一。就個人而言，即是生理之呈露（真性），脈脈不息，此真性之用即神；塘南論神的概念重點在於收攝與凝聚，從收斂身心的方向特論「性」的於穆不已義，強調從收斂而入，方能入微，故以透性為宗，研幾為要。這裡即是塘南對《中庸》觀點的應用，他使天命之性透過「意」觀念的轉換與提升，以「意本生生」的內涵與「極深研幾之思」，建構其生生真機之本體觀與透性研幾之工夫論。

肆、胡廬山心造天地萬物說

胡直，字正甫，號廬山，江西泰和人，為王陽明的再傳弟子；其父親已受陽明影響而深排程頤的學說〔註279〕。廬山師從歐陽南野，悟其所論仁體之旨，後訪羅洪先習得無欲主靜之學〔註280〕；又從鄧鈍峰習禪甚有心得，認為其所悟印於子思「上下察」，孟子「萬物皆備」，程明道「渾然與物同體」，陸子「宇宙即是吾心」，靡不合旨，於是喟然歎曰予乃知天地萬物非外也，天地萬物即在吾

〔註277〕同註2，卷二十，頁484。
〔註278〕同註2，卷二十，頁488。
〔註279〕參見容肇祖著：《明代思想史》，前揭書，頁207。
〔註280〕同註2，卷二十二，頁525～526。

心〔註281〕；其學以盡性至命爲宗，又以覺爲心，以覺爲理。以下從「在天爲命，在人爲性而統於心」，以及「率性修道盡人物天地之性」，分析盧山之學。

一、在天為命在人為性而統於心

就本體論而言，盧山以理在心，不在天地萬物。又以所謂理者，氣之流行而不失其則者也，他對理、氣、心、性的基本立場是：

> 氣者，陰陽五行錯雜不一者也，二五之氣，成質爲形，而性宅焉。
> 性者，即維天之命，所以宰陰陽五行者也，在天爲命，在人爲性，
> 而統於心；故言心即言性，猶言水即言泉也。〔註282〕

盧山認爲在宇宙太虛中無處非氣，故亦無處非理；此即孟子言萬物皆備於我，主要即是因爲我與天地萬物間有一氣流通，無有礙隔，故人心之理，即天地萬物之理，是一非二。但若一我之私未去，墮落形骸，則不能備萬物矣；不能備萬物，而徒向萬物求理，此則與我了無干涉。故強調理在心，不在天地萬物；吾心者，所以造天地萬物者也〔註283〕。此心的定義爲何？爲何能說心造天地萬物？又此心與一般世儒之心有何不同呢？盧山的回答是認爲世儒言人心之無理，主因於不知「性」，特別是對心的定義有嚴重誤解，他說：

> 彼（世儒）以爲心不過是知覺，知覺者虛而屬諸人也；虛則理非所
> 出，屬諸人則所發必私，故當即物窮理而後能無私以合乎天，是不
> 但於于心外求理，亦且于心外求天，……且夫人之承帝降之衷天命
> 之性，故能爲萬物之靈，唯靈則能爲惻隱、羞惡、辭讓、是非，而
> 萬理皆備；必如世儒之說，則人心不當有惻隱、羞惡、辭讓、是非。
> 〔註284〕

盧山發揮《中庸》精神，強調當皇降之衷，天命之性固已在人心久矣；依此思想脈絡而言聖人本天，以及人性四善端，故云捨去人心又孰能爲本，再進一步才推論出非心之外別有天也。同時認爲即物窮理，不但不能以合乎天，同時更將成爲虛而屬諸人。虛而屬諸人則有二弊，一爲虛則非理所出，使人於心外求理；二則又使人以一私意雜於其心，不能知此「天命與至善」一元，只籠統地餘下「知覺之心」一元，故必將不能自信其心爲天，窮搜愈精，比

〔註281〕同註2，卷二十二，頁521～522。
〔註282〕〈續問上〉，《衡廬精舍藏稿》，卷三十。
〔註283〕同註2，卷二十二，頁513。
〔註284〕〈續問上〉，同註282，卷三十。

擬愈似，而天者愈離〔註285〕。故此天命之性一元的認肯實爲關鍵，如果只依一知覺心爲論，勢必產生虛而屬諸人的雙重弊端；依此再論理不離心即則可有一堅實基礎，否則必如流俗之言，以求理於心等同於幻天地萬物於無，如此即產生重大誤解。例如他說：

> 胡子曰：「夫萬理之實，豈端在物哉！其謂實理，即實心是也；孟子曰『萬物皆備於我』，即繼之曰『反身而誠，樂莫大焉』。若實理皆在於物，則萬物奚與於我？又奚能反身以求誠哉？何則？人心惟誠，則其視天地也實天地，視萬物也實萬物，父子之親，君臣之義，不可解於心者，皆實理也；若人心一僞，彼且視父子君臣浮浮然也，烏睹父子君臣之爲實理哉？彼其視天地萬物夢夢然也，烏睹天地萬物之爲實理哉？故曰『不誠無物』者此也；世儒自幻視其本實之心，而反瞿瞿焉索物以求理，認外以爲實，所謂以幻求幻，其幻不可究竟矣。」〔註286〕

依於天命之性，實理與實心二要件爲廬山所強調，能有此二實則人能反身而誠；人心能誠則其視天地也實天地，視萬物也實萬物，父子之親，君臣之義，皆實理也。反之，即是索物以求理，認外以爲實，所謂以幻求幻，其幻不可究竟矣。廬山此種言心即言性，猶言水即言泉也的溯源觀點，其方法論實即是前文所引悟自子思的「上下察」；即源於《中庸》「鳶飛戾天，魚躍于淵，言其上下察也；君子之道，造端乎夫婦，及其至也，察乎天地」。換言之，廬山對《中庸》思想的發揮在於其對心造天地萬物之理，能夠以文理密察足以有別的方式，眞切的理解世儒之誤；並對之進行批判，取得心能作用於人的深刻動力，把握中和力量影響人心與天地萬物的基礎內涵。

二、率性修道盡人物天地之性

天命之性與外物的關連性在於一心，重心實即重人，即重視人自體的地位；一如陽明言良知，亦是從人自體的觀點而延生出良知與心體、性體的關連。廬山在回答學生的觀點中，本於其重視心的立場分析了「人」此一角色的重要性，這個分析實際上指出了其天人關係的內涵，他說：

〔註285〕「不能自信其心爲天，索諸棼棼芸芸以求之，吾見其劈積磔裂，膠固紛披，不勝推測，不勝安排，窮搜愈精，比擬愈似，而天者愈離」同註2，卷二十二，頁514。
〔註286〕同註2，卷二十二，頁514。

> 問天命之性果兼物乎，曰物非無性也，而人爲全，若中庸所言天命
> 之性則專屬人未始兼物也，故下即言率性言修道，豈物能率性修道
> 哉？書曰維皇上帝降衷下民，若有恆性言下民則亦未兼物也，是故
> 率性修道盡人物天地之性者，其責在人。〔註287〕

盧山認爲《中庸》指出人性根源於天命之性，並非將道德責任就此而歸屬上帝；反之，他更依此而看重人的主體性，以物非無性也，因人爲全，率性修道盡人物天地之性者，其責在人，此即說明了其天人觀點與修養工夫之原則。盡性成爲工夫重點，這是其與佛家同樣講存心養性明心見性，卻與之有別的關鍵，他說：

> 彼釋氏欲明心見性以出離生死者是病原也，欲明心見性以出離生
> 死，乃至逃倫棄物而爲之者則病症也何以辨之？昔有得寶鏡者二，
> 其一磨礱使明而懸照乎物，曰吾將盡鏡之性而無愛吝也；其一磨礱
> 使明而襲藏諸篋，曰吾將任其長明而無復翳也；夫鏡非異也，磨礱
> 非相遠也，然一則懸照而盡鏡之性，一則襲藏而令其長明，則公與
> 私之分也；猶之心性非異也，存心養性明心見性亦非相遠也，然一
> 則以是盡己與天地萬物之性，一則以是而出離一己之生死。〔註288〕

盡己與天地萬物之性，是將盡鏡之性而無愛吝也，此是公；明心見性以出離生死，是磨鏡使明而襲藏諸篋，任其長明而無復翳也，此是私。「盧山之學的特色之一，就是在儒佛的心性之辨方面，在盡心與盡性，與盡之有無、全偏、遠近之分別中，探求儒佛兩者的差異」〔註289〕。即釋氏有明心見性，但無盡心盡性；就道德實踐而言，此乃公與私、入世與出世之別，故盡己與天地萬物之性，即成爲盧山之學可能挽救王門和禪家虛見之弊的理論基礎。但他強調盡己之性在實踐過程中，易爲「意念」干擾與阻礙，盧山說：

> 吾學以盡性至命爲宗，以存神過化爲功；性也者，神也；神不可以
> 意念滯，故常化……今之語盡性者失之，則意念累之也……以一體
> 爲宗，以獨知爲體，以戒懼不昧爲功，以恭忠敬爲日履，以無欲達
> 於靈明爲至。〔註290〕

〔註287〕〈續問下〉，同註282，卷三十。
〔註288〕〈申言下〉，同註282，卷三十。
〔註289〕同註8，頁242。
〔註290〕同註2，卷二十二，頁518。

故知在盡己與天地萬物之性的過程中，獨知、戒懼、忠恭敬等工夫仍需日履實踐，希望能以無欲達於靈明。就獨知工夫而言，盧山認爲「孟子曰行有不慊於心，皆獨知之始功也，百姓日用疇非此；然而不自致其知，故君子之道鮮，使致其知則君子矣；雖然世之言獨知者，類皆以念慮之始動者當之，是亦未致其知者也」〔註291〕。可見在獨知之初始，強調的是行有不慊於心與毋自欺之心，而不在於念慮之始動；唯獨知方能主宰念慮，而不著於念慮，亦唯有透過獨知工夫方能貫乎動靜，而不以動靜爲殊異。就愼獨而言，愼之義，一如愼固封守之謂，功在幾先，于時保之者是也；若曰必待動念於善惡而後愼之，則不愼多矣〔註292〕。獨知與《中庸》的關係在於盧山認爲「獨知即性」，「獨知即性也，中即獨知之未發者也，和即獨之發而中節者也，曰發與未發異乎曰發與已發時也，而獨知則一而已」〔註293〕。透過獨知的功在幾先，主宰念慮，故獨知能貫乎動靜統合已發未發，不離和爲中，亦不離中爲和。

　　盧山雖辨儒釋之異，但亦受釋氏影響，以覺爲性。他認爲非覺之外有性，他提出本覺的觀點，以覺即道心，使本覺與盡心相關，做爲區別儒釋之根據：

> 是以舍人心之覺，則無性矣，又焉有理哉？是故蘊仁義禮智藏焉，
> 始非有物焉，以分貯於中也，則覺爲之宰也；感之，惻隱羞惡辭讓
> 是非形焉，亦非有物焉，以分布於外也，則覺爲之運也；方其宰也
> 而無不運，雖天下之至虛而無不實也；方其運也而無不宰，雖天下
> 之至實而無不虛也；故覺即性，非覺之外有性也；性即理，非性之
> 外有理也，又烏有夫覺虛理實，心虛性實之謂哉。〔註294〕

盧山反對「覺虛理實」與「心虛性實」的觀念，以覺即性的觀點在觀念上對儒釋做出釐清與分辨，爲心學可能走向禪學的方向做了預防。他設定了性與覺的不可分離，主觀地擴大了覺的範疇，使覺爲性，使覺爲理，此雖有融合儒佛的傾向，但主要目的仍是明辨儒佛，他認爲「近儒必欲於覺外求理，則亦所謂火外求明，水外求清，非特不可，亦必不能也」〔註295〕。其覺非僅感官之覺，他提升覺爲本覺，更以本覺爲道心；使仁與理皆屬其中〔註296〕，如

〔註291〕〈續問下〉，同註282，卷三十。
〔註292〕〈續問下〉，同註282，卷三十。
〔註293〕〈續問下〉，同註282，卷三十。
〔註294〕〈六錮〉，同註282，卷二十八。
〔註295〕〈申言下〉，同註282，卷三十。
〔註296〕「誠覺，則痛癢流行，而仁理在其中矣；豈覺之外而別有痛癢，別有仁理哉？

此即使人心之覺，避免了當其為多欲、為人心時，則雖有見聞知識，能辨別物理，亦均為痿痺而已的缺點；同時使釋氏覺性的觀點，能透過本覺中的仁與理實踐盡心原則，此即他說的「夫覺性者，儒釋一理也；而所以異者，則盡與未盡由分也」〔註297〕之原則，亦是發揮本覺觀點之功效。

簡言之，廬山的本體論以理在心不在天地萬物；但又受氣本論影響，認為我與天地萬物間有一氣流通，無有礙隔。故人心之理即天地萬物之理，兩者是一非二；但若私心未去墮落形骸，則不能備萬物矣。若覺於公心，則知天命之性固已在人心久矣；依此脈絡發揮《中庸》精神，而言聖人本天，以及人性四善端。其理論強調實理實心，先取得心能作用於人的深刻動力，再把握中和力量，影響人心與天地萬物的基礎內涵，進而詮釋為何率性修道盡人物天地之性者，其責在人；最終方能透過獨知的功在幾先與主宰念慮，使其體系能透過「獨知」，貫乎動靜統合已發未發，又能盡心知性。

綜合本節所論，就東廓言，在心不離意知不離物的關係下，他承繼陽明學說合內外、動靜、體用而論良知之教，在至善與天命一元的背景中實踐下學與上達工夫，又能在人倫庶物上用戒懼工夫，非常符合陽明在事上磨練的精神。歐陽南野在「神通天地萬物」的天人觀下，既肯定宇宙萬物的存在，又設法使心物不離；他主張道器、本末、動靜、已發未發在良知而言可以是一致的，強調能時時致中即所以致和，要學者一循良知之不可欺者而格物，使致良知學為一實學。塘南之學從「意」的生機觀點，特論「性」的於穆不已義；強調從收斂工夫而入發揮《中庸》精神，使天命之性透過意的轉換，以意本生生的內涵與極深研幾之思，建構其生生真機之本體觀與透性研幾之工夫論。廬山之學重視理在於心，重心實即重人，即重視人自體的地位；他認為我與天地萬物間有一氣流通無有礙隔，本此原則發揮《中庸》精神，言聖人本天，從天道論取得其心能作用於人的深刻動力，用於盡心工夫中，並以盡（心）之有無、全偏、遠近之別，探求儒佛兩者的差異。

總之，這四位江右學者，使我們發覺陽明學成熟期之《中庸》精神是以多種型態發展的。以表達系統而言東廓之學最為成熟，兼論至善與天命之性，又不落空的從體用動靜合一實踐下學與上達工夫。以《中庸》慎獨精神而言，南野的工夫最符合其要旨，雖他有見於神通天地萬物而為言，但其良知即不

是故覺即道心，亦非覺之外而別有道心也」同註2，卷二十二，頁515。
〔註297〕同註2，卷二十二，頁515。

可欺者與良知即是獨知的觀點，使致良知學發展爲一不務空虛的自慊獨知之學。塘南之學則融合了《中庸》的愼獨與《易》的生生眞機觀念，建構出一套以生生眞機言性、知、意的獨特系統；在四人中最爲特殊，雖然強調學貴從收斂入，收斂即爲愼獨，但其愼獨的基礎卻在於生生不息的活潑觀念中。盧山之學特重天命之謂性，依此而有在天爲命，在人爲性而統之於心的理論結構，堅持了《中庸》以天命爲最高概念的理論特性。

本節〈王門諸子對陽明《中庸》觀點的闡釋〉內容，刻意選擇了與陽明致良知理論一致性高的四位學者做爲代表，說明陽明「成熟期理論」的延續發展與發揮。這種選擇有二項目的：第一，在於佐證本書以「中庸」觀念爲研究軸心，以此以「方法意識」控馭王學「文本」之嘗試，有其明代儒學之歷史依據，這項目的本書已經完成。第二，在前述「方法」與「文本」的研究架構中，以王學爲研究爲範例，尋求擴展至整體心學與儒學之另一套更完備之方法意識，此一目標有待日後專書探討。

在內容細節方面，我們發覺每位學者各因其創見與心得，造成與陽明學的差異，或形成各自理論之其優、缺點，此一部份之主題仍有相當的分析空間，將留待日後以專題的方式，從《中庸》的觀點全面地檢視王門諸子對陽明的繼承是否合理或得宜。

第三節　當代新儒家對陽明學的發展：以牟宗三思想爲例之考察

牟宗三（1909～1995）之學無疑地繼承了陽明學之精神，建構了當代新儒家發展歷程中一個重要的系統性理論，在當代引起許多學者的探討。〔註298〕

〔註298〕一般而言，當代新儒家人物以 1955 年共同署名發表「爲爲中國文化敬告訴世界人士宣言」的唐君毅、牟宗三、徐復觀、張君勱四先生爲代表。張灝先生〈新儒家與當代中國思想的危機〉一文，認爲當代新儒家之代表人物應以一九五八年初，共同署名發表〈爲中國文化敬告世界人士宣言〉的唐君毅、牟宗三、徐復觀、張君勱四先生爲代表。（見《保守主義》，頁 368，台北：時報出版公司，1980）。王邦雄先生〈當代新儒家面對的問題及其開展〉一文亦承此說。（《鵝湖》76 期，1981）。林安梧先生〈當代新儒家述評〉一文則以爲梁漱溟、熊十力均應列入代表人物。又〈梁漱溟及其文化三期重現說〉一文，又分爲當代新儒家可分爲三型，其代表人物是梁漱溟、熊十力及張君勱。（《鵝湖》77 期，1981），參見林安梧：《現代儒學論衡》，台北：業強出版社，1987，頁 76。

其《心體與性體》是研究宋明理學最重要的專著之一，但其中有關內聖與外王之關係以及其解決架構，已經成為有關學者爭論的焦點；其道德的形上學分析與評價亦有許多未定的討論。〔註299〕

　　以歷史而言，明代的陽明學曾經在中國與東亞形成一股風潮；今後儒學如何能再上層樓面對全世界，當代的研究成果觀點無疑有其參考價值。本節對牟先生的研究主要目標設定在對其方法論的考察與批判，選擇方法論的理由有二：第一、本文是以研究陽明致良知「方法」為主題的研究，故方法論範疇符合本研究之一貫主軸。第二、牟先生之學立論廣闊，涵攝儒釋道屬於全方位的研究型學者，故我們對其思想體系中陽明學的發展，必須選擇一相關之考察脈絡；我們發現牟先生的良知坎陷、智的直覺與逆覺體證等方法主題，與陽明致良知方法間顯然有豐富的連繫與關連，亦足以顯示牟先生治學的主要精神。以下即從牟先生的論著，分析當代新儒家受陽明影響的事實，以見當代新儒家發展與陽明學的關係。其次，將從《中庸》修養論的觀點省察牟宗三的方法，從方法論角度觀察牟先生對陽明致良知觀念之發揮方式，分析其優缺點，以檢視當代新儒家對陽明學之發展狀況。

壹、以牟宗三為例統觀當代新儒家受陽明學影響之要點

　　當代新儒家受陽明學影響巨大，從心學系統而言，王陽明是自孔孟以後闡釋儒學意義最深刻、最明白的學者〔註300〕。當代新儒家受到陽明思想的影響者，例如張君勱曾參與「科學與人生觀」的論戰，認為陽明學說之精神足以對抗科技時代的機械論與決定論。梁漱溟曾自述使其由佛學而回到儒學研

〔註299〕例如：鄭家棟：《現代新儒家概論》，廣西：廣西人民出版社，1990，頁27～28。傅偉勳：〈儒家思想的時代課題及其解決線索〉，《哲學與文化》，第13卷，第2期，1986.2，頁99～114。方克立：《現代新儒學與中國現代化》，天津人民出版社，1997。劉述先：《牟宗三先生的哲學與著作》，台北：台灣學生書局，1978。蔡仁厚：〈牟先生研究宋明理學過程之探析〉，《鵝湖月刊》，第20卷，第1期，229，1994.7，頁1～7。王邦雄：〈從中國現代化過程中看當代新儒家的精神開始展〉，《鵝湖》，第100期，1983.10。李明輝：《儒學與現代意識》，台北：文津出版社，1991。林安梧：《當代新儒家哲學史》，台北：文海學術思想發展文教基金會，1996，頁206～226。封祖盛編：《當代新儒家》，北京：三聯書店，1989。鄭家棟：《本體與方法——從熊十力到牟宗三》，遼寧：遼寧大學出版社，1992。

〔註300〕先生承絕學於詞章訓詁之後，一反求諸心，而得其所性之覺，曰「良知」。因示人以求端用力之要，曰「致良知」……自孔、孟以來，未有若此之深切著明者也。《明儒學案·師說》

究究的是明儒王心齋的自然觀。賀麟則承襲陸、王的方式宣揚新黑格爾主義。熊十力提出性智與量智的概念，將程、朱格物致知的優點融入陸、王心即理的體系中。唐君毅以「超越的唯心論」哲學建立其「道德自我超越」的心本體論。牟宗三則以王陽明為基礎，融合康德（Immanuel Kant, 1724～1804）哲學與華嚴宗，建立其道德的形上學之心性觀點。本文限於篇幅無法一一交待每位學者之觀點，故選擇以牟宗三先生為例證，用以呈顯陽明學對當代新儒學發展之影響。

牟先生在當代新儒家中無疑地是具代表性的人物〔註301〕，亦是當代新儒家當中與台灣的淵源最深的學者〔註302〕，著作二十多種，皆極具原創性。僅《心體與性體》一書就一百三十多萬字，尚有論文數百篇內容嚴謹而專精，在近年國際學壇上曾一度集中討論其學說〔註303〕。關於陽明學牟先生曾寫過《王陽明致良知教》〔註304〕一書，但二十幾年後又寫了《從陸象山到劉蕺山》〔註305〕一書，對陽明與孟子，以及王門諸子有較多的論述。從牟氏著作中我們可以很明確的發覺當代新儒家受陽明學影響的構面，嘗試條列其重點如後：

一、當代新儒家發展方法以心性論為學說要旨

對於儒家心性之學牟先生以「道德的形上學」一語來界定，「道德」在牟先生的體系內主要是指依無條件的定然命令而行，即是儒家所稱之本心、仁體或良知，即吾人之性體〔註306〕。他認為必須明確的區別「道德底形上學」與「道德的形上學」才能理解心性之學要旨，前者主要是對道德之形上的解析或道德之形上的論述之知識，是一種道德哲學，非道德的形上學；而後者

〔註301〕熊十力是當代新儒家哲學的第一代開創者，而第二代代表哲學家牟唐徐三人在港台宏揚當代新儒家哲學的努力，使當代新儒家思想靈根自植開花結果；他們培養了一批優秀的第三代新儒家哲學家，尤以牟宗三的影響最大，第三代學者如蔡仁厚、王邦雄、曾昭旭、李明輝、林安梧、袁保新、楊祖漢、高柏園及其他重要學者，是台灣舉足輕重的一個哲學學派，可以稱為牟宗三學派，以「鵝湖月刊雜誌社」及「東方人文學術研究基金會」為中心。參見賴賢宗：《體用與心性——當代新儒家學新論》，台北：台灣學生書局，2001，頁215。
〔註302〕參見賴賢宗：《體用與心性——當代新儒家學新論》，前揭書，頁217。
〔註303〕1982夏威夷國際朱子學會議，曾集中對牟宗三學說的討論，1983多倫多國際中國哲學會第三屆年會上，亦曾安排系統地介紹牟宗三的思想。
〔註304〕參見牟宗三：《王陽明致良知教》，台北：中央文物供應社，1952。
〔註305〕參見牟宗三：《從陸象山到劉蕺山》，台北：台灣學生書局，1979。
〔註306〕參見牟宗三：《智的直覺與中國哲學》，台北：台灣商務印書館，1979，頁190。

則是「以形上學本身爲主（包含本體論與宇宙論），而從道德的進路，道德性當身所見的本源（心性）滲透至宇宙之本源，此就是由道德而進至形上學，但卻是由道德的進路，故曰道德的形上學」〔註307〕。

　　這是牟宗三先生在重建儒家形上學上最重要的努力，他認爲一個圓滿的道德理性概念應包含三重意義：第一、它具有必然性和普遍性，使存在及其性質不受任何外在條件制約，才能顯出意志的自律，依儒家而言即是使能顯出性體心體的主宰性。第二、此一定然的性體心體不只是人的性，不只是成就嚴整而純正的道德行爲，而且直透至其形而上學宇宙論意義，而爲天地之性，而爲宇宙萬物實體本體。第三、道德性的心體與性體不僅表現爲某種純形式的定然命令，而且能夠在道德實踐中具體而眞實地呈現自身，此之謂盡性〔註308〕。

　　牟氏以即內在即超越與即存有即活動觀點，首先指出了陽明心即理的內在性；試圖在物理與吾心之間，尋找出一更爲廣大的基礎之目標，以道德性的心體與性體連接理，使理的先驗與超驗性格，能保留其普遍性的同時，又能化解與經驗或感性的二元對立，使道心與人心能產生二者統一之可能。牟先生所建立的此種道德的形上學，即爲陽明內聖的心性之學與成德之教。陽明強調天理即是良知，千思萬慮，只是要致良知；陽明從本體（天理）到工夫（致良知）的探討，亦爲牟先生所承繼。牟氏認爲道德的形上學的功能「首在討論道德實踐所以可能之先驗根據（或超越的根據），此即心性問題是也。由此進而復討論實踐之下手問題，此即工夫之路問題是也；前者是道德實踐所以可能之客觀根據，後者是道德實踐所以可能之主觀根據。宋明儒心性之學全部即是此兩問題，以宋明儒詞語說，前者是本體問題，後者是工夫問題」〔註309〕。從牟先生重視道德形上學的論點，即可以觀察到當代新儒家發展方向與宋明儒學的精神之間有其一致性。

二、當代新儒家的目標在於本內聖之學，解決外王的問題

　　陽明幼時嘗云唯「讀書學聖賢」是第一等事，十五歲遊居敬庸三關，即慨然有「經略四方」之志；陽明這種精神，在牟宗三生先而言即是「保內聖，開外王」與「返本開新」的思想綱領。此一綱領試圖要處理：儒學能否對科學與民主的關係提出一具建設性、令人信服的詮釋，即「須在道德理性之客

〔註307〕參見牟宗三：《心體與性體》（一），前揭書，頁140。
〔註308〕參見牟宗三：《心體與性體》（一），前揭書，頁137～138。
〔註309〕參見牟宗三：《心體與性體》（一），前揭書，頁8。

觀實踐一面轉出並肯定民主政治，且須知道德理性之能通出去，必于精神主體中轉出『知性主體』以成立並肯定科學」〔註310〕；最後歸納其思想爲「三統之說」〔註311〕，又認爲西方所長是理性的分析與外延表現，故開展出科學與民主的成就。而中國所長在理性的整合與內容表現，其核心在聖學；故內聖之學的體證有其殊勝成就，外王方面的開展則有不足。故必須返本開新，通過自我的擴大對儒學重新詮釋，這與陽明讀書學聖及經略四方之志有著相同的目標，亦是當代新儒家所標舉的重要任務及努力方向。

三、當代新儒家以象山陽明「心即理」爲正統儒家發展大宗

牟先生以「即存有即活動」概念分析心的內涵，繼承了象山的本心與陽明的良知觀念，以「心即理」爲儒家發展大宗。陽明曾經說：「道問學即所以尊德性也；晦翁言子靜以尊德性晦人，某教人豈不是道問學處多了些子，是分尊德性道問學作兩件」〔註312〕。陽明顯然是象山的傳統，重視心的功能。

對於陽明的看法，牟先生以「只存有不活動」與「即存有即活動」的原則區分了程朱與陸王，指出陸王哲學較符合存在事實〔註313〕。他認爲因爲存有「活動的成分在于心，只有心才能活動；沒有心而只有理，是不能活動的」〔註314〕，又說：「先秦與宋明儒家以心性爲一，皆主心之自主、自律、自決、自定方向即是理，本心即是性，性體是即活動即存有者……活動是心、是誠、是神，存有是理，……此性體不能有即物窮理而把握，只能由反身逆覺而體證」〔註315〕。

逆覺即是指反求內省，不依賴抽象的分析，而是依人靠與人的道德實踐融爲一體的體認與直覺。在此觀點下他結論出《論》、《孟》、《中庸》、《易傳》是宋明儒的大宗，較符合先秦儒家之本質的觀點〔註316〕；又以「即內在又超

〔註310〕參見牟宗三：《道德的理想主義》，台北：台灣學生書局，1985，頁 184。

〔註311〕即「一、道統之肯定：即肯定道德宗教之價值，以護住孔孟所開闢的人生宇宙之本源。二、學統之開出：由民族文化生命中轉出『知性主體』以融納希臘傳統，開出學術之獨立性。三、政統之繼續：認識政體發展的意義，以肯定民主政治之必然性。」牟宗三：《道德的理想主義》，前揭書，序。

〔註312〕〈傳習錄〉下，同註21，頁102。

〔註313〕牟宗三認爲朱子的「性只存有而不活動，其自身無論在人在物是不能起道德創造之作用者」，參見《心體與性體》（一），台北：正中，1992，頁85。

〔註314〕參見牟宗三：《中國哲學十九講》，台北：台灣學生書局，1989，頁 71。

〔註315〕參見牟宗三：《心體與性體》（一），前揭書，頁 112。

〔註316〕「大體以《論》《孟》《中庸》《易傳》爲主者是宋明儒大宗較合先秦儒家之本

越」的模型，說明了「宋明儒的共同傾向則認爲心性天是一」〔註317〕的觀點，
在結構上繼承了王陽明「良知即天理」〔註318〕的思考路線。相對於明代哲學
中羅整菴、王廷相等人重視用氣爲性的哲學，他選擇孟子直就人的內在道德
性說性的路線。他認同《中庸》天命之性將內在道德性之性通天道、天命，
直下即是道德，而且直下是本體論宇宙論的；更贊賞陽明緊守孟子、《中庸》
所開拓的「超越的心性」而著力前進〔註319〕。牟先生這種解釋，基本上仍是
在宋明儒家天地萬物一體模型的基礎上，運用現代的存有學概念，對心性天
是一賦予一更詳細的說明結構；牟先生這個新哲學方法運用，代表了當代學
者詮釋中國哲學的內涵的新趨勢。

四、當代新儒家重視新詮釋方法的提出

　　孟子的「盡心」觀點相對孔子「仁」而言，是一種既能保持理論原初精
神，又能在詮釋方法上有所創新者；而陽明的「致良知」方法，在宋明哲學
中亦代表了一種新方法的提出，使心性哲學在當時能重新產生流傳遍天下的
新力量。牟先生在其道德的形上學中，提出「智的直覺」與「良知坎陷」等
新的詮釋方法的動機同於孟子與陽明，目的亦在爲新時代的中國哲學，尋求
一再生與活化可能的新出路。陽明重視良知觀念，提出「良知即是天理，思
是良知之發用」〔註320〕的命題，以「思」爲良知之用，對思的問題採取了本
體與發用的解釋；對於良知之用，良知之思，牟宗三先生則從其對儒學的體
驗中提出了「智的直覺」（無限心、自由無限心）與「良知坎陷」觀念，做爲
當代新儒家發展的重要方法。無論是陽明、牟先生或當代新儒家學者〔註321〕，
都承繼了一種使哲學能日新又新的生生動機；在把握儒家精神的同時，又在

質：伊川朱子之以《大學》爲主則是宋明儒旁支」參見牟宗三：《心體與性體》
　　（一），前揭書，頁18。

〔註317〕參見牟宗三：《心體與性體》（一），前揭書，頁17。

〔註318〕〈傳習錄〉下，同註21，頁92。

〔註319〕參見牟宗三：《心體與性體》（一），前揭書，頁123～124。

〔註320〕〈傳習錄〉中，同註21，頁59。

〔註321〕如第一代當代新儒家的熊十力「體用不二而有分，分而仍不二」的基本結構，
　　　　第二代學者唐君毅對東西哲學的理心氣與理性意識存結構的反省，徐復觀
　　　　對中國人文主義傳統與藝術精神的闡釋，第三代學者不再深入於良知坎陷說
　　　　以收攝民主與科學的理論，轉而展開當代的應用倫理學的多元論述實踐（如
　　　　李瑞全、朱建民），都是當代新儒家新方法精神提出的代表。參見賴賢宗：《體
　　　　用與心性──當代新儒家學新論》，前揭書，頁216。

方法上結合時代的理性發展成果，以新方法詮釋中國哲學，這個風潮自然不限於當代新儒家，當代研究儒學學者都有這種趨向〔註322〕。

牟宗三先生新的方法主要是關於智的直覺與良知坎陷觀念，牟先生說：「我以中國哲學為背景，認為對於這種（智的）直覺，我們不但可以理解其可能，而且承認我們人類這有限的存在實可有這種直覺；這是中西哲學之最大差異處」〔註323〕。「智的直覺即直覺的知性」〔註324〕，牟先生認為中土三教均肯定「智的自覺」，不似康德限於基督宗教傳統，把智的直覺歸之於上帝，他在晚年著作中更以知體明覺所直契的絕對境界，進而論述真善美之合一。

牟先生又以「德性之知」為基礎提出「良知坎陷」〔註325〕的觀念，以良知坎陷說明如何實現由本體到現象、由知識到道德，試圖順著儒家思想發展出知識之學（科學）。他提出從良知（德性主體）自我坎陷，轉而為認知心（知性主體），以展開出認知活動，成就知識之路。在論證中牟先生基本上是使用「知體明覺」的概念來定位心體與性體，作為道德實踐與客觀存有的根據，這是源自陽明的良知觀點；他選擇陽明方法的理由是「因良知特顯內在的道德決斷故，與具體的道德生活能密切地相連接故」〔註326〕。

〔註322〕 我們必須釐清「當代新儒學」與「當代新儒家」一對概念。廣義的當代新儒學包含了（1）前述的當代新儒家哲學的牟宗三學派及（2）非牟派的幾批當代新儒學的研究者，就與台灣儒學發展有關者而言，這包含了方東美、錢穆與勞思光以及他們所培養出來的學術精英，如現在在台灣任教與研究的沈清松、傅佩榮、葉海煙等學者，以及在海外任教而對台灣深具影響力的儒學研究者，如余英時、成中英、林毓生、張灝、杜維明，此中尤以成中英和杜維明最具哲學深度。這些人並不完全認同當代新儒家哲學家熊十力、牟宗三的基本主張，他們甚至對於熊牟的思想提出各種激烈的批判，這些人因此不能算作「當代新儒家」。但仍能算作「當代新儒學」的研究者，因為他們對儒學的文化意涵與儒家哲學的當代建構之貢獻，雖然在相關的見解上不同於牟宗三學派的當代新儒家，但都在思想反省上做出了不可多得的貢獻。參見賴賢宗：《體用與心性——當代新儒家學新論》，前揭書，頁215～216。

〔註323〕 參見牟宗三：《現象與物自身》，前揭書，頁9。

〔註324〕 參見牟宗三：《智的直覺與中國哲學》，前揭書，頁127。

〔註325〕 「要成就那外部地說的必然，知體明覺不能永停在明覺之感應中，它必須覺地自我否定（亦曰自我坎陷），轉而為「知性」；此知性與物為對，始能使物成為「對象」，從而究知其曲折之相。它必須經由這一步自我坎陷，它始能充分實現其自己，此即所謂辯證的開顯。它經由自我坎陷轉為知性，它始能解決那屬於人的一切特殊問題，而其道德的心願亦始能暢達無阻。」參見牟宗三：《現象與物自身》，前揭書，頁122。

〔註326〕 參見牟宗三：《現象與物自身》，前揭書，頁437。

知體明覺的概念指出良知或知體明覺的作用是「道德實體」，同時亦是「存有論的實體」與「萬物底創生原理或實現原理」，牟宗三先生詮釋的角度是否合理是值得討論的主題，但這確實是受陽明心外無物思想所影響。他界定陽明「心外無物」是存有論的終窮之辭；進一步由此心外無物之義，吾人才能言心之無限性與絕對性，由此開出存在界〔註327〕。對陽明學心物關係的概念，牟先生在人可以有智的直覺之前提下，用「無限心」〔註328〕說明心的內涵，對心物關係則以「心、性、命、理，乃同一概念分析地自一，而心與物則只是一起朗現也」的結構進行處理〔註329〕。牟先生新方法的提出代表當代新儒家仍受陽明深刻的影響，同時表示當代新儒家在受西方衝擊的過程中試圖為中國哲學尋求一新發展空間，以解決中國文化在今日世界潮流中立足之新方向。

五、當代新儒家對儒釋道三教義理疏解的意義

陽明《傳習錄》中的答問或書信，常貫穿《易傳》、《大學》、《中庸》、《孟子》之觀念，對良知學重新定義，賦予先秦學觀念新的精神；同時對佛、老亦提出相當程度的區別與解釋以避免觀念混淆。牟宗三把外王問題納入內聖層面處理，故肯定儒家道統，成為其立學統與政統的基礎。他對道統之肯定採取的方向是通過歷史，同時表述「儒、佛、道」三教的義理及其相互關係之精神〔註330〕，而不採取闢佛老的態度，對於魏晉南北朝唐七八百年間認為是中國文化生命的歧出。

牟先生對歧出的解釋相當具包容力，他說：「歧出並非只有負面的意義，文化生命之歧出是文化生命之暫時離其自己；離其自己正所以充實其自己」〔註331〕。其次，牟先生著作的精神，在於對儒學內部發展加以分析論定，故較不持門戶之見，無論孟子系、荀子系、程朱系、陸王系，都能根據文獻與義理之實，提出客觀的理解和通盤的表述。牟先生的態度代表了新世紀哲學的大方向，在於包容性與折衷性。本文認為在牟先生的啓發下，未來中國

〔註327〕參見牟宗三：《現象與物自身》，前揭書，頁98。
〔註328〕現實地說，人是有限的；理想地說，人可是無限的。其現實地為有限者是因為他有感性，其理想地可為無限者是因為他能超越乎其感性而不為其感性所亂。他超越乎其感性而不為其感性所圍，他即呈現一無限心。參見牟宗三：《現象與物自身》，前揭書，頁451。
〔註329〕參見牟宗三：《現象與物自身》，前揭書，頁97。
〔註330〕經由《心體與性體》、《才性與玄理》、《佛性與般若》等著作之研究。
〔註331〕參見牟宗三：《才性與玄理》，台北：台灣學生書局，1985，序。

哲學的發展，不只是在中國文化中各種思想派別應互相包容與互相激盪、尊重與成長；更應面對全球化的趨勢，使中國哲學從區域性文明走向全人類文明。即一方面是向西方方法與優點吸收養料，補充自身的缺失，另一方面又能看到自身相對於西方的優點而不失文化自信；在新時代中提出一融合的觀念，使中國哲學不失去其原創能力，爲人文領域學科建立根基。

貳、從《中庸》修養論觀點檢視牟宗三先生之方法論

我們進一步從《中庸》修養論的角度，觀察牟先生對陽明致良知方法的改進，並分析其優缺點。我們的分析動機是在牟先生既有的基礎上，爲今日儒學的復興持續努力；以下將討論牟先生道德的形上學中天命觀點、兩層存有論結構、智的直覺與逆覺體證概念、知體明覺與良知坎陷理論，分析其研究方法與精神。

一、對道德的形上學中天命觀點的檢視

牟先生從德性實踐的態度出發，以自己的生命本身爲對象〔註332〕；此與陽明以人自體爲中心，以良知與心體出發理解至善與天命之性，在出發點上是有一致性的；但在方法與結構上，卻與陽明不完全相同。因爲陽明是以良知即天理爲依據，依天命與至善的原則處理其讀書窮理、明德與親民；而牟先生卻是以道德爲依據，決定天道與天命的意義〔註333〕，這裡兩人即有很大的差別。在陽明的觀點下，良知哲學的實踐過程，其力量源自心也者，即吾所得於天之理也〔註334〕；此一心即理的命題，使我們的道德行爲在實踐過程中，在理解上能先有一「由人心回歸天之理」的過程，才能使行善避惡的原理產生存在性力量，使道德從文字中再度被活化，產生實踐力；此時，我們方能解釋陽明天人本無二的觀念，如何能成爲道德原理的根據，也才能理解爲何陽明能以天地萬物爲一體，訢合和暢，原無間隔〔註335〕。

依此反觀，牟先生以道德爲依據，決定天道與天命的意義，說明了無常的天命，取決於人類自身的敬德與明德〔註336〕；而此明德與道德的實體，皆

〔註332〕參見牟宗三：《中國哲學的特質》，台北：台灣學生書局，1990，頁10。
〔註333〕「通過敬德、明德，表示並且決定天命、天道 的意義」參見牟宗三：《中國哲學的特質》，前揭書，頁21。
〔註334〕〈答徐成之〉，《王陽明全書》（二），頁73。
〔註335〕〈與黃勉之〉（甲申）《王陽明全書》（二），頁37。
〔註336〕參見牟宗三：《中國哲學的特質》，前揭書，頁21。

源自心體與性體。具體來說，在牟先生的體系內，道德主要是指依無條件的定然命令而行，即是康德的自由意志，即自發自律的意志；而在中國的儒者即名之爲本心、仁體或良知，而此即吾人之性。如此說性，是康德乃至整體西方哲學中所沒有的；性是道德底超越根據，其本身又是絕對而無限地普遍，因此它不是類名，性即是體。「性」特顯於人類卻不爲人類所限，特彰顯於道德而不爲道德所限，它不但創造吾人的道德行爲，使吾人的道德行爲純亦不已，亦創生一切而爲一切存在之源；所以，它是個創造原則，因此它是一個體，即形而上絕對而無限的體；吾人以此爲性，故曰性體。而其所以能放大，主要即是主觀地講的本心、仁體、良知或性體既如此，所以，它亦必須與此客觀地說的性體爲同一，蓋只有如此，始能成就其命令爲一無條件的定然命令，此在儒者即名曰性體之所命。〔註337〕

　　此種觀點的影響，造成了牟先生以性體與心體爲基礎，以道德良知在起點上的位階優於天命與天道的層次。其優點是以人爲根本，掌握了西方啓蒙或中國五四以來重視人自體的精神，可以持續推動其以理性與科學、民主與政體運作的理論系統，作爲社會科學發展的根據。缺點即在於失去了眞正可以做爲德性主體根據的形上自體，使人與自然的直接關係中斷；先隔離了天命與天道的存在性之後，再透過智的直覺才能再析論人與自然。他先從形式上析論天命與天道，才會結論出天道天命由道德實踐所決定的觀點，如此即是二分物理與吾心，產生理論上可能的不足。如果從把握天道與天命的觀點而言，其道德的形上學可以從存在的應當爲起點，但不宜忽略本書所強調陽明的致良教的三元結構。換言之，牟先生可以從良知與心體一元，以存在的應當爲思考起點，但不宜取消或降低至善與天命一元的意義層次，使良知與道德的存在基礎，只建立在以性體與心體爲中心，建立在以「人的道德與否」決定天命內涵的天道論之下；如此天道的存在源頭即被消去，則良知本體的動力基礎即產生危機。本文認爲，天道之內容或表達形式於今或可再議，但其所代表之人與自然的直接關係必須深刻地被體認，同時必須重視其於中國哲學精神中之地位。

　　但相對而言，我們也深知唯有透過牟先生這種納入對科學與民主可能基礎（即其心體與性體理論）的探討，陽明哲學或儒家心性哲學的發展，才有可能於中國社會中找到落實的理論契機，並產生新成長之可能。簡言之，心性哲學在廿一世紀如何能再度發展，這將是五四以後中國哲學最重大的議題

〔註337〕參見牟宗三：《智的直覺與中國哲學》，前揭書，頁190～191。

之一，牟先生的處理成果，顯然已經爲儒家的成長，開啓了一個全新的視野，並提供了一種以新方法處理心性哲學的理論示範。

二、對道德的形上學中兩層存有論結構的省察

牟宗三先生用兩層存有論來說明其形上學體系，兩層存有論指「執的存有論」（亦稱現象界的存有論）與「無執的存有論」（亦稱本體界的存有論）〔註 338〕。牟先生兩層存有論的開出承認人雖有限而可無限，運用《維摩詰經・觀如來品》云「不可以智知，不可以識識」。他認爲人可以有兩種知識，一種是智知即智的直覺所成者，在德性之知的範疇內作用；另一種是識知，即感性直覺所成者。智知與識知的區別即等同於佛家所言「無執」或「執」〔註 339〕；無執的存有論即是其道德的形上學的特徵，其理論目標本設定在以康德的經驗實在論融攝傳統的實在論〔註 340〕，再以無執的存有論來融攝康德執的存有論。

無執的存有論主要即是指儒家與佛家的存有論，牟先生在理論上先肯定德性之知的優先性，認爲「我應當作什麼」的次序應先於「我能知道什麼」〔註 341〕；所以，我們應由道德意識來顯露道德實體，道德意識即是存在的應當。此不同康德通過知性的因果範疇來思考，康德通過知性所得，亦必爲知識概念所限；最後所得人自體之自由，亦只是實踐理性在知性上之設準。反之，直承道德意識而來的存在的應當，其根源在於良知底決定；此良知是一種超越的、道德的實體，又可稱爲知體、心體或性體。意志的自由是此實體之本質屬性，知體是就良知明覺處說；良知本身就是體，心體是就此良知明覺而言，即是吾人的本心，此本心本身就是體。性體就是道德存在的超越的依據，是能引生道德行爲的根據，此性本身亦是體，通過知體心體而被了解。故性體是客觀地說的，知體心體是主觀地說的，此二者是一〔註 342〕。

〔註 338〕參見牟宗三：《現象與物自身》，前揭書，序頁 7～9，以及第三章。

〔註 339〕不執者即是無執的無限心，佛家稱智心、道家稱道心、儒家名爲良知之明覺；反之，執著者，我們名之爲有限心、認識心，在西方哲學中稱爲感性、知性，在中國哲學佛家稱爲識心、道家名爲成心、儒家名之爲見聞之知的知覺運動，即氣之靈之心。參見牟宗三：《現象與物自身》，前揭書，頁 17。

〔註 340〕康德看來傳統形上學是武斷的，「它從未跳出該概念以外而有所知，即從不能得到綜合的知識」，存有論此一驕傲的名稱，應以純粹知性底分解或超越哲學的名稱來代替。參見參見牟宗三：《現象與物自身》，前揭書，頁 92。

〔註 341〕參見牟宗三：《現象與物自身》，前揭書，頁 21～23。

〔註 342〕參見牟宗三：《現象與物自身》，前揭書，頁 62～63。

在此基礎上，此知體同時是道德的實體與存有論的實體。就道德的實體而言，它是道德的超越根據，涵攝道德主觀的知是知非（即是智地認知感受力、康德的良心〔註343〕、人心的法庭），以及道德之明覺可以給予吾人決定一方向的客觀根據（即道德法則、自發自律的實體性理性），由此開出道德界〔註344〕。就存有論的實體而言，它是萬物底創生原理或實現原理，由此開出存在界，是物之在其自己之存在，是對知體明覺而爲存在，不是對感性知性即識心而爲存在，即不是當作現象看的存在，故是本體界的存有論，或稱無執的存有論，或稱道德的形上學。

此道德的形上學的內涵，即是由道德意識所顯透的道德實體中說明萬物的存在；因此，道德實體同時即是形而上的實體，即是知體的絕對性〔註345〕。又此知體在牟先生的系統中有三種特性：一是主觀性，即知體之爲良心，具體來說指獨知之知、知是知非之知；二曰客觀性者其本身即理也；三是絕對性，指乾坤萬有之基礎也，即依《易傳》乾知大始所云之「乾知」也，代表知體爲天地萬物之基，代表知體明覺的感應乃無限心也〔註346〕，依此知之三性而論證心外無性、心外無命，要皆一知之顯發〔註347〕。牟先生兩層存有論指出了知體三性，在主觀上可以知是知非，就客觀而論是道德法則，可以給予吾人決定一方向的依據，就無限心而言可以心、性、命、理成爲同一概念之分析地自一，而使心與物一起朗現。

其理論優點在於：第一、重視人的存在地位，兩層存有論對知體的定位，使人雖有限而可無限，使人的存在不受制於肉體與理性的有限〔註348〕，從知體的主動性，從行爲道德實踐過程中，尋得乾坤萬有之基礎，即其哲學涵蓋了人類文化發展以至意義追求與形上探索的範疇。第二、其知體同時是道德

〔註343〕陽明的良知自然有康德的良心之意義與作用，但陽明的良知不只是感受能力，它同時亦是道德底客觀根據，它是心，同時亦是理。參見牟宗三：《現象與物自身》，前揭書，頁66。
〔註344〕參見牟宗三：《現象與物自身》，前揭書，頁64～65。
〔註345〕參見牟宗三：《現象與物自身》，前揭書，頁92。
〔註346〕牟教授認爲王陽明說：「明覺之感應爲物」即此義也，心、性、命、理乃同一概念之分析地自一，而心與物只是一起朗現也。參見牟宗三：《現象與物自身》，前揭書，頁97。
〔註347〕參見牟宗三：《現象與物自身》，前揭書，頁93～98。
〔註348〕一如熊十力所言使「吾人的生命，與宇宙的大生命，實非有二」參見熊十力：《新唯識論》，語體本，台北：河洛出版社，1974，頁115。

的實體與存有論的實體，即以存在的應當統合了道德界與存在界，使理論體系符合體用一源的精神。第三、無執的存有論突顯了知識與吾心二分的解決途徑，從智的直覺、價值、實踐、超越的角度定位其無執的存有論。其中，智的直覺使物自身積極地對人成為真實的呈現，而不只是一與人隔絕的實體，使思考範限於感性直覺為基礎的經驗知識。就價值而言，無執的存有論使人重視天人合德的道德境界，而非對自然宇宙的理性認識；換言之，執與無執的意義在於指出面對宇宙的兩種人生態度〔註349〕。就實踐而言，無執的存有論亦是實踐的形上學〔註350〕，故他主張德行優於知識，存在先於本質，我意故我在比我思故我在更根本、更具體〔註351〕。就超越而言，無執的存有論不只是超絕更是超越〔註352〕，兩者雖然皆相對於向內在而言，但超絕因對象不能為主體認識，故永遠不能成為內在的；而道德的形上學即是將超絕轉為超越，即內在即超越、即現象即本體的體用一如的境界。

其理論缺點在於：第一、以存在的應當統合了道德界與存在界，可能有泛道德主義之嫌。傅偉勳等人即曾指出牟先生以自我坎陷、有執等負面字眼重建儒家知識論，乃是由於當代新儒家為了尊重「知性」探討的潮流，而被迫謀求儒家思想自我轉折與充實的思維結果，仍脫離不了泛道德主義的知識框架〔註353〕。對於此種批評，本文認為解決之方向，仍在全面性的理解「知性」的困境，理解「文字」表達之限度與此一限度與文明發展二者的關係。

第二個批判源自第一點的影響，在道德的形上學下，牟先生內聖開出新外王的命題受到質疑。例如，韋政通與林毓生皆肯定當代新儒家在道德的形上學方面的成就，但對牟先生以兩層存有論這個基礎來解決新文化問題則多認為將面臨困境〔註354〕，此一困境亦是前文檢討道德的形上學中「天命」與

〔註349〕「對無限心之無執而言，它即有無限性，無時空性，無流變相，它即是如；對有限心之執而言，它即決定是有限的，有時空的，有流變相的，乃至有概念所決定的種種相的即是不如。參見牟宗三：《現象與物自身》，前揭書，頁113。

〔註350〕參見牟宗三：《現象與物自身》，前揭書，頁443。

〔註351〕參見牟宗三：《現象與物自身》，前揭書，頁21～22。

〔註352〕方東美先生亦說：「我以超越形上學一詞來形容典型的中國本體論，一方面深植根基於現實界，另一方面又騰衝超拔，鎮趨入崇高理想的勝境而點化現實，否認二元論為真理」參見方東美：《生生之德》，台北：黎明文化事業公司，1987，頁283。

〔註353〕參見傅偉勳：〈儒家思想的時代課題及其解決線索〉，《哲學與文化》，1986.2，第13卷，第2期，頁27～42。

〔註354〕如韋氏認為傳統文化中的泛道德意識，使儒家內聖外王成為空中樓閣，專制

「天道」內涵時的困境。

　　第三個問題即是：在執與無執的兩層存有論之間，是否有明確的分界線，或者說有一模糊地帶？因爲識心之執，本來是反對著知體明覺之無執而立論的，即識心之執是先由知體明覺之自覺地自我坎陷而成，使識心之執與物爲對其本身遂與外物而爲主客之對偶，此是識心之執的基本結構〔註355〕。在理論上「識心之執」在思考脈絡上本源自知體明覺的自我坎陷；即當吾人說「識心之執」時即已設定有一與之相對的「無執的知體明覺」於其中，做爲理解基礎，而此一基礎是牟先生認爲西方人未能明覺的基礎。但此一「無執的基礎」與「有執的識心」在知體明覺之源頭，本指向同一存在狀態，或同一個人自體中，故兩者之間是否截然二分毫不相干，則我們認爲可以再作考量。

　　第四個問題源自於其對天道與道德之關係的定位，如果以道德爲依據決定天道的意義〔註356〕，則在雖說可以從道德實踐進入天道論的層次，由知體明覺的感應說無限心與知體的絕對性，但此種無限心並非源自天道的無限，而是源自於道德的無限。換言之，它正是康德所著力批判斷的關於上帝論證的翻版〔註357〕，我們是否需要把道德設定爲一絕對無限者才能說明道德行爲的可能性？在人實踐領域中的自由，是否可以等同於上帝（天道、天命）作爲一絕對無限者的自由？〔註358〕事實上，人在實踐中所具有的自我決定的自由，只是一種「文字概念世界」中可能的自由，沒有人可以超越自身所陷入的「文字牢籠」；它與眞實世界的可能性，即人與神（天道、天命）二者的自由應有區別。

　　我們本於人與自然直接關係建立的要求，深信天道性命通而爲一的思想是心性哲學的主要精神。但對此思想可以有多種詮釋，例如方東美先生先肯

<hr>

帝王成爲聖王：林氏認爲牟宗三在闡釋儒家哲學方面貢獻很大，但在思考傳統與現代的接筍上，則工夫作過份粗鬆；參見韋政通：《儒家與現代中國》，台北：東大圖書公司，1984，頁175。林毓生：〈面對未來的關懷〉，《中國論壇》，第15卷，第1期，1982.10，頁21。

〔註355〕參見牟宗三：《現象與物自身》，前揭書，頁181。

〔註356〕「通過敬德、明德，表示並且決定天命、天道 的意義」參見牟宗三：《中國哲學的特質》，前揭書，頁21。

〔註357〕因爲關於上帝存在的本體論證明是由上帝具有最完滿的屬性來推論上帝的存在，牟宗三則是由自由意志（心體與性體）不受條件的限制的屬性推論其必是最根源的存在。參見鄭家棟：《本體與方法——從熊十力到牟宗三》，前揭書，頁343。

〔註358〕同上，頁343～344。

定天道的創造力，充塞宇宙，萬物由之而出，再強調人性的內在價值，與宇宙秩序合德無間是一種理解的詮釋模型〔註359〕；牟宗三又是另一種模型，他以道德實體與宇宙實體（天道）爲一的方向開展出其道德的形上學，則有著更豐富的論證，同時亦處理了更多的哲學問題。

三、對道德的形上學中智的直覺與逆覺體證概念之反省

　　牟宗三先生在《智的直覺與中國哲學》書中，以張載（1020～1077）所云：「心之廓知，莫究其極也」《正蒙‧太虛》代表智的直覺，與之相對的則是耳屬目接之感觸的直覺。在心的明覺活動中，智的直覺不但是認知的呈現原則，且同時亦即創造的實現原則〔註360〕，在知體明覺的感應中心與物是一起朗現的，即在知體明覺之感應中含有一種智的直覺。它的理解作用是直覺的，而不是辯解的；即不使用概念，它的直覺作用是純智的，不是感觸的〔註361〕。

　　這種類型的直覺並非感觸的直覺，而只是該知體明覺自身之自我活動（意即智的直覺非被動的活動，因此其活動是純智的，非感性的），即其於自我活動中，一物即呈現，是以智的直覺覺照此物即呈現此物，而呈現此物非感性直覺之被動的接受認知地呈現此物；故呈現之即實現之，即創生之，是即智的直覺之存有論的創生性，感性直覺只能認知地呈現一物，而不能存有論地創生一物〔註362〕。牟先生運用智的直覺，把人與自然視爲統一與和諧的系統，同時深入的分析了儒道佛三教具有智的直覺之例證；認爲人雖有限，智的直覺即是通往無限自由之路，能自證自覺自由之無限，成爲既主觀又客觀的「心即理」之心即是吾人之性〔註363〕，基本上牟先生繼承了中國哲學重視整體直觀與實踐體悟的方法。

　　智的直覺之透顯即是逆覺體證，兩者的關係是「本心仁體之明覺活動反而自知自證其自己，如其爲一，在其自己者而知之證之，在此中國即以名曰逆覺體證，此逆覺即是智的直覺」〔註364〕。牟先生說：「此逆覺之根不是被動

〔註359〕參見方東美：《生生之德》，前揭書，頁288～289。
〔註360〕參見牟宗三：《智的直覺與中國哲學》，前揭書，頁184。
〔註361〕參見牟宗三：《智的直覺與中國哲學》，前揭書，頁145。
〔註362〕參見牟宗三：《現象與物自身》，前揭書，頁99。換言之，牟教授的感性直覺只是呈現原則，非創生原則。
〔註363〕參見牟宗三：《圓善論》，台北：台灣學生書局，1985，頁31。
〔註364〕參見牟宗三：《智的直覺與中國哲學》，前揭書，頁196。

地從感性而發，乃是從本心仁體之當機躍動之明覺而發，此只是其明覺活動之反照其自己，故是純智的」〔註365〕。換言之，逆覺體證是一種自我震動的過程，本心一動而驚醒自己，即以自身之光而覺其自己，此即稱為本心之自肯，而吾人遂隨即之當體即肯認此心以為吾人之本心（此即神感神應自由自律之心），此種肯認即是逆覺體證，在此逆覺體證中即含有智的直覺〔註366〕。

牟宗三先生以智的直覺為一說明系統，強調宋明理學的逆覺體證特性，如此即使宋明理學中的宗教性或不可言說的神秘性降低；王陽明1508年龍場悟道即是的神秘靜觀即是代表，他日夜端居默坐，澄心精慮，以求諸靜一之中，一夕，忽大悟，踴躍若狂者的經歷，使明道以來主張萬物靜觀皆自得、白沙默而觀之一生生之機逢之無窮的風潮達至頂峰。對於理學家強調的靜觀牟先生說：「靜觀就是一種無限的直覺之朗照，就是寂照，它沒有對象，只有當心不寂不靜憧憧往來時，萬物才成為現象義的對象，此時我們的心才成為認知的心」〔註367〕。從靜觀的無限直覺到現象界的認知，牟先生運用了逆覺體證與智的直覺作為說明與分析要點，依此智的直覺所延伸出的之創造性、絕對性與至善義，就是牟先生無限智心的宗旨所在。

牟先生智的直覺即是其通往無限自由之路，能自證自覺自由之無限，透過自我震動的過程逆覺體證，則人的行為回到最內在的心體與性體中，使無限智心能延伸出其創造力與生生之機，並具有絕對性與至善意義。這是牟先生理論的殊勝義，但我們同時也必須提出兩個問題：

第一、牟先生認為西方哲學在解釋有限與無限的問題上有其限制，在其傳統下人不可能有智的直覺〔註368〕，但就西方哲學的歷史事實而言並非如此，斯賓諾莎、費希特等人都肯定人有智的直覺〔註369〕。第二、就其提出智的直覺而言，智的直覺是無限心的妙用，無限心即是本性、仁體、性體，若心與性不能一，心不復是本心，則自不能有此智的直覺，這是性即理系統與心即理系統的差別〔註370〕。換言之，心性的合一與復其本心，是智的直覺的

〔註365〕參見牟宗三：《智的直覺與中國哲學》，前揭書，頁197。
〔註366〕參見牟宗三：《現象與物自身》，前揭書，頁101。
〔註367〕參見牟宗三：《智的直覺與中國哲學》，前揭書，頁36。
〔註368〕參見牟宗三：《現象與物自身》，前揭書，序。
〔註369〕賓諾莎（Baruch Spinoz, 1632～1677）、費希特（Johann Gottlieb Fichte, 1762～1814）
〔註370〕參見牟宗三：《智的直覺與中國哲學》，前揭書，頁193。

前提條件，而全部心性哲學即在追求「復其本心」，即牟先生所說的本心在其自身即挺立而爲絕對無限，智的直覺始爲可能〔註371〕。

這裡我們可以復其本心的觀念做兩個相反方向的推論：一是設定復其本心爲修養最終的成果，如此則智的直覺難以再往前隨時躍動。另一則是本心不是孤懸的，它如惻隱、羞惡、辭讓、是非具體呈現，隨時虛明常照，故智的直覺亦隨時躍動。再分析此二設定可知，智的直覺一方面是要求純智的，不是感觸的，在知體明覺的感應中心與物是一起朗現，即其存在範疇上是生命的、刹那的、時間性的。但另一方面與物是一起朗現本身的基礎，卻又必須是感觸的，需以人自體爲承載而感觸，而有惻隱之感、羞惡之感；這在存在範疇上卻是思維的、空間性、截斷時間的，需要修養工夫爲保障的。在這兩重相對立的思考間，我們一方面認同智的直覺有其理論精采處，可以做爲中西哲學間的橋樑；但亦急於從其理論中澄清疑慮，使其所開出的新路能爲吾人指出中西哲學溝通更好之可能。

四、對道德的形上學中知體明覺與良知坎陷理論之評估〔註372〕

在《傳習錄》中，致知工夫與知識的攝取，兩者間如何融合是顧東橋的疑問〔註373〕。牟先生對此知識與吾心的連結性有一新的處理方式，認爲陽明致良知教之「致」字，迫使吾人吸收知識；但即在致字上，吾心之良知亦須決定自己轉向，此種轉化是良知自己決定坎陷其自己，此亦是其天理中之一環。坎陷其自己而爲了別以從物，從物始能知物，知物使能宰物；及其可以宰也，它復自坎陷中湧出其自己而復會物以歸己，成爲自己之所統與所攝，並在行爲宇宙中成就了知識宇宙，而復統攝了知識宇宙〔註374〕。換言之，陽明以格物即正心的方向，避免其理論出現物理與吾心二分之困境；牟先生則更有進於陽明，提出知體明覺與良知坎陷理論，更具方法性地處理了這個問題。

〔註371〕同註370。

〔註372〕牟先生道德良知自我坎陷理論，首先是在《王陽明致良知教》中提出，後在《政道與治道》與《現象與物自身》中有較深入的分析，前者重著在說明如何由道德主體轉出知性主體，爲科學、民主（新外王）的發展提供基礎，後者則重在學理層面的分析，說明現象世界與形上世界的關係，從而完成其兩層存有論的體系。

〔註373〕「良知誠致，則不可欺以節目時變，而天下之節目時變不可勝應矣；毫釐千里之謬，不於吾心良知一念之微而察之，亦將何所用其學乎！」〈傳習錄〉中，同註21，頁42。

〔註374〕參見牟宗三：《從陸象山到劉蕺山》，前揭書，頁252。

　　车先生良知坎陷的方法又稱爲由知體明覺開知性，指道德良知通過自我否定自覺地轉出知性主體。知體明覺與良知坎陷的關係密切，知體明覺之自覺地自我坎陷，即是其自覺地從無執轉爲有執。自我坎陷就是執，但车先生的「執」又不同於佛家的執；不是無始無明的執，而是自覺地要執，它轉成認知主體，進行解思活動。經由這一執所成的認知主體（知性），是一種邏輯的我，形式的我，架構的我，即有我相的我，而不是那知體明覺之眞我，它的本質是思，故亦曰思的有，思維主體，思維我〔註375〕。透過思維我，以實現科學的知識，即车先生將陽明的良知概念加以創造，以知體明覺處理人心與聞見之知如何是一非二。關於知識與良知的具體關連性，车先生又說：

> 知識是良知之貫徹中逼出來的……不貫徹只是物欲之間隔，若自其本性而言……它必然要貫徹，不待致而致；致良知原爲有有物欲間隔者說，去其間隔而一旦發現出本性之眞實無妄，則良知天理之眞誠惻怛，或良知天理之善，自能不容已其湧發而貫徹於事事物物；其湧發不容已，則「其坎陷其自己」而爲了別心亦不容已，蓋此即其湧發貫徹歷程中的一環，若缺少此一環，它還是貫徹不下來，一有迴環，便成知識，便有物對，便有物之理而在外〔註376〕。

引文中「知識是良知之貫徹中逼出來的」，车先生此種方法即本文第二章第三節所云「極限式表達的方法」；其意義在於突破「概念」對文字本身存在性掌握不足的缺點，要求人在書不盡言之後，進一步理解到言亦不能盡意，進而反推出必須有一在言、意之外，承擔言、意成爲可能的存在基礎，此即本書所謂「極限式表達」所追尋之目標。

　　具體的說，车先生的目標在於運用良知坎陷方法，以當代方法分析物理與吾心如何能不再陷入陽明所擔心的陷井之中，爲宋明以來的心物關係重作定位，試圖證明內聖之學的一本義。重作定位事實上即是理論的重新建構，车先生認爲「物在理外」從形上學而言只屬於個體的問題，基本上我們不能從個體的觀點論良知，因爲個體的觀點即是從分殊之理上論良知，如此必使理在心外，而不能納知識系統入於行爲系統；但從良知坎陷的觀點，則我們可完善的解釋知識或窮理系統如何能納於良知與天心系統，使知識邏輯與存在境界合而爲一。這是车先生的目標，亦是符合陽明價值給予我們啓發之重

〔註375〕參見车宗三：《現象與物自身》，前揭書，頁 123～124。
〔註376〕參見车宗三：《從陸象山到劉蕺山》，前揭書，頁 258。

點。我們在牟先生既有的基礎上，進一步使用《中庸》修養論三元結構觀點〔註377〕，而試圖達到陽明相同的理論目標，牟先生的方法明顯地大有進於前人值得詳加參照，但我們可以從中再進一步發展的問題如下：

　　牟先生強調在內聖與外王之間必須將直通改變為曲通，即在外王充份、客觀地實現前有一個曲折，此一曲折即是向上透所呈現的仁智合一之心，必須再向下運用良知坎陷曲折轉出一知性來，此在客觀實踐上即是要建立一個政道與制度，這兩方面本質是一致的〔註378〕，牟先生這種曲通的見解，其形而上的根據和根本精神仍不免落入第二義，仍然只是道德良知通過自我限定（坎陷）轉出來屬於中間架構性的東西〔註379〕，形上根據落入第二義的批判，即是前文在「對道德的形上學中天命觀點的檢視」所強調「牟先生可以良知與心體，以存在的應當為思考起點，但不宜取消或降低至善與天命一元的意義層次」的觀點是相近的，即我們都肯定牟先生從良知與心體做為進路，但對決定良知與心體的天道或天命的定位與牟先生不同，因為我們認為陽明並非認為良知即涵攝所有的知識體系，而是認為陽明是就「至善與天命」一元說心即理，即「心即理」之心應是天命或天道，不同於牟先生以「心即理」之心即是吾人之性〔註380〕，牟先生性體雖亦為形而上絕對而無限的體，但落於吾人之性體而言無限心，這與陽明「心即道，道即天，知心則知道知天」〔註381〕，以及「夫心之體，性也；性之原，天也」〔註382〕的基本結構有所不同。

　　牟先生的道德良知自我坎陷說，基本上是從上面說下來，把握了陸王心學先立大本的進路；但卻又不同於傳統儒家體悟本心後的事上磨練。牟先生的坎陷說一如鄭家棟所言，由吾人的道德意識顯露一自由無限心，由此而說智的直覺；而後由無限心的坎陷與曲折開出知性，這種理路講道德很順暢，但講知識卻不無困難。因為追求超越、無限，與人的知識、知性了無牽涉，且已達完滿的本心性體、道德良知，何以又要坎陷自身而下開知性呢？「絕

〔註377〕從「至善與天命」、「良知與心體」與「明德與親民」三元的詮釋循環，解釋致良知教的存在境界，「致良知教」的三元的詮釋，敬請參見本書第三章第二節。

〔註378〕參見牟宗三：《歷史哲學》，台北：台灣學生書局，1984，頁192。

〔註379〕參見鄭家棟：《本體與方法——從熊十力到牟宗三》，前揭書，頁340。

〔註380〕參見牟宗三：《圓善論》，前揭書，頁31。

〔註381〕〈傳習錄〉上，同註21，頁18。

〔註382〕〈傳習錄〉中，同註1，頁36。

對」就意味著終結，故它如何又在某種意義上成爲過程和起點呢？〔註383〕鄭氏「絕對就意味著終結」的觀點有其精采處，但當我們用絕對一詞時，如果不能分享「絕對」的豐富性，則所論之對象只能是文字性的絕對，只籠統地止於文字性概念；從《中庸》天命之性的觀點，這種文字性絕對爲一距離的終點，具有封閉時空之特性，這種概念類型的絕對才是眞正的終點與止點，欠缺一股前進的動力。

我們認同鄭氏所言從無限心的坎陷與曲折開出知性，這種理路講道德很順暢，但講知識卻不無困難；但不同意鄭氏認爲牟宗三的絕對完善的良知不能開出、不必須開出知性的邏輯方向；因爲從陽明的知行合一開始，良知就保有開出知性的存在可能，陽明說「我須是將聖人許多知識才能，逐一理會始得」〔註384〕。陽明關注的問題是知識愈廣而人欲愈滋，以及才力愈多而天理愈蔽的問題，而非否定良知與知性的相關性，故鄭氏認爲追求超越、無限（心體與性體），與人的知識、知性了無牽涉的觀點值得商榷。就此批判角度而言，不論牟先生道德良知自我坎陷的理論能否成功，基本上牟先生仍是掌握陽明學的主要精神無誤的；換言之，其理論會出現困境都是屬於表達系統之中的問題，而非良知的存在系統中的豐富性與絕對性有所欠缺。

總之，我們從牟氏著作中條列了五項要點，代表當代新儒家受陽明學影響的構面。例如：以心性論爲學說要旨的發展方向、本內聖之學解決外王問題、以象山陽明心即理爲正統儒家、新詮釋方法的提出，以及對儒釋道三教疏解的態度，都相當符合了陽明學之精神。特別是在方法論方面，我們發覺牟先生理論系統的建構，以及其方法論的脈絡，在當代中國哲學中是難能可貴的示範；原因在於，其忠於自身的論述方式、中西資料的引證對照、推論的細密，同時既能保留良知學的活潑生意，又能維持《中庸》的精神，故其成果斐然。同時，在統合理論與實務方面，他以兩層存有論一方面指出無限智心，另一方面又能強調尋求知性的基礎，爲近代科學與民主（新外王）尋求新出路，即使其方法學說仍充滿爭議，但其動機與對陽明讀書學聖賢的精神之掌握則相當完整。

〔註383〕參見鄭家棟：〈現代新儒學的邏輯推展及其引發的問題〉，本文收錄於李明輝編：《當代新儒家人物論》，台北：文津出版社，1994，頁334。
〔註384〕《傳習錄》上，同註21，頁23。

結　語

　　本書第四章的研究涉及的歷史範圍較廣，所分析的論點亦多，主要的目標在於研究與陽明同期的學者異於陽明的觀點，以整體「明代」的立場看顧陽明學的特色。其次，我們在《中庸》修養論的觀點上，選擇出四位王門後學作爲代表，突顯陽明成熟期思想裡《中庸》精神的後續發展，爲的是論述與證明本書扣緊「中庸」觀念，以理論操作文本，所選擇之中庸主題據有歷史依憑。最後，我們分析了當代新儒家中極具原創性的學者牟宗三先生，檢視其主要理論內容與方法論，以掌握陽明致良知方法之後續發展與影響，我們在分析與評估後有下列收穫：

　　第一、明代前期主要是程朱理學的統治時期，明中期陸王心學雖扶搖直上，但我們發覺陽明之外，湛甘泉、羅整菴與王廷相同時關注「氣」的問題，大異於陽明學；在本體論方面三人對陸王與程朱的理、氣等觀念都有批判與修正，並設法以「氣本體」論統會心、性、情等問題。

　　第二、當時的理論中心，都一致地圍繞著格物與窮理的課題。陽明學中「格物」便是「正物」，除羅整菴以「通徹三極而無間」釋格物諸義外（避免使理爲完全主觀而忽略實用其功之精神），當時對格物的觀點仍多以陽明的解釋爲核心觀點再加以修改。例如甘泉以格物是爲至其理，表面上是同於程朱，但因其目標在於仍以體認天理返回大心，故其理論功效反而同於陽明之正心。王廷相反對程、朱皆訓格爲至，同陽明採取了「正」的解釋，但又強調物各得其當然之實，又回到其重經驗之價值態度，與其元氣哲學保持相當一致的觀點。

　　第三、相對於陽明之學，甘泉以心爲天地萬物之本體的觀點，有助於推廣心學風潮。整菴之學警示王門學者不可自以爲高論，強調人雖然可以心反省客觀世界，但決不能以心吞併天地萬物。王廷相則從氣化觀點，否定了天即理的思考，以性從氣出的命題，反對有本然之性與氣質之性的二分；並依此而統會道心與人心，肯定情欲的合理性，在形式上與陽明主張心統性情的觀點有一致性，但對心學所共有的理論基礎則與予否定。這些與陽明同期學者否定陽明的事實，提醒我們重視陽明學中強調自我作用之際，必須留意個人與外界，以及個體與群體間關係的處理方向。

　　第四、王門諸子對《中庸》精神的後續發展，有的重視表達系統的完整（如鄒東廓之學），有的維持了《中庸》以天命爲最高概念的理論特性（如胡

盧山之學），有的重視了《易》的生生精神（如王塘南的意本生生），亦有主張以慎獨與持敬爲關鍵者（歐陽南野自慊獨知之學）。他們基本上多對於陽明成熟期致良知教精神都有相當程度的把握，我們提出東廓與南野之學的動機，在於說明其完整的表達系統是一個典範，期望後來的致良知學發展既不偏向龍溪的良知現成自在可能之弊，亦不偏於雙江的歸寂派；能循良知之不可欺者而格物，使致良知學爲一實學。我們重視盧山之學，目標在於維護致良知教三元結構的完整性，不使《中庸》「至善與天命」一元的動力來源在流傳中被忽略或消除。我們從塘南的意本生生觀念中，再度發現了陽明樂之本體的存在性意涵，使陽明所謂天地間活潑潑地無非此理，便是吾良知的流行不息的力量能以中和的方式延生而出，達到一種《中庸》的道德心境。

第五、牟先生從陽明內聖的心性之學發展出其道德的形上學，從道德的進路出發，使道德本體所見的本源（心性）滲透至宇宙之本源，即以形上學本身爲主，卻由道德而進至形上學。牟先生運用了西方的哲學方法，創造了兩層存有論，重新界定現象與物自身的關連性；又融入了中國哲學的道德精神，通過智的直覺與逆覺體證，使形上學的基礎建基於人自體中的內聖成德之境，再從良知坎陷的方法由知體明覺開知性。這不但能免除近代西方形上學所遭遇實證型態哲學的威脅，更使陽明的致良知方法，超越宋明以來本體與工夫合一的說理型態，具體的分析與呈現出理性原則與存在事實兩者交涉的新說明系統，使存在性眞理能透過其說明與表達系統蛻變入文字性眞理中。如此不但使良知學具有更清晰的層次，使物理與吾心間的分析有了更具時代性的詮釋，同時亦能保有陽明喚醒人的存在性自覺的理論精神。牟先生即依此而處理了近代科學傳入中國社會以來的種種衝突，其研究成果爲中國哲學的道德精神與西方哲學的理性辯證，進行了理論規畫與安排，在當代儒學的研究中有極大的貢獻。

我們從這段陽明之後的儒學史發現知性的重要，但也發現知識愈廣而人欲愈滋，才能愈多而天理愈蔽，而此問題的解決正是陽明格物致知的動機與任務。陽明第一等事的入手處仍在致良知教的要旨，陽明之後江右王門所持之《中庸》態度最能得陽明一生精神，使陽明之道賴以不墜，並能破越中流弊。陽明至今五百餘年，我們如何能在今日承繼其精神，掌握時代之要領，發展出符合時代需求的哲學，將是一個有待完成的任務。

第五章　結　論

　　本書在第一章中嘗試提出一種新的說明系統，並以此方法對陽明學說、王門諸子、當代新儒家等學界研究成果進行反省；特別是考察此一本書設定之詮釋方法，是否能掌握陽明哲學的主要精神——千思萬慮只是要致良知。在第二章，我們通過心學的歷史溯源，從六個角度分析了「良知即天理」的命題，指出了致良知教的實踐精神並分析了「心即性，性即理」的進路。第三章則透過「知行合一」與「誠意之教」的開放與還原系統，依歷史的脈絡分析了致良知教理論的主要內涵；並從三元性的結構觀察陽明的良知系統，亦對四句教及其所延伸而出的心外無物一系列問題進行討論。最後一章，則以《中庸》修養論的觀念爲指標，對陽明同期學者哲學觀點、王門諸子對陽明學《中庸》精神之繼承，以及牟宗三的學說之方法論作一檢視；一方面觀察陽明致良知方法之後續發展與影響，同時分析其中與陽明主要精神之同異。以下我們對本書的研究成果做一總檢討。

　　在第一章的分析中，我們的目標在試圖提出一方法性之設定，以對陽明精神進行妥適之掌握。其研究上的意義在於「以方法控馭材料」，以及「以思想導引古典文本」，而不在於堆砌國內外「陽明研究史」之資料。故本文未將重心置於二手資料的研究與比較；對這些資料僅在檢擇後用以輔助分析本文《中庸》修養論之主軸，而將論文重點置於此一「方法」遭遇論題時的解決過程。本書希望能合理地呈顯其論證過程，使陽明原典之精神能正確地呈現。在本章我們主要的心得有二：

　　一、在本文設定之「個人觀點」與「陽明理論」的關連方面，我們可以再詳細區分三點，說明此一方法設定於王學研究領域之助益：

　　第一、本書從《中庸》修養論的觀點提出中和式自然動力、人自體與《中庸》的道德心境三個概念，建構一新的詮釋範疇，整理出此一詮釋方法與陽明學間之意義與關連性，達成邏輯上之合理推論。例如：為什麼本書使用「中和」觀念？在全書的分析視野下，我們發覺「中和」是《中庸》一書中承接形上與形下、天道與人道的轉折性樞紐，此一觀念可以指出陽明哲學的實踐動力來源，並在陽明所云知得過、不及處，合理地申論王學要旨；例如我們提出「中和式自然動力」的設定，其所代表的意義，即在於適切地指出人與萬物在宇宙中能各得其位，蘊育滋長，並從天理指導人倫之道德準則。本文選擇此一獨創之「術語」貫穿全書，目的除了在符合「以思想導引文本」的原則外，更試圖利用此一術語，使得對陽明文本的詮釋範圍扣緊中庸精神，不致於滑出本文設定的範疇之外。

　　第二、人自體即《中庸》中和觀念的實踐場域，實踐的過程即誠身的工夫；而其目標即是仁。此一設定，即使良知本體理論之發展，成為知行合一與誠意之教的論證過程，同時，亦可以獲得一較佳之說明系統，使良知與私欲、明明德與誠切專一，在陽明學中的意義，以及在人自身之中得到更具體的證明。

　　第三、《中庸》的道德心境，即《中庸》至誠與盡性後的存在意境。我們以陽明「悅復本體」與「樂之本體」之觀念做為《中庸》的道德心境之例証，用以反証出致良知教的基礎或力量。此一中和式力量在「天」為天道與天命，在「人」則為仁人之心以天地萬物為一體，訢合和暢原無間隔的道德心境；此即突顯了良知就「個體」而言的存在意境，卻又不與「天理」觀念分離而言生生不息。

　　二、在對當代研究成果的運用方面，我們可以再分四點說明本章於「陽明學」研究領域之助益：

　　第一、我們對研究「陽明學」的當代學者，如牟宗三、陳郁夫、蔡仁厚、麥仲貴、陳來、楊國榮、（日）柴田篤、（日）岡田武彥等人的論著中，條理出了十點研究陽明學必須注意的關鍵性研究構面與方法進路。我們也注意到了同一術語在不同學者間之不同涵義，必須回到理論根源尋找其客觀標準；同時，應依歷史法則對當時的存在情境進行最大可能性之還原。在陽明的學思歷程方面，應注意其不同時期的觀念與教法之不同。

　　第二、在新的詮釋體系之建構方面，我們發現既欲掌握陽明的重要觀念，

同時又能提出一自身的論述方式是不容易的。在當代研究陽明的學者中，牟宗三、楊國榮與陳來教授的論著在此一目標上做了很好的示範。日籍學者柴田篤，著重使「言語和知識」，在確實發揮「良知」的過程中重現生命力，其論點相當完整地承繼了陽明成熟時期的思想。岡田武彥對陽明後學的區分極具創意，亦是探討王門諸子對陽明學發展時的重要參考。這些學者是當代陽明學研究史中，極佳之參考座標。

　　第三、在對當代對「致良知教」的研究論著中，我們做了九點批判性的反思。我們認為因「良知」一詞義涵豐富，故不宜單選某一引文即論斷某位學者主張即是如此。其次，如果我們將「良知」定位在「實踐理性」或「意識自覺」的作用上，除了可以彰顯良知是內在的認知能力外，亦可較寬廣地指出「良知」是理（之靈處）或實在的部份。唯上述實踐理性的界定，仍過於偏重理性詮釋的範疇，可能無法呈現出中國哲學「體用一源」之特性。這亦是多位學者採用西方所謂道德語言、或胡塞爾的意向性理論研究陽明時可能發生的困難，同時，亦是中國哲學在運用近代西方哲學方法時，必須加以考慮的主題。

　　第四、對天理與良知關係的定位：牟宗三先生強調「良知」並非死體，即必須在天心天理的背景下，就體用合一而言之，這是可行的；但其「道德」決定「天理」的觀點卻值得深入探討，這是當代新儒家在理解上與陽明起點相同，但論證過程不同之處（見本書第四章第三節）。不論對天理之理採取「心律」（道德的形上學）或「實理」的立場，其主要的目標都在於指出陽明的良知學能夠發揮一收攝、回歸、溯源與合統之功能；突顯陽明學的中和、精一與誠意觀念，能直指人心，見體取証，使分為合。即我們從良知與天理上取得一高價值標準，不再有所偏倚，這是我們分析當代研究陽明論著後所得到的共通精神與立論重心。

　　第二章的研究從良知即天理、致良知教之精神與心觀念的歷史溯源，分析了陽明哲學的主要精神與實踐動力；其次，再從《中庸》修養論觀點，分析何以「心即理，性即理」能做為致良知方法之具體進路。此章基本上有下列四項要點：

　　第一、首先我們從六個方向條理出陽明如何以「良知」定位其「天理」的形上世界，同時又能形成其從「形上」開展至「人倫日用」的完備體系的原因。本章主要的結論在於指出：陽明的良知說雖能充份顯示人的主體性，

但此一主體並非主客二元對立意義下之主體，而是在天理與天人合一背景下的主體。其次，「良知」與「理性」關係密切，但只偏重思考或理性，而不知「良知」與「理性」的概念層次分屬不同位階，則其分析結果將不免有毀譽、得喪、私欲攪入其中。因此，為求去私欲，戒懼之行必定成為實踐致良知的基礎工夫。

第二、從《中庸》修養論的觀點，提出「心觀念的擴大」、「心即性，性即理」的一以貫之之道，以及「悅復本體與樂之本體」三方面，合理地呈現出致良知教之精神與其實踐動力之主要結構。再者，歷史溯源的方法是必要的；本書透過以孟子、象山與陽明的理論為主要發展脈絡，並輔以宋代朱子心、性、理觀點的影響說明，方能呈現出陽明學說的形成歷史與主要觀念之演化。最終並由人的存在狀況與理論結構（從知識論、本體論與價值哲學的角度）統整出陽明心學要義，彰顯其「心之體用一源」的特性。

第三、我們在本章提出了「極限式表達」表達的概念，此一概念合理地說明「言不能盡意，故需反推出必須有一在言、意之外，承擔言、意成為可能的存在基礎」。本節並以此基礎詮釋陽明「窮仁之理，真要仁極仁」；「仁義只是吾性，故窮理即是盡性」一系列的觀念，再次合理證明「良知」體系中「天理」一元，對整體心性理論在結構上的主導性。

第四、在本章中我們從《中庸》觀點分析「心」概念，探討「心」如何成為一種機制，從而導引出從「天人之際」轉出「這個性便是天理」的命題，並用以証成「心即性，性即理」如何可能的命題。以《中庸》為分析指標，主要是因為陽明曾經以「心也者，吾所得於天之理也」為基礎，強調「夫心之體性也，性之原天也」的觀點；他認為性是心之本體，而心又是得於天之理，故人性的根據自然地指向《中庸》所謂之天命之性。本書透過天命之性的分析，我們掌握到陽明如何從形上開顯其天道論思想，並建構出其處理自然與人性，以及使整體與個體相關之哲學結構；並說明人自體中源自天命的力量如何推動致知的實踐，使致良知的主宰不息，使良知之用成為可能。這種側重心之本體以把握天之本體的觀點，即促使陽明學發揚了《中庸》的價值。

值得再注意的觀點，出現在論述致良知教之精神時所提出的「樂之本體」與「悅則本體漸復矣」二概念，此一價值後來被王艮發展為尊身與尊道相即，以吾身為天下之本的系統。但如果從陽明的精神再詳加考察，我們應該可以

另外發展出一種與王艮的風格類似，但卻不失讀書窮理與戒懼精神的觀點；這種以樂爲心之本體，知道光景但卻不玩弄光景，而又能掌握乾坤大主宰的新良知理論，是值得當代王學再發展之方向。

回顧第三章，我們的研究主要是從「知行合一與誠意之教」、「致良知之教」與「四句教」三項主題詮釋陽明學，在此總結其中之要點如下：

一、有關「知行合一與誠意之教」方面，本書從方法論角度提出二詮釋要領：

第一、陽明知行合一之「知」是著重在從本體論的觀點而言，與見聞之知不同。知行之知是良知之知，是從形上本體的觀點立論，在這個角度上，我們才可以理解陽明所謂「知行本體」之觀念，爲何能夠分析出只說一個「知」已自有「行」在的結論。就「行」之意義來說，本書強調把「行」區分爲「外在形式上之行爲的符合」以及「存在上（內在）的行爲要求（本質地改變）」兩個等次；前者我們可以用 TO DO 來表示，而後者除了 TO DO 之外，更加入了 TO BE （成爲）之要求。在陽明而言，其「知行合一」之「行」所意指者應爲「存在上的行爲要求」；因爲若僅是外在形式上的行爲而無內在動力之要求，則亦不足與「知」相合。

第二、我們運用了「開放與還原系統」說明了誠意之教，此一方法在分析「誠者是天之道」時，從「開放」之觀點分析誠意的「性之德」是合天人、合外內之道，故可從合天人的氣象中，進入一人於存有中「向大自然開放」的心境與狀態，此即陽明「吾心之良知即所謂天理」也的意境。另一方面，從「還原」之觀點分析良知，我們可透過與天理保持直接關係之中和式自然動力作用，使喜、怒、哀、樂等性之情，能發而中節，即能「還原」至良知的本然，使行爲有改善的機會。依此而論，陽明所謂之正心，並不是如當代學者所稱是一個虛設的環節。

二、在「致良知之教」的主題方面，我們從「至善與天命」一元，透過「良知與心體」，發展出了「明德與親民」觀念之現代詮釋方向：

在「致良知之教」的主題方面，我們在理論上從「至善與天命」一元的高度，透過「良知與心體」，進一步開展出陽明「明德與親民」的人倫體系；將其理論如何由理想具體地落實到實踐的過程，以三元論的角度進行了分析。同時論證了本書提出《中庸》修養論的觀點，是一論述致良知方法之適當方式。我們論證之方向，扣緊陽明曾認爲「聖人到位天地育萬物，也只從

喜怒哀樂未發之中上養來」，這即是本文從《中庸》修養論觀點論陽明致良知方法的主要理由。

　　《中庸》是儒家哲學中處理人與宇宙，以及人與自身中的各種情緒的代表著作。因為喜怒哀樂就是人情事變，在陽明觀念中強調「除了人情事變則無事矣！」我們可以順著這個脈絡推論出「人情事變即生活之整體」；如果說生活之整體即是歷史的真正基礎，則陽明對此一人情事變與生活世界的重視，即代表其哲學的生活性與實用性，絕非如後世學者所言心學誤國、心學無益於社會。換言之，陽明所提出的致良知之全體方法，無論是格物致知到誠意正心修身，都必須經歷這個以生活之整體為基礎的歷史與文化的考驗，並承擔此一面對歷史與社會之艱難過程。

　　本書新概念中所設定的「人自體」即良知自體，其目的在說明此一承擔、面對他人，以及遭遇歷史與社會過程之「主體」。陽明強調「就自己心地良知良能上體認擴充」，即是強調對人自身「主體」的考驗。以現代觀點而言，陽明對「心」的強調實即是對今日「人心」鍛鍊的要求與更高責任之付託。再回顧人心之存在場域──歷史與文明，在本國之歷史文化與各種區域性文明交衝之際，人們如何因勢利導，借用「自身危機」以反省「現代文明」的危機，並尋求人類文明的出路；此一使區域成為全球，使個別成為普遍的作法，以及使個案危機成為普世轉機的哲學企圖，即成為當前中國哲學的任務，亦是「明德與親民」觀念之現代詮釋。

　　人自體之所以有此力量，原因在於他既是生命力量的承載者，亦是自然生命發用時實存的經歷者；他既是實存的經歷者，亦是創生者。即人唯有透過向天命與至善一元的開放過程，使源於天命之性的自然動力下貫於良知本體，經由人自身的克慎明德工夫，使個人之修身與親民之外王兩者能夠合一，一貫天人之理想，此方為本書強調以《中庸》精神處理致良知教，並以之詮釋其哲學與現代生活關係之目標。

　　三、在「四句教」的研究方面，本書認為──「只有哲學家才能真正的理解另一位哲學家的內心」：

　　在「四句教」的研究過程中，本書認為四句教為徹上徹下，適合各種資質學生的工夫方法。其中的「一無」是指「無善無惡是心之體」所指稱的本體；此即王龍溪所據以理解之出發點。從正面而言，這是陽明更有進於先儒之說者，它一方面承認「心」兼有善端與不善端之表現，另一方面則解構了

「心」之文字觀念，使理解者無法以「正反」或「善惡」論心；同時亦可在文字外之上一層次中，自善其善兼惡其惡。從反面思考，「一無」的提出亦是後來陽明被指責爲「掃善惡以空念」的原因；因爲「一無」非常容易使學者產生誤解，使後學僅空有「掃善惡以空念」之自負，但欠缺一股戒懼努力之工夫，自以爲其「良知心體」與「道德價值」無關。

本書雖指出此一弊端，然而，從另一角度言，這亦是理解者自身思辨方式的問題，因爲「一無」之說本不困擾陽明。本書認爲「只有哲學家才能眞正的理解另一位哲學家的內心」，後人的詮釋與批評，對眞具原創性之哲學家而言，不過是社會性之學術活動，它與眞正的哲學心靈是處於完全不同的層次。此一分析並非斷論，而是一如陽明自身之言：「若論聖人大中至正之道，徹上徹下，只是一貫，更有甚上一截，下一截？」這是陽明明白之言，反對孤立文字概念式（上一截，下一截）的分析，他又說：「學者亦須是知得心之本體，亦元是如此，則操存功夫，始沒病痛」。換言之，詮釋上的種種阻礙，很可能是讀者自身未能識得「本體」，而後在「操存」中所衍生之各種文字性弊端。

檢視第四章的研究，我們遭遇了一些困難，也解決了一些問題，此章的研究涉及的歷史範圍廣，分析的論點亦多。我們主要的目標在比較陽明與同期的學者的心性哲學觀，並以整體明代哲學之立場反省致良知教。其次，我們又在《中庸》修養論的觀點上選擇了四位王門後學作爲代表，呈現出陽明成熟期思想裡《中庸》之精神。最後，我們分析了牟宗三先生的方法論，以掌握致良知方法之後續發展與影響。

回顧此章，我們列舉了五項要點，指出在明代中期除了陸王心學之外，有另一股學術潮流，設法以氣本體論統會心、性、情等問題；並對陸王與程朱的理氣、致知格物、萬物一體、存理去欲等觀念都有批判與修正。另一方面，我們分析四位王門後學對《中庸》精神的後續發展，分析的目標在指出後學對致良知教三元結構完整性的把握與運用，使致良知方法中的「至善與天命」一元的動力來源能持續受到重視。

我們的目標並非維護陽明或否定程朱，亦非爲了處理尊德性與道問學的問題；而是強調心性哲學的主要精神，正在於發展出一種哲學的勝情與至理。一如方東美先生所言哲學意境內有勝情，無情者止於哲學法門之外；哲學意境中含至理，違理者逗於哲學法門之前，兩俱不入。本書運用《中庸》天命

之性的要義，即在於指出哲學本身的勝情與至理，爲求使儒學再度獲致其新靈感、基礎與研究方向。

以《中庸》修養論的觀點檢視心性哲學是一種嘗試，我們仍期待一種更好，更具包容性的研究方法。一如周文演易的成功，一如宋明理學對先秦儒學之創新，如今我們亦追求心性哲學能更上層樓，以分析的方法使我們的立論更爲清楚；並以還原的方法，使吾人能完成一整體性的觀看，並創建一能洞悉存在的新表達系統，使中國哲學能統合古今並往前推演。

總之，陽明立足於心性之學的理想，並以眞理想統馭與包容現實；此一理想以陽明語言說即是「天理」，其落實於人自身之中即是「致良知」觀念；此一「良知」一旦遭遇外在挑戰，即是「明德與親民」的實踐過程。在此過程中，「致良知」實爲關鍵觀念，其實踐的標準，在於使王學理論既不過份高超與理想，也不過份的世俗與現實；所以，研究者必須能準確把握其精神，在中間辯証當中，統合各種儒學之理論。簡言之，「致良知」觀念在王學中實爲一種思考方法，此一方法使陽明哲學成爲一個「溝通與橋樑」，一方面藉由良知即天理，「溝通」了人與自然；另一方面，從良知與明明德的關係，使中國哲學工夫論成爲個人與群體之間的「橋樑」；我們從《中庸》修養論的觀點出發，目標即是找出此一中間辯証性之關鍵機制。在經由全書之分析，我們證明「《中庸》之精神」在詮釋過程中與「致良知」方法最爲契合，亦確實能發揮王學精神；它不但活化了「良知」概念，亦有效地還原了中國哲學中「人」應本於大天之精神，立足於大地之上，並追求頂天立地存活之力量。

主要參考書目

壹、原典

一、王陽明與王門後學

1. 王陽明：《陽明全書》（台北：中華書局，《四部備要子部》，據明謝氏刻本校刊，1985）。

2. 王陽明：《王陽明全書》（台北：正中書局，1970）。

3. 王龍溪：《王龍溪先生全集》（台北：廣文書局，1975，據日本江戶年間和刻本影印）。

4. 鄒守益：《東廓鄒先生文集》（台南：莊嚴文化，1997，《四庫全書存目叢書 集部》，據北京大學圖書館藏明嘉靖二十七年鍾允謙刻本影印）。

5. 歐陽德：《歐陽南野先生文集》（台南：莊嚴文化，1997，《四庫全書存目叢書 集部》，據北京大學圖書館藏明嘉靖三十七年梁汝魁刻本影印）。

6. 聶豹：《雙江聶先生文集》（台南：莊嚴文化，1997，《四庫全書存目叢書 集部》，雙江聶先生文集據北京大學圖書館藏明嘉靖四十三年吳鳳瑞刻隆慶六年印本影印）。

7. 羅洪先：《念庵羅先生集》（台南：莊嚴文化，1997，《四庫全書存目叢書 集部》，據北京大學圖書館藏明嘉靖四十二年劉玠刻本影印）。

8. 胡直：《胡子衡齊》（台南：莊嚴文化，1997，《四庫全書存目叢書 集部》，據中國科學院圖書館藏明萬曆曾鳳儀刻本影印）。

9. 胡直：《衡廬精舍藏稿》（台北：台灣商務印書館，1973，《四庫全書珍本》）。

10. 李材：《見羅先生書》（台南：莊嚴文化，1997，《四庫全書存目叢書 集部》，據無錫市圖書館藏明萬曆刻本影印）。

11. 劉宗周：《劉子全書及遺編》（日本京都：中文出版社，1981，據清道光刊本影印）。

二、其它原典

1. 王弼、韓康伯：《周易》（台北：中華書局，1979，《四部備要經部》據相臺岳氏家塾本校刊）。

2. 孔穎達：《周易正義》（台北：中華書局，1977，《四部備要經部》據阮刻本校刊）。

3. 李鼎祚：《周易集解》（台北，台灣商務印書館，1996）。

4. 孔穎達：《尚書正義》（台北：中華書局，1979，《四部備要經部》據阮刻本校刊）。

5. 孫星衍：《尚書今古文注疏》（台北：中華書局，1988，《四部備要經部》據冶城山館本校刊）。

6. 朱熹：《詩經集註》（台北：華正書局，1980）。

7. 王先謙：《詩三家義集疏》（北京：中華書局，1987，《十三經清人注疏》）。

8. 孫希旦：《禮記集解》（台北：文史哲出版社，1990）。

9. 劉寶楠：《論語正義》（台北：中華書局，1981，《四部備要經部》據南菁書院續經解本校刊）。

10. 程樹德：《論語集釋》（台北：藝文印書館，1965）。

11. 趙岐：《孟子》（台北：中華書局，1982，《四部備要經部》據永懷堂本校刊）。

12. 朱熹：《四書集註》（台北：中華書局，1984，《四部備要經部》據吳縣吳氏倣宋本校刊）。

13. 王夫之：《讀四書大全說》（北京：中華書局，1989）。

14. 周敦頤、邵雍：《太極圖說、通書、觀物篇》（上海：上海古籍，1995，《太極圖說、通書》影印文淵閣四庫全書本、《觀物篇》影印《道藏本》）。

15. 周敦頤：《周子通書》（台北：中華書局，1992，《四部備要子部》據榕村全集本校刊）。

16. 載：《張載集》，（台北：漢京文化，1983《四部刊要子部》）。

17. 程顥、程頤：《二程全書》（台北：中華書局，1986，《四部備要子部》據江寧刻本校刊）。

18. 顥、程頤：《二程集》（台北：漢京文化事，1983）。

19. 程顥、程頤：《二程遺書、二程外傳》（上海：上海古籍出版社，1992《四部備要子部》）。

20. 程頤 朱熹：《易程傳 易本義》（台北，河洛圖書公司，1974）。

21. 朱熹:《朱文公文集》(台北:廣文書局,1972,和刻影印近世漢籍叢刊)。

22. 朱熹:《朱子語類》(北京:中華書局,1994)。

23. 陸九淵:《象山全集》(台北:中華書局,1979,《四部備要子部》據明李氏刻本校刊)。

24. 托克托:《宋史》(台北:台灣商務印書館,1983,景印文淵閣四庫全書)。

25. 薛瑄:《讀書續錄》(台北:廣文書局,1975,據日本享保七年和刻本影印)。

26. 吳與弼:《康齋集》(台北:台灣商務印書館,1973,《四庫全書珍本》)。

27. 陳獻章:《陳獻章集》(北京:中華書局,1993)。

28. 羅欽順:《困知記》(北京:中華書局,1990)。

29. 羅欽順:《整庵存稿》(台北:台灣商務印書館,1973,《四庫全書珍本》)。

30. 湛若水:《甘泉文集》(台南:莊嚴文化,1997,《四庫全書存目叢書 集部》,據山西大學圖書館藏清康熙二十年黃楷刻本影印)。

31. 湛若水:《格物通》,(台北:台灣商務印書館,1973,《四庫全書珍本》)。

32. 王廷相:《王廷相集》(北京:中華書局,1989)。

33. 周汝登:《聖學宗傳》(濟南:山東友誼出版社,1989《孔子文化大全》)。

34. 高攀龍:《小心齋札記》 (台北:廣文書局,1975,《中國哲學思想要籍叢編》)。

35. 馮柯:《求是編》(收錄於金純甫撰《鳴道集說》,荒木見悟解題,京都:中文,昭和 52,1977,和刻影印近世漢籍叢書)。

36. 顧憲成:《小心齋箚記》(台北:廣文書局,1975,《中國哲學思想要籍叢編》)。

37. 孫奇逢:《理學宗傳》(台北:藝文印書館,1969,據康熙五年孫氏兼山堂刊本影印)。

38. 谷應泰:《明史紀事本末》(台北:台灣商務印書館,1965)。

39. 張廷玉:《明史》(台北:鼎文書局,1975,《乾隆四年核校本》)。

40. 黃宗羲 黃百家、全祖望:《宋元學案》(北京:中華書局,1986)。

41. 黃宗羲:《明儒學案》(台北:華世出版社,1987)。

42. 黃宗羲:《黃宗羲全集》(台北:里仁書局,1987)。

貳、陽明學相關著作 (依作者筆畫次序)

1. 丁為祥著:《實踐與超越——王陽明哲學的詮釋、解析與評價》,陝西:陝西人民出版社,1994。

2. 中華學術院編:《陽明學論文集》,台北:中華學術院,1972。

3. 方祖猷、滕复編：《論浙東學術》，北京：中國社會科學，1995。

4. 方國根著：《王陽明評傳》，廣西：廣西教育出版社，1995。

5. 方爾加著：《王陽明心學研究》，長沙：湖南教育出版社，1989。

6. 王禹卿著：《王陽明之生平及其學說》，台北：正中書局，1946。

7. 左東岭著：《王學與中晚明士人心態》，北京：人民文學出版社，2000。

8. 旦衡今著：《王陽明傳習錄札記》，台北：台灣商務印書館，1957。

9. 守屋洋著：《知行的智慧》，施冰心譯，台北：稻田出版社，1992。

10. 朱秉義著：《王陽明入聖的工夫》，台北：幼獅文化事業，1985。

11. 朱謙之著：《日本的古學及陽明學》，北京，人民出版社出版社，2000。

12. 牟宗三著：《王陽明致良知教》，台北：中央文物供應社，1952。

13. 余重耀著：《陽明先生傳纂》，上海：中華書局，1923。

14. 吳光編：《陽明學研究》，上海：上海古籍出版社，2000。

15. 吳雁南著：《心學與中國社會》，北京：中央民族學院，1994。

16. 吳雁南著：《陽明學與近世中國》，貴陽：貴州教育出版社，1996。

17. 宋志明、王熙元、陳清輝著：《陳獻章・王守仁・李贄》，台北：台灣商務印書館，1999。

18. 佩韋著：《王守仁與明理學》，台北：台灣商務印書館，1933。

19. 周月亮著：《心學大師王陽明大傳》，北京：中華工商出版社，1999。

20. 岡田武彥著：《王陽明與明末儒學》，上海：上海古籍出版社，2000。

21. 林振玉著：《王陽明論》，台南：復文出版社，1976。

22. 林繼平著：《王學探微十講》，台北：蘭台出版社，2001。

23. 胡泉著：《王陽明先生經說弟子記》，台北：廣文書局，1975。

24. 胡秋原著：《王陽明誕生五百年》，台北：中華雜誌社，1934。

25. 胡哲敷著：《陸王哲學辨微》，上海：中華書局，1930。

26. 島田虔次著：《朱子學與陽明學》，陝西：陝西師範大學出版社，1986。

27. 徐梵澄著：《陸王學述一系哲學精神》，上海：上海遠東圖書公司，1994。

28. 秦家倫編：《王學之路》，貴陽：貴州民族出版社，2000。

29. 秦家懿著：《王陽明》，台北：東大圖書公司，1997。

30. 張君勱著：《比較中日陽明學》，台北：台灣商務印書館，1970。

31. 張君勱著：《王陽明》，台北：東大圖書公司，1991。

32. 張希之著：《陽明學傳》，台北：中華書局，1961。

33. 張祥浩著：《王陽明》，南京：南京大學出版社，1998。

34. 張濟時著：《陽明講學的精神和風度》，台北：國父遺教出版社，1955。

35. 張鐵君著：《王學解蔽》，台北：作者自印，1959。

36. 張鐵君著：《陽明學說眞諦》，台北：中國新聞出版公司，1956。

37. 梁啓超著：《王陽明知行合一之教》，台北：中華書局，1978。

38. 陳來著：《有無之境——王陽明哲學的精神》，北京：人民出版社，1991。

39. 陳健夫著：《王陽明學說新論》，台北：台大青年雜誌社，1954。

40. 陳榮捷著：《王陽明傳習錄詳註集評》，台北：台灣學生書局，1984。

41. 陳榮捷著：《王陽明與禪》，台北：台灣學生書局，1984。

42. 陸隴其著：《王學質疑》，台北：廣文書局，1982。

43. 麥仲貴著：《王門諸子致良知學之發展》，香港：香港中文大學，1973。

44. 嵇文甫著：《晚明思想史論》，北京：東方出版社，1996。

45. 黃敦涵著：《陽明學說體系》台北：泰山書局，1981。

46. 楊國榮著：《王學通論——從王陽明到熊十力》，台北：五南圖書出版公司，1997。

47. 楊國榮著：《良知與心體——王陽明哲學研究》，台北：洪葉文化事業公司，1999。

48. 葉紹鈞著：《傳習錄》，台北：台灣商務印書館，1991。

49. 賈銳著：《朱晦菴與王陽明二氏學術思想之比較研究》，台北：東吳大學中國學術著作獎助委員會出版，1973。

50. 褚柏思著：《王陽明新傳四卷》，台北：渤海堂圖書，1988。

51. 趙士林著：《心靈學問——王陽明心學》，雲南：雲南人民出版社，1997。

52. 劉成有著：《王陽明》，香港：中華書局，2000。

53. 劉宗賢著：《陸王心學研究》，山東：山東人民出版社，1997。

54. 蔡仁厚著：《王陽明哲學》，台北：三民書局，1974。

55. 談遠平著：《論王陽明哲學之圓融統觀》，台北：文史哲出版社，1993。

56. 鄭吉雄著：《王陽明》，台北：幼獅文化事業，1990。

57. 鄭繼孟著：《王陽明傳》，台北：綜合出版社，1978。

58. 鄧元忠著：《王陽明聖學探討》，台北：正中書局，1975。

59. 鄧艾民著：《朱熹王守仁哲學研究》，上海：華東師範大學出版社，1989。

60. 墨憨齋：《王陽明出身清亂錄》，台北：廣文書局，1968。

61. 錢穆著：《王守仁》，台北：台灣商務印書館，1945。

62. 錢穆著：《陽明學述要》，台北：素書樓文教基金會，蘭台出版社，2001。

63. 戴瑞坤著：《陽明學漢學研究論集》，台北：台灣學生書局，1988。

64. 謝無量著：《陽明學派》，台北：廣文書局，1980。

65. 鍾彩鈞著：《王陽明思想之進展》，台北：文史哲出版社，1983。

參、其它相關之哲學著作

1. 化民著：《明中晚期理學的對峙與合流》，台北：文津出版社，1993。
2. 方東美著：《中國哲學之精神及其發展》（孫智燊譯），台北：黎明文化事業公司，1993。
3. 方東美著：《生生之德》，台北：黎明文化事業公司，1987。
4. 方東美著：《原始儒家道家哲學》，台北：黎明文化事業公司，1987。
5. 王邦雄著：《儒道之間》，台北：漢光文化事業，1987。
6. 古清美著：《宋明理學概述》，台北：台灣書店，1996。
7. 古清美著：《明代理學論文集》，台北：大安出版社，1990。
8. 台大哲學系編：《中國人性論》，台北：東大圖書公司，1990。
9. 甲凱著：《宋明心學評述》，台北：台灣商務印書館，1967。
10. 石訓等著：《中國宋代哲學》，河南：河南人民出版社，1992。
11. 宇野精一著：《中國思想之研究（一）》〈儒家思想〉（洪順隆譯），台北：幼獅文化事業，1977。
12. 牟宗三等著：《當代新儒學論文集‧總論篇》，台北：文津出版社，1991。
13. 牟宗三著：《中西哲學之會通十四講》，台北：台灣學生書局，1990。
14. 牟宗三著：《中國哲學十九講》，台北：台灣學生書局，1989。
15. 牟宗三著：《中國哲學的特質》，台北：台灣學生書局，1990。
16. 牟宗三著：《心體與性體》，（一）（二）（三），台北：正中書局，1992。
17. 牟宗三著：《周易的自然哲學與道德涵義》，台北：文津出版社，1988。
18. 牟宗三著：《從陸象山到劉蕺山》，台北：台灣學生書局，1979。
19. 牟宗三著：《現象與物自身》，台北：台灣學生書局，1979。
20. 牟宗三著：《智的直覺與中國哲學》，台北：台灣商務印書館，1979。
21. 牟宗三著：《圓善論》，台北：台灣學生書局，1985。
22. 牟宗三著：《認識心之批判》（上）（下），台北：友聯文化事業公司，1955。
23. 何冠彪著：《明末清初學術思想研究》，台北：台灣學生書局，1991。
24. 吳怡著：《中庸誠的哲學》，台北：東大圖書公司，1990。
25. 吳康著：《孔孟荀哲學》（上）（下），台北：台灣商務印書館，1987。
26. 吳經熊著：《內心悅樂之泉源》，台北：東大圖書公司，1983。
27. 呂妙芬著：《胡居仁與陳獻章》，台北：文津出版社，1996。

28. 宋德宣著：《新儒家》，台北：揚智出版社，1996。

29. 李杜著：《中西哲學思想中的天道與上帝》，台北：聯經圖書公司，1991。

30. 李杜著：《中國古代天道思想論》，台北：藍燈文化事業公司，1992。

31. 李明輝著：《儒學與現代意識》，台北：文津出版社，1991。

32. 李明輝編：《當代新儒家人物論》，台北：文津出版社，1994。

33. 李維武著：《中國人文精神之闡揚》，北京：中國廣播電視出版社，1996。

34. 李震著：《中外形上學比較研究》（上）（下），台北：中央文物供應社，1982。

35. 杜維明 東方朔著：《杜維明學術專題訪談錄：周宗哲學之精神與儒家文化之未來》，上海：復旦大學出版社，2001。

36. 杜維明著：《現代精神與儒家傳統》，台北：聯經出版事業公司，1995。

37. 杜維明著：《儒家思想新論——創造性轉換的自我》，曹幼華譯，南京：江蘇人民出版社，1996。

38. 周志文著：《晚明學術與知識份子論叢》，台北：大安出版社，1999。

39. 林安梧著：《現代儒學論衡》，台北：業強出版社，1987。

40. 林安梧著：《當代新儒家哲學史》，台北：文海學術思想發展文教基金會，1996。

41. 侯外廬編：《宋明理學史》（上）（下），北京：人民出版社，1987。

42. 姜允明著：《當代心性之學面面觀》，台北：明文書局，1994。

43. 封祖盛編著：《當代新儒家》，北京：三聯書店，1989。

44. 胡偉希著：《傳統與人文——對港台新儒家的考察》，北京：中華書局，1992。

45. 胡適等著：《中國哲學思想論集》〈總論篇〉，台北：牧童出版社，1977。

46. 韋政通著：《中國哲學思想批判》，台北：水牛出版社，1971。

47. 韋政通著：《儒家與現代化》，台北，水牛出版社，1986。

48. 韋政通編：《中國思想史方法論文選集》，台北：水牛出版社，1993。

49. 唐君毅著：《中西哲學思想之比較論文集》，台北：台灣學生書局，1988。

50. 唐君毅著：《中國哲學原論》（原性篇），台北：台灣學生書局，1989。

51. 唐君毅著：《中國哲學原論》（原教篇），台北：台灣學生書局，1984。

52. 唐君毅著：《中國哲學原論》（導論篇），台北：台灣學生書局，1989。

53. 孫振青著：《宋明道學》，台北：千華出版社，1986。

54. 容肇祖著：《明代思想史》，台北：台灣開明書店，1982。

55. 祝平次著：《朱子學與明初理學的發展》，台北：台灣學生書局，1994。

56. 祝瑞開著：《儒學與21世紀中國》，上海：學林出版社，2000。

57. 馬崗著：《中國思想史資料導引》，台北：牧童出版社，1977。

58. 高柏園著：《中庸形上思想》，台北：東大圖書公司，1991。

59. 張立文著：《中國哲學範疇發展史》，北京：人民大學出版社，1995。

60. 張立文著：《朱熹思想研究》，北京：中國社會科學，1994。

61. 張立文著：《宋明理學研究》，北京：人民大學出版社，1985。

62. 張立文著：《宋明理學邏輯結構的演化》，台北：萬卷樓圖書公司，1993。

63. 張立文編：《天》，台北：七略出版社，1996。

64. 張立文編：《心》，台北：七略出版社，1996。

65. 張立文編：《氣》，台北：漢興出版社，1994。

66. 張立文編：《理》，台北：漢興出版社，1994。

67. 張立文編：《道》，台北：漢興出版社，1994。

68. 張再林著：《中西哲學比較論》，長安：西北大學出版社，1998。

69. 張岱年著：《中國倫理思想研究》，台北：貫雅出版社，1991。

70. 張學智著：《明代哲學史》，北京：北京大學出版社，2000。

71. 梁起超等著：《中國哲學思想論集》〈先秦篇〉，台北：牧童出版社，1976。

72. 梁漱溟著：《人心與人生》，台北：谷風出版社，1987。

73. 梁漱溟著：《東西文化及其哲學》，台北：九鼎出版社，1982。

74. 符浩著：《先秦儒家的道德觀》，廣西：廣西師範大學出版社，1998。

75. 許慎著：《說文解字》（段玉裁注），台北：藝文印書館，1964。

76. 郭齊勇編：《現代新儒學的根基》，北京：中國廣播電視出版社，1996。

77. 陳來著：《宋明理學》，台北：洪葉文化事業公司，1994。

78. 陳郁夫著：《江門學記——陳白沙及湛甘泉研究》，台北：台灣學生書局，1984。

79. 陳健夫著：《新儒家》，台北：文源書局，1967。

80. 陳榮捷著：《中國哲學論集》，台北：中央研究院中國文哲研究所，1984。

81. 陳榮捷著：《宋明理學之概念與歷史》，台北：中央研究院中國文哲研究所，1996。

82. 陳滿銘著：《中庸思想研究》，台北：文津出版社，1989。

83. 陳福濱著：《倫理與中國文化》，台北：輔仁大學出版社，1998。

84. 陳福濱編：《本世紀出土思想文獻與中國古典哲學研究論文集》（上）（下），台北：輔仁大學出版社，1999。

85. 陳福濱編：《哲學與倫理》（上）（下），台北：輔仁大學出版社，1995。

86. 陳福濱編著：《晚明理學思想通論》，台北：環球書局，1983。

87. 傅小凡著：《晚明自我觀研究》，成都：巴蜀書社，2001。

88. 傅佩榮著：《儒家哲學新論》，台北：業強出版社，1993。

89. 傅佩榮著：《儒道天論發微》，台北：台灣學生書局，1988。

90. 勞思光著：《中國哲學史》（三上），台北：三民書局，1987。

91. 喬清舉著：《湛若水哲學思想研究》，台北：文津出版社，1993。

92. 曾春海著：《易經哲學的宇宙與人生》，台北：文津出版社，1997。

93. 陽祖漢著：《儒學與康德的道德哲學》，台北：文津出版社，1987。

94. 項退結著：《中國哲學之路》，台北：東大圖書公司，1991。

95. 馮友蘭著：《中國哲學史新編》（五），台北：藍燈文化事業公司，1981。

96. 黃克劍、周勤著：《寂寞中的復新——論當代新儒家》，江西：江西人民出版社，1993。

97. 黃俊傑著：《孟子》，台北：東大圖書公司，1993。

98. 楊祖漢著：《儒學與康德的道德哲學》，台北：文津出版社，1987。

99. 楊國榮著：《面向存在之思》，台北：文史哲出版社，1998。

100. 楊慧傑著：《天人關係論》，台北：水牛出版社，1994。

101. 葉海煙著：《道德、理性與人文的向度》，台北：文津出版社，1996。

102. 葛榮晉著：《中國哲學範疇導論》，台北：萬卷樓圖書公司，1993。

103. 葛榮晉著：《王廷相》，台北：東大圖書公司，1992。

104. 葛榮晉著：《王廷相和明代氣學》，北京：中華書局，1990，

105. 熊十力著：《原儒》，台北：明文書局，1988。

106. 熊十力著：《新唯識論》，台北：河洛出版社，1974。

107. 蒙培元著：《中國心性論》，台北：台灣學生書局，1990。

108. 蒙培元著：《理學的演變》，台北：文津出版社，1990。

109. 劉述先著：《朱子哲學思想的發展與完成》，台北：台灣學生書局，1995。

110. 劉述先著：《黃宗羲心學的定位》，台北：允晨出版社，1986。

111. 劉蔚華、趙宗正著：《中國儒家學術思想史》，山東：山東教育出版社，1996。

112. 蔣年豐著：《文本與實踐（一）——儒家思想的當代詮釋》，台北：桂冠圖書公司，2000。

113. 蔡仁厚著：《中國哲學史大綱》，台北：台灣學生書局，1988。

114. 蔡仁厚著：《孔孟荀哲學》，台北：台灣學生書局，1994。

115. 蔡仁厚著：《孔孟荀哲學》，台北：台灣學生書局，1994。

116. 蔡仁厚著：《宋明理學》（北宋篇），台北：台灣學生書局，1991。

117. 蔡仁厚著：《宋明理學》（南宋篇），台北：台灣學生書局，1993。

118. 蔡仁厚著：《新儒家的精神方向》，台北：台灣學生書局，1982。

119. 蔡仁厚著：《儒家心性之學論要》，台北：文津出版社，1990。

120. 蔡仁厚著：《儒家哲學與文化真理》，台北：人生出版社，1971。

121. 史作檉著：《中國哲學精神溯源》，台北：書鄉文化事業公司，2000。

122. 史作檉著：《新世紀的曙光——廿一世紀人類文明及宗教新探》（上）、（下），台北，桂冠圖書公司，2001。

123. 鄭志明著：《儒學的現世性與宗教性》，嘉義：南華管理學院出版社，1998。

124. 鄭家棟著：《本體與方法——從熊十力到牟宗三》，遼寧：遼寧大學出版社，1992。

125. 盧雪昆著：《儒家的心性學與道德形上學》，台北：文津出版社，1991。

126. 錢穆等著：《中國哲學思想論集》〈宋明篇〉，台北：牧童出版社，1977。

127. 錢穆著：《四書要略》，台北：台灣學生書局，1978。

128. 謝龍、胡軍、楊河著：《中國學術百年》，北京：北京出版社，1999。

129. 鍾彩鈞編：《劉蕺山學術思想論集》，台北：中央研究院中國文哲研究所籌備處，1998。

130. 韓強著：《現代新儒學心性理論評述》，審陽：遼寧大學出版社，1992。

131. 韓強著：《儒家心性論》，北京：經濟科學出版社，1998。

132. 龐樸著：《一分為三——中國傳統思想考釋》，深圳：海天出版社，1995。

133. 羅光著：《中國哲學大綱》，《羅光全書》冊五，台北：台灣學生書局，1998。

134. 羅光著：《儒家形上學》，台北：輔仁大學出版社，1980。

135. 羅光著：《儒家哲學的體系》，台北：台灣學生書局，1998。

肆、陽明學專題期刊論文（依作者筆畫次序）

1. 毛保華：〈王陽明心學之心〉，《孔孟月刊》，第 36 卷，第 3 期，1997.11，頁 22～30。

2. 水野實等著：〈陽明先生遺言錄〉《中國文哲研究所通訊》，張文朝譯，第 8 卷，第 3 期，31，1998.9，頁 3～52。

3. 水野實等著：〈稽山承語〉《中國文哲研究所通訊》，張文朝譯，第 8 卷，第 3 期，1998.9，頁 53～68。

4. 王守益　王慧琴：〈基於現代視覺認知觀點檢討關於王陽明天地萬物為一體等哲思的批評〉，《清華學報》，第 22 卷，第 1 期，1992.3，頁 279～300。

5. 王崇峻：〈王陽明「必為聖人之志」說析論〉《孔孟月刊》，第 35 卷，第

3 期，1996.11，頁 35～39。

6. 王欽賢：〈聖保羅與王陽明之神秘良知觀〉，《華岡文科學報》，第 23 卷，1999.12，頁 325～349。

7. 吳光：〈論黃梨洲對陽明心學的批判繼承與理論修正（一）〉《鵝湖月刊》，第 19 卷，第 6 期，222，1993.12，頁 1～4。

8. 吳光：〈論黃梨洲對陽明心學的批判繼承與理論修正（二）〉《鵝湖月刊》，第 19 卷，第 7 期，223，1994.1，頁 28～33。

9. 吳汝鈞：〈王陽明的良知觀念及其工夫論〉《哲學與文化》，第 23 卷，第 4 期，1996.04，頁 1484～1495。

10. 呂妙芬：〈陽明學派的建構與發展〉《清華學報》，新 29 卷，第 2 期，1999.6，頁 167～203。

11. 李明輝：〈從康德的實踐哲學論王陽明的「知行合一」說〉《中國文哲研究集刊》，第四期，1994.3，頁 415～440。

12. 李瑞全：〈朱子道德形態之檢視〉，《鵝湖學誌》，第 2 期，1988.12，頁 47～62。

13. 林久絡：〈心學之思——王陽明哲學的闡釋〉《哲學雜誌》，第 24 期，1998.05，頁 248～252。

14. 林月惠：〈非《傳習錄》：馮柯《求是編》析評〉《中國文哲研究集刊》，第十六期，2000.3，頁 375～450。

15. 林月惠：〈聶雙江「歸寂說」之衡定——以王陽明思想為理論判準之說明〉，《嘉義師院學報》，第 6 期，1992，頁 275～316。

16. 林桐城：〈王陽明對孟子性善論之詮釋與發展〉《景文技術學院學報》第 11 期（上），2000.9，頁 27～37。

17. 林惠勝：〈試論王陽明的萬物一體〉《中國學術年刊》，第 16 期，1995.3，頁 53～77。

18. 林樂昌：〈王陽明的講學生涯和社會教化使命——兼論明代儒教民間講學的現代意義〉《哲學與文化》，第 23 卷，第 1 期，1996.01，頁 1244～1257。

19. 林樂昌：〈從「亭前格竹」到「龍場悟道」王陽明思想轉向新釋〉《哲學與文化》，第 22 卷，第 4 期，1996.01，頁 347～359。

20. 林麗珊：〈王陽明知識學研究——學聖的全程理論〉，《哲學論集》，第 25 期，1991.7，頁 165～180。

21. 林麗娟：〈「吾心自有光明月」——王陽明晚年詩之研究〉，《孔孟月刊》，第 35 卷，第 1 期，1996.9，頁 34～44。

22. 林麗娟：〈平生忠赤有天知——談王陽明詩中的忠愛精神〉，《國文天地》，第 14 卷 6 期，1998.11，頁 54～57。

23. 林麗娟：〈從「興觀群怨」談王陽明詩之境界〉，《中國文化月刊》，第 220 期，1998.7，頁 75～90。

24. 林麗娟：〈談王陽明詩中的悟道之樂〉，《國文天地》，第 12 卷 1 期，1996.6，頁 35～39。

25. 姜允明：〈三人行：論陳白沙、湛甘泉與王陽明的承傳關係〉，《華岡文科學報》，第 22 期，1998.03，頁 1～22。

26. 姜允明：〈從王陽明在龍場「爲石廓」談明儒的生死觀〉，《哲學年刊》，第 10 卷，1994.06，頁 217～229。

27. 柯志明：〈對著惡的良知：從惡的問題重估王陽明的心學理論〉《基督書院學報》，第 2 期，1995.06，頁 61～82。

28. 凌超煌：〈王陽明提倡《古本大學》在經學史上的意義〉，《興大中文研究生論文集》，第 2 期，1998.7，頁 36～45。

29. 耿寧：〈從「自知」的概念來了解王陽明的良知說〉《中國文哲研究所通訊》，張文朝譯，第 4 卷，第 1 期，13，1994.3，頁 15～20。

30. 耿寧：〈論王陽明「良知」概念的演變及其雙重涵義〉《鵝湖學誌》，第 15 期，1995.12，頁 71～92。

31. 袁信愛：〈陽明心學中的人學思想〉，《哲學論集》，第 29 期，1996.06，頁 115～135。

32. 高予遠：〈對朱王「格物致知」概念的界定與評價〉，《中國文化月刊》，第 214 期，1998.1，頁 18～32。

33. 屠承先：〈王陽明哲學的特色和價值〉，《中國文化月刊》，第 171 期，1994.01，頁 36～47。

34. 張克偉：〈方彌加著《王陽明心學研究》評介〉《哲學與文化》，第 18 卷，第 2 期，1991.02，頁 280～282。

35. 張克偉：〈王陽明先世及家世實考〉（上）《孔孟月刊》，第 30 卷，第 2 期，1991.10，頁 20～28。

36. 張克偉：〈王陽明先世及家世實考〉（下）《孔孟月刊》，第 30 卷，第 3 期，1991.11，頁 25～32。

37. 張克偉：〈王陽明的書藝及其遺墨〉《中國國學》，第 19 期，1991.11，頁 161～169。

38. 張克偉：〈王陽明謫官龍場與王學系統確立之關係〉《哲學與文化》，第 19 卷，第 9 期，1992.09，頁 805～824。

39. 張克偉：〈試從清初三大儒對王學的繼承、融會與反思，看其價值取向〉《東吳哲學傳習錄》，第 2 期，1993.5，頁 51～83。

40. 張克偉：〈論浙中王門學者張元忭之思想內涵與學術傾向〉《哲學與文化》，第 18 卷，第 10 期，209，1991.10，頁 916～932。

41. 莊桂芬:〈王陽明與劉蕺山工夫論之比較〉,《國立台灣師範大學國文研究所集刊》,第 38 期,1994.06,頁 735～832。

42. 郭展禮:〈王陽明先生良知哲學思想研究〉,《華岡法科學報》,第 11 期,1995.12,頁 53～62。

43. 陳立驤:〈孟子與王陽明聖人觀之比較研究〉,《高苑學報》,第 4 期,1995,頁 305～312。

44. 陳郁夫:〈王陽明的致良知〉,《師大學報》,第 28 期,1983.6,頁 363～389。

45. 曾昭旭:〈論儒家工夫論的轉向──從王陽明到王船山〉,《鵝湖》,第 17 卷,第 5 期,197,1991.11,頁 1～7。

46. 黃文樹:〈王門弟子的學風析論〉《教育研究》,第 8 期,2000,頁 215～225。

47. 黃俊傑:〈王陽明思想中的孟子學〉,《中國文化研究所學報》,第 6 期,頁 439～456。

48. 黃書光:〈王守仁「致良知」教育體系論與理學社會化──兼與朱學比較〉《孔孟學報》,第 65 期,1993.3,頁 143～156。

49. 楊祖漢:〈王龍溪對王陽明良知說的繼承與發展〉,《鵝湖學誌》,第 11 期,1993.12,頁 37～52。

50. 楊祖漢:〈陸象山「心學」的義理與王陽明對象山之學的了解〉,《鵝湖學誌》,第 8 期,1992.6,頁 79～131。

51. 楊祖漢:〈論王陽明的聖人觀〉,《鵝湖學誌》,第 2 期,1988.12,頁 79～92。

52. 楊國榮:〈人我之間──論王陽明對群己關係的思考〉《孔孟學報》,第 77 期,1999.9,頁 221～236。

53. 楊國榮:〈心性之辨:從孟子到王陽明──兼論王陽明重建心體的理論意蘊〉《孔孟學報》,第 72 期,1996.9,頁 153～173。

54. 楊國榮:〈從王陽明到劉宗周〉,《孔孟月刊》,第 29 卷,第 11 期,347,1991.7,頁 19～26。

55. 楊國榮:〈從朱熹到王陽明〉《哲學與文化》,第 19 卷,第 7 期,1992.7,頁 626～638。

56. 路新生:〈對王學學風的再認識〉《孔孟學報》,第 65 期,1993.3,頁 157～177。

57. 劉述先:〈論王陽明的最後定見〉,《中國文哲研究集刊》,第 11 期,1997.9,頁 165～188。

58. 劉桂光:〈論江右王門羅念菴之思想〉《鵝湖學誌》,第 14 期,1995.6,頁 83～123。

59. 蔡仁厚：〈王陽明全書的編輯形式與義理結構〉，《明代研究通訊》，第 3 期，2000.10，頁 1～15。

60. 蔡仁厚：〈王陽明言「禮」之精義——禮記纂言序之義理疏解〉，《中國文化月刊》，第 182 期，1994.12，頁 39～48。

61. 蔡仁厚：〈王陽明的知行思想〉，《中國文化月刊》，第 210 期，1997.9，頁 2～14。

62. 蔡仁厚：〈王陽明致良知宗旨之建立〉，《中國文化月刊》，第 208 期，1997.7，頁 1～11。

63. 蔡仁厚：〈王陽明辨「心學與禪學」〉，《東海哲學研究集刊》，第 2 輯，1995.6，頁 11～24。

64. 蔡仁厚：〈陸王一系人性論之省察——「本心即性」下的道德實踐之工夫與境界〉，《鵝湖學誌》，第 2 期，1988.12，頁 63～77。

65. 諸煥燦：〈「王陽明年譜」訂誤〉，《鵝湖》，第 20 卷，第 8 期，1995.02，頁 41～46。

66. 鄭燦山：〈王陽明思想中的存有和道德〉，《國立台灣師範大學國文研究所集刊》，第 37 期，1993.05，頁 433～563。

67. 鍾彩鈞：〈陽明思想中儒道的分際與融通〉《鵝湖學誌》，第 8 期，1992.6，頁 59～78。

68. 鍾彩鈞：〈錢緒山及其整理陽明文獻的貢獻〉《中國文哲研究通訊》，第 8 卷，第 3 期，31，1998.9，頁 69～89。

69. 簡光明：〈王陽明《傳習錄》的心學思想〉，《人文及社會學科教學通訊》，第 5 卷，第 2 期，1994.12，頁 164～172。

70. 羅俊義：〈從王陽明到黃梨洲〉，《中國文化》，第 8 期，1993.6，頁 40～48。

71. 龔鵬程：〈羅近溪與晚明王學之發展〉，《國立中正大學學報·人文分冊》，第五卷，第 1 期，1994，頁 237～266。

伍、其它相關之期刊論文 （依作者筆畫次序）

1. 方祖猷：〈王畿的心體論及其佛老思想淵源〉，《鵝湖學誌》，第 16 期，1996.6，頁 145～169。

2. 王邦雄：〈從中國現代化過程中看當代新儒家的精神開展〉，《鵝湖》，第 100 期，1983.10。

3. 王瑞昌：〈論劉蕺山的無善無惡思想〉，《鵝湖》，第 25 卷，第 9 期，2000.3，頁 18～32。

4. 王曉波：〈中國自然哲學的思想起源——論「天」的人文化與自然化〉，《世界新聞傳播學院人文學報》，第 2 期，1995.1，頁 1～22。

5. 古清美：〈程顥的天人觀〉，《錢穆先生紀念館館刊》，第 4 期，1996.9，頁 23～40。

6. 巨克毅：〈當代天人之學研究的新方向——反省與重建〉《宗教哲學》，第 2 卷，第 1 期，1996.01，頁 1～18。

7. 田文棠：〈儒家文化與天人哲學〉，《哲學與文化》，第 22 卷，第 6 期，1995.06，頁 532～540。

8. 成中英：〈中國哲學中的方法詮釋學——非方法論的方法論〉，《台大哲學論評》，第 14 期，1991.1，頁 249～288。

9. 成中英：〈原性與圓性：論性即理與心即理的分疏與融合問題兼論心性哲學的發展前景〉，《鵝湖學誌》，第 13 期，1994.12，頁 1～41。

10. 朱漢民：〈吳與弼——明代心學的「啓明」〉，《中國文化月刊》，第 156 期，1992.10，頁 54～65。

11. 朱漢民：〈陳獻章——明代心學的「精微」〉，《中國文化月刊》，第 185 期，1995.3，頁 58～68。

12. 朱漢民：〈湖湘學派源流及其學術思想特點〉，《中國文化月刊》，第 145 期，1991.11，頁 26～37。

13. 牟鍾鑒：〈《明代思想史》與明代思想研究〉，《中國文化》，第 10 期，1994.8，頁 173～178。

14. 何淑靜：〈論孟子「盡心知性以知天」如何可能〉，《鵝湖學誌》，第 7 期，1991.12，頁 27～62。

15. 呂宗麟：〈論天人合一哲學之理念與實踐〉《中國文化月刊》，第 151 期，1992.05，頁 43～53。

16. 李幼蒸：〈略論中國哲學字詞的意素結構〉《哲學雜誌》，第 18 期，1996.11，頁 182～188。

17. 李杜：〈「大學」的天道〉，《哲學與文化》，第 19 卷，第 6 期，1992.06，頁 562～564。

18. 李杜：〈孔子的道德思想的繼承與突破性的發展〉，《華岡文科學報》，第 18 期，1991.11，頁 1～38。

19. 李杜：〈由先秦儒者說到當代新儒者對天道形而上問題的了解〉《哲學與文化》，第 18 卷，第 6 期，1991.06，頁 490～505。

20. 李瑞全：〈朱子道德形態之重檢〉，《鵝湖學誌》，第 2 期，1988.12，頁 47～62。

21. 李瑞全：〈敬答李明輝先生對「朱子道德形態之重檢」之批評〉《鵝湖學誌》，第 4 期，1990.06，頁 137～142。

22. 李霖生：〈天人之際，性命交關〉，《哲學雜誌》，第 16 期，1996.4，頁 112～145。

23. 沈清松：〈未來中國哲學研究的展望〉，《哲學與文化》，第 18 卷，第 5 期，1991.5，頁 392～397。

24. 汪文聖：〈談主體的弔詭性〉，《國立政治大學哲學學報》，第 4 期，1997.12，頁 1～18。

25. 周桂鈿：〈試論中國哲學之模糊性〉，《中國文化月刊》，第 163 期，1993.5，頁 4～14。

26. 李羨林：〈「天人合一」新解〉《文化雜誌》，第 1 期，1993，頁 99～105。

27. 李羨林：〈關於「天人合一」思想的再思考〉，《中國文化》，第 9 期，1994.02，頁 8～17。

28. 姜國柱：〈容肇祖對明代思想研究的貢獻〉《歷史月刊》，第 85 期，1995.2，頁 120～127。

29. 洪鼎漢：〈詮釋學和詮釋哲學的觀念〉，《哲學雜誌》，第 12 期，1995.4，頁 130～145。

30. 韋政通：〈兩種心態，一個目標〉，《儒家與現代中國》，台北：東大圖書公司，1984，頁 208。

31. 袁長瑞：〈「中庸」一書思想的基本結構及其重要概念的解讀〉，《哲學與文化》，第 24 卷，第 5 期，1997.05，頁 436～453。

32. 張永儁：〈劉蕺山心學之特質及其歷史意義〉，《哲學與文化》，第 27 卷，第 11 期，2000.11，頁 1001～1017。

33. 張立文：〈中國哲學範疇生命‧模式‧基礎的探討〉，《哲學與文化》，第 24 卷，第 5 期，1997.5，頁 454～507。

34. 張振東：〈天道思想在中國文化中的回顧與展望〉，《哲學與文化》，第 21 卷，第 9 期，1994.09，頁 799～804。

35. 張壽安：〈戴震對宋明理學的批評〉，《漢學研究》，第 13 卷，第 1 期，1995.6，頁 15～41。

36. 張學智：〈現代心學雙峰賀麟和牟宗三本體方去的比較〉，《中國文化月刊》，第 191 期，1995.9，頁 34～49。

37. 張學智：〈賀麟新心學──中國哲學現代化的一次嘗試〉，《哲學雜誌》，第 17 期，1996.8，頁 74～89。

38. 張懷承：〈王船山天人之道學說的倫理價值〉，《中國文化月刊》，第 161 期，1993.03，頁 25～39。

39. 張麗珠：〈清代學術對宋明義理的突破〉，《故宮學術季刊》，第 13 卷，第 3 期，1996，頁 131～149。

40. 陳廷湘：〈理學道德本體的合理性及其局限性〉，《中國文化月刊》，第 165 期，1993.7，頁 50～67。

41. 陳郁夫：〈洞悉人性與天道的智慧──中國哲學通覽〉，《國文天地》，第 14 卷，第 5 期，1998.10，頁 22～27。

42. 陳朝祥：〈儒家對於「天」的看法〉，《孔孟月刊》，第 30 卷，第 7 期，1992.03，頁 3～7。

43. 陳榮華：〈從道德知識的性格論孟子哲學的心性和智〉，《哲學論評》，第 17 期，1994.1，頁 165～202。

44. 陳福濱：〈道德「良知」及其現代意義〉，《哲學論集》，第 29 期，1996.6，頁 105～114。

45. 傅偉勳：〈儒家思想的時代課題及其解決線索〉，《哲學與文化》，第 13 卷，第 2 期，1986.2，頁 27～42。

46. 勞思光：〈對於如何理解中國哲學之探討與建議〉《中國文哲研究集刊》，創刊號，1991.3，頁 89～115。

47. 曾春海：〈象山學脈及其哲學方法初探〉（上）（下）《東吳大學哲學系傳習錄》第四期，1985.6，頁 169～192；第五期，1986.10，頁 199～222。

48. 湯一介：〈中國哲學中和諧觀念的意義〉《哲學與文化》，第 23 卷，第 2 期，1996.2，頁 1313～1319。

49. 項退結：〈人者陰陽之交、天地之心──對若干涉及人性論的中國古代典籍之詮釋〉（李永適譯），《哲學與文化》，第 17 卷，第 8 期，1990.08，頁 674～680。

50. 項退結：〈試論中國哲學研究方法〉，《哲學與文化》，第 20 卷，第 11 期，1993.11，頁 1045～1054。

51. 馮耀明：〈直覺與玄思──中國哲學的方法論問題〉，《哲學與文化》，第 27 卷，第 11 期，2000.11，頁 1018～1025。

52. 馮耀明：〈超越分析與邏輯分析──當代中國哲學研究之方法論問題〉《鵝湖》，第 20 卷，第 1 期，229，1994.7，頁 8～20。

53. 黃甲淵：〈陸象山「心即理」哲學與其「易簡工夫」論〉，《鵝湖學誌》，第 20 期，1998.6，頁 179～213。

54. 黃俊傑：〈試論儒學的宗教性內涵〉《台大歷史學報》，第 23 期，1999.6，頁 395～410。

55. 楊國榮：〈晚明心學的衍化〉《孔孟學報》，第 75 期，1998.3，頁 115～134。

56. 楊國榮：〈儒家天人之辨的價值內涵〉，《中國文化月刊》，第 173 期，1994.03，頁 44～59。

57. 楊澤波：〈新心學的使命──讀郭齊勇的《熊十力思想研究》〉，《鵝湖學誌》，第 12 期，1994.6，頁 169～177。

58. 葉海煙：〈「比較」作為一種方法對當代中國哲學的意義〉，《哲學與文化》，第 24 卷，第 12 期，1997.12，頁 1118～1129。

59. 葉海煙：〈後牟宗三儒學的前景與榮景〉,《鵝湖》,第 24 卷,第 4 期,280,1998.10,頁 50～52。

60. 葉海煙：〈當代新儒家的道德理性觀〉,《哲學與文化》,第 21 卷,第 2 期,1994.02,頁 124～134。

61. 鄔昆如：〈從人際關係看天、人、物、與位格──比較中西哲學對人的定位〉,《哲學與文化》,第 18 卷,第 11 期,1991.11,頁 986～994。

62. 熊琬：〈明代理學與禪學〉《國文天地》,第 7 卷,第 2 期,1991.7,頁 37～40。

63. 蒙培元：〈中國意識與人文思考〉,《中國文化月刊》,第 210 期,1997.9,頁 84～95。

64. 趙雅博：〈從我國古典籍中看天人合一〉,《國立編譯館館刊》,第 19 卷,第 1 期,1990.6,頁 83～106。

65. 劉長城：〈宋明理學尊德性與道問學的對峙〉,《孔孟月刊》,第 38 卷,第 10 期,2000.6,頁 21～24。

66. 劉述先：〈從典範轉移的角度看當代中國哲學思想之變局〉《當代》,第 129 期,1998.5,頁 100～113。

67. 劉述先：〈論孔子思想中隱涵的「天人合一」一貫之道──一個當代新儒學的詮釋〉,《中國文哲研究集刊》,第 10 期,1997.3,頁 1～24。

68. 劉振維：〈從曹月川到陳白沙--略論明初心學的緣起與發展〉,《哲學雜誌》,第 14 期,1995.11,頁 158～189。

69. 歐陽康：〈世紀之交中國哲學的回顧、透視與展望〉,《哲學雜誌》,第 31 期,2000.1,頁 74～84。

70. 潘小慧：〈德行與原則──孔、孟、荀、儒家道德哲學基型之研究〉,《哲學與文化》,第 19 卷,第 12 期,1992.12,頁 1087～1097。

71. 潘振泰：〈明代江門心學的崛起與式微〉,《新史學》,第 7 卷,第 2 期,1996.2,頁 1～46。

72. 蔡仁厚：〈牟先生研究宋明理學過程之探析〉,《鵝湖》,第 20 卷,第 1 期,229,1994.7,頁 1～7。

73. 蔡方鹿：〈朱熹對佛教的借鑒與吸取〉,《宗教哲學》,第 4 卷,第 3 期,1998.7,頁 145～155。

74. 蔡方鹿：〈宋代理學心性論之特徵及其時代意義〉,《中國文化月刊》,第 173 期,1993.3,頁 21～43。

75. 蕭宏恩：〈孟子的「天」──一個超驗的研究〉,《宗教哲學》,第 2 卷,第 1 期,1996.01,頁 19～30。

76. 羅光：〈中國哲學認識論綜述〉《哲學與文化》,第 23 卷,第 4 期,1996.4,頁 1460～1463。

77. 羅義俊：〈儒學與儒教〉,《中國研究月刊》,第 3 卷,第 3 期,27,1997.6, 頁 41～48。

78. 藤田一美：〈「古典中國哲學中的 PHYSIS 及 NOMOS 或實然與應然」譯評(上)〉《中國文哲研究通訊》,江日新譯評,第 2 卷,第 1 期,5,1992.3, 頁 105～128。

79. 藤田一美：〈「古典中國哲學中的 PHYSIS 及 NOMOS 或實然與應然」譯評(中)〉《中國文哲研究通訊》,江日新譯評,第 2 卷,第 2 期,6,1992.6, 頁 119～131。

80. F. G. Henke, " A Study in the Life and Philosophy of Wang Yang-ming", *Journal of North China Branch of the Royal Asiatic Society,* 1914, pp17～34.

81. Julia Ching, *The philosophy letters of Wang Yang-ming,* Canberra : Australian National University, 1972.

82. Julia Ching, *To Acquire Wisdom: The Way of Wang Yang-ming*, New York : Columbia University Press, 1976.

83. Thoma'e H.Fang, "The Essence of Wang Yang-ming's Philosophy in a Historical Perspective", *Creativity in Man and Nature*, Taipei, Linking Publishing, Co., Ltd., 1983., pp.103～126.

84. Thoma'e H.Fang, "The Philosophy of Wang Yang-ming's", *Chinese Philosophy: Its Spirit and Its Development*, Taipei, Linking Publishing, Co., Ltd., 1986. pp.446～469.